安徽省教师教育专业核心课程规划教材

学校心理健康教育

XUEXIAO XINGLI JIANKANG JIAOYU

李　群　方双虎　主编

安徽师范大学出版社
·芜湖·

责任编辑:胡志立

装帧设计:任　彤

图书在版编目(CIP)数据

学校心理健康教育 / 李群, 方双虎主编. — 芜湖:安徽师范大学出版社, 2016.9

(安徽省教师教育专业核心课程规划教材)

ISBN 978 - 7 - 5676 - 2456 - 6

Ⅰ.①心…　Ⅱ.①李…②方…　Ⅲ.①青少年 - 心理健康 - 健康教育 - 师范大学 - 教材　Ⅳ.①G479

中国版本图书馆 CIP 数据核字(2016)第 076708 号

学校心理健康教育

李　群　方双虎　主编

出版发行:安徽师范大学出版社
芜湖市九华南路 189 号安徽师范大学花津校区　邮政编码:241002
网　　址:http://www.ahnupress.com/
发 行 部:0553 - 3883578　5910327　5910310(传真)　E-mail:asdcbsfxb@126.com
印　　刷:安徽芜湖新华印务有限责任公司
版　　次:2016 年 9 月第 1 版
印　　次:2016 年 9 月第 1 次印刷
规　　格:787 mm × 1092 mm　1/16
印　　张:21
字　　数:462 千
书　　号:ISBN 978 - 7 - 5676 - 2456 - 6
定　　价:50.00 元

本丛书为：

1. 安徽省“振兴计划”重大教学改革研究项目“安徽省教师教育专业教育类课程内容标准和教材建设研究”（项目编号：2013zdjy188）建设成果
2. 安徽省教师教育协同创新中心课程资源开发成果

总　　序

百年大计,教育为本;教育大计,教师为本。随着我国基础教育改革的不断深入,社会对教育的要求越来越高,教师教育改革日益受到人们的广泛关注并开始进入实质性的改革阶段。为贯彻落实《国家中长期教育改革和发展规划纲要(2010—2020年)》,深化教师教育改革,规范和引导教师教育课程与教学,培养造就高素质专业化教师队伍,教育部于2011年下发《教育部关于大力推进教师教育课程改革的意见》,就推进教师教育课程改革和实施《教师教育课程标准(试行)》提出意见,要求创新教师教育课程理念、优化教师教育课程结构、改革课程教学内容、改进教学方法和手段、加强教师养成教育、强化教育实践环节。《教师教育课程标准(试行)》明确指出,教师教育课程标准体现国家对教师教育机构设置教师教育课程的基本要求,此标准是制定教师教育课程方案、开发教材与课程资源、开展教学与评价,以及认定教师资格的重要依据。同年,教育部师范教育司、教育部考试中心颁布《中小学和幼儿园教师资格考试标准(试行)》,指出中小学和幼儿园教师资格考试标准是教师职业准入的国家标准,是从事中小学和幼儿园教师职业的最基本要求,是进行中小学和幼儿园教师资格考试的基本依据。2012年,教育部颁布《教师专业标准(试行)》并指出,教师是履行教育工作职责的专业人员,需要经过严格的培养与培训,具有良好的职业道德,掌握系统的专业知识和专业技能。《教师专业标准(试行)》是国家对合格教师的基本专业要求,是教师开展教育、教学活动的基本规范,是引领教师专业发展的基本准则,是进行教师培养、准入、培训、考核等工作的重要依据。三大"标准"的颁布,意味着传统的教师教育课程设置、课程体系以及课程内容,已经不适应教师教育改革的发展要求,难以满足基础教育改革对教师素质的新要求。

在这种背景下,安徽省高等院校教师教育合作委员会为贯彻落实教师教育改革的新要求与新精神,推进我省教师教育专业课程建设,开始着手筹划安徽省教师教育专业课程建设与教材编写工作。在安徽省高等院校教师教育合作委员会的组织与协调下,此项工作于2014年10月正式启动。安徽师范大学、淮北师范大学、安庆师范学院、阜阳师范学院、合肥师范学院、淮南师范学院六所师范院校,立足于教师教育的协同与创新理念,组织研制安徽省教师教育课程体系并协同进行课程开发。在继承传统教师教育课程设置优点的基础上，根据教师专业发展的需要以及《教师教育课程标准（试行）》关于教师教育课程设置的基本理念和指导思想，六所师范院校在前期研究和充分讨论的基础上，确定了“中学教育基础”“心理学”“小学教育基础”“小学生心理发展与教育教程”“现代教育技术”“学校心理健康教育”“教师职业技能训练教程”“教师职业规范与专业发展”“教育实习”“陶行知教育思想与实践”等十门课程作为教师教育专业核心课程，并基于设置的课程开发相应的教材。

此次教师教育课程设置及教材开发的基本指导思想是：在保持传统教师教育课程框架的基础上，对课程内容采用模块化设计，同时各学校根据自身教师教育办学特色，有选择性地设置相关课程模块，满足学生多样化的学习需求。同时，课程设置与教材开发不仅考虑到师范生毕业后入职入编的需要，也考虑到为师范生将来专业的持续发展奠定坚实的基础；不仅考虑到师范生通过相关课程的学习能够获得对基础教育最基本的认识，也考虑到师范生通过专业教育后能够很快地胜任中小学教育教学工作。这是一个包含多重意图的课程设计思想。试图将多重意图反映在一种课程体系中，这样的设想不免有理想化的色彩，其是否合理，能否通过课程实施而成为现实，有待实践的检验。

遵循教育部三大“标准”的理念和精神，从传统的教师教育课程转向创新的教师教育课程，其中还有许多工作要做，有许多问题要解决。我们的努力只是这个转向的一个微不足道的方面。希望我们的努力能够为这个转向注入新的元素。

安徽省教师教育课程建设和教材编写委员会

2015 年 12 月

目　录

第一章　心理健康与心理健康教育

学习目标

掌握健康、心理健康、心理健康教育的含义，了解中国传统文化中心理健康思想的体现、中国古代心理健康思想的基本内容、心理健康教育的功能，理解心理健康的标准。

第一节　古人的心理保健智慧

美国心理学界的元老布雷特和墨菲等人，都曾表达过这样一种信念："心理学的第一个故乡在中国。"①中国五千多年的文化传统中蕴含着丰富的心理学思想，它广泛地存在于古代教育学、哲学等典籍中，而这其中也蕴含了丰富的心理健康教育思想。

一、中国传统文化中心理健康思想的体现

中国古代的心理健康思想散见于各种文献，没有明确的心理健康概念，也没有形成独立的理论体系。儒家、道家和佛教文化是中国传统思想文化的组成部分，也是中国古代心理健康思想的主要来源。从这三家的思想体系入手，分析它们形成、发展的脉络，可以对中国古代心理健康思想形成较为清晰的认识。

(一)儒家文化中的心理健康思想

由孔子创始的儒家学派，在中国的影响最为深远。汉武帝时期，儒家思想被确立为国家的意识形态，并逐渐确立儒学独尊的地位，使儒家学说成为官方学说。

在此之后，儒家学派便逐渐地在中国社会占有了举足轻重的地位，不仅构筑了中国

---

①申荷永，高岚. 心理教育[M]. 广州：暨南大学出版社，1995.

人的内心生活，而且为中国的政治和社会结构提供了思想基础。儒家文化主要从以下几方面来提高人们的心理素质，增进心理健康。

1. 中庸之道——保持心理平衡

保持内心世界的动态平衡是心理健康的重要标志之一。儒家文化中的心理平衡思想可追溯到“中庸之道”。“中庸”是孔子提出的处理世间万物的总法则，即“不偏之谓中，不易之谓庸。中者，天下之正道；庸者，天下之正理。”中庸之道具体运用在心理健康标准上，可以理解为保持适中，追求心态平和，保持平常心。“君子之中庸也，君子而时中。小人之反中庸也，小人无忌惮也。”这里的“时中”，按照朱熹的解释就是“能随时以处中也”，意思是君子能把握自己的内心世界，随时控制和调节自己对外界各种刺激的种种心理体验，以平常心看待事物，“可以仕则仕，可以止则止，可以久则久，可以速则速，孔子也。”“得志，泽加于民；不得志，修身现于世。穷则独善其身，达则兼善天下。”保持平常心的人内心世界居于适中状态，能够达致“居处安静，无为惧惧，无为欣欣，婉然从物，或与不争，与时变化，尊则谦谦，谭而不治，是谓至治”的阴阳平和、心理健康的状态。

阴阳平和之人并非要求人们内心波澜不惊，没有任何情感波动，或是消极被动地对待人和事。而是认为心理健康的人不论在什么时候，处在什么环境，遇到什么情况，都能正常发挥出自己应有的潜能和智慧，应付和处理好各种意料之中和意料之外发生的事情，不偏执、不固守，保持内心世界的动态平衡。具体说来，“平和”的心理健康者具有三个方面的特征：

一是能保持情绪平和。“喜怒哀乐之未发，谓之中；发而皆中节，谓之和。”喜怒哀乐等情绪本是与人共存的，未发之时，淡然虚静是健康的，而当受到各种外界环境刺激时，这些情绪被引发和触动也是正常的，只要人们能够以合乎礼节的方式恰当地表达出来，就可以被称作“和”。明朝的王廷相还把情绪平和作为良好修养的标准，认为情绪波动过大、不能保持心态平和者是不能称得上具有良好修养的，只有淡然平和地应对和处理事务者才是具有良好修养的人。“过于喜则荡，过于怒则激，心气之失其平，非善养者也。惟圣人虚心以应物，而淡然平中焉。”

二是以平常心对待名利，不为物欲所累。“养心莫善于寡欲”，人有欲望是正常的，但欲望过盛，将给人们带来更多的烦恼与困惑。“纵不可欲，纵欲成灾；乐不可极，乐极生哀。”只有有效节制生理心理的欲望，才能知足常乐。同时，古人还赞赏超越名利追求精神快乐的人。如孔子赞赏颜回说：“贤哉，回也！一箪食，一瓢饮，在陋巷，人不堪其忧，回也不改其乐。贤哉，回也！”

三是身心有劳有逸，倡导顺应自然的生活方式。古人认为，人与自然是水乳交融、不分彼此的和谐伙伴关系，人的身心变化和所生存的自然环境的变化是息息相通、密切关联的。人们应该根据四时的季节变化规律来进行调神，在亲近自然中保持心情愉悦。

“法于阴阳，和于术数，饮食有节，起居有常，不妄作劳。”①

信息窗 1－1

不偏不倚的中庸

在山东曲阜孔夫子的老家，能看到一个很有特点的器物。这个器物的形状很特别，是一种锥形的罐子，大大的圆口、尖尖的底。据说，它原本是农民灌溉时用的一种罐器。罐子一旦积满了雨水、雾水，就会自动翻转，把水倒进蓄水池里。这个器物的名字叫欹（音 qī）器。

《荀子》中记述了这样一个故事。有一次孔子带领弟子们到鲁桓公庙去祭祀，见庙中摆挂着一件器物。孔子便问守庙人：“这是什么器物？”守庙人说：“这是君王用来提醒自己少喝酒的一种器具。”孔子说：“我听说灌满了水，它就翻过去；没有水就倾斜；灌一半的水正好能垂直正立，是这样的吗？”守庙人回答说：“没错。”

孔子想看个究竟，连忙让子路取来水试了试，果然：水倒入一半，“欹器”就端正了；当把“欹器”里的水都倒空时，“欹器”就会倾斜着。当“欹器”里灌满水时，“欹器”就翻倒了。看着看着，孔子发出了感叹：“唉，天下哪里有装得太满，又不翻倒的道理呢？”

子路对大家解释说：“夫子的意思是说，人们常常像这个装满了水的欹器，总认为自己的想法和做法是最正确的，所以就一意孤行，结果却因此而导致失败，是这样吧？”见孔子点头称是，子路又问孔子：“那么，敢问夫子，怎样解决自大自满的问题呢？”

孔子说：“要解决自大自满的问题，需要自己知道节制自己，让自己的心里永远留下应有的空间。”

子路又问：“要想让自己的心里永远留下应有的空间，用什么办法做到呢？”

孔子说：“道德修养很高的人，要恭敬地对待别人，用来守住自己的道德修养；土地众多的人，要保持节俭的习惯，用来守住所拥有的土地；俸禄很多、地位很尊贵的人，要谦卑地对待别人，用来守住自己的俸禄和地位；人口兴旺、家丁勇猛的人，要谨慎小心地说话做事，用来守住已有的人口和家丁；拥有聪明智慧的人，要像一个愚笨的人不自以为是，用来守住自己的聪明智慧；见多识广的人，要一直提醒自己还很浅薄，用来守住自己的本性。这就是节制自己，让自己的心里永远留下应有空间的办法。”

在太庙观“欹器”一事，令孔子感叹不已，就此悟出了中庸之道。

于是，孔子也在自己座位旁放了一个欹器，借欹器“满则覆，中则正，虚则欹”的特点，告诫自己做任何事情都要不偏不倚，同时喻示“满招损，谦受益，戒盈持满”的道理。

宋代著名理学家朱熹，对“中庸”一词的加注：“中者，不偏不倚，无过不及之名。庸，平常也。”（《四书·中庸》）

①潘莉. 中国古代心理健康思想探究[J]. 咸宁学院学报，2008(2).

“中庸”是孔子提出的处理世间万物的总法则。“中”,就是既不要走极端,不要过头,也不要欠缺,不要不及。“庸”,就是要保持一颗平常心。

做人不自满,懂得谦让,知道夹着尾巴做人,这样才能处理好人际关系。

为人处世的态度,决定人际关系的和谐程度。心理健康,心态就会平和,就不会因得势而忘形,就能够把握好人际关系的尺度,能够做到善待他人,也就能获取他人对自己的善待。当一个人内心装满太多的私欲和自满情绪,最后受损的还是自己。

“中庸”提倡的是不偏不倚的生活态度。“中庸”是在告诫后人:做什么事情都要有个度。对事,把握好尺度,做到行为适中;对人,懂得谦让宽厚,做到心态平和,只有这样才能做到心理平衡,才有助于身心健康。

[**资料来源**]http://blog.sina.com.cn/s/blog_40861d6e0100oxll.html.

2. 修身养性——塑造和谐人格

和谐人格是心理和谐的内核。和谐人格主要指构成个体人格内部各要素之间的和谐和人格与其所处的环境之间的和谐。通过自我修养的方式形成和谐人格是古人进行人格修养的必由之路。在古代哲人看来,人生价值在于有所作为,在于精神充实,在于心情愉快,在于人格高尚。孔子从社会关系的角度推出理想人格的标准,即“仁义”。“仁”主要反映血缘亲爱,“义”主要反映政治关系,这两种关系的总和就形成了“礼”。“克己复礼为仁”就成为孔子所倡导的理想人格,即健康人格。一个人要成为仁义之人就要“克己”,约束自己;“复礼”即注重个人的品德修养以符合社会规范。孔子大力推行仁爱思想,强调人与人之间多一些关爱,多一些诚信,做到“己所不欲,勿施于人”,认为只要人人能够做到和坚持这些行为规范,就能养成高尚的人格。孟子为人生价值树立了更具体的人格规范,“富贵不能淫,贫贱不能移,威武不能屈,此之谓大丈夫。”因此,一个人以自我完善为基础,通过修身养性,形成了高尚的人格,才能立世,在社会上成就一番大事业,这就是儒家所提倡的“正心、修身、齐家、治国、平天下”。只有通过正心、修身,形成和谐人格,保持平和、恬淡的心态,正确处理理与欲的关系,才是达成齐家、治国、平天下的必要前提与基础①。

信息窗 1-2

曾国藩的修身养性之道

曾国藩对于传统儒家伦理思想中倡导的修身养性的道德品质推崇备至,认为是理想人格的最高境界。他把修身进德与学业作为人生的重大财富,且对于修身养性有着非常独到的见解。

①何东亮.中国古代心理和谐思想的现代启示[J].盐城师范学院学报(人文社会科学版),2009(4).

曾国藩修身养性的主要内容——“八德”，即勤、俭、刚、明、忠、恕、谦、浑。“勤”指勤劳，勤以养生，勤以致富；“俭”指节俭，俭以养廉，俭以保家；“刚”指刚强，刚强立身，万难不屈；“明”指明白，明白事理，有胆有识；“忠”指忠诚，忠诚处事，取信于人；“恕”指宽恕，待人宽恕，胸怀广阔；“谦”指谦虚，谦虚谨慎，稳妥办事；“浑”指含浑，为人含浑，不露锋芒。

曾国藩修身养性的主要方式——“日课”。所谓“日课”，即十二项功课。(1)主敬。整齐严肃，无时不惧。无事时心在腔子里，应事时专一不杂。(2)静坐。每日不拘何时，静坐四刻，体验来复之仁心。正位凝命，如鼎之镇。(3)早起。黎明即起，醒后勿沾恋。(4)读书不二。一书未点完，断不看他书。东翻西阅，徒务外为人。(5)读史。二十四史每日读十页，虽有事不间断。(6)谨言。刻刻留心。(7)养气。气藏丹田，无不可对人言之事。(8)保身。谨遵大人手谕，节欲、节劳、节饮食。(9)日知所亡。每日读书记录心得语，有求深意是徇人。(10)月无亡所能。每月做诗文数首，以验积理之多寡，养气之盛否。不可一味耽著，最易溺心丧志。(11)作字。早饭后作字，凡笔墨应酬，当做自己功课。(12)夜不出门。旷功疲神，切戒切戒。

曾国藩修身养性的主要形式——“重厚”。所谓“重厚”，是指举止端庄，认真严肃，心存仁义，不狂言乱语。

[资料来源]陈静. 曾国藩修身养性的人格教育思想探析[J]. 山西高等学校社会科学学报，2009(8).

3. 仁者爱人——形成良好人际关系

现代心理学认为，社会关系和人际交往是心理健康发展必不可少的因素，并把人际关系的和谐与否作为判断心理是否健康的重要指标。对此，儒家文化亦有相关阐述：

第一，家庭关系和谐。《论语》曰：“弟子入则孝，出则弟。”在家庭中，要以“孝弟”为最根本原则。不仅在行为上“无违”，关心父母的衣食住行，还要有“敬养”的态度，在心理换位基础上产生对父母的体恤之情。“父母在，不远游，游必有方。”

第二，注重交友。“有朋自远方来，不亦乐乎？”孔子还把交友看做有益的三种快乐之一：“乐节礼乐，乐道人之善，乐多贤友。”不会交往、孤僻、冷漠被视为不正常的人格表现。同时也不能盲目交友，“君人者不可以不慎取臣，匹夫不可以不慎取友。”将取友与君王选臣相提并论，足见其重要性。

第三，学会宽容。“君子知而能容愚，博而能容浅，粹而能容杂，夫是之谓兼术。”即教导我们要学会宽容。宽容，可以维系融洽的人际关系，也有利于心理健康和事业的成功①。

①巢小妹. 中国传统文化中的心理健康教育思想[J]. 教育艺术，2010(3).

（二）道家文化中的心理健康思想

“道”是中国古代哲学的重要范畴，用以说明世界的本原、本体、规律或原理。在中国哲学史上，“道”这一范畴为道家首先提出。道的原始涵义指道路、坦途，以后逐渐发展为道理，用以表达事物的规律性。这一变化经历了相当长的历史过程。春秋后期，老子最先把道看作是宇宙的本原和普遍规律，成为道家的创始人。以后，在不同的哲学体系中其涵义虽有不同，但基本上成为世界本原、本体、规律或原理的代名词。道家文化是古代东方智慧的又一结晶，作为传统思想文化的重要组成部分，其中也蕴含着丰富的心理学及心理健康教育的思想。主要包括以下几方面：

1. 人性教育：天人合一，无为不争

道家“天人合一”的思想，是从“道”的概念来阐述的。“道”是虚空之间一切有形与无形世界的本原，是自然界与人类社会的总法则。它要求人们效法天道，做到虚受一切，包容万物，要按“道”的要求，思想上淡泊名利、清心寡欲；行为上物我两忘，柔弱守中；待人上不骄不躁，诚恳谦虚。

“无为不争”是道家哲学提倡的理想人格。在现实社会，一个人要进步，就必须少私寡欲，知荣守辱，处虚守静，通过修身养性，可以使人在喧嚣的尘世搅扰、利益之争和现实矛盾中，获得一种内在的超越感和一份心灵的宁静。

2. 情感教育：知足不殆，清静无为

道家认为：“知足不辱，知足不殆，可以长久。”若不知足，不知止，便会危亡倾覆。所以，老子主张修身，制性制欲，控制自己的情欲和喜怒哀乐的情感。“祸莫大于不知足”，这里的“不知足”指对财富、权势、感官享乐等欲望贪得无厌的追求，受这种贪欲支配的人，往往会不择手段，他们心为物役，身为物累，为追求无止境的物质享受而陷入无尽的烦恼，在金钱和物质冲击下，引起心理失衡和诸多心理问题，难以达到物质生活与精神生活的平衡。道家告诉人们，真正的幸福或快乐不在于物质的充裕或地位的荣华，而在于生命质量的提高，在于精神上的自由和精神境界的升华。故道家主张少私寡欲，不为物累，有助于人们摆脱一味追求金钱、权力或感官享乐等病态需要，保持健康人格①。

3. 人际交往教育：淡泊名利，柔弱谦让

道家“无为不争”思想，表面上是消极的无为，顺应自然，实际上是通过“无为”达到“无不为”。如老子的推崇“柔弱胜刚强”的处世哲学：“天下莫柔弱如水，而攻坚者莫之能胜。”世界上没有比水更柔弱的东西，但它无坚不摧的能力，其他的东西都不能相比。这种柔弱不争乃不争私利，不在乎追求和算计自己的利害得失，通过“为而不争”达到“天下莫能与之争”的目的与效果，并非实质意义上的消极不争。这对于把握和处理好人世间的关系，最终实现自己的人生价值具有积极意义。

---

①张践．道家思想与现代人的心理健康[J]．湖南科技学院学报，2006(3)．

信息窗 1-3

陶渊明与道家思想

陶渊明有着浓厚的道家思想，这是时代使然，更是其性情与“崇尚自然”的道家思想契合所致。魏晋是玄风笼罩、老庄哲学风靡的时代，上层知识分子大都崇尚老庄，以清淡为务。陶渊明深受其影响，把生死、贵贱看得很淡。朱熹赞赏的正是陶渊明的超脱态度，他说：“晋宋人物，虽曰尚清高，然个个要官职，这边一面清谈，那边一面招权纳货。陶渊明真个能不要，此所以高于晋宋人物。”早年，他在《五柳先生传》中说：“闲静少言，不慕荣利”，并推崇“不戚戚于贫贱，不汲汲于富贵”的生活境界。这种道家思想不仅影响了他的人生之路，也影响了其创作。

道家思想是其归隐田园的内驱力。他曾任江州祭酒，任桓玄幕僚，任刘裕参军，任彭泽县令，然而官场的蝇营狗苟、构陷倾轧，使他深感“愧平生之志”（《归去来兮辞》）。他写道：“静念园林好，人间良可辞。”

陶公以不为五斗米折腰而归田，从重志节的传统上看是儒家大丈夫气概的演绎，也是儒家“邦有道则仕，邦无道则隐”的人生哲学为士大夫规定的退身之路，但促成陶公归隐“投冠旋旧墟”的，主要还是庄子崇尚自然的思想。在他的心中有一个庄子式的价值判断：权势、功名、贪欲等都是违反自己的异己力量，个体精神应当从“形”的束缚下解放出来，受制于“形”的功利满足是卑微渺小的，而个体精神上的自适才是最值得珍视的；对名利地位声誉的追求，远远比不上超功利的精神享受，更何况那些功利的追求和满足又往往是以身心屈辱为代价的。正因为如此，陶公由出仕到归隐时，没有沮丧，更没有留恋，他有一种大梦初醒、迷途知返的醒悟感，“实迷途其未远，觉今是而昨非”（《归去来兮辞》）。如此，他才在田园生活中活得真实，活得投入。归隐以后的陶公，像倦飞的鸟儿返巢，像池里的鱼儿回到故渊一样找到了自由，找到了自然。他在“榆柳荫后檐，桃李罗堂前。……户庭无尘杂，墟室有余闲”的家中过着衣食自足、怡然自乐的生活。在他的心目中，有着青山绿水白云蓝天、长着桑麻稻麦蔬果花草的田园，还有日出而作、日入而息，耕而食、织而衣的人们，才是合乎“自然”的。因此，他在这里走向了真淳、平和、质朴的生命境界。他居家、责子、交友、饮酒、弹琴、采菊，甚至读书、耕作，一切都是那样的自然，也是在这种自然中，他积极地实现着自己的人生价值。

陶渊明崇尚自然的审美情趣源于道家思想的影响。《老子》二十五章：“人法地，地法天，天法道，道法自然。”老子把自然看作最高的审美境界，自然也成为道家的审美理想。陶渊明在其诗歌中尽善尽美地演绎了老庄崇尚自然的美学理想。同时，崇尚自然也成为诗人的人生态度和信仰，而反映到他的诗歌创作上，就是绝无矫情、雕琢，鲜明地显现出一种质朴真率、平淡自然的艺术风貌。如“孟夏草木长，绕屋树扶疏。众鸟欣有托，吾亦爱吾庐。既耕亦已种，时还读我书。穷巷隔深辙，颇回故人车。欢言酌春酒，摘我园中蔬。微雨从东来，好风与之俱。泛览周王传，流观山海图。俯仰终宇宙，不乐复何如。”诗人崇尚自然，热爱自然，时常沉醉于大自然中，乃至物我两忘，隐居自得的高趣跃然纸上。

[资料来源]http://www.ruiwen.com/news/59953.htm.

(三)佛教文化中的心理健康思想

佛教发源于古印度，创立者是释迦牟尼。佛教大约于公元初传入中国，它在中国的传播发展，也是不断与中国文化融合的过程。经过中国僧伽几百年以本土文化对佛教教义进行诠释、改造和创新，在唐代已经出现了中国化佛教。其理论带有鲜明的中国文化色彩，渗透中国社会生活的各个层面，成为中国传统文化的一个重要组成部分，并对中国文化和社会发展产生了重要影响，给当今的心理健康教育诸多启示。

1. 成佛：人与终极价值和谐的途径

佛教认为，宇宙万物均由因缘和合而成，无常无我，处于永恒的因果流变之中，是不真实的。但它没有产生、消灭，是一种绝对真实，佛教将之称为“真如”。佛教以“空”否定宇宙万物的客观实在性，把外部存在看作假相世界，只承认真如的绝对真实性。这是佛教义理的哲学基础。不识真实，执着于万相的假有就是所谓“无明”。世人由无明所累，在流转不息的大千世界中追求有常有我，以幻相为真实，企图使瞬间变为永恒，给自己带来了无穷的烦恼，使肉体受累于贪欲，使精神桎梏于幻相，永坠苦海而不得解脱。要解脱人生的苦难，获得终极超越，就必须灭除无明，体悟人生的真实，不为虚假的世俗生活所累，觉悟成佛。

2. 涅槃：体现生命的价值

佛教教义认为，人生之“苦”是整个佛教理论的基本立足点。它把人生归结为“苦”，并不否定生命的价值，人能通过道德修养和实践超脱苦海，进入极乐世界，即“涅槃”。

佛教看来，世俗社会的一切都具有不恒常性，现实人生只有烦恼，根本不存在真正的安乐。任何世俗事物，如物质生活、精神追求，都因其虚幻不实、空洞抽象而不能充当价值的标准。一切世俗的理论都找不到导致人生痛苦的真实根源，无法给人们指出一条消除痛苦的正确途径。因此佛教认为，真正的幸福在于彻底解脱人生的苦难，断除人生的烦恼和痛苦的根源，使之永不复起。但由于人生注定要在生死中轮回，无论作善作恶都只能改变生活的状况。因此，真正的幸福不在现实人生，而在于对人生的超越，只有这种超越才能实现人生痛苦的彻底解脱，不再受生受死，获得永恒的幸福①。

①巢小妹. 中国传统文化中的心理健康教育思想[J]. 教育艺术，2010(3).

信息窗 1-4

佛教的健康认知论

佛教重视通过提升内心修养来应对外在的压力和障碍，认为要想提高健康水平就要学会改变认知。《四十二章经》里记载：一个人听到佛祖在修行并行大仁慈，心里就起了嗔念，用很难听的话来骂佛祖，佛祖默不应对，那个人骂了半天觉得奇怪，就问道："为什么我怎么骂你，你都无动于衷呢？"佛祖说："你办了很丰盛的礼物要送给别人，那人并不接受，请问这礼物会到哪里呢？"那人说："当然又回到我手上。"佛祖说："今天你骂我，我并不接受，这就像你自己拿着祸事，又回到你的身上。"

佛祖讲"境由心造，魔由心生"，认为如果心中有佛，观万事万物都有佛性。这也正是说明心灵的感悟和理解能力对于心理健康的重要作用。

[资料来源]刘国清.道家、儒家、佛家"健康观"的现代心理学意义[J].新闻爱好者，2010(11).

二、中国古代心理健康思想的基本内容

中国传统哲学的基础是天人合一观念。天人合一思想中的"天"主要有三种含义：一是自然之天，天就是自然，是我们所处、所受、所用的小环境及大环境，甚至包含我们自己的身体；二是道德义理之天，天是道德、价值的来源，是孔子所说的为人、立人、达人、达己之道；三是本体之天，天就是本体的宇宙，一个生生不息、变动不居的天道实体。

从天的这三种含义出发，可以引申出天人合一思想的四个命题，即人与自然的和谐、人与社会的和谐、人与自我的和谐、人与终极价值的统一①。

（一）人与自然的和谐

道家代表人物庄子对人与自然的关系有着深刻的认识："天在内，人在外，德在乎天。知天人之行，本乎天，位乎得。"天然的东西是内在的，人为的行动是外在的，德就是不失天然，应该懂得人的行为本于天然，处于自得。庄子的"天人合一"就是内与外的合一。处于内的天然的东西，就是事物的自然本性，处于外的人的行为是人的有意的作为。何谓"天与人以耶？"仲尼曰："有人，天也；有天，亦天也。人之不能有天，性也。"什么叫做人与自然原本是同一的？孔子说：人的出现是由于自然，自然的出现也是由于自然。人不可能具有自然的本性，也是人固有的天性所决定的。人为是出于自然的，即人为是顺乎自然的，天然的事也是顺乎自然的，因此，人为与自然应该是合一的。

①董云波.中国古代心理健康思想研究[D].呼和浩特：内蒙古师范大学，2006.

由此出发，庄子从天人合一的理论出发，引申出人与自然和谐相处的思想，要求人顺应自然规律办事，爱护自然环境，同时也就是爱护人类自身。这启示我们，只要人真能对大自然的法则有所领悟，能够将生命中原有的自然禀赋善加发扬，就能够实现人与自然的和谐发展，同时保持人的心理健康。

（二）人与社会的和谐

心理健康是个体按社会期望与要求实现自我的过程。社会是人现实的生活世界，是人与人的关系及结果，是每一个个体生存、发展的空间，是体现人的意义与价值的舞台。儒家思想对于人与社会的关系有着很多论述，概括起来主要有三个方面：

1. 乐群贵和

乐群是一种强烈的归属心态的表现，它主张与他人建立良好的关系，在群体中寻找自己的位置、实现自己的价值，把群体的和谐作为个体安身立命的根本。儒家伦理道德的群体价值取向把社会整体的利益置于个人利益之上，要求人们无条件地服从和维护社会整体利益，这种道德传统是中华民族凝聚力的重要源泉之一。因此，儒家把维护社会秩序，构建良好的人际关系当作自己的主要任务。为了使群体价值取向在社会生活实践中得到贯彻与落实，它以“贵和”作为其道德上的保证。

所谓贵和，是指在人际交往中以“和”为最高价值，做到和谐相处，即保持群体中良好、和谐的人际关系。孔子以“仁”为道德的核心精神，它的实质就是强调人与人之间乃至人与万物之间的亲和性，以建立主体与客体和谐的关系。根据这种贵和的道德价值取向，儒家强调在个人与他人、个人与社会发生冲突时，要采取恭敬、谦让的态度，以群体利益至上的原则协调好各种人际关系。

2. 重义轻利

“义利之辩”是中国传统哲学价值论的主题，也是儒家哲学和儒家文明价值论的主题。历代儒者对“义”的解释都是“义者，宜也”，“义”泛指一切公正、合理而人们应该做到的事情和行为。所谓利，包括个人私利和国家、民族的集体利益两层含义。所谓义与不义，在本质上是一种道德善恶评价标准。

儒家对义利关系总的观点是义贵于利、义高于利、义重于利。“君子喻于义，小人喻于利。”在孔子看来，对于义和利的态度可以作为区分君子与小人的标准。对待个人私利的正确态度应该是“义以为上”“见利思义”“义然后取”。孔子并不否认个人利益存在的合理性，他甚至说：“富而可求，虽执鞭之士，吾亦为之。”可是取利应该在不违反义的原则下进行，“不义而富且贵，于我如浮云”，“不义”“害义”是不可求、不可取、不可处的。

当个人利益与国家、民族利益发生矛盾时，毅然决然地选择后者，毫不犹豫地牺牲个人私利，以捍卫“仁”这一最高的生命价值，这是孔子说的“杀身成仁”。这表明，道义的价值已经比生命的价值更高、更可贵。

儒家的义利观一方面把取义视为高于取利的价值追求，从而避免了个人利益至上带来的物欲横流;另一方面对追求个人合理利益给予充分肯定,在理论和实践上较好地解决了义利矛盾。儒家重义轻利的思想已成为中华民族传统美德的重要组成部分。

3. 理想人格

中国儒家的理想人格是君子,即成为有知识、有才德、有社会责任感的人。孔子所谓的“君子之道”,包括文化素质、襟怀心态、理想信念以及言语行为等,几乎涉及做人的一切方面。今天站在人类现代社会来审视这种理想人格,一是有修养、有道德,二是有志向、有作为。

所谓有志向、有作为,就是要自觉地承担社会历史的责任,为国家、为民族建功立业。儒家强调君子的道德修养,并不是为修养而修养,道德修养必然有其目的。《大学》提出君子的责任是:正心诚意、格物致知、修身齐家、治国平天下。君子人格虽然强调个人的自我进取、自我完善,但它的基础却是群体的,其人生价值以群体的需要为第一选择,要顾全大局、群体至上、反对极端个人主义、建立良好的人际关系。君子理想人格成为后世无数中国人追求的人生目标,中华民族历史上出现的许许多多的志向高远、胸怀磊落、清廉正直的仁人志士,可以说都受这种理想人格的熏陶。

(三)人与自我的和谐

在中国传统文化背景下,人与自我的关系体现为人性论,而庄子的人性论是最为全面和独特的。

1. 自然主义的人性论

在庄子看来,“道”虽然产生人和万物,但却不是有意识、有目的的有为之举,而是无意识、无目的的天道自然。人应当效法“道”而自然无为,自由生活。人人都顺天道自然、顺性命之情地自由活动,不为外物所诱惑、所牵累,就能达到无条件、无所累的精神自由,即达到“无己”“无功”“无名”的“至人”“圣人”“神人”的境界。这种人性,是天然的自然本性,无善恶可言的天然之性,是最圆满的人性。

庄子追求的是人的自然之性,让人之本性充分地显露出来,不让人之感官、人的内心随着外物沉浮,而是让它们服从自己,不是去适应别人的要求和原则,而是去适应自己的要求和原则。

2. 逍遥游

庄子十分重视个人的精神自由与和谐,他的逍遥游思想集中地体现了这一特征。庄子之逍遥,是超然物外,是无牵无挂。逍遥是超越万物之上,不役于物,不为具体事务所累,从而能不被他物所伤。庄子的无牵无挂不是身体远离具体事物,而是不离物而与物皆存。逍遥不是形体的逍遥,而是想象中的逍遥,是纯精神的逍遥。“游”即无羁无累的生活。“游”当然超于物、事之上,不役于物,不让它们扰乱内心的宁静。逍遥游的本质特征是心灵安闲自适,精神自由自在。

庄子认为,人的本性是质朴自然的,生活的目的和意义就在于“见素抱朴”,保持人的本真状态，反对仁义道德等外在的、人为的束缚。可是面对严酷的社会现实，庄子也不得不“安命顺时”，但这种安、顺并不是委曲求全、逆来顺受，庄子用“齐物论”将自由的精神与不自由的现实统一了起来。“齐物论”消解了一切物质之间的差别性，甚至消解了物我之间的差别性，将人与自我、自我与命运、精神与现实统一起来，实现人与自我、人与社会现实的和谐相处。和谐的结果就是逍遥而游，逍遥游虽然是超现实的、纯精神的活动，其总体倾向虽然是消极的，但它所蕴含的超越物质生活羁绊的自由精神、它所表达的面对生死荣辱、喜怒哀乐时的宁静恬淡，确实能够给人带来安慰和希望。

（四）人与终极价值的统一

对生命自然形式的超越和对永恒生命精神的追求是人类古已有之的理想。人之所以要追求理想，是因为人自身及人的生活世界的局限。人总是追求自己欠缺之物，追求更真、更善、更美的事物。只要人活着，追求就不会停止。心理健康是人不断超越当下、追寻终极意义的过程。

如前所述，在佛教看来，人生虽苦，但并不否定人生的价值，并不认为人将永堕苦海。人的生命价值就在于人能够通过自己的道德修养和道德实践超脱苦海，进入极乐世界，即佛教所谓的“涅槃”。建立在超越基础上的佛教价值观表现出超越性的积极意义：首先，它引导人们追求超越的理想、反对把生活庸俗化，有助于提高人们的精神层次，促使人们从世俗的生活中超脱出来，提高其道德境界，客观上有利于避免人们执着于对物质利益的过度追求。其次，它对价值本质的理解有助于提高人们面对现实生活压力的心理承受能力。在任何时代，人生都必须面对种种烦恼和痛苦，这是任何人都不可避免的。佛教把对问题的彻底解决归结于对人生的宗教超越。和其他一切世俗伦理学说不同，佛教提出的方案是永远不再有任何烦恼与痛苦的理想，尽管这完全是虚幻的、不可证实的，却给茫茫苦海中的芸芸众生带来某种渺茫的希望。正是这种不可证实的美妙希望，增强了人们对现实人生之苦的承受能力，在一定意义上强化了人们对生活的信念。

第二节　心理健康的现代诠释

哲学家叔本华说，一个健康的乞丐比患病的国王更幸福，教育家洛克也强调若没有健康就没有幸福。也许健康不等于幸福，但是没有健康就难以幸福，而没有心理健康肯定不会幸福。长期以来，人们一直持有“没有疾病就是健康”的传统观念。然而，随着科学、文化、社会的不断发展、医学模式的转变，心理社会因素对于健康和疾病的影响越来越引起人们的关注，人们在重视生理健康的同时，对心理健康的关注程度也与日俱增。

一、健康的涵义

（一）健康的定义

汉字中的“健康”涵义包括了体健、心安和适应社会需要三个方面的内容。《晋书·郭璞传》中的“健”即肌体强壮有力，《尚书·洪范》中的“康”即平安、安乐。这表明我国古代对“健康”的认识已经较为全面朴实。在延绵数千年、繁衍几百代的文明古国中，“使民以健，教民以康、驭民于国”，从而促进公民与社会的健康、安定、和谐发展，是中国古代的优良传统①。

健康是与疾病相对的一个概念，对健康的认识是伴随着对疾病的认识而发生变化的，因此对健康的定义无疑与对疾病的理解和把握密切联系在一起。我国1979年出版的《辞海》把健康定义为人体各器官系统发育良好，功能正常，体格健壮，精力充沛并具备良好劳动效能的状态。这种定义是从生物学的角度出发，强调人身体的生理健康。美国社会学家帕森斯（Parsons，T.）从社会学的角度，以个体参与复杂社会体系的这一本质为基础，将健康定义为：“社会化的个人完成角色和任务的能力处于最适当的状态”②。1946年，世界卫生组织在其《世界卫生组织宣言》中开宗明义：“健康不仅是没有疾病和虚弱现象，而且是一种个体在生理上、心理上、社会上完全安好的状态。”1978年，国际初级卫生保障大会所发表的《阿拉木图宣言》再次重申了健康整体、全面、综合的观念，指出“健康不仅是疾病与体弱的匿迹，而且是身心健康、社会幸福的完善状态”。1990年，世界卫生组织公布了健康的定义：一个人只有在躯体、心理、社会适应和道德四个方面都健康，才算是完全健康。在生理健康和心理健康两部分中，心理、社会适应和道德都可以纳入心理健康范畴之中。

（二）健康的标准

健康是一个整体、全面、综合的观念，因此，健康应包括生理、心理和社会适应等几个方面。一个健康的人，既要有健康的身体，还应有健康的心理和行为，只有当一个人身体、心理和社会适应都处在一个良好状态时，才是真正的健康。根据现代生物—心理—社会医学模式，世界卫生组织提出，健康是一种生理、心理与社会适应都臻于完满的状态，有10个方面的标准：

（1）有足够的充沛的精力，能从容不迫地应付日常生活和工作的压力而不感到过分紧张；

---

①张人骏. 第三讲　我国古代健康学思想概说[J]. 家庭医学杂志，1994(6).

②[美]F. 沃林斯基. 健康社会学[M]. 北京：社会科学文献出版社，1992.

(2)处事乐观,态度积极,乐于承担责任,大事小事都不挑剔;

(3)善于休息,睡眠良好;

(4)应变能力强,能适应环境的各种变化;

(5)能够抵抗一般性感冒和传染病;

(6)体重适当,身体匀称,站立时头、臂、臀位置协调;

(7)眼睛明亮,反应敏捷,眼睑不发炎;

(8)牙齿清洁,无空洞,无痛感,齿龈颜色正常,无出血现象;

(9)头发有光泽,无头屑;

(10)肌肉、皮肤富有弹性,走路感觉轻松。

为便于大众掌握与理解,世界卫生组织又把健康标准进行重新表述,这一新的表述可概括为"五快"和"三良好"。

"五快"指:

(1)吃得快:进餐时,有良好的食欲,不挑剔食物,并能很快吃完一顿饭;

(2)便得快:一旦感觉有便意,能很快排泄完大、小便,而且感觉良好;

(3)睡得快:有睡意,上床后能很快入睡且睡得好,醒后头脑清醒,精神饱满;

(4)走得快:行步自如,步履轻盈;

(5)说得快:思维敏捷,口齿伶俐。

"三良好"指:

(1)良好的个性人格:情绪稳定,性格温和;意志坚强,感情丰富;胸怀坦荡,豁达乐观,没有经常性的压抑感和冲动感。

(2)良好的处事能力:观察问题客观、现实,具有较好的自控能力,能适应复杂的社会环境,能保持对社会外环境和身体内环境的平衡。

(3)良好的人际关系:与他人交往的愿望强烈,助人为乐,与人为善,尊重他人人格,对人际关系充满热情。

二、什么是心理健康

(一)心理健康的定义

人们通常所说的心理健康是指人的较强的心理调适能力和较高的发展水平,即人在内部和外部环境变化时,能持久地保持正常的心理状态,是诸多心理因素在良好态势下运作的综合体现。但究竟什么是心理健康,至今尚未有定论。

1929 年,美国第三次健康及保健的白宫会议对心理健康的解释是:"在个体的心理功能活动尚未显露出明显心理障碍中所常见的症状表现”。1948 年,第三届国际心理卫生大会是这样定义心理健康的:“心理健康是指在身体、智能以及在情感上与他人心理不相矛盾的范围内,将个人的心境发展到最佳的状态”。精神分析学派的创始人弗洛伊德(Sigmund Freud)的定义较为简洁,他认为心理健康就是“爱和工作的能力”。与此类似,艾里克森(E. H. Erikson)在其社会发展理论中,则把“勤勉地完成任务、做好工作”当作心理健康的一个重要方面。视心理健康为“适当的社会行为”的观点,在一些心理学家特别是在行为主义者和社会学习理论家如班杜拉(Bandura)等中广泛流行。用“适当的社会行为”来定义心理健康可以使之便于操作,因为不适当行为通常能相对容易地表现或检测出来。从这种观点来看,心理的运行功能是一种连续的个体、行为与环境因素之间的交互作用,这种心理健康定义的重要涵义在于表明健康行为是个体在适宜的社会化过程中表现出来的与其自身特点相符的结果。人本主义心理学家马斯洛(A. H. Maslow)认为,自我实现、充分发挥个人天性的人就是心理健康者。罗杰斯(C. Rogers)把自我接纳看作是心理健康的基本元素之一。弗兰克(Frank)认为,对人生意义、理想或目的的自觉探求,是心理健康者的基本特征。奥尔波特(G. W. A1lport)以成熟的人为心理健康者。弗洛姆(E. Fromm)则强调心理健康者必须具有很强的创造性。该学派还有许多研究者都对心理健康问题进行了界说。但概而言之,绝大多数人本主义心理学者持有的心理健康观都很类似,他们认为:真正的心理健康者,应该是内心世界极其丰富,精神生活无比充实,潜能得以充分发挥,人生价值能够完全体现的人①。

对于心理健康的定义,我国台湾学者钱苹认为:心理健康应有满意的心境,和谐的人际关系,人格完整,个人与社会协调,情绪稳定。大陆学者王极盛提出:心理健康指的是个人的一种良好心理状态,即以积极的反应形式去适应自身环境、自然环境与社会环境,充分发挥个人的身心潜力。张承芬认为:心理健康是指个体在各种环境中能保持一种良好的心理效能状态,并在与不断变化的外界环境的相互作用中,不断调整自己的内部心理结构,达到与环境的平稳与协调,并在其中渐次提高心理发展水平,完善人格特质。刘华山对心理健康的再认识是:心理健康指的是一种持续的心理状态,在这种状态下,个人具有生命的活力、积极的内心体验、良好的社会适应,能够有效地发挥个人的身心潜力与积极的社会功能。冯忠良指出:心理健康是人类个体对其生存的社会环境的一种高级适应状态,而所谓适应,实质上是有机体对环境影响的调节功能。林崇德认为:心理健康是一种个人的主观体验,既包括积极的情绪情感和消极的情绪情感,也包括个人生活的方方面面,其核心是自尊②。

---

①周燕. 析心理健康标准研究中存在的问题[J]. 教育研究与实验,1996(4).

②林崇德,李虹,冯瑞琴. 科学地理解心理健康与心理健康教育[J]. 陕西师范大学学报(哲学社会科学版),2003(6).

综上所述,处于不同时期、不同文化背景、不同学派的众多古今中外的研究者都对心理健康进行了界定和阐释,可见对于心理健康概念的理解仁者见仁,智者见智,莫衷一是。但通过仔细分析、比较和综合,可以发现大多数学者都强调个体内部的协调和外部的适应,都视心理健康为一种内外协调的良好心理功能状态。另外,在理解心理健康的涵义时,还应注意到心理健康有广义和狭义之分。广义的心理健康是指一种高效而满意的、持续的心理状态;狭义的心理健康,指人的基本心理活动的过程与内容完整协调一致,即认知、情感、意志、行为、人格完整和协调。基于以上观点,我们认为心理健康是指个体在适应环境的过程中,生理、心理和社会性方面达到协调一致,保持一种良好的心理功能状态①。

所谓良好的心理功能状态,并不是绝对的,而是相对的。即个体心理在自身和环境条件许可的范围内,所能达到的最佳心理功能状态,而不是绝对完美的心理功能状态。良好心理功能状态的相对性,包含两层涵义:一是与大多数人相比,个体的心理功能是正常的;二是心理健康与心理疾病是心理功能状态这一序列的两极,它们是一种相对关系,而不是一种非此即彼的关系。

保持良好的心理功能状态,必须符合三项基本原则:一是心理活动与客观环境的同一性原则。不论在形式上还是内容上,都与客观环境保持同一。失去同一,即失去平衡,则心理失调,行为异常。例如,青少年儿童富于想象,幻想未来,无疑是正常现象,但若整天想入非非,甚至产生幻觉,则是心理异常的表现。二是心理过程之间的协调一致性原则。即一个人的认知、情感、意志等心理活动保持自身的完整统一,协调一致,保证准确有效地反映客观现实。如果失去这种协调和统一,必然会出现异常心理。例如,当一个人对令人愉快之事却作出冷漠的反应,而对使人痛苦之事却作出欢快的反应,这是心理异常的表现。三是个性特征的相对稳定性原则。即一个人在长期的生活经历中形成的个性心理特征,具有相对稳定性,一般是不易改变的。但是,如果在外部环境没有巨大变化的情况下,一个人的个性出现明显变化,就应考虑其心理活动是否出现异常。

上述衡量一个人是否达到良好的心理功能状态的三项基本原则,也是我们分析和诊断一个人心理健康或心理异常的理论依据,对于做好心理健康教育工作有着重要的指导意义。

①姚本先.学校心理健康教育新论[M].北京:高等教育出版社,2010.

信息窗 1-5

谨防"第三状态"

生活中,我们能发现有相当一部分人在一般情况下能正常学习、工作和生活,但显得生活质量差、学习或工作效率低、极易疲劳,同时也可能伴有食欲不振、失眠健忘、心绪不宁、精神萎靡、焦虑忧郁、性功能减退等表现。现代医学将这种介于健康与疾病之间的状态称作"第三状态",也有人称之为"亚健康状态""诱病态"或"灰色状态"。

世界卫生组织认为:亚健康状态是健康与疾病之间的临界状态,各种仪器及检验结果为阴性,但人体有各种各样的不适感觉。这是新的医学理论、新概念,也是社会发展、科学与人类生活水平提高的产物,它与现代社会人们的不健康生活方式及所承受的社会压力不断增大有直接关系。

最新科学研究发现,人类中有60%的人都处于这种奇怪的状态。处于第三状态的人,虽然没有明显的精神疾病与心理障碍,通常可以完成日常学习或工作任务,生活正常,但是他们往往学习或工作效率不高,注意力分散,情绪烦躁焦虑,缺乏生活目标与动力,常常感到无聊、提不起精神,痛苦感大于快乐感,"很累""没劲""真烦"是他们的口头禅。这类人虽说属于心理正常的范围,但是却处于一种非健康的状态。

亚健康状态多表现为由于过度脑力劳动、精神长期紧张所致的疲劳综合征,如精力不足、注意力分散、胸闷气短、心悸、失眠、健忘、颈肩腰背酸痛、遇事紧张等,由于内分泌失调、更年期综合征、人体衰老所引起的烦躁、盗汗、潮热、抑郁、头晕目眩、月经不调、性机能减退等,重病恢复期及长期慢性病所引起的各种不适等。

长期处于第三状态不仅会威胁到个人的健康,还影响到个体学习的效率和生活的质量。走出第三状态的阴影,可以从以下几点做起:

1. 保证合理的膳食和均衡的营养。维生素和矿物质是人体所必需的营养素;维生素A能促进糖蛋白的合成,细胞膜表面的蛋白主要是糖蛋白,免疫球蛋白也是糖蛋白。

2. 补充维生素。维生素C、B族和铁等对人体尤为重要,微量元素锌、硒、维生素B1、B2等多种元素都与人体非特异性免疫功能有关。

3. 调整心理状态并保持积极、乐观。广泛的兴趣爱好,不仅可以修身养性,而且能够辅助治疗一些心理疾病。善待压力,压力是生活不可分割的一部分,学会适度减压。

4. 及时调整生活规律,劳逸结合,保证充足的睡眠。适度劳逸是健康之母,人体生物钟正常运转是健康的保证,而生物钟"错点"便是亚健康的开始。

5. 增加户外体育锻炼活动，每天保持一定的运动量。

6. 戒烟限酒。医学证明，吸烟时人体血管容易发生痉挛，局部器官血液供应减少，营养素和氧气供给减少，尤其是呼吸道黏膜得不到氧气和养料供给，抗病能力也就随之下降。适量饮酒有益健康，嗜酒、醉酒、酗酒会削减人体免疫功能，必须严格限制。

[资料来源] 陈庆华. 青少年心理学[M]. 合肥：合肥工业大学出版社，2011.

（二）心理健康的标准

心理健康标准是心理健康概念的具体化和操作化，是评价心理健康的一系列准则。心理健康标准问题是心理健康研究领域中一个十分重要的基本理论问题，也是心理健康教育实践中急需解决的理论问题之一。因为心理健康量表的制订、心理健康的诊断、心理健康教育目标和内容体系的构建以及心理健康的维护与促进等，无一不是在弄清楚心理健康标准的基础上进行的。然而，心理健康标准问题又是数十年来心理健康研究领域中争论不休的一个问题。古今中外的众多研究者从不同角度对心理健康标准进行了纷繁复杂的讨论、阐述与界定。但由于心理健康的标准涉及面既广又复杂，迄今为止学者们尚未形成共识。

1. 西方学者的心理健康标准观点

第三届国际心理卫生大会提出心理健康的标准是：(1)身体、智力、情绪十分协调。(2)适应环境，人际交往中能彼此谦让。(3)有幸福感。(4)在工作和职业中，能充分发挥自己的能力，过有效率的生活。

美国心理健康协会关于心理健康的标准比较全面、复杂，也比较具体、细致，共计26条，它们是：(1)经常感到快慰、舒适。(2)不为恐惧、愤怒、爱、妒忌、罪恶或者忧愁等情绪所“捆绑”。(3)坦然接受不如意的事。(4)以容忍、开放的心胸，面对自己、面对他人，必要时，还能自我解嘲。(5)不高估或低估自己的能力。(6)能接受自己的缺失。(7)保持高度的自尊心。(8)善于处理所面临的各种情境。(9)能从每日生活的点点滴滴中汲取生活乐趣。(10)经常感受人际关系的乐趣。(11)经常关怀他人，热爱他人。(12)拥有永久的、非常良好的友谊。(13)相信别人，由衷地喜欢别人，也渴望人家爱自己、信任自己。(14)尊重别人的思想与意念，尽管这些思想与意念与自己有些分歧。(15)不强迫他人接受自己的意见，也不随便接受别人的看法。(16)乐于参与各种团体的活动。(17)对左邻右舍，甚至所接触的任何人，都具有高度的责任心。(18)胜任并愉快地面对生活中的各种需求。(19)能自行处理所有的问题。(20)勇于负责。(21)尽可能谋求与环境的良好相处。(22)乐于接受新经验与新观念。(23)能充分运用自己的天赋。(24)能确立合理的人生目标。(25)能自我思索、自我抉择。(26)能全力投入工作，从而寻求乐趣。

著名人本主义心理学家马斯洛和密特曼(H. A. Maslow & Mittelman)所提出的心理健康的10条标准影响深远,它们是:(1)有充分的安全感。(2)对自己有充分的了解,并能对自己的能力作出适当的评价。(3)生活理想和目标切合实际。(4)与周围环境保持良好的接触。(5)能保持自身人格的完整与和谐。(6)具有从经验中学习的能力。(7)保持良好的人际关系。(8)适度的情绪发展与控制。(9)在集体要求的前提下,较好地发挥自己的个性。(10)在社会规范的前提下,恰当地满足个人的基本需要。

在目前的心理学理论中,美国心理学家杰霍塔(M. Jahoda)关于心理健康标准的理论影响较大,他综合各家共同点概括出健全人格的标准:(1)自我认知的态度。有意识地对自身进行适当的探索,自我概念的现实性,接受自我,能现实地评价自己的长处和短处,心理认同感的明确性和稳定性。(2)成长、发展和自我实现。实现自己各种能力及才干的动机水平,实现各种较高目标的程度。(3)整合的人格。各种心理能量的适宜的动态平衡,有完整的生活哲学,在应激条件下能坚持并具有忍耐能力和应付焦虑的能力。(4)自主性或独立性。遵从自身的内部标准,行为有准则,行为的独立程度。(5)对现实的感知能力。没有错误的知觉,对于所预期及所见之物重视实际证据,对于他人的内心活动有敏锐的洞察力。(6)对环境的适应能力。具有爱的能力,并建立了令人满意的性关系,有足够的爱、工作和娱乐,人际关系适宜,能够适应环境的要求,具有适应和调节自身的能力,能有效地解决问题。

著名的人本主义心理治疗大师罗杰斯(C. Rogers)认为心理健康的标准是:(1)经验的开放性。(2)时刻保持生活充实。(3)对自身机体高度信任。(4)有较强的自由感。(5)有高度的创造性。同时,罗杰斯还提出了一个“未来新人类”的心理健康标准12条:(1)经验开放。(2)拒绝伪善和欺诈。(3)对科学技术持怀疑态度。(4)追求生命的完整。(5)渴求亲密的关系。(6)重视生活的过程。(7)热情帮助别人。(8)有强烈的生态意识。(9)反对僵化的体制,反对因循守旧。(10)信赖自身的经验。(11)不看重物质的享受。(12)向往与追求精神生活。

2. 我国学者的心理健康标准观点

我国传统文化中并没有直接提出心理健康标准的概念,但其中蕴涵着非常丰富的思想,许多学者对此进行了深入的挖掘和整理。

佐斌认为,中国传统文化中的心理健康标准有:具有良好的人际关系;适当约束自己的言行;保持情绪的平衡与稳定;持有积极的生活态度;完善的自我发展目标。① 金勇、郭力平认为,中国传统文化中关于理想的健康心理的宗旨大多可归结为一个“和”字,把关系和谐作为健康心理的标准。这个标准,要求在身心阴阳的平衡、形神统一的基础上,将心理健康的内涵提升到人与社会、人与自然关系的高度。这个标准体现在人与社会的

---

①佐斌. 中国传统文化中的心理健康观[J]. 教育研究与实验,1994(1).

关系中,就是人与社会的和谐统一;体现在人与自然的关系中,就是人道与天道的统一。这个标准是中国传统文化心理健康思想的理论基础①。强海滨认为,庄子的心理健康标准可概括为:顺随自然,保持人与自然的和谐;逍遥超越,实现人与社会的和谐;虚静恬淡,达到人与自我的和谐②。陈光磊认为,中国文化中看待心理是否健康主要有以下几个方面的标准:人格和谐,包容封闭;中庸处世,踅摸环境;慎独内省,自我调整;人顺自然,阴阳平衡;超越自我,心通九境③。

我国台湾学者张春兴关于心理健康的标准也有较大的影响,它们是:(1)了解自己并肯定自己。(2)掌握自己的思想行动。(3)自我价值感与自尊心。(4)能与人建立亲密关系。(5)独立谋生意愿和能力。(6)理想追求不脱离现实④。

我国大陆学者王登峰、张伯源关于心理健康的标准有八条:(1)了解自己,悦纳自己。(2)接受他人,善于处人。(3)正视现实,接受现实。(4)热爱生活,乐于工作。(5)能协调与控制情绪,心境良好。(6)人格完整和谐。(7)智力正常,智商80分以上。(8)心理行为符合年龄特征。刘华山关于心理健康的标准是:(1)对现实的正确认识。(2)自知、自尊与自我接纳。(3)自我调控能力。(4)与人建立亲密关系的能力。(5)人格结构的稳定与协调。(6)生活热情与工作效率。

除了提出一般的心理健康标准外,有些学者还针对个体发展的年龄特点提出了不同年龄学生的心理健康标准。如林崇德认为,中小学生心理健康的具体标准大体可从三个方面加以概括:(1)学习方面的心理健康,体现为学习的主体、从学习中获得满足感、从学习中增进体脑发展、从学习中保持与现实环境的接触、从学习中排除不必要的忧惧、从学习中形成良好的学习习惯。(2)人际关系方面的心理健康,能了解彼此的权利和义务、能客观地了解他人、关心他人的需要、诚心地赞美和善意地批评、积极地沟通和保持自身人格的完整性。(3)自我方面的心理健康,善于正确地评价自我、通过别人来认识自己、及时而正确地归因,能够达到自我认识、扩展自己的生活经验、根据自身实际情况确立抱负水平以及具有自制力⑤。陈家麟提出判断中小学生心理健康的标准是:(1)能正确认识现实并对之作出有效的适应,思想高尚,有理想、讲道德、守纪律。(2)热爱学习和工作,能在学习和工作中发挥自己的积极性和才能,并取得一定的成效。(3)乐于同人交往,人际关系十分融洽。(4)情绪乐观,善于避免忧愁、焦虑等消极情绪。(5)有自知之明,能严格要求自己,自尊自制。(6)具有正常的行为方式。沃建中认为中小学生心理健康的标准是:了解自我、信任自我、悦纳自我、控制自我、调节自我、完善自我、发展自我、调适

①金勇,郭力平.心理健康观的历史演进[J].心理科学,1998(5).

②强海滨.庄子心理健康思想研究[D].西安:陕西师范大学,2001.

③陈光磊.论中国文化中的心理健康标准[J].青海社会科学,2005(1).

④张春兴.现代心理学[M].台北:东华书局,1991.

⑤林崇德.关于心理健康的标准[J].思想政治课教学,2000(3).

自我、设计自我以及满足自我[①]。黄希庭等提出大学生心理健康的标准是:(1)智力正常。(2)情绪健康。(3)意志健全。(4)人格完整。(5)自我评价正确。(6)人际关系和谐。(7)适应能力强。(8)心理行为符合大学生的年龄特征[②]。姚本先提出应从以下几方面来考虑现代人和青少年学生的心理健康标准:智力水平正常、自我意识正确、人际关系和谐、生活平衡积极、社会适应良好、情绪乐观向上、意志行为健全、人格统一完整、心身特征一致[③]。

3. 心理健康标准

概而论之,我们可以看出心理健康标准的内容主要涉及三种关系:人与自我的关系、人与他人的关系、人与社会和自然的关系。这三种关系,无论哪一种出了问题,都难以称为"心理健康者"。所此,围绕这三种关系,我们可将心理健康的标准概括为以下六点。

第一,了解自己,悦纳自我。

了解自己,也就是正确认识自己,这是中外心理学家公认的实现心理健康的基础。人最难认清的,就是自己。所以,古希腊特尔斐神庙前竖立着一块巨大的石碑,上面刻着一句象征人类最高智慧的神谕——认识你自己!中国古代也有"人贵有自知之明"的教诲。一个人过于自卑或自负,其实是缺乏"自知之明"的表现。"了解自己"意味着一个人对自己的性格、能力和优缺点有着全面、客观的认识,这样对自己不会提出过高的、非分的目标和要求,能够根据内外环境的变化,指导自己的行为,调整自己的欲望,使自己充分挖掘潜能,实现自己的目标。

悦纳自我,就是愉快地接受自己的长处和短处。有的人总是自责,甚至厌恶自己,把自己的一点瑕疵放大。如有的中学生因为不满意自己的身材,就盲目减肥;有的少女因为身体发育,激素紊乱,身上汗毛比较浓密,就非常自卑不敢见人。心理健康的人对于那些与生俱来的、先天的或是不可改变(比如身高、肤色、家庭出身等)客观因素坦然接受,不纠结于此。这样的人自信但不自恋,自尊但不自卑,自爱但不自负,内心是和谐的。

第二,接受他人,人际关系协调。

心理健康的人不仅接受自己,还要能接受他人,能认可他人存在的价值和重要性。通常,一个悦纳自我的人往往也能接纳别人,包容他人。反之,一个对自己过于挑剔、自卑的人,往往就比较敏感,因为敏感就容易受伤,因为受伤就容易与别人对立,甚至嫉妒、憎恨、报复他人。接受他人,就意味着对别人是尊重的、理解的、信任的、包容的,在与朋友相聚时,大家共享欢乐,在自己独处时,也没有孤独感。

英国学者培根曾说:"一个独来独往的人、一个孤芳自赏的人,不是野兽,就是上帝。"也就是说,一个正常人是一定要与人交往的,一定是生活在社会关系中的。一个人是否有好朋友,不仅是心理健康的标准,也是心理健康的保证。知心朋友,就是一个人的社会

---

①沃建中. 中小学心理素质教育的探索[M]. 北京:科学出版社,2000.

②黄希庭,郑涌. 当代大学生心理特点与教育[M]. 上海:上海教育出版社,1999.

③姚本先. 学校心理健康教育新论[M]. 北京:高等教育出版社,2010.

支持系统，有时候可以帮你排忧解难、为你加油鼓劲，有时候就是你倾诉烦恼的垃圾桶，为你生命之舟保驾护航。能否交到知心朋友，与一个人对他人的态度有关，如果对人总是猜疑的、嫉妒的、憎恨的，就难以交到好朋友；如果对人是同情的、友善的、尊重的、包容的，就一定能结识知心朋友。

人际关系协调，是指在接纳他人的基础上，要懂得交往的艺术。学会倾听、真诚赞美、幽默、感恩、包容大度等等，这些都属于当代正流行的“情商”的范畴。我们可以通过这些辨别一个人心理健康的状况。

第三，接受现实，积极应对挫折。

现实就是我们每个人面对的社会环境和自然环境。接受现实，一方面要求我们适应环境，无论身处何种环境，都应坚强地生存下来；另一方面，我们也要遵守现实环境对人的规范要求，能够自律，不违规，高境界者则能做到孔子所说的“从心所欲不逾矩”。

每个人的人生之路都不可能一帆风顺、一马平川，总会遇到挫折、坎坷，生病、亲人的分离、考试的失败、朋友的分手、失恋、就业的不顺，还有天灾人祸，等等。我们该怎么面对？法国大文豪巴尔扎克说：“坎坷的遭遇，对聪明人来说是一笔财富，对天才来说是垫脚石，对懦弱者来说是万丈深渊。”中国古人的智慧“塞翁失马，焉知非福”，阐释了聪明人应对挫折的态度。心理健康的人，会辩证地看待挫折，会认识到事物是多面的，会发展变化的，因而会给自己一些弹性，有时会忍耐坚持，有时会调整方向，化危机为生活的转机，把挑战当作成长的机遇。

第四，乐于工作，热爱生活。

这里的“工作”应理解为“有事情做”，而不是仅仅指有经济收入的工作。对于学生或孩子来说，“工作”意味着学习或玩耍或劳作；对于全职太太来说，“工作”意味着相夫教子；甚至对退休老人或耄耋老人来说，也要有一些事情做做，如养花、养鱼、下棋，等等。“工作”给了人将精力合理排遣出来的通道；“工作”能让人感受到自我价值，有成就感和自我价值感；“工作”能让人与社会保持一定的联结，不与社会脱节。如果一个人总觉得自己没有价值、没有本事，活着没有意思，这可能是抑郁症状的表现；如果一个人整天无所事事，不愿意做事情，则容易“无事生非”。所以，西方的“超级富豪们”再有钱，也不会把钱作为遗产留给孩子，因为他们深知，如果孩子不劳而获，他自身的能力和动力就会退化，而且金山银山也填不满人的欲壑。所以，心理健康的人一定是乐于劳动和工作的。

“热爱生活”是心理健康很重要的标准，是指一种积极乐观的生活态度。如果说，“乐于工作”是让人生过得有意义，那么，“热爱生活”则是让人生过得有意思、有情趣、有乐趣。

一个人有没有业余爱好、有没有自得其乐的生活情趣，不仅是心理健康的标准，也是我们维护心理健康的重要途径。心理健康的人，能够发现生活中的美，享受生活的乐趣，能够珍惜生活，珍爱生命。当然，享受生活并不是指花钱消费，就像我国著名学者周国平所写的：钱可以买来山珍海味，但买不来良好的食欲；钱可以买来精致的床，但买不来良好的睡眠；钱可以买来房子，把家里装修得如何的舒适，但买不来温馨的家庭；钱可以买来性,但买不来爱情。所以,钱不是万能的,关键是看有没有生活的情趣。我们发现,一些抑郁症患者和自杀的人,往往都有“活得没意思”的抱怨。所以,一个人“活得有没有意思”就是心理是否健康的重要标准了。

第五,情绪稳定,主导心境愉悦。

情绪稳定,是指情绪不要大起大落,当事人能保持情绪平和。大起大落的情绪状态,一方面对身体有害,另一方面,也会让人的理性思维和行为弱化。耶尔克斯－多德逊定律告诉我们,过低或过高的情绪状态,都不利于学习和考试行为的最佳化。尤其是在冲动情形中,往往会做出让自己后悔莫及的事情。中国公安大学李玫瑾教授有一次在谈到一例大学生杀人的刑事案件时说,中国发生的杀人案件,80%是激情杀人。也就是原来并没有杀人动机,但就在情绪冲动、不能自控的一瞬间,将对方置于死地,结果自己也难逃法律的严惩。

就像生活不可能一帆风顺,人的情绪也不会总是喜悦、开心的,也会有忧伤、绝望、愤怒等消极情绪出现。但心理健康的人,会调节自己的情绪,不会让自己长期沉溺在负性情绪之中,通常情况下,其主导心境是愉悦的、乐观的、正向积极的。

心理健康的人,能做到喜不狂、忧不绝、胜不骄、败不馁;谦而不卑,自尊自重;在社会交往中,既不妄自尊大,也不畏惧退缩;属于自己的,不轻易放弃,不属于自己的,也不贪婪;对于自己所得到的一切,都是满意的、知足的,因而能够保持乐观稳定的情绪状态。所以,情绪状态与个人的自我意识、欲望、人际关联、人生态度等都有关系,是一个人心理健康是否健康的重要晴雨表。

第六,人格完整和谐。

人格的内涵很丰富,既包括人的能力、气质、性格,也包括理想、信念、世界观、人生观,等等。就如同世上没有两个完全相同的树叶一样,即使是同卵双生子,人格都不会一样,人格是一个人独特性的表现。心理健康的人,其人格特点虽然有差异,但人格各方面的发展是均衡的、和谐的。如果一个人智商很高,但情商很低,则其人格的大厦就很不稳定,容易坍塌。大学里发生的很多案例,高智商犯罪、高学历者轻生等就说明如此。

心理健康的人的精神面貌是完整、协调、和谐地表现出来;思考问题的方式是适中的、合理的;待人接物能采取恰当的、灵活的态度;行为举止符合其年龄特征;对外界刺激不会有偏颇的情绪和行为;和社会的步调合拍,也能和集体融为一体。

以上这六个标准,虽然是基本的,也是比较高的。现实生活中很少有人完全达到这样的标准,但只要能意识到这样的标准,并不断地自我完善朝这个目标进步,相对来说就是心理健康的。换句话说,追求心理健康、人格健全是一个人的终身课题,一辈子的修炼。

第三节　心理健康教育概述

面对急剧变化和迅速发展的现代社会,青少年成长的环境日趋复杂,身心健康所受的负面影响日益增大,致使心理问题层出不穷,心理健康水平逐步下降,心理素质越来越令人担忧。因此,提高青少年学生的心理素质,加强学校心理健康教育势在必行。

一、什么是心理健康教育

(一)心理健康教育的涵义

大力加强学校心理健康教育,已成为世界性的教育共识,心理健康教育成为现代学校的一个重要标志。

《中共中央国务院关于深化教育改革全面推进素质教育的决定》等重要文件中,对学校心理健康教育的目的、任务、目标都进行了不同程度的阐述,这些构成了学校心理健康教育的重要内涵。教育部在1999年出台的《关于加强中小学心理健康教育的若干意见》中明确指出:“中小学心理健康教育是根据中小学生生理、心理发展特点,运用有关心理教育方法和手段,培养学生良好的心理素质,促进学生身心全面和谐发展和素质全面提高的教育活动;是素质教育的重要组成部分;是实施《面向21世纪教育振兴行动计划》,落实《跨世纪素质教育工程》,培养跨世纪高质量人才的重要环节。”这一提法不仅明确了我国学校心理健康教育的内涵,而且指出了学校心理健康教育的意义和重要性。概括地说,学校心理健康教育是根据学生生理、心理发展特点,运用有关心理学的理论、方法和手段,预防学生心理问题,增进学生心理健康,培养学生良好的心理素质,促进学生身心全面和谐发展和素质全面提高的教育活动。

(二)心理健康教育的相关概念辨析

心理咨询、心理辅导和心理治疗是三个在学校心理健康教育中经常会遇到的概念,它们和学校心理健康教育以及相互之间有什么区别与联系?如何正确使用这些概念?这些都是教育实践工作者比较关注的问题,同时也是专业人员和研究人员共同关注的问题。

1. 心理辅导

心理辅导是学校教育工作者和辅导人员根据学生心理发展的特点与规律,在一种新型的、建设性的人际关系中,运用心理学等专业知识和技能,设计与组织各种教育活动,为学生提供适合其需求的协助和服务,帮助学生准确地认识自己,适应环境,设立符合自身实际情况并且有助于自身发展的目标,在成长的过程中克服困难,增强自身各方面的适应能力,从而形成良好的心理素质,充分发挥个人潜能,进一步提高心理健康水平的过程。

心理辅导的对象往往是处在转变或转折时期的普通学生,即他们的心理健康状况相对良好。关注对象的未来,心理辅导的重点是预防,根本目标是为防止未来问题的发生提供知识性服务,促进学生形成良好的心理素质,充分发挥个人潜能。

2. 心理咨询

作为一种技术与服务的心理咨询，其涵义是：咨询员运用心理学的理论和技术，借助语言、文字等媒介，与咨询对象建立一定的人际关系，进行信息交流，帮助咨询对象消除心理问题与障碍，维护和增进咨询对象的心理健康，使其能充分发挥自身潜能，有效适应社会生活环境的过程。

心理咨询的对象是在发展中遇到一些心理困惑或有轻、中度心理冲突与矛盾的正常学生，关注对象的现在，心理咨询的重点是发展，根本目标是改善学生个体的心理机能，提高其心理健康水平。

3. 心理治疗

心理治疗是指在良好治疗关系的基础上，由经过专业训练的治疗者运用心理学的有关理论和技术，对当事人进行帮助，以消除和缓解当事人较严重的心理问题和障碍，促进其人格健康协调的发展，恢复其心理健康的过程。

心理治疗的对象是心理健康水平较低，或心理机能失调及心理上有严重障碍的学生。关注对象的过去，心理治疗的重点是矫治，根本目标是纠正与治疗学生心理与行为的失常问题，恢复其心理健康。

4. 心理辅导、心理咨询与心理治疗的关系

对人的心理问题的处理，目前大致有医学模式和教育模式两种模式，前者重心理的治疗和重建，后者重心理的预防和发展。按使用这两种模式因素的多少，可区分为心理辅导、心理咨询和心理治疗三个层次和类型。由此，三者在方式、时间、过程、方法上也有不同。

在方式上，心理辅导倾向于采用团体辅导或与个别辅导相结合的方式，而心理咨询与治疗侧重个别对待；在时间上，心理辅导可以是终生的，伴随着整个教育过程，而心理咨询与治疗则是一个可长可短的定时，难以持续终生；在实施过程的积极主动性上，心理辅导多表现为辅导人员积极主动的过程，在实施方面具有超前性的特点，而心理咨询与治疗相对被动，要等求助者主动来访，主动对问题学生进行咨询与治疗，在时效上具有滞后性的特点；在方法上，心理辅导有更多的组织、计划和具体方法等结构化成分，而心理咨询与治疗则更加灵活、富有弹性和针对性，需适时调整结构和计划。

必须说明的是，上述三个概念都是狭义的，在实际开展的学校心理健康教育活动中，这三个概念的使用不仅有很大程度的交叉和重叠，而且多数时候都是在广泛意义上使用某个概念，如心理辅导就可能包括所有的咨询、辅导和治疗在内。同样，使用心理咨询与心理治疗这两个概念往往也都包括其他两个概念。之所以只使用其中某一个概念，可能是因为在开展心理健康教育过程中，具体的学校在对象、任务、内容、方法、手段等方面的侧重点不同而已。

虽然心理咨询、心理辅导和心理治疗是互相紧密联系的，不能也无法完全区别开来，但是这三者毕竟是不同的，从真正意义上说，都具有各自不同的特点，所以应该区别开

来。只有这样才有利于学校心理辅导、心理咨询和心理治疗工作的开展，提高学校心理健康教育工作的准确性、针对性和科学性①。

二、心理健康教育的功能

（一）促进学生身心健康成长

1. 开展学校心理健康教育，有利于促进学生身心健康

在现实生活中，由于心理学知识的贫乏，人们对青少年的发展及健康的评价，往往只注重生理上的身体健康，而极少注意精神的、心理的健康；只重视生理健康的教育与训练，而忽视心理健康的教育与训练。其结果不仅损害了学生的心理健康，也使其生理健康得不到保证，这已为大量事实所证明。因此，只有学生的生理健康和心理健康都得到重视，才能全面提高学生的身心健康水平。所以，必须开展学生的心理健康教育。

2. 开展学校心理健康教育，有利于学生形成健全人格

在片面追求应试升学的思想指导下，许多教师、家长及青少年学生仅重视知识的获得、智能的开发，而对优良品德和健康人格的塑造重视不够，从而使得青少年身心发展缺损，不利于整体素质的提高和成才立业。心理健康教育是学生个性全面发展和健全人格养成的基础。青少年的成长过程，不仅是学习知识、发展智能、增强身体素质的过程，而且也是人格的形成和发展的过程。开展心理健康教育，不仅能够帮助学生解决学习困难、改善人际关系、提高思想认识，而且为他们的个性发展和人格养成打下长久而全面的基础。

3. 开展学校心理健康教育，有利于提高学生适应能力

良好的社会适应能力是社会对人才的基本要求，也是现代人心理健康的重要标准。因此，通过学校心理健康教育，促进学生社会适应能力的提高是很有必要的。人的心理和行为是密不可分的，良好的行为习惯受良好心理素质的支配，同时，良好行为习惯又可内化积淀为一定的心理素质。人的心理素质一旦形成，在相应的情境中就会产生条件性反应，进而表现为一定的适应能力。学校心理健康教育可以根据学生行为中的问题，采取科学有效的心理咨询、辅导和训练等方法，提高学生心理素质，促使其养成良好的行为习惯，增强学生相应的社会适应能力。

4. 开展学校心理健康教育，有利于促使学生全面发展

当今社会需要的是全面发展的人才，教育的目标就是培养全面发展的人才，而青少年学生德、智、体、美的全面发展，需要有健康的心理作为基础。青少年学生只有具备健康的心理和良好的心理素质，才能形成优良的思想品德，才能进行有效的学习和智力开

---

①姚本先. 学校心理健康教育基本概念辨析[J]. 课程 · 教材 · 教法，2001(6).

发，才能拥有健康的体魄，才能产生对美的正确认识，才能熟练地掌握劳动技能。健康的心理能使青少年学生正常学习和生活，与周围环境取得平衡和协调，具有一定的求知欲和兴趣爱好；同家庭成员、教师同学能建立良好的人际关系，以诚恳、谦虚、公正和宽厚的态度对人；正确地认识自己，了解自己，努力发展身心潜能，有着较好的心理承受能力，能适应环境变化，乐于接受新生事物。学校心理健康教育的开展可以提升青少年学生的心理素质，从而促进其全面发展。

（二）推进学校素质教育实施

1. 开展学校心理健康教育，有利于学校实现教育目标

长期以来，片面追求升学率的应试教育损害了青少年学生的全面发展。为此，党和国家作出了深化教育改革、全面推进素质教育的重大决定，将片面应试教育转变为全面素质教育，这与教育的根本目的——提高人的素质是完全一致的。至于素质教育的基本内涵有哪些，尽管提法很多，但健康的心理素质是其重要的组成部分已成为共识。道理很简单，因为人是一个身心统一体，全面发展理应包括身心的全面健康发展，而且身心的健康也为素质教育的实施打下了坚实的基础。另外，学生的心理健康教育与德、智、体、美、劳诸方面的教育有着密切的关系，它不仅是其中不可缺少的部分，而且从某些方面来说，它对全面发展教育的融通和优化，具有很大的促进和制约作用。随着我国改革开放的逐步深入以及社会关系的日趋复杂，未来社会对人才素质的要求也将更加全面和严格，尤其是对心理素质的要求会越来越高。学校心理健康教育也是实施素质教育的重要途径，它体现了素质教育的思想。努力确立现代教育的观念，积极改变教育的策略和方法，从而使得通过开展素质教育全面提高学生各种素质的目标得以实现。

2. 开展学校心理健康教育，有利于学校减轻学生负担

大量调查和研究表明，学生内部的心理压力是造成学生学习负担过重的主要原因。因此，要减轻学生过重的学习负担，必须减轻学生过重的心理压力，增强学生的心理承受能力。

通过心理健康教育，激发学生的学习动机，培养学生广泛的学习兴趣，锻炼战胜困难的意志品质，形成正确的感知外界事物的能力，树立良好的自尊和自信，具备坚强的意志、顽强的毅力和锲而不舍的精神等，提高学生的心理承受能力，调动学生学习的积极性和主动性，愉快地、轻松地学习，达到既减轻过重的学习负担，又能有效地提高学习质量和教育质量的效果。因此，减轻学生的学习负担，除了可以从学习的数量和难度上加以规定之外，还可以通过减轻学生心理压力，提高其心理承受能力，激发其心理潜力的心理健康教育来实现。

3. 开展学校心理健康教育，有利于学校实施创新教育

研究表明，提高心理素质水平、促进心理健康和个性全面发展是培养创造力、增强创

新能力的前提条件①。创新能力是人人皆有的一种潜在的心理能力,它与心理健康有着密切的关系。每个人都有创新的禀赋,但是只有心理健康的人才会把创新行为和创新能力付诸实现。现代神经生理学家认为,只有心理健康的人才会把创造潜能付诸实践,才能成为创新人才。创新人才应具有创新精神和创新意识、创新思维和创新人格、创新能力和实践能力等三个方面的创新素质特征②。学校进行心理健康教育,要重视激发学生探索新事物的兴趣和勇气,促进其自我意识的协调发展,增进其良好的人际适应,塑造其完整而独立的创新个性及人格,充分发挥其创新潜力,把创新教育落到实处。

(三)推动社会和谐发展进步

《中共中央关于构建社会主义和谐社会若干重大问题的决定》中指出:"注重促进人的心理和谐,加强人文关怀和心理疏导,引导人们正确对待自己、他人和社会,正确对待困难、挫折和荣誉。加强心理健康教育和保健,健全心理咨询网络,塑造自尊自信、理性平和、积极向上的社会心态。"③和谐社会的三个空间是自我关系、个人与他人关系以及个人与社会关系。

1. 开展学校心理健康教育,有利于学生的自我和谐

自我和谐是人的身心以及构成身心两方面的各种要素相互依赖、相互作用所达到的最佳状态和不断自我超越的动态过程④。心理健康的重要标志是自我和谐。青少年学生是社会发展的主体,他们的心理健康是内在精神和谐的基础,也是社会和谐的基础。学校是培养人才的机构,也是构建和谐社会的重要场所。开展学校心理健康教育,就是让青少年学生对过去、现在以及未来的期望进行平衡,从而更好地利用生命;就是让青少年学生学会正确处理日常生活中的冲突与选择,降低其身心的伤害;就是让青少年学生客观地评价自己,从而努力发展自身的潜力;就是让青少年学生乐于与人交往,认可他人存在的价值;就是让青少年学生处理好理想自我与现实自我的关系,从而更好地接受挑战;就是让青少年学生各方面能够得到均衡发展。因此,开展学校心理健康教育,有助于促进青少年学生形成积极向上的心理,振奋民族精神;有助于塑造青少年学生良好的个性,健全人格发展,提高道德水准,净化社会风气;有助于调动青少年学生的主动性、积极性和创造性,从而以科学的态度处理各项实际工作,推动社会经济和文化的发展与进步。

青少年学生只有自我达到和谐,其心理才会健康,才会有积极的情绪、崇高的理想信念、正确的价值观和高尚的精神道德追求以及坚强的意志,其内在精神才能和谐,才能与他人、社会和谐相处,共同发展。

---

①俞国良. 创新教育理念中的心理健康教育[J]. 教育科学研究,2002(1).

②俞国良. 直面基础教育的创新教育研究[N]. 光明日报,2001-11-29(B01).

③中共中央关于构建社会主义和谐社会若干重大问题的决定[J]. 求是,2006(20).

④刘新军. 自我和谐的内涵及研究意义[J]. 山东师范大学学报(人文社会科学版),2008(6).

2. 开展学校心理健康教育，有利于学生的人际和谐

人际和谐包括人与人之间能够保持适当的、良好的人际关系，能够在集体允许的前提下有限度地发挥自己的个性，能够在社会规范的范围内适度地满足个人的基本需求。人际和谐或心理健康的人乐于与人交往，不仅能接受自我，也能接受他人，悦纳他人，能认可别人存在的重要性和价值。同时也能为他人所理解，为他人和集体所接受，能与他人相互沟通和交往，人际关系协调和谐；能与所生活的集体融为一体，既能在与挚友同聚之时共享欢乐，也能在独处沉思之时无孤独之感；在与人相处时，积极的态度（如同情、友善、信任、尊敬等）总是多于消极的态度（如猜疑、嫉妒、畏惧、敌视等），因而在社会生活中有较强的适应能力和较充足的安全感①。

3. 开展学校心理健康教育，有利于学生与环境的和谐

实现人与自然和谐发展是一个漫长的过程，心理学将发挥其巨大作用，并将贯穿整个历程。人与环境的和谐关系，是构建和谐社会的主要课题之一。目前，人们对无节制的消费给人类的可持续发展所造成的威胁缺乏清醒的认识，各国政府解决就业问题的办法之一是促进经济增长，而促进经济增长的途径就是"刺激消费"。对物品的无限欲求和消费变成了现代人基本的人生目标，而这势必造成人均资源消耗量的持续增长和对自然生产力的严重破坏。这种"异化消费"脱离了人的基本的、正常的生活需要，而持续发展的消费追求的是一种转移式的消费和发展，它要求从根本上改变挥霍性的消费方式和发展观，从而进行一场由纯物质性消费向精神性消费方式转变的革命。健康的精神消费能丰富人们对生命意义的体悟，深化人们对生存价值的认识，并且为克服全球生态危机形成强大的道德支柱和良好的社会心理氛围，促进人的全面发展。这是可持续消费的意义所在。

学校在开展心理健康教育的同时，可结合国家资源缺乏、环保问题的国情教育，帮助青少年学生树立保护环境光荣、奢侈浪费可耻的人生观，树立科学的发展观和合理的消费观，使得青少年学生能够有意识地减少环境污染，避免资源浪费，加强环境保护，从而达到人与环境和谐发展的最终目的。

问题思考与讨论

1. 简要说明中国古代文化中心理健康教育思想的启示。
2. 中国古代心理健康思想的基本内容主要有哪些？
3. 应如何理解健康？其标准是什么？

---

①王登峰，黄希庭. 自我和谐与社会和谐——构建和谐社会的心理学解读[J]. 西南大学学报（人文社会科学版），2007(1).

4. 心理健康的涵义是什么?

5. 心理健康的标准是什么?

6. 心理健康教育的涵义是什么?

7. 简述心理辅导、心理咨询与心理治疗的区别与联系。

8. 简述学校心理健康教育的功能。

9. 学校心理健康教育只是面向少数有心理问题的学生。这句话是否正确?请说明理由。

10. 案例分析:

有研究者通过抽取江西省214所中学的校长及书记,开展中学心理健康教育的问卷调查。结果表明:有相当数量的校长对心理健康教育不是很了解,把心理健康教育等同于素质教育的占26.17%;有11.21%的人认为衡量一所学校是否重视心理健康教育就看是否开设了心理健康教育课程;有11.76%的人认为当前心理健康教育只是一种形式,应试教育才是根本;有10.28%的中学校长认为减轻学生过重的课业负担对学生心理健康无促进作用,有27.1%的人认为很难说有无促进作用;有11.21%的校长认为心理健康与学生的成绩是无关的,或不知道是否有关;有近20%的校长认为对学生进行心理健康教育主要靠心理辅导人员;有3.74%的中学校长认为心理健康教育与任课教师根本无关①。

请你根据此调查结果谈谈当前开展心理健康教育的重要意义。

阅读指南

1. 吴增强. 学校心理辅导通论:原理·方法·实务[M]. 上海:上海科技教育出版社,2004.

本书是在《现代学校心理辅导》(1998)和全国教育科学"九五"规划重点课题"中小学心理健康教育运行系统的研究"以及全国教育科学"十五"规划课题"中小幼发展性心理辅导的研究"这两项课题的研究成果的基础上,由课题组共同完成。全书分为四部分:导论篇,包括绪论、学校心理辅导的发展历史、心理辅导基本理论流派;专题篇,即学校心理辅导的内容;实务篇,即学校心理辅导的实施途径;支持保障篇,即学校心理辅导的支持与保障。该书基本理论与概念论述简洁明了、深入浅出,操作措施具体,行文通俗畅通,便于广大教育工作者阅读和学习。

2. 陈家麟. 学校心理健康教育:原理与操作[M]. 北京:教育科学出版社,2002.

本书是一部专门研究学校心理健康教育问题的著作。全书分为15章,分别论述了

①王晓玲,胡媛. 中学校长心目中的心理健康教育[J]. 教育学术月刊,2008(10).

心理健康的概念、沿革及其标准，学校心理健康教育的涵义、发展简史、现状及前瞻，与素质教育的关系以及开展这项工作的意义，学校心理健康教育的目标、内容、原则、方法、途径和评价等。本书既是作者对国内外学校心理健康教育理论研究和实践工作的巡礼，也是作者对自己近20年来从事学校心理健康教育的研究、实践和教学工作的总结。

3. 林崇德. 学校心理学[M]. 北京：人民教育出版社，2000.

本书是应用心理学书系中的《学校心理学》分册。全书共分四篇十章，其内容包括学校心理咨询、行为分析与矫正、儿童适应性行为的培养、学校心理学的未来趋势，等等。本书内容全面，条理清晰，具有一定的科学性、系统性、理论性及学术性。

4. 汪凤炎，郑红. 中国文化心理学[M]. 广州：暨南大学出版社，2008.

本书内容丰富，涉及面广泛而成系统。全书共16章，就心理问题而言，包括中国人的社会观、自我观、尚“和”心态、人情观、面子观、心理卫生观、心理测量观、军事观、文艺心理观、人格心理观、思维方式等。

网络导航

中国心理咨询网：http://www.xlzx.com.

中国心理咨询网是全国第一家综合型心理学服务平台，具备双认证心理咨询师团队，提供远程心理咨询服务；拥有全国最大的心理咨询论坛，提供免费在线心理咨询与心理学术交流。

第二章 幼儿身心发展与保健

学习目标

了解幼儿身体发育和心理发展中容易出现的问题;掌握幼儿身体和动作发展的基本规律与特点及在教育活动中的应用;幼儿认知和社会性发展特点及在教育活动中的应用,理解幼儿身体发育与动作发展保健的一般原则和方法,幼儿心智培养和习惯养成的具体方法和途径。

第一节 幼儿的身体发展与保健

幼儿阶段是儿童身体发育和动作发展极为重要的时期,也是二者发展迅速的时期。身体与动作的发展是儿童活动发展的直接前提。

一、幼儿身体发育与动作发展规律

幼儿身体发育和动作发展是随着年龄增长并按照一个预期的顺序进行的。身体发育是指组织、器官的结构与功能从简单到复杂,从低级到高级的分化演变过程。动作发展是肌肉和筋骨活动的发展,它和儿童心理的发展有着非常密切的关系。儿童是在活动过程中,通过动作接触周围事物,认识周围事物,产生及发展他们的心理活动的同时,也表现着他们的心理活动。

(一)幼儿身体发育规律

幼儿身体发育规律就是大多数正常幼儿在生长发育过程中所表现出来的一般规律。

1. 发展具有连续性和阶段性

幼儿发育从幼稚到成熟是个连续的过程,不是间歇式、跳跃式的过程。在一定的社会和教育条件下,幼儿从出生到成熟大约经历了胎儿期、新生儿期、乳儿期、婴儿期和幼儿期。这些时期是一些不同的年龄阶段,这些阶段之间既相互联系,又相互区别。前一个阶段是后一个阶段发育的基础，后一个阶段是前一个阶段发育的延续，新的阶段代替旧的阶段，既不能跨越也不能倒退，如果前面阶段出现了问题，就会影响后面阶段的发育。如婴儿动作的发育是一个连续的过程，民间总结为“二抬四翻六会坐，七滚八爬周会走”。两个月抬头，四个月会翻身，六个月会坐，七个月会滚，八个月会爬，一周岁会走。抬头、翻身、坐、滚、爬、走这些动作是婴儿动作发育连续过程的几个阶段，如果没有让婴儿在爬的阶段得到锻炼，婴儿就较难掌握走路的方法，走路时容易摔倒。

2. 发展速度呈波浪式

幼儿身体发育的速度既不是匀速的，也不是加速的，而是有快有慢，呈波浪式发展。在人的生长发育过程中，共有两个生长发育的高峰。这两个高峰期被称为生长发育的突增期。第一个突增期在两岁以前，第二个突增期在青春期。

胎儿中期（4 ~ 6 个月）身长增长最快，3 个月约增长 27. 5 厘米，约为出生身长的 55%，是一生中身长增长最快的时期。胎儿后期（7 ~ 10 个月）体重增长最快，3 个月约增加 2300 克，约为出生体重的 77%，是一生中体重增长最快的时期。与 3 岁前相比，幼儿的身体发育速度相对减缓，但是比后期发展还是要快很多。在 3 ~ 6 周岁这个阶段，儿童身高大约每年增长 4 ~ 7 厘米，体重每年增长 4 千克，直到青春发育期，生长发育再次加快。

3. 发展具有方向性和顺序性

正常情况下，身体发展具有一定的方向性和顺序性，既不能跨域也不能逆向发展，按照由简单到复杂、由低级到高级的顺序进行。如儿童体内各大系统成熟的顺序是：神经系统、运动系统、生殖系统；大脑各区成熟的顺序是：枕叶、颞叶、顶叶、额叶。

4. 发展具有个体差异性

尽管每一个儿童在发育过程中，都存在上述的发育规律，但由于遗传和环境的不同，每个人在发育的过程中或发育结束时，都存在着胖瘦、高矮、智愚、强弱等方面的差异，没有两个人的发育是完全一样的。

（二）幼儿动作发展规律

1. 从上到下（首尾规律）

幼儿最早发展的动作是头部动作，其次是躯干动作，最后是脚的动作。幼儿最先学会抬头和转头，然后是翻身和坐，接着手被解放出来，最后学会了站立和行走。任何一个幼儿的动作发展，都是从头部到下部，从上肢到下肢逐渐发展的。

2. 从大到小（大小规律）

这是指儿童最初发展起来的与大肌肉相联系的粗动作，逐渐发展到与小肌肉相联系的精细动作。如儿童手的动作发展，先发展的是与手臂大肌肉相联系的伸臂，以后逐渐发展起来与手指小肌肉相联系的抓、握等动作。幼儿用手握笔自如地一笔一画地写字，往往要到 6、7 岁才能做到。

3. 从整体到分化

幼儿最初的动作是全身性的、笼统的、弥散性的手舞足蹈，逐渐发展到局部的、精确的、专门的动作。如为了拿到身边玩具，幼儿最初会手舞足蹈，全身肌肉在活动，可是还取不到玩具，之后会同时转头、伸手、手眼协调地拿取物体，最终发展到能从事由多种动作组成的游戏活动。

4. 从不随意到随意

动作的不随意性和随意性，是同动作的主动性和目的性来区别的。儿童的动作，最初是不随意动作、无目的，由客观刺激引起，如头随着光线的方向转动；有东西接触儿童的手，儿童的手就去抓摸。之后，随意动作逐渐发展起来，这时客观刺激不在眼前或没有直接接触儿童，动作也会出现，而且通过动作，主动地、有目的地去接触事物，认识事物。如儿童在"藏猫猫"的活动中，主动地把头转来转去寻找"猫"，这就是一种随意动作。

案例 2-1

不会穿裤子的小华

小华边哭边不停地叫着："我不会穿裤子，我不会穿裤子。"张老师过去一看，原来小华的两只脚已经伸进了裤腿，但把裤腿踩住了，裤子拉不起来，小华急得汗都流出来了。于是张老师请小华坐下来，帮助小华把两只脚都伸了出来，然后请她站起来。但小华不愿意，于是，张老师暂时满足了她的需要。张老师组织了一次"帮娃娃穿裤子"活动，边示范帮娃娃穿裤子，边配上儿歌。幼儿对这首儿歌感兴趣，就学唱起来。从此，每天起来穿裤子时，就会情不自禁地唱起来。

3 岁以后，儿童动作发展逐渐完善，手指小肌肉动作快速发展，有能力从事简单的自我服务，此时教师除了适当满足幼儿生活上的需要外，可逐渐地对幼儿进行教育。

二、幼儿身体发育与动作发展特点

（一）幼儿身体发育特点

1. 身长中心点随着年龄的增长下移

婴幼儿身长的增长主要是下肢长骨的增长。刚出生时，婴儿的身体比例不协调，下肢很短，小儿身长的中点位于脐以上。随着年龄的增长，下肢增长的速度加快，身长的中点逐渐下移，1 岁时身长中点移至脐；6 岁时移到下腹部；青春期身长的中点近于耻骨联合的上缘。两上肢左右平伸时两中指间的距离叫指距，主要代表两上肢长骨的增长。出生的指距约 48 厘米，上肢长骨增长的情形与身长相似，在一生中指距总比身长略短。

2. 体围发育的顺序是由上而下，由中心而末梢

体围是指绕身体某个部位周围线的长度，通常由头围、胸围、腰围、臀围等指标组成，

但对婴幼儿的体围测量一般只测量其头围、胸围、腰围等。婴幼儿身体发育的顺序是由上而下，由中心而末梢。头部最先发育，然后是躯干、上肢，最后才是下肢。2个月时的胎儿头长相当于身长的1/2，婴儿出生时头长约为身长的1/4，而到成人时头长为身长的1/8，这说明头的发育最早。头脑是人整个身体的“司令部”，它的成熟程度直接影响和制约着整个身体的生长发育。婴幼儿手的发育较早，在其会走路以前几乎已经掌握了手的各种功能，如在婴儿刚刚学会爬的时候，主要是靠手的力量向前爬行，而此时腿部还不会与手的力量相互协调。婴儿下肢的发育较晚，主要是在会直立行走后，才逐渐开始发育的。婴幼儿四肢的发育，无论是骨骼、肌肉、血管和神经，都是按先中心后末梢的顺序进行的。

3. 婴幼儿各器官系统的发育不平衡，有先后快慢的差别

婴幼儿各器官系统的发育呈现不平衡的特点，其神经系统最先发育成熟，而生殖系统到儿童末期才加快发育。当其生殖系统发育成熟也就是性成熟的时候，就会让人感觉到孩子一下子长大并进入青春期了。儿童肌肉的发育有两个高峰，一个是在五六岁以后，一个是性成熟期以后。肺的发育要在青春期才完全成熟。婴儿出生后的几个月内，心脏大小基本维持原状，2～3岁时，它的重量迅速增加到出生时的3倍，以后生长速度减慢，到青春期又激增到出生时的10倍。

（二）儿童动作发展特点

1. 儿童头部动作的发展

头部动作是儿童最早发展，也是较早完成的动作。头部动作的发展顺序，大体是这样的：出生时，仰卧时头会左右转动，俯卧时会抬头片刻。这时如果不用手接着他的头，头就会下垂。1个月，头仍不能竖直，俯卧时能抬起下巴；2个月，抱着时头能竖直，但还是摇摆不稳；3个月，头能竖直而且平稳；4个月，头能平稳竖直，俯卧时能抬头，抱着时头能保持平稳；7个月，仰卧时能抬头。

2. 儿童躯体动作的发展

躯体动作的发展，主要表现为翻身和坐的动作的发展。2个月，能挺胸；3个月，能从侧卧翻到仰卧；4个月，能扶着坐；5个月，能从仰卧翻到侧卧；6个月，会坐在有扶栏的椅子上，坐着时身体前倾，会用手支撑身体；7个月，能从仰卧翻到俯卧，能不靠成人或其他东西的扶持独自坐一会儿；10个月，能毫不费力地从躺着坐起；12个月，站着时能自己坐下。

3. 儿童行走动作的发展

儿童行走动作的发展，要经历爬行、站立和行走三个阶段。7个月，试着爬行，主要依靠膝盖和大腿的移动；8个月，匍匐爬行，腹部贴地，用腹部手臂带动身体和两腿前进，扶着能站立；10个月，用手和膝盖爬行，身体不着地，手臂和腿交替移动，能扶着东西自己站起；12个月，能扶着东西行走；14个月，能独自站立；15个月，能独自行走；18个月，跑步不稳，容易摔倒；2岁，行走自如，能大步稳跑，会踢皮球，能自己上楼下楼；2.5岁，能双脚

跳,会用单脚站立片刻(2 秒钟左右),能踮着脚,用脚尖走几步,能从椅子上跳下;3 岁,能单脚站立,会踮着脚走,跑步稳当,会骑三轮脚踏车。

4. 儿童抓握动作的发展

抓握动作的发展,是手的动作发展的重要标志。抓握动作的发展,以眼睛注视物体和手抓握物体动作的协调、五个手指活动的分化为特点。婴儿出生后 6 个月,抓握动作才开始发展。3 个月以前的婴儿,手基本上是捏成拳头,手脚一起乱伸乱动;4 ~ 5 个月的婴儿,虽然会伸手抓身旁的东西,但往往是整个手一把抓,拿不住,这种手的动作带有很大程度的随意性,手接触到什么就抓什么;6 个月,捏物体时还是一把抓,不会使用拇指,能够把东西从一只手换到另一只手,手眼协调,看到物体后能用手抓住它;8 个月,抓握物体时大拇指能和其他四个指头分开,使用拇指抓握住物体;10 个月,能协调地配合手眼动作,把一样东西放到另一样东西上;18 个月,能将 2 ~ 3 件东西搭叠起来,能推拉玩具,能同时使用四个手指和拇指,抓握动作得到充分发展;2 岁,能用手一页一页地翻书;2. 5 岁,手与手指的动作相当协调,手指活动自如,会用手指拿筷子、拿笔;3 岁,能用手拿笔画圆圈,会自己往杯子里倒水,能自己解开和扣上纽扣。

信息窗 2 – 1

幼儿大动作技能与精细动作技能的发展情况

年龄	大动作技能	精细动作技能
3 ~ 4 岁	☆两只脚交替上楼梯,上下楼梯时先迈同一只脚 ☆双脚跳、单脚跳时会弯曲上身 ☆投掷和抓接时上身会参与;球砸在身上时僵硬地抓住 ☆骑三轮车会转弯	☆扣住和解开大的纽扣 ☆不用他人帮忙就可以自己吃东西 ☆使用剪刀 ☆描摹直线和圆圈 ☆画出自己的第一张画(类似“蝌蚪人”)
4 ~ 5 岁	☆两只脚交替下楼梯 ☆跑得更平稳 ☆飞跑,单腿跳跃 ☆通过身体旋转和转移重心用脚来投球,用手抓住球 ☆三轮车骑的快,转弯平稳	☆有效地用叉子(中国人相当于用筷子) ☆沿着线用剪刀剪下东西 ☆描摹三角形、十字、叉、一些字母(或汉字)
5 ~ 6 岁	☆跑步速度加快 ☆飞跑时平稳,会真正地跳跃 ☆表现出像样的投掷和抓接 ☆可以骑带辅助轮的自行车	☆系鞋带 ☆用刀切软的事物 ☆画人 ☆描摹一些数字、图案和字母

三、幼儿身体的保健

（一）幼儿肥胖问题及护理

随着我国人民生活水平的提高，加之父母对孩子的饮食模式和养育习惯的采取不当，儿童单纯性肥胖问题日益突出。遗传确实会影响肥胖，但单纯性肥胖与生活方式密切相关，以营养过度、体力活动少、行为偏差为特征，容易患全身脂肪组织普遍过度增生的慢性疾病。儿童期肥胖95%以上属于单纯性肥胖。

1. 幼儿肥胖的主要症状

肥胖幼儿一般食欲旺盛，喜欢吃甜食和高脂肪食物。明显肥胖的儿童常常有疲劳感，运动后会出现呼吸加快、气急等症状，体格检查会发现其皮下脂肪丰满。肥胖儿童可能会导致他们很难在同伴中交到朋友，因为这些同伴可能会歧视他们、嘲笑他们肥胖的躯体，从而导致他们心理上的自卑、胆怯、孤独等。

2. 预防与护理

首先，养成良好的饮食习惯，不偏食、挑食。严格控制幼儿的热量摄入，对于轻、中度肥胖的幼儿可以鼓励多吃一些富含纤维素的粗粮，少吃甜食，少喝甜饮。其次，多运动。鼓励幼儿多进行体育运动如跑步、滑冰、游泳等，平时控制幼儿看电视和玩电子产品的时间，并尽量减少静坐。另外，对于肥胖幼儿运动要做好准备活动，注意适当休息，运动结束后要进行恢复练习，如幼儿出现不适应症状应立即停止训练。

（二）幼儿身体保健一般原则与方法

1. 合理组织体育活动和户外活动，促进体格生长

促进身高的生长，其实就是保障身高生长的最好条件。适当的锻炼能促进机体新陈代谢，加快钙在骨骼中的沉积；运动对骨和肌肉组织牵拉刺激，有利于体格的生长。适当多让孩子到户外活动，运动和阳光是骨骼生长的营养素。

学前儿童的粗大动作和精细动作均处于迅速发展阶段，经常进行跑、跳、投掷等活动可促进大肌肉发展；剪纸、绘画、串珠和插片等活动能促进手部小肌肉和手眼协调能力的发育。但运动时要注意掌握好运动量并做好安全保护，如运动前应做好准备活动，不宜做剧烈运动和持续时间过久的运动，不宜在坚硬的水泥地面上跑跳，不宜用力牵拉幼儿的手臂，防止“脱臼”。

2. 端正坐立行走姿势，防止骨骼肌肉损伤

幼儿肌肉较柔软，肌纤维较细，肌腱宽而短，肌肉中含水分相对较多，含蛋白质、脂肪、糖和无机盐较少，能量储备较差。因此，幼儿的肌肉收缩力较差，容易疲劳和损伤。因此，幼儿养成站、立、行、阅读、书写等正确姿势，对促进体格生长、减少肌肉疲劳、防止

骨骼变形有积极作用。

与成人相比,幼儿骨中有机物含量较多,所以骨的韧性强,弹性大,硬度小,不易骨折但容易弯曲变形。幼儿不宜睡软床、沙发;负重不宜超过体重的1/8,不宜长时间单肩负重、手提重物;也不宜长时间从事一项活动或保持固定姿势。不宜长时间单肩背书包,这样会使脊柱两侧的肌肉和韧带得到不平衡发展,形成一侧肌肉和韧带过于紧张,也易导致脊柱侧弯。应根据儿童身高配置适宜的桌椅,并随着儿童身高的增加及时调整桌椅高度。

3. 合理膳食,保证骨骼和肌肉的生长

合理膳食是保证骨骼和肌肉生长的重要条件,幼儿要注意补充优质蛋白质、钙、磷、维生素A、维生素D等营养素,以保证骨的钙化和肌肉的发育。为幼儿提供白开水,多喝白开水,少喝碳酸饮料。幼儿缺钙,呼吸系统疾病及不正确的坐姿,都可能造成胸骨畸形。

4. 保证充足睡眠

充足有效的睡眠有助于身体的生长,因为促进身体生长的激素生长因子是睡眠中分泌的,睡眠不足,睡眠质量差,对身高会产生负面影响。3~6岁幼儿保证每天睡眠11~13小时,午睡2~2.5小时。

第二节 幼儿的认知发展与心智培养

认知指人们获得知识或应用知识的过程,或信息加工的过程。认知发展的过程就是人的信息加工系统不断改进的过程。幼儿的认知发展以具体形象性和不随意性占主要地位。

一、幼儿认知发展特点

(一)幼儿感知觉的发展

幼儿通过游戏、学习、劳动、与人交往,各种感知觉都逐渐得以发展完善起来,其中,视觉和听觉在各种感觉中占有主导地位。首先,幼儿已经具有精确辨别细微物体或远距离物体的能力。例如幼儿不仅可以辨别红、橙、黄、绿、青、蓝、紫等七种颜色,而且还具备了按颜色名称来选择颜色的能力。其次,幼儿视敏度不断提高。有研究结果表明:1~2岁儿童视力为0.5~0.6,3岁儿童的视力可以达到1.0,4~5岁后视力趋于稳定,5岁左右是视力发展的转折期。因此,我们要根据儿童视力发展的特点,在制作教具、装饰、文字图画、桌椅等各个方面应全方位地周密考虑。

幼儿期知觉发展的主要表现在空间知觉和时间知觉及观察力的发展上。幼儿空间

知觉的发展不仅依赖于是否有丰富的表象，还依赖于是否掌握了相关表示空间关系的词。到6岁时幼儿虽然基本能辨别上下前后四个方向，但以左右方位的相对性来辨别仍然比较困难，且对方位词的掌握晚于方位知觉的发展。因此，幼儿教师做示范动作要以幼儿左右为准，即“镜面示范”。幼儿辨别形状的能力也逐年发展着，但还不能区别形状的细微差别，如不能区分直角三角形和等腰三角形等。幼儿已经初步具备了时间观念，但还需要和具体的生活事件相联系。观察力的发展表现为观察目的性逐渐增强，观察时间的持久性、观察的细致性、观察的概括性也在不断发展。

（二）幼儿注意的发展

注意的发展是幼儿心理发展的一个重要方面，注意发展的水平直接影响着幼儿认知活动的效果。幼儿的注意依然是无意注意占优势，有意注意逐渐发展。

1. 无意注意占优势

幼儿的无意注意在稳步发展中表现出以下两个特点。第一，刺激物的物理特性依然是引起幼儿无意注意的主要原因。新异的刺激、强烈的声音、鲜明的色彩、新颖的形象等更容易引起幼儿的无意注意。例如在上课时，如果教室外面有儿童在玩耍，幼儿就难以保持注意力。第二，幼儿需要和感兴趣的事物更容易引起幼儿的无意注意。例如对芭比公主感兴趣的幼儿，芭比公主的玩具、芭比公主的衣服、芭比公主的广告等都会引起她们的无意注意。

2. 有意注意逐渐发展

随着幼儿言语的发展及成人的教育和幼儿的学习，有意注意逐渐形成并开始发展。在幼儿园，幼儿需要遵守各种行为和活动规则，完成各项任务，这些都需要有意注意的参与。但由于受幼儿大脑发育水平的局限，幼儿的有意注意还需要成人的引导。

（三）幼儿记忆的发展

幼儿的记忆和其他心理过程一样，随着年龄的增长逐渐发展起来。记忆的能力和水平有了显著提高，其发展的主要特点表现在识记方式、记忆内容、记忆策略等方面。

1. 无意识记为主，有意识记逐步发展

幼儿的记忆主要是无意识记，他们经常能自然而然地记住一些儿歌、童话故事等，而这些内容多是直观的、形象鲜明的、能激起幼儿兴趣的内容。有意识记的发展是幼儿记忆发展中的一个质的飞跃。在成人的教育和引导下，幼儿有意注意逐渐发展，但其效果依赖于记忆任务的意义和活动动机。

2. 机械识记为主，意义识记逐渐发展

由于幼儿理解能力相对较差，不会进一步加工，所以对许多东西的记忆常常是靠死记硬背。如很多幼儿都能背诵《三字经》《弟子规》等，但他们根本不知道其中的意思。对于幼儿来说，虽然他们机械识记用得多，但意义识记的效果会更好一些。比如，让幼儿

识记通俗易懂的儿歌要比晦涩难懂的诗歌效果好很多,因为幼儿可以依靠和运用知识和生活经验来帮助他们了解相关内容。

3. 形象记忆占优势,语词记忆逐步发展

形象记忆是根据具体的形象来记忆各种材料。在儿童语言发展之前,其记忆内容只有事物的形象,即只有形象记忆。在儿童语言发生后,直到整个幼儿期,形象记忆仍然占主要地位。

4. 记忆策略初步发展

记忆策略是学习者采用的接受信息、提取信息的方式,它直接影响记忆的效果。幼儿常用反复背诵或自我复述的记忆策略,年龄较大的幼儿,在识记过程中反复背诵以避免遗忘。有时,一边识记一边自言自语地说出记忆材料的名称或内容。比如,为了记住图片,每当看到一张图片时,随即说出图片的名称。

(四)幼儿想象的发展

在教育的影响下,由于幼儿活动范围的扩大、复杂程度的日益提高,幼儿言语不断发展,想象能力也有了进一步的发展。幼儿想象中的有意性和创造性虽然都有了初步的发展,但总体来说,还是以无意想象为主。

1. 无意想象为主,有意想象开始发展

幼儿最初的想象是无目的的,往往由外界刺激引起,在游戏和绘画中表现得尤其突出。在游戏中想象往往随玩具的出现而产生,如果没有玩具,幼儿可能呆呆地坐着或站着,头脑中不会进行任何想象活动。如一幼儿抱着娃娃的时候,看到小碗小勺,就想象喂娃娃吃饭;看见小汽车,就要玩开汽车;看见书包,又想象去当小学生。在绘画中,幼儿初期常常一会儿画这,一会儿画那,但到幼儿末期,幼儿想象的目的性增强,主题也逐渐稳定。

2. 再造想象为主,创造想象开始发展

幼儿最初的想象常常依赖于成人的言语描述,受外界环境的直接刺激影响产生。幼儿期是创造想象开始发生和发展的时期。幼儿创造想象最初步的表现是在再造想象中逐渐加入了一些创造性的因素。幼儿的创造性也常常表现在儿童提出一些不平常的问题上,如“萤火虫的尾巴上是不是有一个小电灯啊”等等。

3. 想象具有夸张性

幼儿想象的一个突出特点是喜欢夸张。一方面,幼儿喜欢夸大事物的某些特征和情节,如幼儿想象的夸张性在绘画中的表现,他们画小公主会突出小辫子等;另一方面,想象与现实混淆,幼儿常常把自己想象的事情当做真实的事情。如一个孩子的妈妈生病住了医院,幼儿很想去看妈妈,但是大人不允许,过了两天,幼儿告诉老师:“我到医院去看妈妈了。”实际上并没有这么一回事。

（五）幼儿思维的发展

幼儿阶段的认知发展主要体现在其思维水平的发展，其思维发展的主要特点是以具体形象思维为主，抽象逻辑思维开始萌芽。

1. 具体形象性思维

幼儿期认知的材料，主要是具体形象或表象，而不是依靠理性的概念材料来进行的。因此，具体形象思维是幼儿期典型的思维方式。

具体形象思维是在直觉行动思维之中孕育出来并逐渐分化的。随着动作的熟练，一些动作（失误性的无效动作）逐渐被压缩和省略，而由经验来代替。这样一些表象就可以代替一些实际动作，遇到问题时就可以不再失误，而是先在头脑中搜索表象，以便采取相应有效的动作，这时，儿童不再依靠动作而是依靠表象来思考。

两岁至六七岁的幼儿，在婴儿“客体永恒性”认知结构的基础上，其认知活动已不只局限于对当前直接感知的事物施以动作，产生反应，而且开始用语言或其他较为抽象的符号对当前不在眼前，过去曾感知过的事物产生反应。他们喜欢听故事并将语言在头脑中转化为表象；喜欢画画，将头脑中的表象“外化”为图形；喜欢游戏，将头脑中贮存的大量生活表象以游戏方式“重演”。幼儿在此阶段已将各个感觉运动模式“内化”为语言和表象模式，语言与表象已成为幼儿认知结构的重要元素。

2. 抽象逻辑思维开始萌芽

幼儿在知识经验所及的范围内，已能够开始最初步的抽象逻辑思维。随着抽象逻辑思维的萌芽，儿童自我中心的特点逐渐消除，即开始“去自我中心”。儿童开始学会从他人以及不同角度来考虑问题，开始获得“守恒”概念，开始理解事物的相对性。

在日常生活中，我们可以看到4岁左右的幼儿可以猜中像关于“花生”“筷子”等的一些谜语，而5岁左右的幼儿已经可以理解“把樱桃的种子种在地下可以长出樱桃树”这类因果关系。这说明幼儿在知识经验所涉及的范围内，是能够初步运用抽象逻辑思维的。

信息窗 2－2

皮亚杰关于儿童思维发展阶段的理论

人从出生开始的各个认知发展阶段，遵循着从具体到抽象、从简单到复杂、从低级到高级的发展原则与模式。瑞士心理学家皮亚杰把儿童思维发展划分为四个主要的阶段。

1. 感知运算阶段，从出生到2岁

这个阶段的儿童没有在头脑里表征外界环境的能力，他只凭感觉和动作来适应外界环境，并在适应的过程中发展他的感知和动作技能。皮亚杰把儿童两岁以前智力发生发展的过程具体划分为六个小阶段。(1)反射练习期(0～1个月)。(2)动作习惯和知觉形成时期(1～4.5个月)，该阶段形成了条件反射，即习得性动作。(3)有目的的动作逐步形成时期(4.5个月~9个月),在视觉和抓握动作开始协调后,就过渡到这一阶段。(4)手段与目的分化、协调期(9~11,12个月),该阶段动作目的和方法开始发生分化,动作从一开始就明显地表现出它是用作达到目的的方法。(5)感知运动智慧阶段(11,12~18个月),该阶段儿童能够在偶然中发现新的方法,开始探索达到目的的新手段。(6)智慧的综合阶段(18~24个月),这个阶段是感知运动阶段的终结和向前运算阶段过渡的阶段。

2. 前运算阶段,相当于2~6、7岁

前运算的意思是指儿童的运算活动发展的前期。表象或形象思维萌芽于此阶段,在前一阶段的基础上,各种感知运动图式开始内化为表象或形象图式,特别是由于语言的出现和发展,促使儿童日益频繁地用表象符号来代替外界事物,重视外部活动,这就是表象思维。一个符号是一个事物的代表,而不是事物本身。儿童所学会的词是一种符号,也有别的符号。比如动作也可以作为符号,像儿童把头放在枕头上表示睡觉;一件物品也可以作为符号,像儿童指一个杯子表示要喝水。有了符号,儿童就能在头脑中表示外界环境,能进行表象思维了。表象思维的特点有:一是具体形象性,指儿童是凭借表象进行思维的;二是不可逆性,这时儿童还没有概念的守恒性和可逆性;三是知觉集中倾向性,当注意集中在问题的某一方面时,就不能同时把注意力转移到另一方面。

3. 具体运算阶段,约相当于7~11、12岁的年龄,相当于小学阶段

皮亚杰认为具体运算思维是在前一阶段很多表象图式融合、协调的基础上形成的。该阶段具有了初步的逻辑思维,主要特点有:(1)守恒性,即能在头脑中从一个概念的各种具体变化中抓住实质的或本质的东西,才算达到守恒。(2)群集运算,具体运算阶段的儿童,由于出现了守恒性和可逆性,因而可以进行群集运算,能对运算结构进行分析综合,从而能正确地掌握逻辑概念的内涵和外延,等等。

4. 形式运算阶段,约相当于12~15、16岁

该阶段具有了抽象逻辑思维,可以在头脑中将形式和内容分开,可以离开具体事物,根据假设来进行逻辑推演的思维。

[资料来源]林崇德.发展心理学[M].杭州:浙江教育出版社,2002.

二、幼儿认知发展中常见问题及辅导

(一)幼儿感知问题及辅导

1. 左右不分的问题及辅导

左右不分是幼儿阶段常见的认知问题,这与幼儿的大脑机能尚未发育完全有关,同

时也与物体的空间方位的相对性如“书本在铅笔下面，书本又在桌子上面”和空间方位的两个不同参照系统即机体自身和客观事物有关。我国心理学家朱智贤重复了皮亚杰关于儿童左右概念发展的实验，研究发现，儿童左右概念的发展可划分为三个发展阶段：5～7岁，儿童能比较固定地辨别自己的左右方位，但不能辨别对面人的左右；7～9岁，儿童能具体掌握左右方位的相对性，但在辨别两个物体的左右关系时仍有困难；9～11岁，儿童比较概括地、灵活地掌握左右概念，能正确地指出三样并排放着的物体的相对位置。

2. 感觉统合失调与训练

虽然大部分幼儿左右不分是由于空间方位知觉发展不成熟，但还有部分幼儿左右不分与感觉统合失调有关。

感觉统合是由美国临床心理学家 Jeam Ayres 博士根据对脑功能的研究、职业治疗及实验的研究结果而提出的。感觉统合是指个体对进入大脑的各种感觉刺激信息（视听、触觉等），在中枢神经中形成有效组合的过程①。所以，感觉统合失调是指进入大脑的各种感觉刺激信息不能在中枢神经系统内形成有效的组合而产生的一种缺陷。

任桂英等调查发现，在行为问题儿童中，有76.1%伴有感觉统合失调，其中，34.2%属严重的感觉统合失调②。感觉统合失调儿童往往注意力不能集中，活动过度；肌肉张力不足，动作协调性差；讨厌被触摸，不爱手工操作游戏；言语发展迟缓；上课时东倒西歪，写字握笔姿势不当；书写速度慢，字迹不规则等。对于感觉统合失调的幼儿我们可以从以下几个方面进行帮助。

（1）进行运动技能训练。许多教育学家、心理学家和医学专家都对感觉统合失调进行了理论和实践探索，并形成了一套特殊的器材：滑梯、羊角球、平衡台、圆筒吊缆、阳光隧道、袋鼠跳、滑板爬、脚步器、跳跳床等，用于对感觉统合失调的儿童进行临床治疗和行为矫正。感觉统合训练为了使儿童充分感知各种刺激，在大脑进行感觉的统合，并作出适应性反应，因此感觉统合训练的本质是采取游戏的形式，令孩子乐于接受，主动参与，同时游戏的项目是个别化、针对性的设计。3～7岁儿童活动的主导形式是游戏，因此感觉统合训练因势利导以游戏来引导儿童积极参与训练，激发儿童对训练项目的兴趣，在游戏中能促使儿童坚持活动。另外，感觉统合训练需要到由国家资格认证的专门训练中心，或有专业训练员的幼儿园进行。

（2）培养幼儿的劳动和动手能力。可以要求幼儿做一些力所能及的劳动，如自主穿衣、洗脚、系鞋带、帮助教师收拾桌子、玩具等，同时教会他们使用剪刀做各种剪纸、折纸，用彩泥、黏土做手工等游戏活动，从而丰富幼儿感觉，提高感觉统合能力。

（3）亲近大自然。经常带孩子到大自然中，接触山川、森林，了解气象变化和各种动植物，认识鸟、兽、草、木之名。教师可以利用不同的季节让幼儿亲近大自然，如春天观察

①吴汉荣. 开启智慧之门——儿童学习困难预防与矫治[M]. 上海：华东师范大学出版社，2006.

②任桂英，王玉风，顾伯美，等. 北京市城区儿童行为问题与感觉统合失调的调查报告[J]. 中国心理卫生杂志，1997(1).

公园中的各种花，秋天用树叶做各种手工等。另外，也可以多带幼儿去海边玩玩沙子等，从而丰富幼儿的感觉刺激，增进健康，培养热爱大自然的美好情感。

(二)注意缺陷多动障碍(ADHD)

1. ADHD 主要症状

注意缺陷多动障碍是儿童时期常见的心理行为问题之一。据相关调查研究，我国儿童 ADHD 的总体发病率为 4.9% ~6.6%，男童发病率为 6.4% ~8.8%，女童发病率为 2.7% ~4.4%。有三个主要特征：(1)冲动，通常不经过思考就行动，想到任何事情都会脱口而出；(2)注意力不集中，常常不听别人说话，不能集中注意力或完成任务；(3)多动，坐立不安，不停地扭动身体，到处走动。

案例 2-2

闲不住的小齐

小齐是幼儿园大班的小朋友，平时像小猴子一样，蹦上蹿下的，即使上课的时候，也坐不住，东张西望，有时还随便离开座位。老师在讲课，小齐却自己玩自己的。一下课就在走廊里跑来跑去，经常满头大汗也不觉得累，午睡时间很难安静下来。虽然小齐喜欢和小伙伴们一起玩，但总是戳戳这个小朋友，推推那个小朋友，因此在班里没有几个小朋友喜欢与他交往。老师给予了小齐足够的耐心并且运用了行为矫正方法，但效果都不佳。

2. ADHD 幼儿的主要特点

虽然 ADHD 较多见于学龄儿童，但最早可在 3 岁左右出现症状。幼儿多动可表现为不分场合过多地奔跑或爬上爬下、东奔西跑、静不下来，上课坐不住、不专心，擅自离开座位。另外，幼儿还可能表现为易受外界刺激影响而分心，不注意细节、粗心大意，与之对话时心不在焉，不能按要求完成任务、怕困难，回避或讨厌参加要求保持精神集中的事情，容易丢三落四。

3. ADHD 的非药物干预方法

ADHD 的诊断需要收集多方信息，通过父母了解家族史和早期行为，通过教师和行为观察了解学校情况以及相应的临床表现和检查来进行诊断。我们能为 ADHD 儿童做些什么呢？

(1)认知行为治疗。认知行为治疗是帮助 ADHD 幼儿的主要方法。采用合理的强化、消退和惩罚方式，以增强和巩固良好行为，减少和消除不良行为。同时用奖赏的方法增强幼儿成功的信心。通过自我言语指导，让幼儿学会停下来，看一看，听一听，想一想，从而控制多动和冲动行为。由于幼儿认知水平比较低，他们多不能认识自己行为的不足，家长应进行引导，帮助其认识行为的不对之处，从而改正不良行为。

(2)社会生活技能训练。ADHD 幼儿除了在认知学习上存在一定障碍外，也表现出与同伴关系不好，被认为是“坏孩子”，从而影响到自尊。因此，通过训练其生活和社交技能,可以促进其改善行为问题。

(3)家庭治疗。如果父母对多动的儿童能保持耐心和支持,而不是过分苛责,那么这些儿童就会表现出过少的问题行为,也能更好地被同伴所接纳。因此,旨在教会那些易于被激怒的成人变得有耐心,并能有效约束 ADHD 儿童异常行为的家庭治疗,可以增加现有的药物治疗和行为干预的有效性。ADHD 父母需要采取特殊的亲子抚养方式,对幼儿给予合理的期望和合适的指令,建立必要的规则,多鼓励表扬,与幼儿进行有效的互动,如选择幼儿感兴趣的故事,与他们共同阅读。

虽然 ADHD 儿童多采用药物和非药物相结合的方式进行治疗,但 6 岁以下幼儿原则上不选择药物治疗,仅在病情严重到影响学习和生活时才谨慎选择。

三、幼儿心智的培养

(一)幼儿心智培养原则

1. 教师积极角色

幼儿教师是儿童的合作伙伴,因此在协助幼儿增进思考能力、想象能力和问题解决能力等的过程中,教师应扮演主动积极的角色。首先,教师是幼儿的倾听者。教师的重要任务是通过倾听更加了解幼儿,可以布置一个充满刺激的环境,在幼儿建构认知的过程中,能够适时地帮助他们。例如教师可以布置幼儿感兴趣的学习环境,以满足不同幼儿的需要,让幼儿在此环境中,愿意主动、开心地学习。当然,也可以通过师生之间的讨论、交流,促发幼儿探索新事物的兴趣。其次,教师是幼儿的支持者和引导者。在幼儿们解决问题遇到瓶颈时,能适时地介入协助幼儿的活动,以促进幼儿的学习。所谓适时介入协助孩子的学习,并非要求老师以填鸭的方式灌输幼儿认知或主导孩子的学习,而是在孩子主动学习的过程中,教师观察到孩子遇到困难且不能解决时,适时地引导他们从不同的角度进行思考,促使更有价值的学习。

2. 在游戏中促进心智发展

游戏是幼儿非常喜爱的活动,而游戏的过程是一个自然地学习、主动探索各种知识的过程,有益于幼儿认知能力的形成和发展。其一,游戏可以丰富并巩固幼儿的知识。幼儿在游戏中对游戏材料的摆弄和操作,有助于丰富和巩固幼儿对有关物体的性质及物体间相互关系的认识。其二,游戏能促进幼儿智力的发展。游戏是幼儿的自主性活动,在游戏过程中幼儿总是处于积极主动的状态,他们积极地感知和观察游戏中的玩具和游戏伙伴,记忆游戏中各自的角色、游戏的内容和游戏的情节。在这个过程中,他们的记忆力、想象力、动手能力和创造性思维等均能得到锻炼。维果斯基曾说:“游戏可以使幼儿的思维摆脱具体事物,使幼儿不是根据当前情景的直接知觉来行动,而是摆脱具体的事物,根据自己的主观愿望来行动,游戏可以促进幼儿以符号的使用为标志的表征思维机能的发展。”我们也会发现幼儿在象征性游戏中的想象力是多么的惊人，他们可以把一些不相关联的事物“糅合”在一起，可以“天马行空”地想那些在现实中看不到或者不可能做到的事情。其三，游戏还有利于提高幼儿的语言表达能力。游戏使幼儿之间的交往机会增多。游戏过程中需要表达自己的想法，需要用语言来交流思想、商讨办法。在这样的过程中，幼儿的语言表达能力会逐渐得到提高。因此，幼儿心智的培养离不开游戏活动，正所谓“玩中学，游戏中成长”。

3. 尊重个体差异

《幼儿园教育指导纲要（试行）》中指出：“尊重幼儿在发展水平、能力、经验、学习方式等方面的个体差异，因人施教，努力使每一个幼儿都能获得满足和成功。”遗传和环境的共同影响使得幼儿的发展速度各不相同，每一个幼儿的发展都遵循着自己独特的轨迹。例如，有的幼儿进行10以内的加减运算特别快，而有的幼儿需要掰手指运算还经常计算错误；在画“脸谱”时，有的幼儿把眼睛画成花朵，有的幼儿把鼻子画成手指，有的幼儿把嘴巴画成爱心等，在绘画的过程中，教师要尊重孩子的想象力和创造力，鼓励他们从不同的角度思考绘画的内容，培养其发散性思维，而没有像和不像之分。总之，作为教师应尊重孩子之间的个体差异，理解幼儿能力表现早晚的不同，实施以人为本的教育，使幼儿在轻松、愉快、和谐的环境中健康成长。

（二）幼儿心智培养的内容与方法

1. 利用幼儿感知觉探索周围环境，培养观察力

观察力是一种“思维的知觉”，是视觉、听觉、触觉、嗅觉等多种分析器协同活动的结果，是一种高级的视知觉活动能力，是智力的一个重要组成部分。因此，观察力的培养和感知觉能力的发展是密切相关的，做好观察力的培养，有利于幼儿智力水平的提升。

幼儿的观察常常是无目的的，易受外界刺激和个人情绪、兴趣的影响，观察不系统、不细致，持续时间也较短。针对这些特点，我们可以从以下几方面进行培养。

（1）让幼儿明确观察的目的和任务。我国心理研究工作者姚平子根据观察的有意性对学前儿童的观察力发展提出了“四阶段说”。第一阶段（3岁）：不能接受所给予的观察任务，不随意性起主要作用；第二阶段（4～5岁）：能接受任务，主动进行观察，但深刻性、持续性差；第三阶段（5～6岁）：接受任务以后，开始能坚持一段时间进行观察；第四阶段（6岁）：接受任务以后能不断分解目标，能坚持长时间的反复观察。因此，制定明确的观察目标，尤其是引导幼儿观察不易引起他们注意的地方，可以提高幼儿的观察力。如组织幼儿观察瓶子，可以先让幼儿欣赏各种不同颜色、不同形状的瓶子，然后让他们用手摸摸瓶子，感受一下轻重，当然也可以让幼儿闻一闻瓶子里东西的味道，整个过程的目的逐渐呈现，让幼儿学会多感官参与达到的观察效果。

（2）增强观察对象的吸引性。利用观察对象本身的差异，如动物的不同部位，用对比强烈的颜色涂抹，从而突出感知对象，增强感知的积极因素。而对于比较复杂、难度较大

的观察对象,可以利用刺激物本身各部分的组成关系进行组合。例如,让幼儿按照动物分类认识几十种动物,比杂乱无章地认识效果好,它利于儿童抓住事物的特征,认识事物的本质属性,深化对观察对象的理解。

(3)观察方法的培养。幼儿的观察是从依赖外部动作,向以视觉为主的内心活动发展的。幼儿初期常常边看边用手点,以后逐渐发展为用头点或用出生的自言自语,幼儿末期就可以达到借助内部言语来控制和调节自己的知觉。比较适合幼儿的观察方法有:顺序观察法,即让幼儿有顺序地进行观察,从上到下、从左到右、从前到后、由近及远;比较法,即观察两个或两个以上事物或现象的异同,让幼儿进行分析、比较、判断、思考,从而比较细致、完整地认识事物。

2. 通过游戏训练注意力

苏联心理学家比都霍娃做了这样一个实验:让幼儿在游戏和单纯完成任务两种不同的活动方式下,将各种颜色的纸分装在与之同色的盒子里,观察孩子注意力集中的时间。实验结果发现:在游戏中,4 岁幼儿可以持续进行 22 分钟,6 岁幼儿可坚持 71 分钟,而且分放纸条的数量比单纯完成任务时多 50%。在单纯完成任务的形式下,4 岁幼儿只能坚持 17 分钟,6 岁幼儿只能坚持 62 分钟。实验结果表明,孩子在游戏活动中,其注意力集中程度和稳定性较强。因此,我们可以让孩子多开展游戏活动,在游戏中培养幼儿的专注力。

角色游戏是一类既能满足幼儿好动要求,又能对他们的行动有一定限制的规则性较强的游戏活动,对幼儿注意力的培养有独特的作用。角色游戏组织得好,可以使幼儿的注意时间得到成倍的延长。如在对幼儿进行交通规则教育时,我们先向幼儿介绍人行道、红绿灯的作用,讲述要学的常规知识,而后编排司机、行人、交通警察等角色于一体的"小小交警站岗楼"的游戏让幼儿进入角色,亲自指挥交通,处理"交通事故"。在游戏中他们能长时间地将注意力集中于游戏之中,较好地促进了注意力尤其是注意持久性的发展。

另外,利用静态的动手游戏也可以很好地培养幼儿的注意力。如区域活动时间,可以组织幼儿进行拼雪花片等静态的动手操作游戏,幼儿根据自己的喜好,发挥自己的想象力拼成自己喜欢的形状,每个幼儿都可以享受到成就感,在专注完成自己作品的过程中,延长了孩子的耐力,增进了专心度,即培养了幼儿的注意力。

除了上面提到的游戏外,像舒尔特方格法、拼图、找不同、找相同、发现美丽、学播音等小游戏也是训练幼儿注意力的一些常用方法。

3. 保护幼儿好奇心和创造力

好奇心和创造性想象是幼儿创造力的最主要成分。好奇心是一种强大的推动力,推动幼儿去探索事物的真相,幼儿的创造行为和活动主要来自于他们的好奇心。所有的创造活动都离不开创造性想象,在幼儿的创造力中,创造性想象的作用和地位更为突出。心理学研究发现,幼儿园小班或更小的幼儿的创造实际上是一种无意想象的结果,而中班以上的幼儿的创造主要是一种有意想象,可以说幼儿就是借助想象来创造的。幼儿喜爱幻想,富于想象,他们在想象中进行创造,在想象王国里不断成长。幼儿正是借助于强烈的好奇心和创造想象，才在游戏、绘画、音乐、语言、制作等活动活动中表现出创造性来。如在体育活动中，可以培养幼儿勇敢、坚韧、顽强的个性品质，而这些品质恰好也是创造性人格的重要组成部分；在社会领域的活动中，教师可以根据平时生活中的问题，引导幼儿思考解决问题的办法，发展其创造性的解决问题的能力；在科学活动中，幼儿教师更是可以以奇特的科学现象，充分调动幼儿的好奇心与求知欲，引导幼儿对奇特自然现象出现原因的思考以及其与人们生活关系的畅想；在语言活动中，幼儿教师可以鼓励幼儿创编儿歌、续编故事、改编故事等，这些活动都是建立在幼儿对原有故事情节的理解和把握上，对幼儿创造性想象的发展有很大的促进作用；在艺术领域教学活动中，幼儿教师则可以通过开放式的美术教学，丰富幼儿有关此次活动的经验认识，激励幼儿大胆地想象，鼓励他们突破传统；在音乐教学活动中，可以通过填编新词、幼儿自编自唱、为歌曲创编动作、配上节奏、自制打击乐器等方法促进幼儿创造力的发展。

第三节　幼儿期的社会性发展与习惯养成

在婴儿期社会化过程中，幼儿开始掌握被社会认可的一些行为方式。3 ~6、7 岁的儿童，初步学习基本的生活技能，掌握最初级的社会规范，认同一定的社会角色，产生情境性的道德品质，在他们的自我意识、道德、性别认同和社会交往的发展中都体现出明显的年龄特征。

一、幼儿期社会性发展特点

（一）幼儿自我意识的发展

儿童对自己的意识不是一生下来就有的，是在其发展过程中逐步形成和发展起来的。3 岁左右，会用人称代词“我”来表示自己，是自我意识形成的主要标志。幼儿期自我意识的发展主要体现在自我评价、自我体验及自我控制等三个方面。幼儿期自我意识各方面的发展有其基本的规律，即 3 ~4 岁儿童自我评价发展迅速，4 ~5 岁儿童的自我控制发展迅速，而自我体验的发展相对较平稳，趋于渐变状态。

1. 自我评价的发展特点

幼儿自我评价首先是依从性评价，然后发展到对自己的个别方面进行评价，进而发展到对多方面的评价；幼儿自我评价的发展，明显地停留在对别人或对自己外部行为的评价上，但也同时表现出他们的自我评价从外部行为向内心品质转化的倾向；幼儿已具备一定的道德评价能力；从主观情绪评价逐步过渡到客观评价，但一般情况下，幼儿总是倾向于过高评价自己；幼儿自我评价发展水平无男女性别上的差异。

2. 自我体验的发展特点

幼儿的自我体验从初级到高级发展，从生理性体验向社会性体验发展。幼儿的快乐和愤怒往往是生理需要的表现，而委屈、自尊和羞怯反映了社会性体验。此外，自我体验表现出易变性和受暗示性。自我情绪体验在3岁儿童中还不明显，4岁则是一个转折点，5、6岁的大多数儿童已表现出自我情绪体验。

3. 自我控制能力的发展特点

幼儿自我控制能力不断加强，其中女孩自我控制能力较强，但总的来说，幼儿自我控制能力较弱。3～4岁儿童已经开始有自我调控能力，最初入园会哭，但教师哄哄就不哭了，并且这种状态会持续一段时间；4～5岁是自我调控的转折期，4岁后去幼儿园不哭了，但偶尔会闹着不去幼儿园或在幼儿园情绪不好；5～6岁自我调控能力有了一定发展，会主动上幼儿园且能够自己规划这一天带哪本图书和小伙伴分享。

（二）幼儿道德的发展

幼儿的道德认知主要是指幼儿对是非、善恶行为准则及其执行意义的认识，包括道德概念的掌握、道德判断能力的发展以及道德信念的形成三个方面。幼儿社会化的核心就是使幼儿成为一个有道德的人，一个能遵守社会规定的道德规范和行为准则的人。衡量一个幼儿的道德水平，不仅要看他的行为动机，对自己和别人行为的判断和认识，更重要的是看他实际行为的性质和意义。

幼儿在正确的教育影响下，在集体生活中，在与成人、同伴交往不断增加和对社会道德行为准则的不断掌握下，他们的道德感会得到进一步发展，一些新的道德感，如爱国主义情感、义务感、集体感等都在幼儿初期萌芽，并在幼儿期逐步形成和发展。总体来说，幼儿道德发展有以下两个特点：

1. 从他性

从他性道德占主导地位，儿童认为道德原则与道德规范是绝对的，来自于外在的权威，不能不服从；判断是非的标准也来自成人。同时只注意行为的外部结果，而不考虑行为的内在动机。幼儿晚期的道德开始转为自律，一些自律道德开始萌芽，即主要还是按外在行为的原则和要求来调节自己的行为，内在自觉地调节才刚刚开始。

2. 情境性

幼儿道德认识、道德情感还带有具体性、表面性，并易受情境影响，它总是和一定的、直接的道德经验、情境及成人的评价相联系。幼儿的道德动机非常具体、直接、外在，往往受当前具体刺激的制约，道德行为缺乏独立性和自觉性，因而也缺乏稳定性。

（三）幼儿的性别角色发展

范珍桃等①研究发现，幼儿性别恒常性发展表现为从低水平到高水平的发展，可以

①范珍桃，方富熹. 学前儿童性别恒常性的发展[J]. 心理学报，2006(1).

划分为3种不同的水平。3、4岁儿童处于性别认同(gender identity)水平,即具有识别自己和他人性别的能力;4、5岁的儿童处于性别稳定性(gender stability)水平,即儿童认识到随着年龄的增长,人们的性别是稳定不变的;5、6岁儿童处于性别一致性(gender consistency)水平,即儿童已经认识到性别不会随外界条件的改变而改变,5岁至6岁是性别一致性的快速发展期。在提示(澄清)条件下,6岁儿童已经具有性别一致性的能力,也完全获得了性别恒常性。

幼儿逐渐分化出不同性别的游戏群体,男性化游戏和女性化游戏,如男孩更喜欢有汽车参与的运动性、竞赛性游戏,女孩则更喜欢过家家的角色游戏。幼儿除了自己严格按照某一性别角色规定去行动外,还常以性别角色标准为依据去评价和要求同伴的行为,这与其对性别差异的认知和理解水平有着密切关系。

(四)幼儿社会性交往的发展

父母是儿童的主要交往对象,也是幼儿心理发展的最主要的"重要他人",但同时,伴随儿童生活范围的扩大,同伴、教师也逐渐成为幼儿生活中的重要交往对象。

1. 亲子交往

亲子交往指儿童与抚养人(主要是父母)之间进行的语言和非语言的信息传递和理解反馈的过程。父母是影响儿童社会化的核心因素,父母通过教育期望,代表一定的社会阶层和观念文化,在与子女交往中传递着有关的社会性知识,影响儿童的信仰、价值观和行为准则。儿童与父母的交往内容和方式对其情绪、态度、行为,乃至成年后的兴趣、信仰、行为方式、自我概念等均有较大的影响。

信息窗 2-3

教养风格

当玛丽亚认为一旁没有人的时候,她走进了哥哥亚历杭德罗的卧室,那里藏着哥哥最后的万圣节糖果。当她拿起哥哥装糖果的花生酱杯子时,妈妈走进了房间并立刻明白了什么。如果你是玛丽亚的母亲,你认为下列反应中哪些是合理的?

1. 告诉玛丽亚她必须立刻回到自己房间待上一天,并且她将失去最喜欢的毛毯,这是她每天晚上睡觉和午睡时所盖的毯子。

2. 温和地告诉玛丽亚她所做的并不是一个好的行为,以后不应该再这么做。

3. 解释为什么她的哥哥会难过,并且告诉她必须待在自己房间里一个小时作为惩罚。

4. 忽略这件事,让孩子们自己解决。

这四种反应分别代表了戴安娜·鲍姆林德(Diana Baumrind)所定义的,并经埃莉诺·麦考比(Eleanor Maccoby)及其同事修正的主要教养风格中的一种。专制型父母(authoritarian parents)的反应如第一种选择。他们控制、惩罚、严格、冷漠。他们的话就是法律，要求孩子无条件服从，不能容忍不同意见的存在。相反，放任型父母(permissive parents)提供不严格且不一致的反馈，正如第二种选择，几乎不对孩子做出要求，并且不认为自己对孩子的行为结果负有很大的责任，很少限制孩子的行为。权威型父母(authoritative parents)是坚定的，制定清晰且一致的规则限制。尽管他们相对严格，像专制型父母一样，但他们深爱着孩子并给予他们情感支持。他们尝试与孩子讲道理，解释他们为什么应该按照特定方式行事（“亚历杭德罗会难过”），并且与孩子交流他们所施加的惩罚的道理。权威型父母鼓励他们的孩子独立自主。最后，忽视型父母(uninvolved parents)实质上表现出对自己的孩子没有兴趣，伴有漠不关心、拒绝等行为。他们在情感上疏离儿童，视自己的角色仅仅为喂养、穿衣以及为孩子提供庇护的场所。在最为极端的影响下，忽视型父母常常造成忽视——儿童虐待的一种形式。四种模式总结如下：

父母对孩子的要求▶	有要求的	没有要求的
父母对孩子的回应▼	权威型	放任型
高回应性	特点：坚定，制定清晰、一致的规则限制。 与孩子的关系：尽管他们相对严格，像专制型父母一样，但他们深爱着孩子并给予他们情感支持，鼓励孩子独立。他们也尝试与孩子讲道理，解释他们为什么应该按照特定方式行事，并且与孩子交流他们所施加的惩罚的道理。	特点：不严格且不一致的反馈。 与孩子的关系：他们几乎不对孩子做出要求，并且不认为自己对孩子的行为结果负有很大的责任。他们对孩子的行为几乎不施加什么限制或控制。
低回应性	特点：控制、惩罚、严格、冷漠。 与孩子的关系：他们的话就是法律，崇尚严格的、无条件服从，不能容忍孩子表达不同意见。	特点：表现出漠不关心、拒绝等行为。 与孩子的关系：他们在情感上疏离儿童，视自己的角色仅仅为喂养、穿衣以及为孩子提供庇护的场所。在最为极端的影响下，忽视型父母常常造成忽视——儿童虐待的一种形式。

[资料来源]［美］罗伯特·费尔德曼.发展心理学——人的毕生发展[M].4版.苏彦捷，译.北京：世界图书出版公司，2007.

2. 同伴的交往

幼儿在社会环境和教育的影响下，随着交往经验的积累和心理发展水平的提高，同伴交往能力逐步提高。2岁时往往以自我为中心，3岁以上幼儿的社交活动有了显著的增加，到5~6岁时，群体活动逐渐增多，往往喜欢三三两两或者与更多的人一起玩。幼儿与同伴交往活动中，练习着有关社会技能，逐渐学会与他人平等的合作、协商；同伴对幼儿行为的不同反应，对幼儿的社会行为也产生积极或消极的强化，使其亲社会行为得以增多，侵犯性行为得以控制、减少。此外，同伴对幼儿的各种评价也为幼儿提供了社会性比较和形成自我意识的依据。幼儿积极主动地选择自己的玩伴，他们倾向于和自己年龄相仿、能力相近的同伴玩耍。一般来讲，幼儿交往的亲密性不高，他们的朋友只是游戏伙伴，这种关系是很短暂、表面的，同伴关系比较脆弱，建立得比较快，改变得也比较快。

3. 师幼交往

与亲子关系、同伴关系等幼儿社会关系相比，师幼关系的特殊在于其蕴含着教学的因素，因此，师幼交往对于幼儿的发展及幼儿适应方面的影响十分突出。幼儿在与教师的交往中，既把来自于教师的教育影响转化为自己内部的品质，也把自己内部的品质转化为外部的行为，影响周围的人（包括教师）、事物，锻炼与发展自己的整体能力，使自己得到应有的发展。因此，师幼交往本身就是有教育意义的，也是幼儿教育中不能忽视的一种潜在课程。儿童在与教师的交往中不是被动地受教育者，而是一个主动的学习者，主动地建构着自己的认知结构，丰富着自己的知识经验，是生命的动力发展者。师幼交往区别于其他类型交往的最明显特征是在幼儿园的进餐、午睡、饮水、排泄等生活中，幼儿也在形成着良好的生活习惯，独立性也逐渐增强。

二、幼儿期社会性发展常见问题及辅导

（一）攻击性行为

攻击性行为又称侵犯性行为，不同理论流派给攻击性下的定义存在着一些分歧，争论的核心是以观察得到的结果还是以表现这种行为的人的意图来下定义。从客观性角度出发，侵犯性是指身体上的进攻（打、踢、咬）、言语上的攻击（大声叫嚷、叫喊名字、贬低人），也可以是侵犯别人的权利（如用暴力抢走别人的东西）。如果从攻击性的意图出发，则主要指那些企图损害别人或物的行为，其重要性是考虑侵犯的动机①。

攻击性行为是幼儿常见的心理行为问题，其中男孩子多为身体攻击，女孩子则常为

①[美]P. H. 墨森，J. J. 康杰，J. 凯根，等. 儿童发展与个性[M]. 缪小春，刘金花，武进之，译. 上海：上海教育出版社，1990.

言语攻击。攻击行为表现为伤人、破坏物品、虐待动物、抢夺他人物品等，这类行为与单纯的发脾气不同，常造成对别人的伤害或物质的损坏。这些儿童常常好动、容易惹是生非、情绪易激怒、以自我为中心，当受挫折或愿望不能满足时就以发怒、伤人、毁物来发泄心中的怒气，对家长和老师常有不服从和违纪行为。攻击性行为不但与气质类型有关，且与家庭教育环境、幼儿园教育等密切相关，因而可以从以下几个方面对幼儿的攻击性行为进行有效控制。

1. 培养幼儿的自我控制能力

大量研究和事实表明，学会内在控制的孩子很少使冲动动作化，说理比惩罚更能帮助孩子明白，并承担非理性行为的责任。首先，要让孩子对侵犯性行为感到忧虑不安，如听到被攻击者痛苦的声音，看到被攻击者痛苦的表情。其次，可以通过讲故事等方式培养他们的同情心，学会换位思考，设身处地体会受害者的苦痛，让他们学会对侵犯行为的自我反省和自我控制，从而有效地抑制侵犯行为。当然，幼儿是在社会互动过程中获得行为准则和社会技能的，而游戏训练刚好可以为幼儿提供一个有利的、良性的社会互动环境，使幼儿在游戏中学会遵守规则，学会站在他人角度看问题，学会建立和维护秩序，学会等待、轮流、合作、自律等社会技能。

2. 创设良好的家庭环境

美国心理学家班杜拉通过实验研究证明，儿童的攻击性行为是观察学习的结果。幼儿模仿性强，辨别是非能力差，因此家庭成员应加强自身修养，用平和的态度解决矛盾，不做错误示范，为幼儿营造一个温馨、和谐的家庭环境。同时，家长也要转变教育观念，善于发现幼儿的闪光点，及时给予鼓励和肯定，运用科学合理的奖惩措施，引导幼儿明事理、分对错。此外，父母对儿童的管教应该有理有度，既不过度关注，也不完全忽视。

案例 2-3

打人的孩子

几个家长在一起谈论有关孩子的问题。一个家长说："我的孩子（男生）很听话，从不欺负别人，可是那天被班上一个女生给抓破了脸。"另一个家长说："我是这样告诉我家宝宝的，不许欺负别的小朋友，但如果有人打你，你就使劲打他，咱不能让别人欺负。"还有一个家长说："我儿子从小就喜欢打人，可无论我怎么说他都不管用，打也打过、骂也骂过。"

家长的教养方式会影响儿童的攻击性行为。对于儿童的攻击性行为，首先要分清产生的原因，倾听儿童的理由，然后依据儿童特点选择适当的惩罚方式。单纯的体罚或言语批评并不一定能够制止儿童的攻击性行为。

3. 教师应对艺术

首先，当幼儿间出现攻击事件时，教师要学会控制情绪，秉着公平公正原则，冷静客观地分析幼儿间的矛盾，切忌简单粗暴，大发雷霆。应了解幼儿产生攻击性行为的原因，对主动攻击行为和被动攻击行为要加以区别对待，要让主动攻击者认识到自己的错误行为及其所产生的不良后果，而对于被攻击者教师可以引导幼儿采取适度、合理的还击策略，避免造成幼儿的退缩行为。其次，当幼儿间发生攻击性行为时，教师首先应引导幼儿把注意力转移到问题解决上来，如“我们要先商量一下怎样才能玩好这个游戏”，然后引导幼儿诉说、倾听彼此的感受和想法，让幼儿在说清楚自己想法的基础上了解他人的想法，从而找到攻击性行为的产生原因和解决冲突的有效办法。最后，在日常工作中教师应注重向幼儿渗透和灌输友好相处、互相谦让、关心他人、合作团结的意识，增强集体凝聚力，削弱幼儿的对抗心理和敌意态度。

4. 提供良好的幼儿园生活环境

心理学家研究发现，游戏室中儿童人数增多会导致儿童较多的攻击性行为和较少的相互作用，如幼儿活动室中社会性密度的增加，玩具数量的不足都会增加幼儿的攻击性行为。为此，幼儿园要为幼儿创设宽敞舒适的学习和活动环境，游戏材料和操作材料要充足，保证每位幼儿都有动手的机会，避免争抢，同时还要注意尽量避免提供有攻击性倾向的玩具，如刀、枪、棍、棒等物。当然，幼儿园在安排一日生活时，应充分保证幼儿的游戏时间和户外活动时间，做到动静交替、劳逸结合，避免幼儿无所事事、吵闹喧哗、情绪浮躁等。

信息窗 2－4

增加学龄前儿童的道德行为并减少他们的攻击行为

关于学龄前儿童攻击性的许多观点都提供了很多有助于鼓励儿童道德行并减少儿童攻击行为的方法。以下是一些最容易操作和完成的策略。

· 为学龄前儿童提供用合作的、帮助的、亲社会的方式观察他人行为的机会。鼓励他们通过参与拥有共同目标的活动与同伴互动。这些合作的活动能教会他们与人合作并认识帮助他人的重要性和可取性。

· 不要忽略攻击行为。当看到学龄前儿童的攻击行为时，家长和教师应该进行干预，并明确地说明攻击是不可接受的解决冲突的方法。

· 帮助学龄前儿童对他人的行为做出其他的解释。这对于具有攻击性、倾向于把别人的行为看得比实际情况更具有敌意的儿童尤其重要。家长和教师应该帮助这些儿童认识到他们同伴行为有几种可能的解释。

· 监控学龄前儿童看电视、尤其是看暴力电视节目的情况。有很多的证据表明观看电视暴力会导致儿童攻击水平的上升。同时，鼓励学龄前儿童观看部分旨在提升道德水准的节目，如《芝麻街》《爱探险的朵拉》(Dora the Explorer)《罗杰斯先生和他的邻居》。

·帮助学龄前儿童了解自己的感受。当儿童生气时——所有的儿童都会这样——他们应该知道怎样用一种建构性的方式来处理自己的情感。告诉他们一些具体的事情可以改善这种情况("我知道你因为杰克不给你玩而非常生气。不要打他,告诉他你也想玩那个游戏")。

·明确教会他们推理和自制。学龄前儿童可以理解道德推理的基本原理,应该告诉他们为什么某些行为是适当的。例如,明确地说"如果你吃掉了所有的小甜饼,其他人就没有餐后甜点了"好过于"乖孩子就不会吃掉所有的小甜饼"。

[资料来源][美]罗伯特·费尔德曼.发展心理学——人的毕生发展[M].4版.苏彦捷,译.北京:世界图书出版公司,2007.

(二)性别认知偏差

性别认知偏差是指个体对自身性别的认识、行为与自己本身的性别特点相反(即男性具有女性气质与行为,女性具有男性气质与行为)。该问题多出现在3~7岁的学前儿童群体中。一般3~4岁幼儿就可以确认自己的性别了,然而有性别认知偏差的幼儿不能确认自己的性别,例如男孩子喜欢女孩子的裙子,喜欢芭比娃娃而对玩具枪、汽车等不感兴趣。

对于存在认知偏差的幼儿可以从以下几个方面进行辅导。①从小培养幼儿正确的性别角色认同,父母不可凭借自己的喜好来打扮自己的孩子。②为幼儿提供一个有利于其性别认知发展的教育环境。如果父母没有时间,经常加班在外,家庭中缺少同性模仿对象时,可以找亲友或熟悉的人来代替,与孩子建立良好关系,成为其模仿对象;也可以多带幼儿与同性别的孩子接触、玩耍,如男孩子多参加体育活动,女孩子多玩过家家游戏等。③如果幼儿性别认知偏差比较严重,可以多强化幼儿的正确行为,消减错误的行为。如当男孩子试穿妈妈的裙子,模仿女孩子的姿态,家长就要严肃地制止,告诉他这样是不对的,什么样的行为是正确,并在幼儿做出正确行为时及时表扬。当然,如果问题出在家长身上,也应该及时矫正。

案例2-4

喜爱女装的小男孩

汶汶,男,5岁。长的消瘦,性格内向,食欲较好,精力旺盛,平时喜欢和女孩子在一起玩。汶汶妈妈怀孕时,一直以为肚子里的孩子是女孩,所以以迎接女孩子的心态来迎接他的诞生,准备的物品也都是女孩子用的,颜色很鲜艳。汶汶一两岁时,妈妈还是偶尔给他穿一些女孩子的衣物,并认为这样打扮的小孩子很可爱。最近,妈妈发现汶汶会刻意模仿女孩子的一些动作,并且特别爱穿一条牛仔背带短裤(那是一条灯笼短裤,远看就像一条灯笼裙),有时裤子洗了还没有晾晒干,汶汶也要取下来穿,经常与白色长筒丝袜和小皮鞋搭配起穿,在男孩中特别扎眼。

汶汶的这些行为表现与妈妈对其性别期望有关。由于汶汶妈妈一直以为自己怀的是女孩子,且为他准备了女孩用品,妈妈的这一心态无疑影响了将要出世的汶汶。汶汶出生后,妈妈依然或多或少地保留了怀孕的心态,且偶尔还会把它打扮成女孩子,使汶汶“有机可乘”,加以模仿。此外,汶汶在性格上也倾向于文静。因此,环境、教养及个性等共同导致了汶汶的性别认知偏差。

三、幼儿期良好习惯的养成

叶圣陶先生说:“什么是教育?简单一句话,就是要养成习惯。”幼儿期是形成行为习惯的关键时期。《幼儿园教育指导纲要(试行)》中也对幼儿行为习惯养成教育提出了具体的要求。因此,重视幼儿行为习惯的培养,既是我国优秀的教育传统,也是新时期对幼儿教育提出的一种现实要求。

(一)幼儿期良好习惯养成原则

1. 科学指导、因材施教原则

在这样一个多元社会中,幼儿的一些行为习惯并不能用一刀切的手段来判断是对是错,教师应根据幼儿的年龄发展特征,用科学的教育理念让幼儿在隐性的教育中分辨是非对错。同时,注意幼儿之间的个体差异,做到因材施教。教师可以利用一些观察、访谈、实验、作品分析等方法来了解和熟谙每个幼儿的基本情况、生理特征、心理特性与兴趣爱好等,然后根据幼儿不同的情况予以不同的培养、教育、熏陶与训练,这样才能既做到科学指导,又做到因材施教。

2. 循序渐进、反复实践原则

习惯的养成是一个循序渐进、反复实践的过程。首先,幼儿习惯养成应从小事做起,并日积月累,如不随意摘花、不乱扔垃圾、遵守红绿灯交通规则等。其次,不断反复的实践是建立良好班级常规的关键。生活在集体中的幼儿,一天由生活活动、游戏活动和学习活动,如饮食、睡眠、盥洗、游戏、学习和交往等内容组成,幼儿可以从中获得“在什么时候、什么情况下该如何做,不该如何做”的认知、体验和经验,逐步形成一系列正确的行为方式,并在反复的实践中得到强化,进而逐步养成良好的班级常规,这是幼儿习惯养成的重要内容之一。

3. 协调一致原则

马卡连柯曾说:“一个人不是由部分因素的拼凑培养起来的,而是由他所受到的一切影响的总和综合地造就成功的。”因此,家庭、幼儿园和社会教育等各方在幼儿习惯养成上要协调一致。家庭各个成员对幼儿要求一致,而一些习惯的养成不仅要求每一位教师对幼儿的整体要求一致,而且要求每一位教师在一日活动的不同环节上前后相一致,绝不能朝令夕改，随心所欲。同时，家庭和幼儿园通过多种渠道的沟通联系，确定幼儿在一定时间的常规培养，步调一致、方法统一，在多方配合下养成幼儿良好的习惯。

4. 分类教育原则

根据习惯养成的不同类别施加不同的培养、教育、熏陶与训练等称为分类教育。有的幼儿是一片空白，尚未养成任何习惯，有的幼儿已经养成了或良好或不良的习惯，因此，教师应根据幼儿不同情况进行教育和引导。针对已经具有一些良好习惯的幼儿应该进行塑造教育；对于习惯还是一片空白的幼儿，应尽快对其进行良好习惯的培养，并不断强化重复；而对于已经形成良好习惯的幼儿，应通过各种方式方法让幼儿重复该习惯，并最终使其达到类同于“第二天性”的好习惯；针对已经有一些不良习惯的幼儿应进行改造教育。这是一项艰巨的工程，要搞清楚不良习惯产生的原因，避免不良后果。

（二）幼儿期良好习惯培养方法与途径

1. 规范行为习惯，严格督促检查

良好行为习惯的形成是一项长期艰巨的任务。教师要重视正面的宣传教育，让幼儿明确什么是正确的行为习惯，什么是错误的行为习惯，使之有努力的目标。教师在做好言传的同时，更应该做好身教，努力提高自身师德修养，形成良好的行为习惯，成为幼儿学习的榜样。由于幼儿的自觉性差、自控力弱，行为习惯容易出现反复，要建立严格的检查督促制度，做到教师检查与幼儿之间检查相结合，定时检查与随时抽查相结合，常抓不懈，习以为常。

2. 设置多种情境，模拟行为训练

由于习惯具有情境性的特点，教师在行为习惯的训练中，注意创设多种问题情境。如针对胆子较小、缺乏自信的幼儿，教师可以为其创设锻炼机会，如课堂发言刚开始先让其在别人后边发言，之后让其回答较简单的问题并给予恰当的表扬；自信心培养起来之后，再让其独立回答问题，鼓励其主动参与讨论、大胆发表自己的见解。另外，也可以运用偶发事件，创设批判情境；利用音乐语言，创设想象情境等来进行良好习惯的训练。

3. 运用激励机制，强化良好习惯

教师要巧用激励机制，通过有声语言和肢体语言以及师生之间的情感来强化幼儿的良好行为。做好物质强化与精神鼓励相结合，如笑脸、小红花等；坚持时间的强化与机会的强化相结合，允许行为习惯好的幼儿有更多自由安排的时间，提供各种游戏活动和为班级服务的机会等形式。这些都是一种合理的激励机制，能促进幼儿良好行为习惯的形成。

4. 家园配合，重视不良习惯的矫正

幼儿不良行为习惯的成因是多方面的，有家庭教育不当、社会环境不良和幼儿园教育偏差等原因，也有自身发展水平较低的原因。习惯矫正是一项相当艰苦复杂的教育工作，我们可以采取了以下几种矫正措施：

(1)消除障碍。习惯不良的幼儿往往多有一种消极的态度,周围人际关系也不是很好。因此,可以从调整有不良习惯的幼儿与周围小朋友的人际关系入手,教师要端正态度,真心诚意地爱护、关心和尊重有不良习惯的幼儿,同时教育全体幼儿正确对待、热情帮助这些小朋友,使他们形成积极的情感认同体验和正确的态度。

(2)持之以恒。坏习惯的形成是一个长期的过程,而习惯矫正更有多次反复。教师要做到不急躁、不气馁,持之以恒,并落实检查督促的措施。如有的幼儿每次吃午饭都磨磨蹭蹭,教师可以和家长配合,严格控制幼儿的吃饭时间,同时适当进行奖励,从而养成良好的进食习惯。

(3)及时强化。在矫正过程中,我们应随时注意幼儿行为发展的闪光点和坏苗头,对前者及时表扬宣传,对后者及时控制。例如发现幼儿不爱惜公物、破坏玩具的行为,教师要及时进行教育,并制定相应措施,甚至进行惩罚教育。这样大多数幼儿都能够遵守规则、爱惜公物,个别自控能力差或习惯不好的幼儿违反规则就应该受到相应的惩罚,让他们承担相应的后果,从而养成遵守规则的好习惯。

问题思考与讨论

1. 幼儿身体与动作发展特点?如何根据这些特点进行保健教育?
2. 幼儿认知发展有哪些特点?
3. 幼儿认知发展中容易出现哪些问题或障碍?教师应如何辅导?
4. 简述注意缺陷障碍在幼儿期的主要表现,目前主要的干预方法有哪些?
5. 可以从哪些方面进行幼儿心智的培养?具体方法有哪些?
6. 幼儿社会性发展有哪些特点?
7. 简述亲子关系的类型并说明哪种亲子关系最有利于儿童的发展。
8. 幼儿社会性发展中会出现哪些问题?如何进行干预?
9. 幼儿良好习惯培养的基本原则和途径是什么?
10. 案例分析:

小南今年5岁,已经上大班了。妈妈对他总是百依百顺,爸爸对他却非常粗暴。虽然家里的玩具很多,但在幼儿园里,小南看到别人玩什么他就要什么,因此经常和小朋友打架。一开始,幼儿园老师非常严厉地批评他,但他仍我行我素,久而久之,谁也不想去管他。妈妈开始为这事感到烦恼。

请你根据所学知识,分析小南行为的特点及其成因。如果你是他的老师,你会怎么做呢?

阅读指南

1.［意］玛利亚·蒙台梭利.童年的秘密［M］.单中惠，译.北京：中国长安出版社，2010.

蒙台梭利编著的《童年的秘密》是一位充满爱心的伟大教育家对儿童发育与成长的最科学生动的刻画。在《童年的秘密》中，蒙台梭利详细而生动地描绘了儿童的生理和心理特征，揭开儿童成长奥秘。书中的革命性观念让世人了解到，儿童具有丰富的潜能，但儿童只有在一个与他的年龄相适应的环境中，他的心理生活才会自然地发展，并展现他内心的秘密，而有些儿童之所以不能正常地发育和成长，主要是因为受到成年人的忽视和压抑。幼儿教育的原则和方法应是理解、尊重儿童，应根据儿童身心发展的规律，为儿童实现自身的潜能提供所需的帮助。

2.［美］卡洛琳·爱德华兹，莱拉·甘第尼，乔治·福尔曼，等.儿童的一百种语言［M］.3版.南京：南京师范大学出版社，2014.

该书充分体现了瑞吉欧幼儿教育的精髓，融经典性与理论性于一体，为幼教工作者提供了瑞吉欧的幼儿教育经验，也能让读者能够了解其理论基础和实践策略。该书讲述了"孩子有一百种语言，一百双手，一百个想法，一百种思考、游戏、说话的方式，一百种倾听、惊奇、爱的方式，一百种歌唱与了解的喜悦。"瑞吉欧·艾米利亚，意大利北部的一个小镇，因其卓越的幼儿教育熠熠生辉，成为全世界教育家的灵感来源。瑞吉欧教育体系鼓励儿童通过各种"可表达的、交流的和认知的语言"，探索周围的环境并表达自我。作为阐释该体系的经典著作，《儿童的一百种语言》将带领你的眼睛越过高墙，开始一次探索儿童、发现儿童、教育儿童以及向儿童学习的奇妙之旅。

3.［美］泽纳.婴幼儿心理健康手册［M］.3版.刘文，译.北京：中国人民大学出版社，2014.

该书是心理学译从教材系列，是婴幼儿心理健康领域最权威的工具书，被视为该领域的参考标准，极富全面性和前沿性。该书提供了婴幼儿阶段心理健康的发展、临床和社会层面的综合分析，介绍了基于实证研究的评估和治疗方法，强调亲子关系的重要性，并阐述了早期干预和预防的益处及其在心理健康、基础护理、儿童抚养和福利机构中的应用，从而引领专家及相关从业人员探索婴幼儿心理健康的发展模式，生物、家庭和社会文化风险与保护性因素，以及常见的紊乱与障碍。

网络导航

1.中国幼儿教师网：www.yejs.com.cn.

中国幼儿教师网，为幼师免费提供丰富的幼儿园教案、课件下载、环境布置图片、自制玩教具心理辅导等教学资源，以及幼师在教学过程中需要的幼儿园工作计划、观察记录、个案分析等，是中国最权威、最专业的集幼教资源和幼教社区为一体的幼教行业门户网站。

2. 冯德全博客：http://blog. sina. com. cn/fdqjs.

冯德全，湖北冯德全儿童潜能开发研究所所长。从事教育实践和科研工作54年，致力于研究“0～12岁早期教育和后续发展——儿童潜能开发”项目。其间在武汉市教育局、教科所任过职，现同时兼任多项国家早期教育机构高级职务。

第三章　青少年的认知发展与学习辅导

学习目标

了解青少年认知发展的基本理论，青少年认知发展的基本特点，在学习中存在的问题及影响因素，具体的学业辅导策略。

第一节　青少年认知发展的特点

认知发展与学习有着十分密切的联系，相应的认知发展水平是学习的基本前提，而学习的最终目的之一就在于促进个体认知的发展。在青少年时期个体的各种认知功能趋于成熟，认知结构趋于完善。因此，青少年时期是个体认知发展的重要阶段，也是学生掌握知识技能的黄金时期。

一、认知发展理论

(一)皮亚杰的认知发展阶段论

皮亚杰认为，心理(主要是智力、思维)发展的本质是主体对客体的适应(儿童心理发展的真正原因)。他认为儿童生下来就具有一些基本的图式(如抓握反射等)，经过不断地与环境相互作用，儿童的图式不断地发展，就形成了本质不同的心理结构，从而也就形成了儿童心理发展的不同阶段①。

第一阶段是感知运动阶段(0～2岁)。只能对当前感知到的事物施以实际的动作进行思维。这一阶段儿童通过将感官经验(如看、听)与身体的、机械的活动相协调来建构对世界的理解，依赖反射行为或动作来解决问题，其智力表现主要局限于自身的动作。

---

①陈琦，刘儒德. 当代教育心理学[M]. 北京：北京师范大学出版社，2007.

在这个阶段的后期，开始出现从动作思维向形象思维的过渡，并逐渐获得客体永恒概念。

第二阶段是前运算阶段（2～7岁）。表象或形象思维为主，儿童形成了运用符号表征客体的能力。他们能通过表象、言语以及其他的符号形式来表征内心世界和外在世界，但其思维仍是直觉性的，而非逻辑性的，抽象程度很低，且具有明显的自我中心特征，认为一切事物都是有生命的，具有刻板性、片面性和不可逆性。

第三阶段是具体运算阶段（7～11、12岁）。此时，儿童的思维已经具有了明显的符号性和逻辑性，能进行简单的逻辑推演，如若A＞B、B＞C则A＞C。基本克服了思维的自我中心性，但由于抽象程度还很低，因此思维活动仍局限于具体的事物以及过去的经验，面对某些数学问题、物理问题和社会问题时，仍显得无能为力。

第四阶段是形式运算阶段（11、12～14、15岁）。这时的儿童已经能够设定和检验假设，能监控和内省自己的思维活动，思维的抽象性获得了很大提高。他们在解决问题时更具有逻辑性和系统性。

案例3－1

糖果在什么地方？

一个3岁小孩和5岁小孩一起看电视，在电视中有一个小孩A。小孩A将自己的糖果放在自己的书包里，然后关门出去了。这时他的妈妈进来了，发现了他书包的糖，然后把他包里的糖果放到了厨房的抽屉里。问3岁和5岁的小孩：小孩A进来后会在什么地方找糖果？3岁小孩和5岁小孩分别会怎么回答呢？

答案：根据皮亚杰的认知发展阶段理论，3岁的小孩可能会说A会在抽屉里找，5岁小孩可能会说A会在书包里找。

分析：3岁的小孩处在前运算阶段，他们不知道从别人的角度去思考问题，他认为既然自己看到了糖果是被放在了衣柜里，他就不能理解为什么A会不知道。而5岁小孩处在具体运算阶段，已经学会了从别人的角度来思考问题，他把自己放在A的位置来思考，所以他知道A并没有看到糖果被转移了位置。父母和教师应该注意在前运算阶段的孩子思维的局限性，想办法帮助其克服自我中心性。

皮亚杰认为，儿童心理发展的阶段先后次序是固定不变的，不能跨越也不能颠倒，所有的儿童都遵循这样的发展顺序，具有普遍性，但发展阶段出现的年龄可因儿童的社会环境、文化教育的差别而加速或推迟。在儿童发展的每一个阶段中，都具有独特的认知结构，这些相对稳定的认知结构决定儿童行为的一般特征。儿童发展到某一阶段就能从事水平相同的、各种性质的活动。皮亚杰关于儿童心理发展的理论，强调了儿童认识发展是一个积极主动的建构过程，教育要按照儿童的认知结构（智慧结构）来组织教材，调整教法，这些思想对儿童教育工作的理论与实践都具有积极的意义。

（二）维果斯基的认知发展理论

苏联心理学家维果斯基（Lev S. Vygotsky）从历史唯物主义的观点出发，在20世纪30年代提出文化历史发展理论。他主要探讨了“发展心理和教育心理，全面论述了思维与语言、儿童的学习、教学与发展的关系问题”。

他认为，心理发展是个体的心理从出生到成年，在环境和教育的影响下，由低级心理机能，逐渐向高级心理机能转化的过程。人的高级心理机能是社会历史发展的产物，受社会规律的制约，他十分强调人类社会文化对人的心理发展的重要作用，以及社会交互作用对认知发展的重要性。

维果斯基还强调社会因素特别是教育对于儿童认知发展的作用。他特别提出了“最近发展区”的概念。最近发展区是指介于儿童能够独立完成的认知任务与儿童在成人的指导下所能够完成的认知任务之间的差距。针对这个最近发展区所进行的教学，才容易收到明显效果并且可以较准确地预期结果。

在教学与发展的关系上，他认为，教学一方面要适应学生的现有水平，但更重要的是发挥教学对发展的主导作用，走在发展的前面。此外，他还提出了关键期概念，所谓关键期是指个体发展过程中环境影响能起最大作用的时期。在关键期内，机体对环境影响极为敏感，对微细刺激即能发生反应，因而有的研究者也称其为敏感期。关键期中，在适宜的环境影响下，行为习得特别容易，发展特别迅速，学习也变得事半功倍。但这时如缺乏适宜的环境影响，也可引起病态反应，甚至阻碍日后的正常发展，导致学习事倍功半。

二、青少年认知发展的基本特点

中学生正处于个体身心加速发展的第二个高峰期，生理素质尤其是神经系统都处于认知发展的迅速上升时期。在初中阶段，学生认知过程中的基本因素都得到了进一步提高和完善，从而能够更轻松、快捷、有效地完成各种认知任务，新的认知结构的出现还使得他们能熟练地运用假设、抽象概念、逻辑推理的手段解决问题。概括地说，个体在初中阶段认知的主要特点是思维的抽象逻辑性占优势，但在很大程度上还需要经验的支持。到了高中阶段，学生的认知各要素迅速发展，认知结构不断完善，抽象逻辑思维进入了成熟阶段，辩证逻辑思维和创造性思维有了大幅度的发展，认知的自觉性增强，认知结构中的因素基本上趋于稳定状态，认知结构形成协同发展的新局面。

（一）青少年感知觉的发展

在青少年时期，个体的感觉能力有了较大的发展。根据有关研究材料，个体在15岁前后，其视觉和听觉等感觉能力甚至超过成人。初中生对各种颜色的区分能力比小学一年级学生高60%以上。初中生对音高的分辨能力也比小学生高很多，在青少年中很多人表现出特殊的音乐才能。青少年的其他感觉也有很大发展，特别是关节、肌肉的感觉能力得到很大的提高。这为青少年从事写字、绘画、体育等活动提供了必要的条件①。

青少年的感觉能力是在各科教学和各种实践活动的推动下迅速发展起来的。一方面，各科教学和青少年的实践活动不断地对其感觉能力提出更高的要求，推动了青少年的感知活动；另一方面，图画、音乐、几何、生物等学科的教学和参观、劳动等实践活动，为青少年增强感觉能力提供了必要的条件。

青少年感知觉的随意性较强。初中生能较好地完成教师安排的感知任务，能在没有教师监督或指导的情况下，主动地排除其他刺激的干扰，将注意力集中于预定的活动。但初中生的感知往往是按成人的要求进行的，具有一定的被动性。高中生则有较高的自觉性，能主动制订观察计划，有意识地进行集中持久的观察，并能对观察活动进行自我监控。此外，青少年空间知觉和时间知觉有了较大的发展。

（二）青少年注意发展的特点

1. 有意注意逐渐占主导地位

年龄越小，无意注意所占的成分越大。在小学二年级以前无意注意就已出现，以后迅速发展，到初中二年级达到发展巅峰，而后又缓慢下降。在初中阶段，学生的有意注意已占主导地位。高中生的注意力有了更高水平的发展，他们逐渐能够做到不完全受直接兴趣的影响，对有间接兴趣的事物也能产生较稳定的注意。

2. 注意品质不断发展

注意品质是指注意这一心理活动的特性，包括注意的稳定性、注意的广度、注意的分配和注意的转移。中学生在这四个方面都有了不同程度的提高。在初中阶段，随着自制力的发展，学生已经能较长时间集中注意某项活动和某个内容。随着年龄增长，注意的广度也不断扩大，青少年的注意广度已经接近于成年人水平。初中低年级学生在注意分配时和注意转移时存在一定的困难，初中高年级的学生由于各种技能技巧的稳定性有了提高，注意分配能力和转移能力逐渐向较高水平发展。高中生在学习过程中已能够根据不同活动的性质和任务，较好地分配自己的注意，并能自觉地根据活动任务把注意从一个对象转移到另一个对象上。

（三）青少年记忆的发展

1. 有意识记忆占主导地位

初中阶段基本确立了有意识记忆的主导地位，但识记的目的和任务是由成人提出来的；高中阶段，个体能自觉地、独立地提出较为长远的识记目的和任务，选择适合自己的识记方法，自觉地检查识记的效果，对识记过程进行自我监控。由于青少年识记的有意

①陈庆华. 教育知识与能力[M]. 合肥：中国科学技术大学出版社，2014.

性的提高,其识记的效果也大大提高。高一学生一年的记忆量是初一学生的两倍,是小学一年级学生的四到五倍。

2. 理解识记逐渐成为主要的识记方法

理解识记是根据记忆对象的内部联系,通过建立记忆对象与已有知识的联系进行识记的方法。理解识记是借助思维活动来实现的,与之相对的是机械识记。机械识记是根据记忆对象的外部联系,通过重复进行识记的方法。初中阶段是由机械识记向理解识记过渡的阶段,初二是一个转折时期。在高中阶段,理解识记已成为学生识记的主要方法。在理解识记发展的同时,机械识记仍然保持相当的水平,是青少年学习必不可少的识记手段。

3. 抽象记忆占优势

从识记的内容上看,记忆可以分为具体记忆和抽象记忆。在初中阶段,个体的抽象记忆的发展水平逐渐超过形象记忆。到了高中阶段,个体的抽象记忆已占绝对优势。但即使在高中阶段,具体形象记忆仍然具有重要作用,它为理解抽象材料提供必要的感性支持,是抽象记忆发展的基础。

4. 青少年记忆策略得到发展

记忆策略是指主体控制自己的记忆活动,增强记忆效果的方法。个体在记忆活动中常用的记忆策略主要有注意策略、复述策略、精细加工策略、组织策略等。青少年可以在无人指导的情况下,主动地运用记忆策略,而且能根据记忆的任务来调整记忆策略。在相同年龄的青少年个体之间,记忆策略的发展也存在很大的差异。研究表明,即使到了大学阶段,也有许多人没有掌握分类回忆的记忆策略。可以通过训练使青少年获得各类记忆策略。

(四)青少年想象的发展

1. 青少年的想象具有较强的随意性

想象的随意性主要表现为能自觉地确定想象的目的和任务,并能围绕目的展开想象。初中生能较好地围绕主题进行想象,同时排除其他因素的干扰,但其想象还是具有一定的被动性,不善于主动地提出想象的任务。高中生不仅能迅速地完成内容较为复杂的想象任务,而且能主动地提出想象的任务。青少年想象的随意性的发展,推动了他们独立地进行小发明和小创造活动,促进青少年形成具有社会意义的个人理想。

2. 青少年想象的创造性逐渐占优势

在中学阶段,随着表象内容的深刻和丰富,想象的认知操作能力的提高,青少年想象的创造性有了很大发展,并逐渐占优势。例如,中学生成功地进行创造、发明的人数显著地超过小学生。

3. 青少年的想象更富于现实性

首先,在青少年时期,由于个体的感知能力显著提高,个体的表象有了很大的发展。

一方面,具体表象更加精确地反映了对象的细节;另一方面,综合性的表象更好地反映对象的整体与结构。同时,个体对语词的理解能力也有了很大的提高。因此,青少年的想象能更精确、完整地反映客观现实,具有较高现实性。

其次,由于生活经验的积累,特别是科学知识的积累,青少年能够较好地区分什么是现实的,什么是虚构的。因而,青少年能主动地抑制那些不符合现实的想象,其想象中虚构的成分逐渐减少,这在青少年的阅读兴趣方面表现得十分明显。中学生对童话类故事的兴趣大大降低,而更喜欢富于现实性的文艺作品,如描写生活的作品等。

但在中学阶段,个体不切实际的想象还时有发生,个别学生还是会胡思乱想。其主要原因是意志力薄弱,难以抑制不切实际的想象。这种胡思乱想不仅对学生的学习产生严重干扰,而且可能会使学生走入歧途。

(五)青少年思维的发展

在初中阶段,学生思维发展的主要特点是抽象逻辑思维在个体的认知发展中开始占优势,但在一定程度上还需要经验的支持,属于经验型。进入高中阶段后,学生的抽象逻辑思维则属于理论型,他们已经能够在头脑中进行完全属于抽象符号的推导,并能以理论作指导去分析、解决各种问题。青少年的辩证逻辑思维也在迅速发展,并于高中阶段达到基本成熟的水平。

(1)思维的深刻性日益提高,初中生的思维处于还半成熟状态。一方面,随着抽象逻辑思维水平的提高和知识经验的不断丰富,初中生能较好地利用各方面的知识来加强对抽象材料的理解,这表明初中生思维具有一定的深刻性;另一方面,初中生的思维同时也存在着一定的表面性和片面性。例如,初中生往往比较偏激与极端,爱钻牛角尖;在分析问题时经常被事物的外部特征所困扰,不能深入到事物的本质。高中生的思维基本上接近于成人,处于成熟水平。

(2)青少年思维的创造性日益增强。初中生已表现出明显的创造性和批判性。他们具有强烈的求知欲和探索精神,喜欢奇特的幻想,喜欢别出心裁和标新立异。他们不满足于被动地接受教师的讲解,力图证实自己的能力和才华。初中生不轻易地接受别人的观点,对别人的意见往往要进行一番审查,有时甚至持过分的怀疑和批评态度。高中生思维的创造性比初中生有了很大的发展。高中生能创造性地进行学习,独立地分析问题、解决问题。他们小制作、小发明、小论文的数量明显增多,质量也有明显提高。思维的自我监控能力显著增强。

(3)初中生思维的自我监控能力开始发展,能够根据思维活动的结果,对简单的思维活动进行一定的调节,但这种调节只是初步的。一方面,思维的计划性还不够完善,不能根据严密的逻辑规则确定思维活动的程序,存在着一定的不随意性;另一方面,主要靠思维活动的结果的反馈信息调节思维活动,不善于在思维过程中对思维活动进行控制。在高中阶段随着高中生对思维方法和相应的逻辑规则的掌握日益熟练化,高中生思维的自我监控能力有了明显的提高。高中生能够根据需要确定解决问题的思路,并在思维过程中对思维活动进行监控,以确保思维活动的正确性和高效率。

第二节　青少年的学业问题及原因分析

青少年通常指11、12岁到17、18岁,这一阶段主要在学校度过。学校学习,是这一阶段的主旋律。青少年的很多烦恼和困惑往往也来自于学业问题,厌学、逃学、怕学、努力学却没有成效,等等。这些问题会严重困扰着学生和家长,有时老师也为此苦恼。

一、学校适应不良及原因分析

(一)学校适应概述

1. 学校适应的概念

适应一般指个体与环境之间相互作用并协调关系的过程。林崇德认为社会适应是指当社会环境发生变化时,个体改变自己的观念、行为方式使之适应所处的社会环境的过程①。学校适应是指学生从低学段到高学段或者从一所学校转到另一所学校,都能不断地调整自己的观念和行为方式,并和学校环境之间产生积极相互作用,最后达到平衡状态,以保证完成学业,达到学校的教育目的。

2. 学校适应不良及其表现

学校适应不良,是学习障碍在中小学生心理与行为上的反映,主要表现为个体具有学习的主观愿望,很想学好文化知识,而且十分用功,但由于身心因素的影响,造成学校生活的极大困难。

学校适应不良主要表现在情绪障碍、行为障碍和生理功能障碍三个方面:

(1)情绪障碍。抑郁、焦虑、强迫、恐惧、厌学、退缩等是情绪障碍常见的表现。反映在学习方面主要是害怕学习,上课注意力涣散,听不好课,做不好作业,但又极力想提高学习成绩,因而产生焦虑。有些学生害怕或回避上学,或有恐惧反应,或成萎靡状态;有的学生有矛盾观念或易怒反应,易激动,依赖性增强。

(2)行为障碍。具体表现为:能力抑制,如以往学习能力较强,成绩也很好,出现学校适应不良后,学习能力受到抑制,产生学习困难。社会退缩,表现为与同学交往减少,学习、活动也减少,成为活动的旁观者,游离于同辈群体之外。品行混乱,其行为违反与同龄人相符的社会规范和准则,如逃学、斗殴、说谎、偷窃、抽烟、离家出走等。行为倒退,行

①林崇德,杨治良,黄希庭.心理学大辞典(下)[M].上海:上海教育出版社,2003.

为像小孩子,学习无目标,活动无计划,喜欢童稚性游戏,与同龄人无法沟通,等等。

(3)生理功能障碍。伴随情绪的发生,适应不良的学生会表现为上课头昏脑涨、入睡困难,以及腰酸背痛、心悸、乏力等,身体检查又没有特殊的躯体疾病。

(二)学校适应不良的原因

1. 社会心理因素

学校适应不良往往发生在学生发展过程的转折时期,如从幼儿园升小学,或从小学升初中,或从初中升高中,进入新的环境和社会地位的变迁,成为产生学校适应不良的刺激源。

2. 家庭环境影响

家庭是影响青少年发展的重要因素,主要表现在父母的教养方式、父母的文化程度、父母间的关系、家庭关系等。如父母由于感情不和或其他原因而经常吵架,这会给他们的孩子带来情感上及学习上的不良影响,造成心理上的压力和恐惧,从而影响学习,甚至导致无法继续学校生活。研究还证实,父母过度保护或冷漠拒绝也可能会导致中小学生的学校适应不良。

3. 人际关系紧张

学校适应不良的学生中,有很多是由于在家庭或学校集体中人际关系紧张,逐步造成心理上的压抑,从而影响学习生活。在学校中,同学之间、师生之间关系紧张,也会影响到学生的学习生活。毕有余的研究表明,高社会支持水平学生的学校适应质量显著高于低社会支持水平学生的适应质量①。社会支持对学校适应存在积极作用。

4. 学生的自身原因

学生的个性特点、身体状况、知识基础、学习方法及学习能力等都会影响学生的在校学习生活。由于特定的生活环境,接受到的特定教育方式,学生可能会形成自我中心、自卑、心胸狭窄、孤僻、神经质、攻击性强、期望值过高等个性特点。这种不够完善的个性影响学生与周围人的正常交往,使其对学校环境适应出现问题。

5. 对学校环境的认知

对学校环境认同并接纳有利于对学校生活的适应。张翼的研究表明,学生社团组织活动的参与对青少年学校适应有促进作用,而在学校体验到的社会排斥感和社会差异感对其学校适应有阻碍作用②。毕有余的研究表明,学生学习环境满意度越高,则对学校适应越好。在校园文化的作用下,学生能感受和认知到自己在校园文化建设中的主体地位,从而产生强烈的归属意识、责任意识和荣誉意识,校园文化认同感越强,就越会在校园中产生一种期待合力,越能促进良好的学校生活适应。

---

①毕有余. 升学准备:促进中学生学校适应的重要途径[J]. 东北师范大学学报(哲学社会科学版),2010(2).

②张翼. 蒙古族流动青少年学校适应性的实证研究[J]. 中南民族大学学报,2014(1).

二、学习困难及原因分析

(一)学习困难概述

1. 学习困难及其表现

学习困难是指智力基本正常的中小学生学习成绩明显低于同年级学生,不能达到预期学习目的,甚至因此而留级,学习困难的学生又简称"学困生"。

准确理解学习困难的含义,需要把握以下几点:第一,学困生的智商属正常范围,不包括因弱智或其他机体结构性损伤所造成的认知障碍,如盲、聋、哑、身体残疾等;第二,学困生可能有学习动机不足或动机障碍的表现,但整体而言他们具有一定的学习动机,不包括因完全丧失学习动机而导致的学习成绩低下;第三,学困生的学业成绩明显低于同年龄学生,长期而稳定地达不到教学大纲的要求或预期的学习目标;第四,学困生的学业成就与潜在能力之间存在不一致性,学业成就明显低于其潜在能力;第五,学习困难具有可逆或基本可逆性,即在一定的辅导和矫治下,学生可达到正常水平或教学大纲要求的基本水平①。

2. 学习困难的类型

(1)基础薄弱型。学习基础差是这类学生学习上的主要障碍。学困生在基础知识的掌握方面,不同项目内容之间存在明显差异,并不是所有的方面基础都差。随着教育环境的改变、教学内容的扩展与加深,以及课业负担的逐步加重,这些学生难以适应新的要求,日积月累厌学情绪有增无减,从而成为稳定性学习困难学生。

(2)动力缺失型。这类学生在学习动机、态度、意志及自我意识等方面处于弱势。他们在学习上动力不足,常常抱着无所谓的态度、"做一天和尚撞一天钟"得过且过。以课堂教学中学生的参与程度与有意注意的稳定性为例,观察表明:学困生课内大多数时间未进入学习角色,其中相当一部分甚至根本无意于学习活动。

(3)能力低下型。这类学生的动机、意志、自我意识水平都不低,但学习能力有限,基本的学习技能没有掌握,制约了他们的学习活动,尽管百般努力,然而收效甚微。转变这种类型的学困生往往要花较大的力气。

(4)品德缺陷型。这类学生学习目的不明,自我控制能力差,且受家庭、社会的负面影响较大,道德品行不端,无心完成学习任务,逐渐演变成为"问题学生"。

(5)暂时困难型。这类学生在能力和个性特征上并无偏差,主要问题在于学习行为不良,如课堂上缺乏积极主动的投入、没有掌握某些章节的知识等,造成了一定程度上的学习困难,一旦其不良行为得到矫正,困难局面也将随之改观。因此,他们所面临的困难

①吴增强. 当代青少年心理辅导:向成熟发展的科学[M]. 上海:上海科学技术文献出版社,2003.

只是阶段性、暂时性的困难。

上述类型既是相对稳定的又是动态变化的，需要在实际中认真观察以对症下药。

（二）学习困难的原因

学习困难的原因是多种因素综合作用的结果，既有内因，又有外因；既有个人生理心理方面的因素，也有家庭社会等环境因素；既有先天因素，也有后天因素。总之，造成学习困难的原因是多方面的，是内外因素综合作用的结果。

1. 个体生理因素

(1)儿童在胎儿期、出生时或出生后由于某种病伤而造成轻度脑损伤或轻度脑功能障碍。(2)遗传因素。有些学习技能障碍具有遗传性，如儿童的父亲、爷爷或其他亲属可见到类似情况。(3)身心发展落后于同龄儿童的发展水平。乳牙脱得慢、走路说话迟、个子特别矮小等；感觉器官功能的缺陷或运动协调功能差。(4)身体疾病。孩子若体弱多病，经常缺课，会使得所学的功课连续性间断，学习的内容联系不起来，导致学习困难；有的孩子上课小动作多，或存在注意缺陷，不能集中注意力，也会导致学习困难。

2. 社会心理因素

一是传统教育的消极影响，虽然教育改革一直在进行中，但传统教育本质上体现的是应试式教育和淘汰式教育。长期积淀的“劳心者治人”及教育中“优胜劣汰”的观念，给学生造成了沉重的心理压力，导致一部分学生害怕读书甚至干脆放弃学习；二是社会上存在的一些负面影响以及某些不良信息的传播，也使学生丧失对学习的兴趣。

3. 家庭教育因素

随着社会竞争的加剧，家长们望子成龙、盼女成凤的心情愈加迫切，他们拔苗助长，不按儿童的身心特点进行教育，常在教育的内容、方式、方法上违反教育规律，给学生造成了严重的精神负担，使他们视学习为畏途。一些家长素质不高、文化程度偏低，或者对于女的学习漠不关心，或者缺乏正确的教育方法，使子女学习的内在需要得不到强化，甚至产生逆反心理，其消极作用不言而喻。

4. 学校教育因素

一方面，中小学的课程设置不当、教学方法单一、教学手段匮乏、教学质量低下等原因，挫伤了学生的学习兴趣，甚至厌学、难以适应学校的学习；另一方面，应试教育使得教师产生了急功近利的倾向，在教学过程中偏爱学习上的“优等生”，而对学困生则关心较少，甚至置他们于不顾。

5. 学生自身因素

以上几个因素均为外因，辩证唯物主义认为，外因是变化的条件，内因是变化的根据，毫无疑问，内部因素是学困生之所以形成的根本性、关键性的因素。因此，学困生自身的素质，即动机、能力、人格、意志品质等也是非常重要的影响因素。大量研究得以进一步证实,学习困难学生存在普遍的心理问题①。普遍观察得到的结果是:学困生学习动机水平低、学习动力不足,学习兴趣差,情绪易波动,意志障碍,认知障碍,自我意识水平低等。

三、学习动机缺失及原因分析

学生的学习是否有成效,主要取决于两大因素,一是会不会学,二是愿不愿学。前者属于学习方法问题,后者是学习动机问题。许多家长和教师反映,现在的孩子真正自己要努力学习的不多;中小学生中不爱学习的、应付学习的,占相当的比例。激发中小学生的学习动机,不仅能够提高他们的学业成绩,而且能够培养他们对生活的积极的心态,促进健康人格的发展。

(一)学习动机

学习动机是指激发个体进行学习活动、维持已引起的学习活动,并导致行为朝着一定的学习目标,努力实现预定目标的一种内在过程或内部心理状态。学习动机是推动学生进行学习活动的内在原因,是激励、指引学生学习的强大动力,在学生学习中具有重大作用②。

(二)学习动机缺失及其原因

学习动机缺失,是指学生对学习(主要指学校的课业学习)缺乏动力,表现为没有兴趣、厌学、不想学的消极情绪,在行为上表现为上课不听课、走神,不完成作业或敷衍作业,甚至逃学、辍学,等等。青少年学习动机缺失是影响学业水平的重要因素。

中小学生学习动机缺失是内外条件的不良影响造成的。

(1)从内部条件看,学生本人的情绪稳定性差、意志薄弱、学习屡遭失败挫折、缺乏理想等,都对其学习动机的形成产生不良作用。我们常常看到,一个学生对学习的目的和意义认识不清,缺乏理想,甚至认为读书无用,则容易丧失动机。学生在以往的学习过程中,经常遭受到挫折与失败,就会引起痛苦和沮丧的情绪,挫伤学习自信心,研究发现"习得性无助"学生成就动机低,他们往往不能给自己确立恰当的目标,学习时漫不经心。他们对于失败的恐惧远远大于成功的希望,因而不再指望自己成功。

(2)外部条件主要包括以下三方面:

第一,家庭环境对学生的学习动机有直接的影响,尤其是家长的教育方式、期望程度、家庭气氛等对学习动机影响较大。如果父母不重视子女的学习,本人进取心不强,甚

---

①陈羿君. 学习困难儿童焦虑情绪与行为问题的成因分析[J]. 苏州大学学报(教育科学版),2013(1).

②陈家麟. 学校心理健康教育——原理与操作[M]. 北京:教育科学出版社,2002.

至还向子女散布实惠思想和读书无用论，这会削弱子女的学习动机；如果父母期望太高，管教太严格，有时也会适得其反，使子女产生逆反心理或畏难心理，反而降低了他们的学习动机。

第二，学校环境对学生的学习动机也有直接的影响。对于学生来说，校园环境、教学设备、教学过程、教师素质等都会影响学习动机。应试教育的模式、陈旧的教学内容、呆板的教学方法，不良的校园环境及不喜欢任课老师等，导致学生学习动机的缺乏。

第三，社会生活是影响学生学习动机的重要因素，其中，社会价值观对人们的学习动机有巨大的影响。如果整个社会崇尚知识和人才的价值，则对人们的学习动机有正面的影响；如果社会对人才、知识的需要被某些畸形的经济现象所淹没，如分配不均、脑体倒挂、拜金主义盛行，读书无用论的观念就会泛滥，致使学习动机明显消退。

四、学习方法问题及原因分析

（一）学习方法及其重要性

学习方法是指学习者在学习过程中形成的适合自身特点的一系列手段、方式和途径。学习方法是顺利完成学习任务和提高学习效率的基础与前提，当它以固定的行为方式表现出来时就形成了学习习惯。

学习方法对学习的意义主要表现在以下两个方面：

一是提高学习效率，保证学习效果。“工欲善其事，必先利其器”。科学测试证明：95%的人智商介乎 70 至 130 之标准范围，只有 2.5% 的人智商低过 70。因此，智力不是成绩的决定因素，关键还是在于学习方法，“差生”差就差在学习方法，不同的学习阶段、学习环节需要不同的学习方法，不同的学科、不同的知识类型也需要不同的学习方法，只要方法好，绝大多数学生都能够取得优异成绩。而父母与老师往往忽视了学习方法的指导，因此学生只有靠自己辛苦摸索，低效学习，结果费了很大的力气，事倍功半。

二是扩大学习范围，掌握更多知识。随着科学技术快速发展，知识更新周期越来越短，学校所传授知识占人的一生所用知识的比重越来越小。因此，现在的中小学生如果只是掌握了教师传授的知识，而没有掌握科学的学习方法，就无法适应社会的发展。因此，一个有责任感的教师，应当记住这样的古训：“授人以鱼仅供一饭之需，教人以渔则终生受用无穷。”

（二）学习方法不良的原因

学生没有正确的学习方法，这是受多方面因素影响的。虽然，一个人的智力水平会对方法的形成有影响，智力水平高的学生更容易形成科学的学习方法。但人的智力水平差异不太大，因此它对方法形成的影响是有限的，学习方法不当的原因主要还是在一些非智力因素上，如认识水平、动机水平、意志状况等。

1. 对学习方法的重要性认识不足

不少学生在方法上听其自然，看不到科学学习方法的作用和意义，没有尝到正确方法所带来的甜头，以为磨刀误了砍柴工，因而不愿意花时间和精力去认真研究和掌握先进的学习方法。

2. 对学习特点认识不足

学习方法具有适应性，其中一个方面就是要适应各阶段、各学科的学习特点。例如，小学、初中、高中三个不同的阶段，学习方法各有特色。这就需要学生对目前的学习有明确的认识，灵活调整，在此基础上，才能形成科学的方法。

3. 对自身的状况和条件认识不足

学习方法除了要适应学习特点外，还要适应个体的学习状况，既不要好高骛远，也不要妄自菲薄。学习方法还要依据每个人的能力、气质、性格、身体状况、生物周期等的个别差异，寻找适合自己的学习方法。

4. 学习动机缺乏

动机缺乏的学生没有学习动力，缺乏学习热情，把学习看成是一件苦差事，在学习中没有目标，得过且过，其学习行为完全是一种被动的应付。表现在方法上，必然会死记硬背、投机取巧、没有计划。一个丧失学习动机的学生，必然丧失深究学习方法的兴趣。因此，那些在学习中无精打采、大叫“没劲”的学生，十有八九方法不当。

5. 意志薄弱

掌握和运用科学的学习方法时，需要一定的自制力。特别是纠正一些不良的、已经形成习惯的学习方法，更需要毅力和恒心。有的学生有掌握科学方法的愿望，但在运用过程中因意志薄弱而半途而废，造成有目标无结果，有计划无行动。在学习上跟着感觉走，自然要省力得多，但学习效果也会糟糕得多。因此，学生在运用科学学习方法的过程中，需要教师、家长或同学多鼓励、多督促、多提醒，依靠外界力量的支持来克服意志的薄弱状态。

6. 缺乏指导与训练

绝大多数学生没有接受过专门的、系统的学习方法的指导与训练，对什么是科学的学习方法缺乏明确的认识，在学习中不能自觉地加以运用。即使有的学生掌握了一些有效的学习方法，也大都是走了很多弯路之后形成的，并且是零散的。科学的、系统的学习方法很难在学习中自然而然地形成，应该接受专门的指导与训练。因此，有条件的学校应开设有关学习方法的指导课，同时学生自己也应该多阅读一些这方面的书籍，积极主动地建立自己的学习方法体系。

五、考试焦虑及原因分析

（一）考试焦虑概述

1. 考试焦虑

考试焦虑是人由于面临考试而产生的一种特殊的心理反应，它是在应试情境刺激下，受个人的认知、评价、个性、特点等影响而产生的以对考试成败的担忧和情绪紧张为主要特征的心理反应状态。

案例3-2

害怕考试的小梅

小梅是一名初二年级的女生，性格内向，虽然学习很用功，可她就是惧怕考试。一到考试时，她就情绪极度紧张，面红耳赤，心跳加速，心神不定，紧锁眉头。试卷一发下来，她就双手颤抖，头脑一片空白，注意力不能集中，看题时错位错行，严重时题目都看不清；本来记得好好的知识再也想不起来，即使后来想起来了，也是只言片语；有的题本来能用很简单的方法做出来，可她就是用很笨的方法做也做不出来，一出考场就什么都想起来了，只拍大腿。可下次考试，还是这毛病。她越是这样，到考试时就越紧张，心理负担越重，以致形成恶性循环，学习成绩也受到影响。如果有人问她最大的心愿是什么，她会毫不犹豫地回答："取消考试！"

问题诊断：小梅的问题就是考试焦虑。

考试焦虑是考生中经常出现的一种希望考好又怕考砸，这种对考试结果无法预知的处境使考试本身成了一种威胁性刺激，于是产生的紧张焦虑反应。考试焦虑产生时，会伴随一系列的生理反应和心理反应。

2. 考试焦虑的表现

考试焦虑一般表现在三方面：躯体异常：失眠多梦、头晕头痛、恶心呕吐、面色苍白、四肢发凉、胸闷气短、食欲减退、肠胃不适，频繁小便等。心理异常：紧张、担心、恐惧、忧虑、注意力差、记忆力减退，学习效率下降，情绪抑郁、缺乏自信和学习热情，过度夸大失败后果，常有大难临头之感。行为异常：拖延时间、逃避考试、坐立不安、怕光怕声，考试时思维混乱，手抖出汗，视力模糊，常草草作答，匆匆离开考场。

3. 考试焦虑的危害

考试焦虑造成的危害有：第一，严重的考试焦虑常使学生平时就忧心忡忡，忐忑不安，心中总惦记着考试，学习时注意力不能集中，情绪烦躁，降低学习效率。第二，考试焦虑影响了考生的认知水平，导致注意力涣散、记忆提取困难、思维混乱，从而使考试不能正常发挥,即“考砸了”。而不良的考试成绩又会反馈强化,加剧考试焦虑,形成一种恶性循环。第三,考试焦虑还会对学生的身体健康产生破坏性的影响,高焦虑常常会导致考生一系列的生理反应,如心慌、出汗、头昏、失眠、厌食,尿频等植物性神经功能紊乱现象。

(二)考试焦虑的原因

1. 主观因素

一是自我期望过高。梦想自己一举成功,幻想自己考试能超水平发挥,当感觉自己力不从心时,紧张和焦虑的心态便油然而生。

二是知识准备和应试技能不足。学生对所学知识掌握多少以及是否巩固,都会影响他们应试时的焦虑水平。如果准备不充分,知识上有欠缺,则会导致信心不足。本来就提心吊胆,一旦试题与自己准备的不相符合,就更加紧张,结果必然导致高焦虑。

三是自信心不足。自尊心强的学生,总有一种害怕被淘汰的心理,其实自己已经很努力了,但一旦成绩不理想,就丧失信心,低估自己的能力和知识水平,遇到一点挫折失败就垂头丧气。

四是考前身体状况不好。比如生病、失眠、过度疲劳等,导致体能上竞技状态不佳容易产生高焦虑。

2. 客观因素

一是来自父母的压力。父母普遍有一种补偿心理,期望通过子女来实现自己的理想。因此,按照自己的期望来设计孩子的未来,培养孩子的兴趣爱好,并在学习上不断地施压,致使子女感到肩上的担子很重,难以达到父母的目标和要求,容易出现郁闷,逆反心理,加重了心理压力。

二是来自老师的压力。教师往往偏爱学习好的学生,而学生也十分珍惜教师的这种“关爱”,总希望自己能考出好成绩以谢师恩,既为自己也为老师脸上添光,这种期待心态,无疑会给学生增添几分压力。

三是来自同学之间的竞争。同一班级的学生,由于彼此之间存在着竞争,大家争先恐后,害怕别人超过自己,尤其是成绩好的同学间竞争更是激烈,彼此间有一种对抗心理,相互暗暗努力,加班加点学习,疲惫加劳累,久而久之,就会产生无形的心理压力。

四是学习方法问题。调查表明,有一半以上的学生没有自己的学习方法,或学习方法不当。而有学习计划的学生也仅占四分之一,缺乏计划和学习方法不当的人固然难以对学习树立起信心,心理有一种预期的紧张,对未知的考试结果过分担心、期望和关注。在这种心理支配下,自我调控能力下降,自信心不足,心理总处在一种恐惧和紧张焦虑之中。

五是意志品质问题。意志品质薄弱,不能有效地自我调节。有些考生在考前及考试过程中情绪处于极度兴奋或极度抑郁状态,情绪波动大,有时一点小事情也能引起他们内心的巨大震撼,情绪难以受理智控制,容易心烦意乱,喜怒无常,无精打采,稍遇不顺便怨天尤人,或认为自己一无是处。

第三节　青少年学习辅导

一、学校适应辅导

（一）家庭辅导策略

1. 构建良好的亲子关系，形成家庭温馨和谐的氛围

亲子关系是个体最早建立、也是最亲密的人际关系，这种关系的好坏不仅影响孩子身心的发展，而且也将影响孩子以后形成的各层次的人际关系，对孩子的学校适应关系重大。构建良好亲子关系的具体方法有：在家庭中，父母要以身作则，相亲相爱，处理好夫妻关系，给孩子一个和谐的家庭环境；家长要让孩子感受到父母的爱，不仅可以用口头语言，也可以用肢体语言表达爱意；父母要多和孩子轻松地交流，了解孩子的想法，真正理解孩子；父母应及时表扬孩子的优点，表达高兴的心情和期望他（她）继续保持的愿望；无论在孩子失败还是成功的时候，父母都应该多鼓励孩子，给孩子重新再来的勇气和再接再厉的信心；制定规则时一定要和孩子商量，只有孩子自己同意的规则，他们才能遵守；发现孩子犯错后给予批评时，应该就事论事，陈述事实并指出后果，注意一定要保护孩子的自尊心，并表达正面的希望。家长做到了这些，就会形成家庭温馨和谐的氛围，使孩子身心健康，有安全感，才会适应学校的新环境。

2. 父母应指导孩子学习社会规范，培养良好的行为习惯

社会规范指人们社会行为的规矩，社会活动的准则。个体要在社会中生活，就必须遵从社会规范，并自觉地用来约束自身的社会行为，调节人际交往活动，才能为群体所接纳，适应社会。

家长培养孩子良好的社会适应是从认识规范、接受规范、养成行为规范开始的。要和孩子讲清道理、积极引导、创设情境、开展讨论等，让孩子明白行为规范的重要性并愿意去遵守它。家长要在日常小事中反复训练孩子的行为规范，并以身作则，生活中处处做孩子的榜样，使孩子在耳濡目染的环境中，逐步形成良好的行为习惯。在社会规范行为的训练上，要由小到大，行为的要求不断提高。有了良好的规范意识与行为的孩子进入学校后，能较快适应学校生活①。

3. 帮助孩子顺利渡过转折时期

孩子从幼儿园升小学，或从小学升初中、从初中升高中，进入新的环境往往成为产生不适应症状的刺激源。此时，家长要多多帮助孩子，使其顺利适应新的环境。在进入小

①陈忞．学生心理健康与社会适应［M］．北京：教育科学出版社，2002．

学的第一个学期，家长不要对孩子期望太高，而要注重培养孩子的学习习惯，帮助孩子调整好作息制度。除了对孩子要多鼓励，多肯定，多与孩子沟通，培养孩子积极向上的精神，还要培养孩子对失败的承受力。进入中学后，学习难度增加，家长也要多关注、关心孩子，支持孩子克服困难，当孩子遇到挫折想放弃时，家长应怀着极大的兴趣与孩子一起探讨，以增强孩子的信心，让孩子在解决难题中感受到乐趣。

4. 父母应注重培养孩子合群开朗的健全人格

家长应尽可能为孩子创造一个有伙伴的环境，鼓励孩子多交朋友，这既可以满足孩子交友的愿望，也可以让孩子在同伴交流中培养合群、乐群的个性特征，教会孩子与人融洽相处的方法，这对其将来适应学校环境意义重大。家长要创设良好的家庭气氛，在孩子遇到困难时，家长要引导孩子摆脱困境，家庭成员间互相支持、共同进步。切忌对孩子控制过严，形成孩子的依赖性，退缩不前。

案例 3－3

她为何逃学

周某，女，小学5年级学生，在5月份连续一周都不肯上学。她说她不喜欢到学校去，不喜欢上课，不喜欢管理严格、要求高的老师，不喜欢交朋友，并与班里2个女同学有矛盾。

诊断分析：周某是因学校适应不良而导致逃学。

措施：周某的问题主要是在学校，不喜欢学校环境，不喜欢老师和同学，人际关系紧张。因此，应在学校方面采取相应措施。

（二）学校辅导策略

现代心理学研究表明：教师支持对学生的学校适应具有显著的回归效应。为提高中小学生的适应能力，学校可以采取以下策略：

1. 以自我教育、心理激励为重点，增强内驱力

个体成长的过程是一个不断适应新环境的过程，在此过程中，适应的关键是内部心理活动的自我调节。积极的心理适应是个体在客观环境中积极主动地调整自己与环境的不适应行为，增强个体在环境中的主动性、积极性，使自身得到发展。

首先，启发学生纠正对自我的认识偏差，战胜自卑，树立自信心。自信是迈向成功的第一步，是强大的内部动力，是心理健康的重要指标，是适应环境的保证。

其次，引导学生认识到学习的重要意义，增强学习的动力。凡有决心要读好书，学习的主动性与自觉性较强的学生，学习效率会更高，一般能很快适应新环境。

最后，教师应多做肯定性评价，提供成功的体验。罗森塔尔效应表明，教师对学生的情感、笑容、肯定评价形成了期待效应，是形成自信心的催化剂。教师在与学生交谈中、在学生活动中、在学期评语中，应做正面的激励性评价。同时，在学习、班级管理、各项比

赛活动中激发学生参与意识、竞争意识、好胜心理并不断提高受挫力。一旦发现学生的某种特长潜能,就应及时表扬,增强学生的自信心和勇气。

2. 教师应理解、尊重学生,善于激发学生潜能

中小学生需要班主任在严格要求的同时倾注一片爱心,架起理解与尊重的桥梁。入学后,班主任就得对每位学生的出生年月、父母电话、家庭状况、性格爱好等了解。在学期中后,对学生的成绩、求学目的、自我认识层次、品行、情绪变化等进行全面了解,争取能与每位同学单独交谈一次并对其给予尊重、激励。让学生真切感受到老师对他们的关心与爱护,乐意接受老师的指导,从而积极适应学习环境。教师要鼓励学生策划组织各项活动,在学习、文体、技能展示、干部工作等具体活动中让学生学会自我调节,提高适应能力,激发潜能。

3. 以美化校园为支撑点,加强校园文化建设

加强校园文化建设,创建让学生喜欢的校园。一方面,要加强物质文化建设,美化校园环境,包括校园布局、建筑装饰、教学设施、环境卫生等,良好的校园物质环境不仅能使学生的心情愉快而有安全感,还能激发学生爱校、建校的热情,并以自己的学校而自豪,乐于在学校里学习。另一方面,要加强校园心理环境建设。心理环境实际上是校风的具体体现,包括人际环境、信息环境、组织环境、情感环境和舆论环境等。在良好的学校心理环境中,全校师生相互尊重、理解,相互关心和爱护,鼓励帮助、公平、耐心和尊重,反对体罚、讽刺、打架和骂人,这种和谐的积极环境必然会使其中的学生潜移默化地受到熏陶,对于学生的心理健康有最直接的促进作用,有利于学生适应学校学习生活。此外,还要加强课余文化建设,丰富校园生活。校园文化的载体主要是各种各样的集体活动。如果课业和正规活动挤占时间太多,学生就会感到校园生活单调乏味,形成厌学情绪。因此,学校应适度开展一些丰富多彩的课外活动,使学生在活动中增进对学校的感情,喜欢学校生活。

4. 创造和谐人际关系,优化人际环境

教育实践表明,在良好的人际环境中,教师对学生的无限期望与爱的情感,同学之间相互尊重、关心和爱护,以及建立在这种基础上的融洽友好的人际关系,可以有效地增强学生适应环境的能力,使他们保持良好的心境。反之,在缺乏友爱理解的人际环境中,学生易形成抑郁、自卑、猜疑、嫉妒、冷漠等不良性格。恶劣的人际关系可大大降低学生的社会适应能力,造成他们心理压抑,产生人际关系障碍,严重的可能会导致病态人格。因此,在学校教育中必须想方设法调节师生之间、同学之间的关系,减少冲突,增加和谐,以促进学生的心理健康和全面发展。

在优化人际关系环境中,教师的人际交往示范与指导是很重要的。教师作为长者、成熟者、领导者、教育者,其交往态度、交往水平、交往方式都会对学生的交往起着潜移默化的作用。教师如何才能起到这种示范和指导作用?

首先,要端正交往态度,关心所有学生的健康成长。对待学生要一视同仁,处理问题

要公正，奖惩要适当。

其次，教师要有良好的人格特征。个性作为调节人际关系的重要心理因素，在人际交往中起很大作用。在师生交往中，教师所展示出来的良好人格特征，对学生不仅具有吸引力，还可能成为学生效仿的榜样。

再次，教师交往动机要纯正，方法要恰当，给学生提供交往的良好经验。不能将社会上的“关系学”引入学校，将交往建立在自己的既得利益上，也不能“文人相轻”，同事间应充满合作、互助、团结和友爱的心理气氛。

最后，教师应指导学生增强人际交往能力。要对学生进行人际交往和人际关系协调、人际矛盾处理的艺术、原则、方法的指导。帮助学生学会认识人，学会交往、学会协作、学会协调、学会谦让、学会认错、学会拒绝、学会原谅，使学生掌握人际交往的基本知识和技能。

二、学习困难辅导

（一）家庭辅导策略

1. 家长要为孩子创设良好的学习环境

紧张冲突的环境对儿童智商产生的消极影响是不可低估的。若家人经常当着孩子的面无休止争吵甚至打骂或者冷战到底，长期处于这种环境中，会对孩子的智力发展、学习兴趣以及良好心理素质的培养产生不利影响。因此，健康、和谐、融洽的家庭关系是孩子身心健康发展必不可少的条件。父母应为孩子营造和谐的家庭氛围，创设一个舒适、安静的生活环境，使孩子在关爱中成长，在平静中学习，在欢笑中生活。

2. 家长要帮助孩子进入学习状态

家长在孩子遇到困难时要关心、支持、鼓励；在孩子出现进步行为时及时给予表扬、激励和肯定（比如，努力程度、按时完成作业、写作业又快又好等），鼓励和支持孩子寻找适合于自己的学习方法，逐步找到适合自己的、独立的学习模式，最终达到良好的学习状态。另外，家长还应注意孩子的饮食起居，帮助孩子养成良好的生活习惯，也有助于保持学习状态。

3. 家长要鼓励与调动孩子积极主动地学

家长可以与学习困难的孩子展开写作业竞赛，促使孩子全身心地投入到写作业的竞赛之中，使其兴趣盎然高效率地完成作业；和孩子商量如何完成学习任务以及玩耍，这样既了解了孩子的需要，也让孩子明确了自己要完成的任务，同时也可以激发孩子的学习兴趣，进而增强了孩子自我做主的责任感和义务感。只有积极主动地学习，才能感受到其中的乐趣，才能对学习越发有兴趣。

4. 家长要多与孩子的老师、朋友和同学沟通

一是从老师那了解作业的布置情况，以便督促孩子完成作业。同时还可以针对孩子

的学习情况与老师协商帮助策略，比如针对孩子的学习实际请课任老师设计辅导方案，循序渐进，保证孩子“当天学当天会，当天的事当天做”。二是通过老师、同学或朋友了解孩子的表现及优点。比如，孩子的特长、兴趣以及其他表现良好的地方。要结合现有的优点，鼓励和督促孩子发扬优点弥补不足，建立起对学习的自信心、兴趣和成功感。

5. 家长要保持良好心态

对学习困难的孩子只要他有一点进步，就及时肯定，想方设法建立孩子的自信心，鼓励孩子提出切合实际的目标，一步步地争取，不给孩子过大的压力。教育孩子正确对待失败，失败是成功之母，要善于从失败中找出成功之路。父母还应让孩子体会到，无论成功或失败，只要尽了自己的努力，父母都一样爱他。

（二）学校辅导策略

学困生存在的问题是多种多样的，而对那些属于教育自身内部的问题，包括教育教学内部的问题，特别是属于教师的问题，则是可以改造和转换的。教师在对学困生进行辅导时应主要做好以下几方面工作：

1. 改善学困生的内外心理环境，保护其自尊心

影响学困生学习的心理环境是多方面的，概括起来不外乎内部心理环境和外部心理环境两个方面。其中，内部心理环境主要包括低水平的自我评价以及由此而产生的自卑、自我否定等消极心理；外部心理环境主要包括教师、家长、同学对他们持歧视、冷遇、排斥等态度或倾向，教师应采取有力措施，改善这些不利的心理环境。

首先，教师要改善学困生的自我意识，提升自我评价水平。自我意识是儿童自我教育的基础，自我意识水平的提高不仅对儿童的学习有着很大的影响，而且还直接关系到儿童健康心理和良好个性的形成和发展。教师应采取多种方法帮助学困生改变错误的自我意识，重新认识自我，悦纳自我，消除思想上的顾虑，提高他们的自我评价水平，树立学习的自信心。

其次，教师要注意发现学困生的长处，善于找出他们身上的闪光点，并结合他们出现的点滴进步及时予以表扬和鼓励，使他们认识到自身的潜在优势，有意识地引导他们进行积极的自我期待，从而使他们逐渐对自己产生信任感，对学习产生兴趣。培养他们调控自己心理活动的能力，以提高他们的挫折忍受力，增强自尊心和自我保护能力。

再次，教师要树立正确的学生观，客观、公正地对待学困生表现出来的各种差异，对他们不能一味地埋怨、指责、讽刺、挖苦和歧视。要真心地爱护、关心和帮助他们，使他们体察到教师的关怀，消除对立情绪，使其愿意接近并乐于接受教师的指导和帮助。

最后，教师要在集体中为他们营造良好的心理氛围。学困生自尊心特别敏感且十分脆弱，表现为自尊心时强时弱，心虚而又有戒心，敏感而又多疑。教师应抓住这个特点，教育同学们不能对学困生持歧视、冷遇、排斥的态度，应主动积极地热情关心他们的学习和生活，帮助他们克服各种困难，让他们感受集体的温暖，保护他们极其稚嫩的自尊心。

2. 塑造积极人格，帮助学生树立自信心

塑造积极、健全的人格，是转变学困生的重要任务，其根本点就在于帮助学困生建立和恢复自信。在转化学困生的实践中，教师应始终坚持“三个相信”的教育理念，即“相信每一个学生都有追求成功的愿望，相信每一个学生都有争取成功的潜能，相信每一个学生都可以在老师的帮助下获得成功”，激发学生的自信心，强化他们的成功心理。但是，自信心的建立是一个渐进性的过程，需要教师的耐心和诚心予以配合，需要在尊重学生人格的前提下进行，操作上可运用以下方法：

一是目标激励法。用切合实际的目标激发其自身积极因素，按照“目标—成功—新的目标—新的成功”的发展思路，帮助学生树立自信，形成积极人格。目标的确立要得当，既不能过高，否则不易达到；也不宜过低，否则没有动力作用。目标须有针对性和可操作性，便于学生在平时检查对照和及时进行目标调控。

二是归因训练法。教师注重引导学生学会正确归因，提高其自我归因能力。关键是使学生明确学习困难并不是只由某一个因素造成的。若将学习成绩差只归因于相对稳定的能力因素，则会导致学生产生自卑心理和对学习的恐惧心理。因此，对成绩差要具体分析，多从学习动力、学习方法、学习习惯等方面找原因使学生感到其“差”可变，调动学生改变自我、奋发向上的积极性。

三是情感沟通法。教师要有“偏爱‘差生’”的胸怀，全方位地关心、理解和支持学困生，多与他们进行思想交流，达到情感“共鸣”，使自己的教育行为得到他们的“认同”。

3. 采取恰当的教学对策，提高学生的学习能力

学困生的心理障碍主要表现在对待学习上，因此通过教学活动来引导他们克服各种困难，改变他们的学习境遇，有着重要的现实意义。

首先，教师应激发学困生的学习动机。学困生的学习动机显著低于一般学生，激发他们的学习动机尤为重要。应根据他们的具体情况，提出恰当的要求，并注意把抽象的道理同他们的具体行动结合起来。如教育他们把按时上学、专心听讲，坚持及时完成作业等具体的学习任务与实现自己的梦想联系起来，激发他们较强的学习动机。

其次，培养学困生浓厚的学习兴趣。相当一部分学生学习后进往往是由于教师在课堂上限制甚至剥夺了他们参与学习的机会，使他们很快对学习感到厌倦乏味。因此，教师应充分了解学困生的心理需要和知识水平，进行分层教学，分配给他们力所能及的学习任务，因材施教，使他们积极地参与学习，并在学习中体验成功的喜悦和强烈的理智感，焕发出极大的热情，超水平发挥自己的才能。

第三，养成学困生良好的学习习惯。学困生在学习中经常表现出浮躁、懒散、敷衍、抄袭等不良的学习习惯。教师应针对他们的这些特点，提出具体的要求，采取一些行之有效的办法予以矫正，并教育他们敢于认识自己的缺点并改正缺点。如要求他们上课前准备好学习用具，上课时专心听讲，发言要先举手，课堂上坐、立姿势要端正，课间玩正当游戏，课后要认真做作业等。通过培养他们自觉遵守纪律，进行生活、学习制度的常规训

练，使他们逐渐养成良好的学习行为习惯。

第四，讲究教育教学方法，启迪学困生智慧。坚持以正面鼓励为主的教育原则和方法，保护和调动学生的积极性。教学过程中，充分重视学习困难的存在，尽量采用愉快教学、分层教学、尝试教学等方法，对学困生实行提问优先、解答优先、辅导优先的“三优先”策略，布置作业时分层次、分梯度、分难度，确保学生作业收到实效。

第五，树立榜样，典型引路。“榜样的力量是无穷的”，抓住个别突出困难的学生作为重点突破，才有可能起到“以点带面”的作用。比如说，可以请原先学习情况不佳、后来逐步转变的学生讲自己的成长史，使大家懂得人人都可以转化，懂得转化不仅要靠老师、同学的帮助，更需要自身的努力与毅力。平时，教师注意寻找学生的闪光点，发现点滴进步都予以鼓励。

最后，教会学困生掌握正确的学习方法。不少学困生学习方法存在着严重的缺陷，在教学中指导他们运用正确的、科学的学习方法十分重要，对预习、复习、运用工具书、搜集信息、记笔记、复述等进行正确的指导，并帮助他们制订学习计划，进行自我评估和自我监控，鼓励他们多活动、多练习、多提问、多发言，利用多种形式补缺补差①。

4. 开展有意义的活动，注重培养能力

学困生因常常受到冷落、歧视，在学业上、人际交往中处于心理失衡状态。他们不仅自信心弱，而且耐挫力低。为了提高学困生的耐挫力，在他们当中开展形式多样的活动是十分必要的，可以通过让学生省察、寻找自身的优点（包括既有的和潜在的优点），或者通过引导大家评价其优点，让学生充分认识自己的长处和优势，从而提高自信心，增强耐挫力，找到新的生长点，明确今后努力的方向。通过开展丰富多彩的教育教学活动来提高学生的能力素质，比如，根据学困生意志薄弱的特点，组织他们参加以班级为单位的对抗赛，让他们在集体力量的作用下，增强意志；针对学困生在学习中的怕苦畏难情绪，组织他们参加户外的远足活动，使他们在活动中磨炼毅力，增强耐挫能力，培养其吃苦耐劳的精神。在学科教学中，尽可能联系学生的生活实际，设计一些适合其年龄特征、为他们所喜闻乐见的活动，培养他们的学习兴趣，并在活动中提高自学、自治、自主能力。

5. 实施有针对性的心理辅导和训练

学困生除了具有一定的学习问题外，还具有一定的心理问题。因此，教师应根据他们的心理特点，有针对性地进行心理辅导和训练。

（1）厌学情绪的辅导。相当一部分学困生学习怠惰拖拉，但他们并不是对任何事情都没有兴趣，教师要善于发现他们的兴趣所在，创造机会让他们实现自己的兴趣。如鼓励他们参加各种有趣的活动，从中获得愉快的积极的情绪体验，并将这些积极的情绪迁移到学习活动中去。

（2）注意力缺损的辅导。学困生注意力容易分散，无法集中，很难持久。教师应设计

①杜晓新. 学习困难儿童学习策略训练模式的构建与实践[D]. 上海：华东师范大学，2005.

一套训练方案,教给他们一些解决问题的技能,增强他们在解决问题中的自我调节、自我控制机能,从而达到提高注意力,克服注意缺陷的效果。

(3)意志薄弱的辅导。学困生常常会因成绩不好而感到愧疚,对学习缺少信心,过分夸大自己的不足和学习任务的难度,在困难面前畏缩不前。教师应指导他们正确认识学习困难,客观评价自己的能力,帮助他们建立适合自己的期望目标,树立事在人为的信念和勇敢、坚毅、不怕困难的决心。

(4)过度焦虑的辅导。学困生的焦虑主要表现在学习不安和惧怕考试上。由于教师对学生出现的错误过分关注,而他们受到的批评和责难大多与学习和考试失误相联系。因此,对这些学生应采用难度较小的作业、测验和考试,适当降低他们的焦虑程度;指导他们冷静、客观地对待和分析学习中的困难,减轻心理压力,使他们轻松愉快地学习。

(5)人际关系的辅导。学困生由于少有成功的体验,缺乏自信,表现出不敢在众人面前说话,羞于拒绝他人的无理要求,不敢向老师提出自己的看法和要求等。为克服这些心理障碍,可采用行为训练的方法。具体做法是,假设特定情境,通过角色扮演,让他们掌握正确有效的交往方式,降低焦虑感,然后再让他们在真实的生活、学习环境中练习,作出自信的反应,从而使他们树立自信心,建立良好的人际关系。

学困生是一个弱势群体,尽管他们在学业上有种种困难,在心理上有许多问题,但他们仍有较强的上进心。只要教育引导得法,就会充分发挥其潜能,他们业已存在的心理障碍就会被消除,潜伏在他们心中的愿望就会变为动力,他们的身心将会得到较为全面的发展。

三、学习动机辅导策略

(一)家庭辅导策略

1. 教导孩子明确学习的目的和意义

培根说过:“知识就是力量。”父母首先要教导孩子明确学习的社会意义和个人意义,把当前的学习与实际应用、未来理想联系起来,拥有一个真正属于自己的梦想,以激发求知欲。值得注意的是,父母不宜把学习的目的和意义简单的庸俗化,例如,有的父母对孩子说:“孩子,学习都是为了你自己!为了你将来有车开,有房子住,有钱花!”如此庸俗的教导,对于衣食无忧的孩子来说,非但难以激发学习热情,而且把本来的内在学习动机转化为了外在动机,减弱了动机强度。

2. 培养孩子具有独立性

具有独立性的学生动机水平更高,可以说,家长为孩子的学习做得越多,孩子的学习动机就会越差!培养孩子独立性,家长应做到:第一,家长不要包办孩子的一切,要放手让孩子做力所能及的事,给孩子独立思考的机会,培养初步的独立思考的能力;第二,家长应给孩子权利，尊重孩子的自主选择，培养孩子自己拿主意做决定的能力；第三，民主型教养方式有利于孩子独立性的培养，父母要充分尊重自己的孩子，平等沟通；第四，家长在培养孩子独立性时，需要同时培养孩子克服困难的精神和毅力。

3. 培养孩子具有进取心

家长可以从以下三个方面着手来培养孩子的进取精神：一是帮助孩子提高竞争力。在日常学习以及各项活动中，经常向孩子提出挑战，如利用“激将法”去刺激上进心，自我战胜，超越自己。激发孩子的进取意识，让孩子坦然面对挑战，积极主动迎接挑战，逐渐形成强烈的竞争意识。二是培养孩子的自信心。采用暗示法即借助语言、表情、动作、环境等对孩子激励和指导，激发孩子的自信心。家长要细心观察，准确地把握孩子的每一点滴的进步和潜在的优点，进行激励，鼓舞孩子的信心，点燃孩子心中的憧憬和希望，促使孩子不断成长、进步。三是帮助孩子树立奋斗目标。童年时代都是充满了各种幼稚的梦想，这是人能够进步、走向成功的内驱力。家长不应嘲笑与漠视，而应让孩子认识理想中的自我和现实中的自我的距离，树立奋斗目标，支持鼓励孩子去改变、发展现实的自我，使梦想成为自我教育的内部动力。

4. 给孩子设定中等难度的学习目标

中等难度的学习目标，是指通过努力可以实现的目标。过易的目标不能满足自己的成就感，不足以激发动机；难以实现的目标，也容易使自己畏难、气馁；而中等难度的学习目标，经过努力可以实现，使自己从中体验到成功感，从而导致学习兴趣的产生，激发学习动机。因此，家长应给孩子设定中等难度的学习目标，而不要让孩子勉为其难或是过于放松。

5. 注意调整孩子的学习动机水平

心理学研究证实，学生学习动机强度处于中等水平时，学习效率最高。不同的学习任务对动机强度的要求也不同。家长要注意调整孩子的学习动机水平，使之既不要太强也不要太弱。

信息窗 3－1

耶克斯—多德森定律

美国心理学家耶克斯和多德森研究证实，动机强度与工作效率之间不是线性关系，而是呈倒U形的线性关系。在学生学习中表现为：动机强度处于中等水平时，学习效率最高；学习动机强度过低时，学生缺乏积极性，学习效率低；学习动机强度过高时，学习效率会随强度增加而不断下降，因为过强的动机会使机体处于过度焦虑和紧张的心理状态，干扰记忆、思维等心理过程的正常活动。

上述研究还表明：动机的最佳水平不是固定的，依据任务的不同性质会有所改变。在完成简单的任务中，动机强度高，效率可以达到最佳水平；在完成难度适中的任务中，中等的动机强度效率最高；在完成复杂和困难的任务中，偏低动机强度下的工作效率最佳。

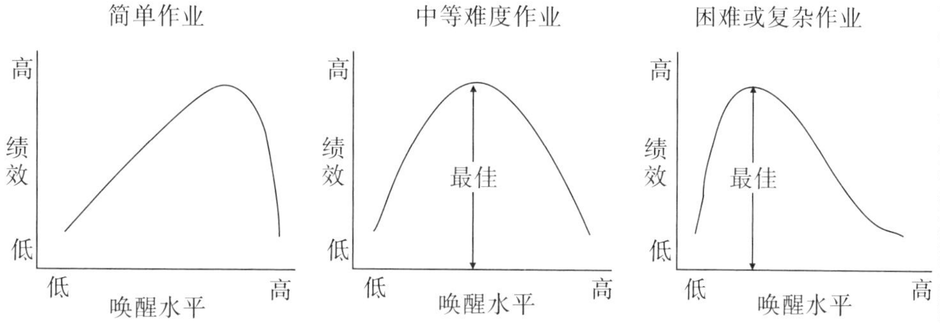

［资料来源］莫雷. 教育心理学［M］. 广州：广东高等教育出版社，2005.

（二）学校辅导策略

学习动机的激发是指在一定教学情境下，利用一定的诱因，使已形成的学习需要由潜在状态变为活动状态，形成学习的积极性。那么，在实际教学中，教师应采用哪些辅导策略，使学生潜在的学习愿望变成实际的主动学习的行为呢？

1. 采用启发式教学

实施启发式教学，关键在于创设问题情境。所谓问题情境，指的是具有一定难度，需要学生努力克服，但又是力所能及的学习情境。简言之，问题情境就是一种适度的疑难情境。

怎样去创设难度适宜的问题情境呢？首先，教师要熟悉教材，掌握教材的结构，了解新旧知识之间的内在联系。其次，要求教师充分了解学生已有的认知结构状态，使新的学习内容与学生已有发展水平构成一个适当的跨度。再次，创设问题情境的方式可以多种多样，它既可以用教师设问的方式提出，也可用作业的方式提出；它既可以从新旧教材的联系方面引进，也可以从学生的日常经验引进。最后，创设问题情境应该贯穿在整个教学过程的始终。

2. 控制动机水平

根据耶克斯—多德森定律（简称倒"U"曲线）的原理，教师在教学时，要根据学习任务的不同难度，恰当控制学生学习动机的激发程度。在学习较容易、较简单的课题时，应尽量使学生集中注意力，使学生尽量紧张一点；而在学习较复杂、较困难的课题时，则应尽量创造轻松自由的课堂气氛，在学生遇到困难或出现问题时，要尽量心平气和地慢慢引导，以免学生过度紧张和焦虑。

3. 及时反馈，恰当评定

心理学研究表明，来自学习结果的种种反馈信息，对学习效果有明显影响，对学习动机具有激发作用，有利于提高学习成绩。这是因为，一方面，学习者可以根据反馈信息调整学习活动，改进学习方法；另一方面，学习者为了取得更好的成绩或避免再犯错误而增强了学习动机，从而保持了学习的主动性和积极性。

所谓评定，是指教师在分数的基础上进行的等级评价和评语。虽然过分强调外界的评定会抑制学生的内在动机，但是评定是必要的，关键在于采用何种方式来恰当地评定。

信息窗 3－2

怎样给学生写评语

美国心理学家佩奇（E. B. Page）曾对74个班的2000多名学生的作文进行过研究。他把每个班的学生分成三组，分别给予三种作文记分方式。第一组的作文只给甲、乙、丙、丁一类的等级，既无评语也不指出作文中存在的问题。第二组给予特殊评语，即不仅给予等级，而且给评语，但获得同一等级的作文的评语是一样的，不同等级的评语不一样。例如，对甲等成绩，评语为“好，坚持下去”；对乙等成绩，评语为“良好，继续前进”等。第三组除评定等级外，还给予顺应性评语，即按照学生作文中存在的问题加以个别矫正。结果表明，三种不同的评语对学生后来的成绩有不同的影响。在开学时，学生作文水平差不多，但到期末时，发现作文水平的提高程度不一致。

可以看出，顺应性评语针对学生的个别差异，效果最好；特殊评语虽有激励作用，但由于未针对学生的个别特点，所以效果不如顺应性评语；而无评语的成绩则明显低于前两者。从这个实验中可以发现，通过评定等级可以表明学生进步的大小，即评定的分数或等级并非表明个体的能力而是其进步快慢的指标。让学生明白等级评定的作用，并且教师在评定等级后再加上适当的评语，两者相结合，就会有良好的结果。

4. 科学使用奖赏和惩罚

奖励和惩罚对于学生动机的激发具有不同的作用。一般而言，表扬与奖励比批评与指责能更有效地激发学生的学习动机，因为前者能使学生获得成就感，增强自信心，而后者恰恰起到相反的作用。因此，教师在教学中要更多给予学生表扬而非批评。

如何有效进行表扬和奖励呢？

表扬应真诚，体现教师对学生成就的关心；表扬应针对学生的良性行为，明确学生的何种行为值得表扬，强调导致表扬的那种行为；表扬与奖赏的是学生投入的努力、与学生实际付出的努力相一致；奖赏要以精神奖励为主，物质奖励为辅；奖赏方式要适合学生的年龄特征。另外，对于学困生，教师应给予更多的关注与鼓励，设置情境使其有成功的体验，并及时表扬，以免产生自暴自弃的心理。

虽然表扬和奖励对学习具有促进作用，但使用过多或者使用不当，也会产生消极作用。有许多研究表明，如果滥用外部奖励，不仅不能促进学习，而且可能破坏学生的内在动机。

5. 培养良好的竞争氛围

良好的集体氛围对其成员的学习动机、个性有重要影响。个人的行为在相当大的程度上取决于集体的要求和期望，个人的学习动机由于想得到所在集体的重视而受到激发，学习效率也可以由此而提高。因此，教师应努力培育一个相互竞争又相互理解和支持的集体氛围，对培养和激发良好的学习动机有着积极的作用。

（1）构建合作型课堂结构。学生的学习主要是在课堂中进行的，课堂中的合作与竞争环境无疑是影响学习动机的一个重要的外部因素。构建合作型课堂结构可以激发学生以社会目标为中心的动机系统，合作情境鼓励同学们共同努力，共享成功的奖励。在合作情境中，每个成员都尽全力为集体的成功而工作，积极承担集体义务。这对每一个学生动机的激发都是有益的。

（2）教师要正确认识并妥善组织竞赛。学习竞赛既有积极作用，也有消极影响，教师在竞赛中结合思想教育，使竞赛成为激励学生集体荣誉感与责任感的手段，则是可取的。当然，要想发挥其积极作用，在竞赛标准上应体现出鼓励进步和团结互助，尽量多用集体或小组竞赛，而少用个人竞赛，并鼓励学生开展“自我竞赛”。这样，有利于防止学生自卑心理、骄傲情绪和个人主义等不良倾向，激发学生的学习动机。

6. 训练学生正确归因，促使学生努力

归因指个体对自己或他人的行为的原因加以解释和推测的过程。美国心理学家韦纳（B. Weiner）认为，归因不是一个独立的过程，它是行为后果与后继行为之间的中介认知过程，对行为后果所作的归因会影响到对下次行为的预期及情感反应，而预期及情感反应又成为后继行为的动因。

韦纳提出了学习动机的自我归因理论（或成败归因理论）。他认为能力、努力、工作难度、运气、身心状况、别人的反应是人们在解释成功或失败时直觉到的六种原因，并将这六种原因分成稳定性、控制点和可控性三个维度，具体见下表①。

①莫雷. 教育心理学[M]. 广州：广东高等教育出版社，2005.

表3-1 成败归因维度表

成败归因	成败归因维度					
	稳定性		控制点		可控性	
	稳定	不稳定	内部	外部	能控制	不能控制
能力	√		√			√
努力		√	√		√	
工作难度	√			√		√
运气		√		√		√
身心状况		√	√			√
别人的反应		√		√		√

归因理论认为,学生对自己学业成败的归因倾向将影响其未来学习活动的选择、坚持性和动机强度。如果将学业成功归因于内部、稳定、可控制的因素,学生会产生自豪感,会积极去争取成功,进而提高学习动机;如果将成功归因于外部、不稳定、不可控制的因素,学生则会产生侥幸心理,不会产生多大的动力;如果将失败归因于内部、稳定、不可控制的因素,学生会产生羞愧、绝望的感觉,进而产生习得性无助;如果将失败归因于外部、不稳定的因素,学生会生气;如果归因于可控制的因素,学生则会继续努力。

不同的归因方式会影响到学生的学习行为,因此对学生进行归因训练是激发学生内部学习动机的重要策略。归因训练的方法很多,有三种常用的模式:一是团体发展模式,这一模式以韦纳的成就归因模型为代表,归因训练是以团体讨论的方式进行的,即在受过一定训练的教师指导下,小组成员一起讨论,分析行为的原因,最终作出正确的归因。二是强化矫正模式,强化矫正模式主要运用学习和强化原理,在归因训练时,对于个体作出的积极归因及时给予强化,促使他们形成积极的归因风格。三是观察学习模式,训练中可以选择与受训者个体具有相似个体特征(如年龄、性别等)的榜样,让受训者观察榜样在完成某一具体的工作任务时如何将成功归因于自己的能力,从而促使受训者将观察学习的效果迁移到自己的学习中,学会正确归因。

积极归因训练对于后进生转变具有重要意义。由于后进生往往把失败归因为能力不足,导致产生习得无助感,造成学习积极性降低。因此,有必要通过一定的归因训练,使他们学会将失败的原因归结为努力,从失望的状态中解脱出来。

总之,激发学生学习动机的方式和手段多种多样。只要教师们有效地利用上述手段来调动学生学习的积极性,学生就有可能学得积极主动,并学有成效。

四、学习方法指导

（一）家庭指导策略

1. 父母要主动指导孩子掌握正确的学习方法

科学的方法是取得成功的重要条件。因此，父母应多给孩子一些学习方法上的指导。如怎样审题，怎样思考判断，怎样听课，等等。经常向孩子介绍一些各科学习方法，介绍一些名人榜样的学习方法，或为孩子购买、借阅一些学习方法的书籍。

2. 培养孩子良好的学习习惯

案例 3－4

没有养成良好学习习惯的王铭

王铭是一名小学三年级的学生。每天放学回家，扔下书包就和小朋友们去玩。等他追追打打、气喘吁吁地回到家，往往就累得没有精力完成作业了。而且，他还喜欢一边看电视一边学习，别人专心致志只需要半个小时完成的作业，他则需要一个半小时甚至两个小时才能完成，并且错误较多。

问题诊断：该案例中王铭的问题就是学习习惯不好，表现在：一是应该先完成作业再去玩耍，先完成作业不但是对当天学习知识的及时巩固，而且完成作业之后再去玩耍，心情也会放松，休息的效果也会更好；二是不能一边看电视一边学习，小学生的注意分配能力较差，看电视只会影响对作业的思考，导致做题速度变慢，容易敷衍了事，错误也就增多。

应对策略：家长应该注意培养孩子良好的学习习惯。

学习方法以固定的行为方式表现出来时就形成了学习习惯。许多事实证明，凡在学习上有成就的学生和他们良好的学习习惯是紧密相连的。父母对孩子学习指导的重点应是培养孩子良好的学习习惯，这将使孩子终身受益。家长应注意培养孩子以下良好习惯：①每天保证充足的睡眠。晚上不要熬夜，定时就寝；中午坚持午睡。充足的睡眠、饱满的精神是提高效率的基本要求。②学习时要全神贯注。玩的时候痛快玩，学的时候认真学。学习时，一定要全身心地投入，手脑并用。父母可帮助孩子制定一张作息时间表，将学习、休息、业余爱好、娱乐等合理安排。③坚持体育锻炼。身体是学习的“本钱”，再繁忙的学习，也不可忽视放松锻炼。④学习要主动。只有积极主动地学习，才能感受到其中的乐趣，学习过程中有不懂的问题，及时向人请教，不懂的地方一定要弄懂，一点一滴地积累，才能进步。⑤保持愉快的心情，和同学融洽相处。一方面，每天有个好心情，做事干净利落，学习积极投入，效率自然高；另一方面，把个人和集体结合起来，和同学保持互助关系，团结进取，也能提高学习效率。⑥注意整理。学习过程中，把各科课本、作业和资料有规律地放在一起。待用时，一看便知在哪。没有条理的学生不会学得很好。⑦学习分类。对于已学过的知识就应该适时做好复习，学习分门别类进行整理，便于牢牢地掌握。

3. 父母要以身作则做好孩子的榜样

期望孩子具有良好的生活、学习习惯，父母首先要做到做事不拖拉，当天的事情当天处理，而不要轻易斥责孩子学习拖拉、不主动以及贪玩；对孩子讲话、做事要小心谨慎，不要轻易指出孩子致命的弱点，要维护孩子的尊严；不应该给孩子布置额外的学习任务，避免作业强迫症，重要的是以自己的言行规范来影响孩子，让孩子去领悟如何做人做事；要经常在家庭中进行民主交流，父母和孩子分别总结一段时期以来个人的得失以及未来的努力方向，同时相互交流家庭成员之间对彼此的意见和建议，让孩子畅所欲言，良好的家庭气氛有利于孩子在学习上积极努力，勇于探索。

（二）学校指导策略

"授之以鱼，不如授之以渔。"掌握好的学习方法比教授具体的知识更重要。帮助学生掌握有效的学习方法，是每一位教师必须要正视和探索的问题。

1. 使学生懂得要想学习好必须要注重学习方法的掌握

从教学实践来看，"管教不管学"是不少教师身上存在的一个共同性问题。"不会学习"是大多数学生身上存在的一个普遍性的问题。学习必须讲究方法，蒙着头去苦教苦学必然要走很多弯路。掌握科学的学习方法，要求每一位教师，在教学中一定要着眼于学生的可持续发展，要注重教法和学法的研究，要自觉把引导学生"学会学习"，作为自己的重要任务之一。要让学生知道学习不仅要吃苦，更要注重方法。

2. 要使学生懂得怎样去寻找最适合自己的学习方法

不同的人具有不同的学习方式和方法。比如，有的人喜欢一个人独自静静地学习，有的人喜欢在争论中学习。学习的方式方法多种多样，对一个学生来说，要因人而异，根据其学习类型、思维类型、气质类型、性格类型、年龄特点和基础好差等多种因素作综合评定，只有最适合个体的学习方法才是最好的学习方法。作为教师，应善于引导学生了解自己倾向于何种学习类型，然后再按其学习类型去寻找到最适合自己的学习方法。

3. 要让学生懂得怎样去运用最适合自己的学习方法

教师可通过开设学习方法指导课和结合学科教学等方式，不仅要指导学生懂得掌握学习方法的重要性，让学生懂得怎样根据自己的学习类型、思维类型、心理类型和智力类型等因素去寻找最适合自己的学习方法，而且更要注意引导学生在预习、听课、复习、考试等各种具体的学习情境中，去感悟、选择、借鉴和综合运用好最适合自己的学习方法。

4. 教师要耐心指导学生掌握学习方法

一是学习计划指导。"凡事预则立，不预则废。"学习计划是实现学习目标的保证。但有些学生对自己的学习毫无计划，整天忙于被动应付作业和考试，缺乏主动。教师应指导学生在分析自己目前学习状况的基础上，确定达到预期目标的步骤和措施。

二是指导学生学会预习。预习可以提高自学能力，有利于弄清重点、难点所在，便于带着问题听课与质疑，提高听课效果，顺利理解新知识。预习时要读、思、问、记同步进行。对课本内容能看懂多少就算多少，不必求全理解，疑难也不必钻深，只需顺手用笔作出不同符号的标记。把没有读懂的问题记下来，作为听课的重点。但对牵涉到已学过的知识以及估计老师讲不到的小问题，自己一定要搞懂，以消灭“拦路虎”。对于学习后进生，教师应鼓励他们做好在短期内要多吃点苦的思想准备。在完成每天的学习任务后，再安排一点时间预习。这样做虽然费了时间，但上课能听得懂，减少了因上课听不懂而浪费的时间，同时，还可以减少花在课后整理、消化、作业上的时间。时间一长就会形成良性循环。

三是指导学生学会复习。复习是学习新知识的巩固阶段，它可以使学生“温故而知新”，加深对所学知识的理解和记忆，从而系统连贯、融会贯通地掌握知识。复习的有效方法有：复习要及时，及时复习可以减少遗忘；复习方式要多样，如整体复习与部分复习、反复阅读与尝试回忆结合等；复习量要过度，达到 150%，记忆效果最好；复习时多种感官协同活动，效果最好，等等。

四是指导学生学会听课。学习成绩好的学生很大程度上得益于在课堂上充分利用时间，这也意味着在课后少花些功夫。要指导学生在课堂上集中注意力，积极地独立思考，紧跟教师的授课思路，认真做好笔记。记笔记不仅有助于帮助学生记住老师讲授的内容，也有助于培养动脑动手的能力，更有助于课后复习，收到消化巩固之效。一篇课文或一个单元学完后，可以对课堂笔记作一番整理。在温习与梳理中能加深对所学知识的理解，能够较好地消化巩固所学知识。

五是阅读方法的指导。阅读是学习活动中的一项重要内容，养成良好的阅读习惯是一个人不断获取知识、提高学习效果的重要途径。教师要指导学生掌握良好的阅读方法：①阅读时切忌出声。人的发音器官的运动速度比眼睛和大脑的运动速度慢得多，如果读出声就会降低阅读的速度。②要学会找“提前量”。“提前量”就是眼睛看书的速度要超过大脑思维的速度。在大脑消化、处理眼睛传来的信息时，眼睛已经在识别新的信息了。③要一段一段地看书，不要一字一字地看书。一段一段地看书，使字变成句子，意思比较完整，简化了大脑整理和贮存信息的过程，加快了阅读速度。④一目十行。在阅读不大重要或比较熟悉的地方时，不必逐句逐字地读，可以略读，只要知道意思就行了。⑤请教工具书。在精读较为重要的材料时，遇到生僻的字、词、概念、公式等，随手就可以从工具书中查到，可以节约很多时间。⑥先读头尾。在读一般文章时，可先读文章的头尾，弄清文章的结论和主题，使阅读的思路清晰，便于理解文章内容，可提高阅读速度。⑦阅读时一定要记读书笔记。记笔记是最基本和最常用的积累资料的方法。“好记性不如烂笔头”。笔记可不拘体例，不限长短，内容庞杂，形式多样，如摘录式、摘要式、心得式、索引式等①。

5. 指导学生画“知识树”，形成知识结构

知识结构是知识体系在学生头脑中形成的有序的组织状态。构建一定的知识结构在学习中是很重要的。如果没有合理的知识结构，再多的知识也只能成为一盘散沙，无法发挥出它们应有的功效，而且零散的知识很容易遗忘，也很容易张冠李戴。

“知识树”是用树形结构来表述一门学科知识的结构和知识梳理的一种方法，大的“知识树”可以是一门学科的系统知识，而小的“知识树”可以是本单元学习的知识，特别有利于学生掌握思维的技巧，学会自主、独立思考，真正成为学习的主人。

借助“知识树”，学生可以从整体上对知识进行构建，有利于形成知识结构。在学期开始时，指导学生先将本学期各科知识大致浏览后画出本学科“知识树”，会有利于学生从总体上了解知识结构；而在学期结束复习时，“知识树”会帮助学生将本期所学知识系统梳理，迅速找到自己掌握知识的不足之处，以便更有针对性的复习，巩固所学知识。

五、考试焦虑辅导

（一）家庭辅导策略

1. 饮食疗法

饮食疗法就是增加身体营养的方法，临考学生脑力劳动强度大，能量消耗大，需大量补充营养。因此，必须设法增加适量含蛋白质、脂肪、碳水化合物的食物，同时还要补充大脑所需的维生素、氨基酸以及钙、铁、锌等微量元素。饮食调节是重要的减压手段之一，但应避免饮用含咖啡因的饮料，因为咖啡因可以刺激中枢神经系统；避免食用人参，其含有刺激剂。可以根据不同个体的生命属性，制定针对性的饮食方案。

2. 音乐疗法

音乐对人体的作用应该包括心理和物理两大方面。考生应听些旋律优美，曲调悠扬的乐曲，可以转移和化解心理焦虑，产生愉悦的感觉。音乐能影响人的情绪行为和生理机能，不同节奏的音乐能使人放松，使人的生理、心理节律发生良性的变化。如，圣洁、高贵的音乐，可使人净化灵魂、境界开阔；速度较缓的音乐给人以安全感、舒适感；清澈、高雅、透明的古典音乐，可以增进人们的记忆力、注意力；浪漫的音乐，可激起人们恻隐、怜悯之心；流行音乐，可使人感情投入；时尚音乐，可释放心声。

3. 睡眠消除法

事实证明，很多临考学生的“考试焦虑”是由于学习过度疲劳、睡眠不足引起的。针对这种情况，家长应督促孩子，在临考前一般不易“夜半挑灯”苦读，要养成中午小睡的习

---

①姚本先. 儿童心理辅导[M]. 合肥：安徽大学出版社，2003.

惯。因为良好的、充足的睡眠可以消除大脑疲劳，换取充沛的精力和清醒的头脑。充足的睡眠是从容应考的前提，也是克服考试焦虑情绪行之有效的方法。

4. 运动消除法

学生以脑力活动为主，而适当的运动是消除大脑疲劳的有效方法。家长可以根据孩子的兴趣和自己的实际情况，督促或者陪同孩子散散步、打打球、做做体操。因为运动可以消除一些紧张的化学物质，放松神经。

5. 兴趣消除法

人们在从事自己感兴趣的事情时，整个身心都会投入进去，进入一种物我两忘的境界，什么忧愁烦恼都会抛到九霄云外。因此，家长可以协助临考学生在紧张的学习之后，做一些感兴趣的事情，如唱唱歌、看看报、听听音乐等都可以消除疲劳，化解烦恼，远离考试焦虑情绪。

6. 情绪宣泄法

情绪宣泄是缓解压力、保持心理平衡的重要手段。由于坏情绪的不断积压，如升学压力使学生透不过气来、考试成绩不理想、家长的啰唆等，都可能使孩子的心情变化，久而久之，就会出现“考试焦虑情绪”。针对这种情况，家长可采用以下方法：(1)聊天法，即想方设法与孩子沟通交流，让孩子诉说自己的积怨，达成父母与孩子双方之间的理解，让孩子的内心得到调整；(2)哭笑法，建议孩子如果内心憋得难受，又无法与人倾诉，应当找一个适宜的地方，放声大哭或大笑，以宣泄自己内心的不平；(3)书面释放法，让孩子通过写日记或书信的方式，释放自己的苦恼；(4)上网法，家长不必将上网作为洪水猛兽，适当的上网及游戏可以缓解孩子的考试压力。如通过电脑网络与网友交流思想，排遣烦恼；网络游戏还可以让处于“考试焦虑情绪”的临考学生转移注意力，释放体内积聚的能量，调整机体的平衡，摆脱内心的烦恼。

(二)学校辅导策略

1. 端正考试动机，正确评价考试成绩及意义

在当今升学、就业都需要通过考试成绩来选拔的环境中，考试成绩在学生心目中无疑占有很重要的位置，它不但会影响到考生的升学就业，而且会影响到家庭、学校、社会对考生的评价，把考试视为决定自己终身命运的“生死战”，认为考不好就没有前途的考生，会背上过重的思想包袱，成天提心吊胆，害怕失败，而不能专注于学习本身。因此，学校及教师应改变传统的应试教育观念，一旦考生改变了思维的刻板性，认识到成才道路的多渠道性，考试焦虑是会降低的。

2. 行为矫正

行为矫正有两种方法：一种是放松训练，一种是系统脱敏训练。放松训练和系统脱敏训练的原理，是交互抑制原理，即人在放松状态下的情绪，与焦虑是相互抵抗的，比如放松状态出现了，必然会抑制焦虑和紧张状态的出现。

放松训练就是通过一定的方法，如深呼吸法、暗示法、表象法和音乐法等，使人体肌肉一步步放松，使大脑逐渐入静，从而调节中枢神经系统的兴奋水平，缓解紧张情绪，增强大脑对全身控制，支配能力的训练方法。放松训练的原理，即肌肉和大脑之间是双向传导的，大脑可以支配肌肉放松，而肌肉的放松，又可以反馈给大脑。

系统脱敏训练：在考试前，可将刺激情境按照自我感觉恐怖的程度设计成从小到强的梯度，比如，反复想象一下以下场景：在家复习准备；教师宣布考试；我被第一道题难住了；时间几乎快到了，我根本做不完……有些同学会说："我不敢想象！"但是，你必须这样做！如果想象后出现心慌头晕、手抖出汗，请立即做深呼吸 20～30 次，一般很快就能平息不安的情绪。如此反复多次（每 2 天进行 1 次，每次 3～5 分钟），考试焦虑就会有所缓解。

3. **自我调整**

（1）认知调控。首先，杜绝用"完了""我糟糕透了"等这种消极的语言暗示自己；其次，消除大脑中的错误信息，不要被一两次考试失败和一两科考试失误所吓倒，不要以偏概全，认为自己不行，而丧失信心；最后，适当减轻周围环境的压力，针对种种担忧，自己和自己辩论，用这种理性情绪疗法，纠正认知上的偏差。

（2）自我暗示法。法国大作家大仲马说过："人生是一串由无数的烦恼组成的念珠，达观的人总是笑着念完这串念珠的。"在我们的生活中到处充满着自我暗示法，例如，清晨你对着镜子梳洗打扮一下，如果看到自己的脸色很好，往往心情舒畅，这就是一种自我暗示。一位正处于"考试焦虑"的临考学生，也可以面对镜子，对自己进行积极暗示：通过自我保健，我一定会告别"考试焦虑情绪"。进入考场后，你可以暗示自己："我能行""我紧张，别人也一样""我最棒"，放下包袱，减轻紧张感，增强自信。此外，可采用深呼吸法，一呼一吸，将呼吸放得很慢很慢。这样，可以调整身心，保持头脑冷静，避免胡思乱想，发挥出自己的正常水平。

（3）宣泄倾诉法。当感到压力过大，内心的焦虑自己无法排解时，不要闷在心里，找个值得信任的人把苦恼说出来。在宣泄负面情绪的同时，考生还会惊奇地发现，原来考试焦虑的不只自己一个人，很多同学都有，从而恢复心理平衡。

（4）调整期望值，培养良好的个性。期望值是自我确立的结果能达到的预期值和目标，它是影响学生考试焦虑的重要因素。期望值是否适度，直接影响考生的动机程度，情绪状态和品质，也直接影响考生临场水平的发挥。研究表明：过高的期望值会给学生造成较强的心理压力。因为目标定得太高，超过了自身的实际能力，就会在活动中担心没有实现的把握而失去信心，同时，也会使考生在考前过分担忧而分散注意。因此，适当调整期望值，切合实际地提出目标和期望，这是非常重要的。

（5）做好充分的考试准备，形成良好的考试状态。

物质准备：在考试的前一天晚上，准备好准考证、文具用品、交通工具、手表等，避免由于物质准备不足诱发考场上的焦虑。

体能和心理准备：有不少考生在考前拼命复习功课，作息时间颠倒，生理功能紊乱，睡眠不足，缺乏体育锻炼和文娱活动，一门心思想在考前多往脑中灌些东西，致使大脑过度疲劳，体能下降，精力不济，头晕、失眠、食欲不振。因此，考生要注意充足的睡眠和进行适当的体育锻炼，并适当多吃些富含蛋白质、维生素的食物，如肉、鱼、蛋、牛奶、新鲜蔬菜水果等，以保证有充分的体力，同时也要避免高脂肪、高蛋白等营养品的过量摄入，造成消化不良和肠胃功能紊乱，体能不仅没有增强反而下降。

另外，还应掌握一些考场应试的技巧。如要稳定情绪，全身放松；在答题前要浏览试卷，统观全局；回答每道题前，一定要认真审题，理解题意；排列好答题顺序，贯彻先易后难原则；统筹兼顾各题，恰当分配答题时间；不忽视任何细节；注意克服定势的干扰；先求正确，再求速度；做选择题时只要不倒扣分，尽量给出猜测选择；合理使用时间，不要提前交卷；考完退场后，不要急于对答案。

问题思考与讨论

1. 皮亚杰将儿童的认知发展分为哪几个阶段？

2. 什么是最近发展区？它对教学有哪些启示？

3. 青少年认知发展有哪些特点？

4. 中小学生常见的学习问题有哪些？

5. 学习适应不良的原因有哪些？如何帮助学生解决学习适应不良的问题？

6. 简述学习困难产生的原因，应该如何应对学习困难的学生？

7. 影响青少年学习动机的因素是什么？如何培养和激发青少年学生的学习动机？

8. 青少年学习方法不当的原因有哪些？如何指导学生更好地掌握学习方法和技巧？

9. 中小学生出现考试焦虑的主要原因是什么？如何帮助学生克服考试焦虑？

10. 案例分析：

李某，女，19 岁，高三学生，身高 160cm，独生女。母亲是小学老师，父亲经营一家面粉厂，和奶奶同住。家族中无精神疾病史。出生在一个经济条件较好的家庭，父亲工作繁忙，但尽可能满足其物质需求，母亲管教比较严格。小时候性格较内向，学习成绩优异。进入重点初中后，学习压力变大，虽然学习更加努力，但是成绩仍然处于中等水平。进入高三以来，几次月考成绩都不理想，而且近两个月成绩明显下降。上次月考，在班里的成绩排名下降了 24 名。妈妈参加完家长会回来说她不争气，给母亲丢脸了。这次月考一上考场就手心出汗，脑子空白，手发抖写不了字。上课没有精神，一看书做题就头疼，晚上睡觉经常做噩梦。前几天头痛得厉害，妈妈带她去医院做检查，医生说是学习压力大。

请根据所学知识回答：(1) 该学生属于什么问题？(2) 出现该问题的原因是什么？(3) 作为教师，你认为该帮助学生如何应对这类问题？

阅读指南

1. 陈家麟. 学校心理健康教育——原理与操作[M]. 北京:教育科学出版社,2002.

该书是作者对自己三十多年来从事学校心理健康教育的研究、实践和教学工作的总结,也是作者对建构有中国特色的学校心理健康教育理论体系和操作模式所作的一次有意义的探索。该书融理论性和实践性、学术性和可读性于一体,不仅便于读者把握学校心理健康教育工作中诸多"为什么"的理论要点,也为读者如何开展这项工作提供了"怎么办"的操作性借鉴,并为读者做好此项工作的具体实务提出了详细的对策。

2. 陈琦,刘儒德. 当代教育心理学[M]. 北京:北京师范大学出版社,2007.

该书以丰富多彩的体例形式系统介绍了教育心理学的基本知识和最新研究成果,并结合大量案例阐释了这些知识在教学实践中的应用。本书具有突出的系统性、新颖性、实用性以及可读性等特点。本书可作为各级各类教师培训学校、研究生课程班的教学材料,可作为各种教育科研人员的参考资料,还可用作各种考试(如研究生入学考试、教师资格证考试)的参考用书。

网络导航

中国心理网:http://www.pchina.cn/index.shtml.

中国心理网是一家发布心理资讯、提供心理咨询、心理测试的非营利性心理学门户网站。作为中华心理学会官网,中国心理网下发有心理学网站测评导航系统、网上心理医院、CPA 心理测评系统等国内知名平台。

第四章　青少年自我意识发展与人格辅导

学习目标

掌握自我意识发展的相关理论和青少年自我意识发展的特点，了解青少年自我意识发展中常见的问题及其不良表现；理解青少年自我意识的完善与辅导策略；学会应用自我意识发展的相关理论、青少年自我意识培养的策略、方法，对青少年进行自我意识的培养与教育，帮助青少年健全自我意识。

第一节　青少年自我意识发展的特点

青少年寻找自我的过程漫长而艰辛。在这段充满困惑与彷徨的人生旅途中，他们体验着冲突和碰撞，内心盛满了怀疑和犹豫，如同一个在黑暗中摸索前行的人，为摆脱这种暗淡和迷茫，他们努力睁开双眼，观望着世界。在这样的过程中，青少年在不知不觉地诠释着“成长的烦恼”，并真情演绎和客串了“未来的我”。“未来的我”究竟是什么样子？现在的我究竟又该如何做才能成为“未来的我”？等等诸如此类问题的不断发展，最终形成了青少年对自我的认识和理解，即自我意识。

一、自我与自我意识

自我是一种社会现象，源于各种社会关系之中。自我也是一种心理学术语，称为自我意识或自我概念，主要是指个体对自己存在状态的认知，是个体对其社会角色进行自我评价的结果。整个人格发展的核心，人的心理是由自我建构的，每个个体的行为表现、身心健康、人际关系和发展状况都是自我的制约。青少年时期的重要任务之一就是要获得对自己行为的认识、调节和监控，意识到自己是与别人不同的，认识到自己的行为是受社会评价的。青少年是否认识自己，以及认知自己的发展过程，不仅对于青少年的人格健康发展来说是重要的，而且对于教师的教学来说也是非常重要的。

（一）自我

自我是指个体对自身存在的体验，也就是个体在自己的行为和意识经验中能够感知到的主体自身。这种主体性自我可以作为个体行为或心理活动的发动者，以区分经验的主体是否属于自己。心理学家对自我的含义提出过多种解释，其中较有代表性的有以下几种经典的自我理论。

1. 詹姆斯的“经验自我”和“纯粹自我”

詹姆斯（William James），美国心理学家、美国实用主义哲学家的先驱。他是自我概念的创始人，曾经对“自我”概念进行了详尽的阐述。认为“自我是个体所拥有的身体、特质、能力、抱负、家庭、工作、财产、朋友等的总和”，把自我分为经验自我和纯粹自我。“经验自我”指人们可能经验到的一种对象，即与世界的其他对象共存的存在物。詹姆斯认为：“每个人的经验自我，就是他试图用‘我’（me）来称呼的一切”。詹姆斯认为“我”与“我的”很难区分。他反对将“从属于我的”东西与“真正的我”区别开，自我与世界之间没有明显的界线，我的身体、服饰、妻子儿女及财产都是自我本身的各种关系，参与了自我的构成。“纯粹自我”指一个人知晓一切东西，包括自我的那些东西，所以又称为能动自我或主动自我。詹姆斯在论述纯粹自我时，是以“个人同一性”理论为依据的。个人同一性就是“现在的自我与它想起的那些过去的自我相同”。纯粹自我是由不断更迭和传递其内容的当下思想所构成。詹姆斯把作为对象的个人称为经验自我（me），把当下思想看成是纯粹自我（i）。他认为纯粹自我接受不同的感觉并影响感觉所唤起的动作；它是兴奋的中心，接受不同情绪的震荡；它是努力和意志的来源，意志似乎从此发出命令。

2. 弗洛伊德的“本我”“自我”和“超我”

精神分析学派的创始人弗洛伊德认为，人格由本我、自我、超我组成。“本我”来自人的本能，在社会生活中表现出追求各种个人欲望的满足和追求个人利益实现的特征；“自我”是人的生物性本能，只知快乐，活动盲目；“超我”来自社会文化，是个体在成长经历中已经内化为自身价值观念的种种文化信念，其中以道德、信仰为主要内容，超我是人内化了的社会道德原则。这些社会文化与道德信念对个体的要求，往往以牺牲个体服从整体为主，甚至要求个体行为完全道德化，因而与本我相对立。“自我”是人的理性部分，往往处于社会生活的现实要求、超我的道德追求与本我的利益追求之间，按照现实原则协调矛盾，尽可能地寻找权宜之计，是个体最终行为表现的决策者，时而管理本我，时而服从超我。只有自我知道活动的目的和方向。

3. 罗杰斯的“现实自我”和“理想自我”

罗杰斯根据临床实践，提出了现实自我和理想自我。“现实自我”包括对已存在的感知、对自己意识流的意识。通过对自己体验的无偏见的反映及时对自我的客观观察和评价，个人可以认识现实自我。“理想自我”代表个体最希望拥有的自我概念、理想概念，即他人为我们设定的或我们为自己设定的特征。它包括潜在的与自我有关的，且被个人高度评价的感知和意义。罗杰斯认为，对于一个人的个性和行为具有重要意义的是他的自我概念，而不只是现实自我。他在临床实践中发现，现实自我和理想自我之间的不一致是导致神经症的原因之一。总的来说，罗杰斯认为自我的认知方面、情感方面以及意识和潜意识方面都重要，他既强调自我一致性的需要又强调正面关注自我的需要。

4. 米德的“客我”和“主我”

米德（G. H. Mend）指出，自我是一种社会实体，自我本质上是一种社会存在，个体的自我只有通过社会及其中不断进行的互动过程才能产生和存在。他把自我分为“客我”（me）和“主我”（i），这两者共同构成整体的自我。这种整体统一的共同归属是社会，因为从实质上说，自我就是一个社会过程，它借助于这两个可以区分的方面而不断进行下去。作为社会实体的自我其产生依赖于三个条件：语言——有意义的符号、玩耍、游戏。个体自我发展经历了三个阶段：玩耍阶段、游戏阶段和概化他人阶段。

5. 埃里克森的自我意识发展阶段论

埃里克森（E. H. Erikson）认为，人的自我意识发展持续一生，他把自我意识的形成和发展过程划分为八个阶段，这八个阶段的顺序是由遗传决定的，但是每一阶段能否顺利度过却是由环境决定的。在心理发展的每一个阶段上都存在一种“危机”，或称矛盾、冲突。对危机的积极解决有助于自我力量的增强，有利于个人适应环境。

埃里克森的人格发展阶段和相应的品质

年龄段	社会转变期的心理冲突	相应获得的品质	
		积极的	消极的
婴儿期（0—1.5 岁）	信任感—怀疑感	希望、信任	恐惧、不信任
儿童期（1.5—3 岁）	自主感—羞怯感	意志（自制力）	自我怀疑
学龄初期（3—5 岁）	主动感—内疚感	自主和价值感	无价值感
学龄期（6—12 岁）	勤奋感—自卑感	能力、勤奋	无能
青春期（12—18 岁）	自我同一—角色混乱	忠诚、自信	不确定感
成年早期（18—25 岁）	亲密感—孤独感	爱和友谊	泛爱（杂乱）
成年期（25—65 岁）	生育感—自我专注	关心他人和创新	自私自利
成熟期（65 岁以上）	自我调整—绝望感	智慧	绝望和无意义感

埃里克森的人格终生发展论，为不同年龄段的教育提供了理论依据和教育内容，任何年龄段的教育失误，都会给一个人的终生发展造成障碍。它也告诉每个人个体为什么会成为现在这个样子，个体的心理品质哪些是积极的，哪些是消极的，各在哪个年龄段形成的，给个体以反思的依据。

（二）自我意识

自我意识是主体对其自身的意识，即个体对所有属于自己身心状态以及自己与周围关系的一种认识，是个性结构的重要组成部分。自我意识是自我的一个方面、一种形式，即关于作为主体的自我意识，特别是关于人我关系的意识。自我意识包括个体对自身机体及其状态的认识；对其自身肢体活动状态的认识；对其自身的思维、情绪情感、意志等心理活动的意识，包括自我观念、自我评价、自我体验、自尊心、自豪感、自我调节、自我监督、自我控制等。自我意识的发展是个体心理健康的基础和个体心理健康的重要组成部分，自我意识也是个性形成和发展水平的标准。

信息窗 4－1

自我意识的发展历程

人来到这个世界上，首先认识外部世界，认识他人，然后才逐步认识自己。

个体自我意识发展的历程如下：

1. 自我意识萌芽时期（出生至 1 岁前后）

人出生后的第一年，几乎没有什么自我感觉，当然也谈不上自我意识。小孩子照镜子却不知镜中的自己是何人，会盯着瞧，要伸手去抓他，津津有味地吮吸自己的小手，玩弄小脚就和玩玩具一样开心，这时的小孩子不能意识到自己身体的存在，人我不分，不能区分“我”与“非我”的概念，也就无自我意识可言。

动作的发展对儿童自我意识的发展产生了重要的影响。当婴幼儿学会爬行和走步以后，能自主地将身体移动到自己想去的地方，这对自我意识的发展起着重要的作用——自己能支配自己的身体和行为了。

2. 自我中心时期（1～3 岁）——生理自我

1 岁后，因为活动的增多，语言的发展，“我”字在言语现象中出现，儿童逐渐能用“我”来代替“军军”“宝宝”“阳阳”等一类原先自己的称谓。这时，儿童的心理产生了“自我”的概念，儿童以自我为中心，常会说“我高兴”“我不喜欢”“我不好意思”“我难过”。语言的发展对自我意识有着重要的影响。这时，儿童获得的是生理自我。

1 岁半左右是儿童自立的一个关键时期，儿童学会说“不”。儿童大约从 1 岁半左右开始学会说“不”字，这是儿童自我选择能动性的表现，他们渐渐获得了自我决定的能力。

3. 客观化时期（3 岁～青春期）——社会自我

3 岁左右，儿童开始进入幼儿园，开始出现了自尊的感觉，具有了发挥自己能动性和主动性的愿望。在家里，他们最喜欢说的话就是“我自己来”“我自己穿鞋子”

"我要自己吃饭"等。随着儿童内在发展的需要,他们对集体性游戏产生了兴趣。在集体性游戏活动中,由于扮演不同的角色,儿童逐渐开始觉察到自己在集体中的地位,学会对自己和他人进行评价。由于儿童有了更多的社会交往,他们打破了原先狭小的生活圈子,并渐渐获得了社会自我。

小学阶段是儿童自我意识发展的加速期,"背着书包上学去"对小学生来说是头等大事,他们从"小孩子"变成了"小学生",生活中的主要内容从幼儿阶段的游戏,转变为小学阶段完成集体交给的各种任务。通过正确的教育,每个儿童都想成为班上的好孩子,能得到同学、家长、老师的信任和尊重,并学会主动地思考自己应当怎样学习和行动,儿童的自我意识逐步提高到一个新的、较高的水平。在小学阶段,社会交往以及各种社会关系对儿童自我意识的发展产生了重要的影响。

小学儿童是在人际互动交往中采择到适当的观点以满足他们自尊的需要,学会更好地调节自我,促进其自我意识发展的,在儿童成长过程中,人与人之间交流和沟通的机会越多,观点采择的经验就越丰富,像父母与子女之间进行感情交流,师生之间的沟通、同伴之间的讨论都是观点的采择。在沟通和交流的过程中,双方不仅能够相互了解对方的观点,而且能够相互感受到对方的情感,从而有助于彼此情感的接受。在这一过程中,如果对儿童的反应评价积极而稳定,就能促使儿童形成好的自我概念;如果对儿童的反应缺乏恒定性,儿童没有稳定的可采择的观点,他们的自我意识的发展就会受到阻碍。

4. 主观自我时期(青春期—成人期)——心理自我

这时,人开始对自己的内心世界感兴趣,能够更加客观地评价自己和别人的个性品质。中学阶段学生的自我意识具有封闭性的特点,同时又充满矛盾。

[资料来源]傅宏,王晓萍. 小学生心理健康教育[M]. 北京:中国轻工业出版社,2008.

二、青少年的自我意识发展的特点

苏联心理学家科恩指出:"青年初期最宝贵的心理成果是发现自己的内心世界,这种发现对于青少年来说,等于一场真正的哥白尼式的革命。"随着青少年性生理和心理的发育成熟,社会、成人对其态度的改变,他们越来越把注意力指向自身,不仅自我意识的能力和水平提高了,而且自我意识的内容更加丰富和深刻。

前面介绍了个体的自我意识从发生、发展到相对稳定、成熟的历程,大约需要 20 多年的时间。而青少年时期是个体自我意识发展和确立的关键时期。一般来说,青少年自我意识的发展经历着一个明显的典型的分化、矛盾、统一三个阶段。

分化阶段:进入青春期以后,个体的视线由外向内转移,开始关注自己的内心世界和内心体验，于是个体自我分裂为两部分：主体自我和客体自我。主体自我处于自我意识的主体地位，起观察者、评价者和调节者的作用；客体自我在自我意识中处客体地位，充当被观察、被评价和被调节的角色。经过分化，个体开始认识和改造自己的主观世界，进入心理自我的发展时期，也可以说进入了自我意识发展的“主观化”的时期。个体自我意识的发展进入了一个崭新的阶段。

信息窗 4－2

别跟自己长相过不去

到了青春期，很多人就开始喜欢琢磨自己的长相，对自己品头论足起来。可这一“品”一“论”，便引出许多少男少女的无限烦恼。

刘婷今年刚满 15 岁，恐怕现在跟她最亲密的要算她的那面小镜子。每天只要一有空，准把小镜子拿出来仔细端详一番。刘婷长得并不难看，起先她也是抱着一种自我欣赏的态度来照镜子的。不过日子一久，她开始对自己的相貌“横挑鼻子竖挑眼”起来。她发现自己的五官都“不甚理想”：眼睛过小了，而嘴巴又太大……这样每日照镜子不是孤“相”自赏而是自怜了。她埋怨父母把不良的基因遗传给了自己，让自己无“脸”见人。为此，心中总升起一阵阵的惆怅……

刘婷这样的事例在青少年中并不少见。发展心理学的研究表明，青春期是人认识自我并急于肯定自我的人生阶段，而自己的外部形象更是他们进行自我评价的重要方面，这一点常常被成人所忽视。他们觉得自己的外貌几乎就是自我的全部象征，直接关系着自己在同龄人中的地位与尊严，因此容不得半点“差错”。于是，他们开始“吹毛求疵”地研究起自己的外貌，女孩倍加关注自己的长相、身材和皮肤，她们特别爱照镜子，不是嫌自己鼻梁太低，就是嫌自己额头太窄，对于发胖更是有一种病态的感受。而男孩经常忧虑不安的，是他们认为自己的身材不够高大，脸上长疱及体重超重等。尤其是他们把身材高大与男子汉的形象联系在一起，所以身材矮小的男孩常常有着强烈的自卑感。这一切都是青春期所特有的“体态意识”的烦恼，它几乎都是秘而不宣的。

美国 20 世纪初著名的心理学家马尔兹曾指出：青少年对外表所产生的烦恼，其心理障碍大都是在脑子里存在着一种“幻想式的丑陋”。据他所做的调查表明，约有 90% 的人对于自己的外表有所不满。这说明大多数人对自己的外貌的“期望值”较高。特别是一部分青少年，总以一种极度挑剔的目光来审视自己的外貌，把自己身上的一点“丑”加以无限地夸大。

人在相貌的问题上，极易受自我暗示的影响。如果你以挑剔的目光先假定了某一部位有点不对劲，以后就会越看越不对劲，如此将形成不良的自我暗示。李芳是个上高三的女孩，刚上初中时她隐隐地觉得自己的鼻子有点“扁”（实际上相当正常），从此她的鼻子就开始不得安宁了。每天一有空就要照照鼻子，越照越觉得自己的鼻子有“问题”。于是她自我发明了简易的“隆鼻术”——用手反复地捏鼻子，她是上课捏、下课也捏。结果鼻子被捏得发肿发炎了。

确立良好的“自我意向”，是拥有健康心理和快乐生活的关键。因此对外貌不妨坦然地自我悦纳，即以积极、赞赏的态度来接受自己的外在形象，并设法消除各种附加于上的“不良信息”，做到不听、不信、不制造。一句话，不自己给自己找麻烦。只有在心理上承认和接受了自己的“自然条件”，才能进一步地美化自己、喜欢自己，让自己透出生机勃勃的青春美来。每一个正为自己的外貌而苦恼的少男少女，都请记住“别跟自己的长相过不去！”

[**资料来源**]中国早教网。

矛盾阶段：自我意识的分化，引起了自我意识内部的矛盾，使青年开始感受到儿童期从未体会到的种种内心冲突和思想斗争。自我意识的矛盾最突出地表现为理想自我与现实自我的矛盾。理想自我往往与主体自我相联系，反映了个体希望成为什么样的人，体现了一定社会要求和道德准则的内化情况；现实自我则往往与客体自我相联系，反映了个体实际上是怎样的人，体现了个体各方面的实际发展情况。自我意识的矛盾就是当“主体自我”去考察、认识和评价“客体自我”时，常常会发现“现实自我”不能符合“理想自我”，于是出现了心理不平衡，即自我的分裂。为此，他们常常感到内心困惑、苦闷和烦恼，甚至迷茫不解。能否解决好这个问题，对青年期的心理发展将会产生重大影响。

统一阶段：经过一段时间的矛盾与冲突，个体的自我便在新的水平上实现了协调与一致，即自我统一。但怎样统一，统一的性质又如何，则是个体自我意识发展的关键。

在这个过程中，青少年的自我意识逐渐稳定、全面、深刻和丰富，但是还存在着一些矛盾。和儿童时期相比，青少年的自我意识的发展有这个时期的显著特点，我们可以从青少年的自我认识、自我体验、自我调控三个方面加以说明。

（一）青少年自我认识发展的特点

自我认识是自我意识的认知成分。它是自我意识的首要成分，也是自我调节控制的心理基础，它又包括自我感觉、自我概念、自我观察、自我分析和自我评价。青少年比任何时候都渴望了解自己，这个时期自我认识对于一个人的心理成长至关重要，也会影响青少年心理健康成长。这个时期青少年自我认识的发展特点主要表现在：

1. 青少年自我认识的主动性

儿童开始进行自我认识时是以成人对他们的看法为依据，具有较大的依赖性。但随着年龄的增长，他们的自我认识开始出现主动性倾向，并努力摆脱对成人、对权威的依赖，表现出某种反叛的对抗和主观上的偏执性。在自我认识的标准方面则表现出更重视同龄人的意见而忽视成人的意见。这个时期，青少年以积极主动的态度认识自我，他们经常思考“我是一个怎样的人?”“我应该成为一个怎样的人?”并且通过各种方法来加以确定。他们经常主动地把自己和周围的人进行比较,经常主动询问他人对自己的看法,对能了解自我的一些书籍或心理测验非常感兴趣。

2. 青少年自我认识的全面性

青少年的自我认识已经开始摆脱片面性,日益具有全面性的特点。对于生理自我、社会自我和心理自我都有较为深刻的认识,因而也就能更辩证地对待自己。他们既能看到自己的优点与长处,也承认自己的缺点与不足。获得了成功或取得了成绩,不会像以前那样得意忘形,遇到挫折或失败也不会像以前那样全盘否定自己,也不会像以前一样把考试的好与差、老师同学等他人的评价看得那么重了,因为他们对自己的优点和弱点心中有数。同时,青少年对自己的认识在内容上较以前更为复杂和丰富,已经具有多层次、多因素的特点。

3. 青少年自我认识的概括性

儿童时期自我认识主要集中于外部行为,表现出注重行为结果,而不能从内部动机来评价,且评价具有直观、具体的性质。例如,在认识自己是否达到好学生标准时,小学生常用“上课认真听讲,课后按时做作业,听老师的话,不骂人,不打架”等描述来进行评价。进入青少年时期后,由于抽象思维能力的迅速提高,社会化进程加速,并在全面性的基础上,青少年的自我认识的概括性也不断发展。青少年摆脱了单纯的感性认识的层面,不再就事论事,能够脱离情境从理论上来概括,从而使得自我认识由具体向概括化、抽象化发展,这时中学生在评价好学生时常用较概括的评语,如有爱国主义、集体主义精神,有远大的理想抱负,团结友爱,谦虚,自信等。

总之,青少年能逐渐地独立评价自己的内在品质、动机、行为和表现,其自我评价水平在一定程度上达到了主客观的辩证统一。但是青少年的自我认识仍然具有一定的片面性和不准确性,表现出“高估自己”和“低估自己”的倾向,其自我认识水平的发展还有待进一步的提高。

(二)青少年自我体验发展的特点

自我体验是伴随自我认识而产生的内心体验,是自我意识在情感上的表现,即主我对客我所持有的一种态度,它反映了主我的需要与客我的现实之间的关系。个体的自我体验能力产生于四岁左右,到了青少年时期自我体验的发展一般明显落后于自我认识的发展,但这一时期的自我体验同样发生了一系列的变化,主要表现为以下特点:

1. 青少年自我体验的敏感性

青少年的自我体验一般都比较敏感,凡涉及“我”及与“我”相联系的事情,比如涉及自己名誉、地位、理想及与异性关系等方面的问题,极容易引起青少年强烈的情绪体验。他们非常关注自己在别人心目中的形象与地位,关心别人对自己的看法,对那些自己认为重要的人物的评价尤为敏感,如自己喜欢的老师、与自己关系密切的同学、自己爱慕的异性朋友等,别人的点滴评论往往会在他们心头掀起轩然大波。青少年对自己的相貌也十分在意,喜欢在镜子前细致端详自己并评价自己,对自己的外貌上的缺陷会感到不满或担心。青少年自我体验的敏感性有时还具有直觉的特点,即在一定的情境下,对自我产生一种想象式的、灵感式的、非逻辑的体验,甚至会一下子陷入一种突然降临的激动中。如青少年有时感到喜悦、自豪、幸福、充实,有时感到烦恼、苦闷、伤心。这种敏感性的直觉体验,也使青少年能够发现自我的某些新方面,感到自己的"唯一性"和"独特性",进而引起新的思考和遐想。

2. 青少年自我体验的丰富性

进入青少年时期,他们个体情绪体验内容较为丰富,肯定体验和否定体验、积极体验和消极体验都同时存在。但是总体来说,青少年自我体验大多以肯定的、积极的体验为主,如愉快、热情、自信等,但也容易产生很多消极体验,如易怒、苦恼、消沉等。与此同时个体也出现了许多儿童期很少有的自我体验,如自爱、自卑、自大等。其中,青少年初期成人感的产生尤其具有典型性。所谓成人感是指青少年感到自己已经长大成人,渴望参与成人角色,要求独立,得到尊重的体验和态度。成人感的产生是青少年自我意识迅速发展的一个新的、重要的特征,也是青少年个性发展的转折点。产生成人感的青少年要求和成人建立一种不同以往的朋友式的新型关系,迫切要求老师和家长尊重和理解自己,并开始疏远父母而乐于和同龄人交往,烦恼和心事愿意向志趣相投的伙伴倾吐,希望自己的生活环境是平等的、民主的。如果家长和老师还把他们当作"小孩"而加以监护、奖惩,无视他们的兴趣、爱好,他们可能以相应方式表示抱怨,甚至产生抗拒心理。

3. 青少年自我体验的矛盾性

青少年自我体验的矛盾性主要表现在自尊心和自卑感的相互交织。自尊心也称自尊感,是社会评价与个人的自尊需要之间相互关系的反映,是个体能愉快接受自己并尊重自己、对待自己持肯定态度的情感体验。自尊需要包括要求独立、自由、自信、被人认可,对成就、地位、名誉的向往等,而来自他人的积极的关注形式,如赞许、尊重等是决定自尊的关键因素。自卑感是一种不能自助和软弱的复杂情感。有自卑感的人轻视自己、贬低自己、对自己不满意,经常对自己持否定态度的情绪体验。自尊心强的个体一般较独立主动、行为积极;而自卑感强的个体一般较回避退缩、行为消极,不能很好地适应环境。自尊和自卑是青少年自我体验中相互对立的两种情绪,这两极的自我体验不仅在不同的青少年中经常出现,而且在同一个体身上也交织出现,使得青少年的自我体验出现矛盾。

信息窗 4－3

测测你的自尊心

该量表由 5 个正向计分和 5 个反向计分的条目组成。设计中充分考虑了测定的方便,受试者直接报告这些描述是否符合他们自己。

1. 我认为自己是个有价值的人,至少与别人不相上下。

(1)非常同意 (2)同意 (3)不同意 (4)非常不同意

2. 我觉得我有许多优点。

(1)非常同意 (2)同意 (3)不同意 (4)非常不同意

3. 总的来说,我倾向于认为自己是一个失败者。

(1)非常同意 (2)同意 (3)不同意 (4)非常不同意

4. 我做事可以做得和大多数人一样好。

(1)非常同意 (2)同意 (3)不同意 (4)非常不同意

5. 我觉得自己没有什么值得自豪的地方。

(1)非常同意 (2)同意 (3)不同意 (4)非常不同意

6. 我对自己持有一种肯定的态度。

(1)非常同意 (2)同意 (3)不同意 (4)非常不同意

7. 整体而言,我对自己觉得很满意。

(1)非常同意 (2)同意 (3)不同意 (4)非常不同意

8. 我要是能更看得起自己就好了。

(1)非常同意 (2)同意 (3)不同意 (4)非常不同意

9. 有时我的确感到自己很没用。

(1)非常同意 (2)同意 (3)不同意 (4)非常不同意

10. 有时我觉得自己一无是处。

(1)非常同意 (2)同意 (3)不同意 (4)非常不同意

量表分四级评分,“非常同意”计4分,“同意”计3分,“不同意”计2分,“非常不同意”计1分,1、2、4、6、7正向记分,3、5、8、9、10反向记分,总分范围是10~40分,分值越高,自尊程度越高。

评分标准:总分在10~40分之间。如果你上述测验分值较低,那就意味着你存在一定的自卑感了。生活中,我们一说:“××很自卑”,总带有些贬义的味道,听者不由自主心中总不是滋味。奥地利心理学家阿德勒认为自卑感是每个人所共有的,人的自卑使人产生对优越的渴望,所以不要担忧,不要抬不起头来。个体感到自卑,就会发奋图强,力争上游,取得成功。他成功以后,就会产生优越感。但是在他人的成就面前,再会产生自卑感,再推动他去产生更大的成就,永无止境。

[资料来源]汪向东,王希林,马弘. 心理卫生评定量表手册[J]. 中国心理卫生杂志,1999(增刊).

(三)青少年自我调控发展的特点

自我控制是自我意识在行为上的表现,是实现自我意识调节的最后环节。自我控制是指一个人对自身的心理与行为的主动掌握。青少年的自我控制处于一种动态的发展过程中,其自我控制能力在不断增长,但还很不成熟,很不稳定。

1. 青少年自我调控的自觉性

青少年自我控制处于一种动态的发展过程中,自我控制的能力不断增长,逐渐由自发性、冲动性向主动性、计划性发展。青少年有强烈的自我设计和自我完善的愿望,他们常常思考"我应该成为一个怎样的人""我怎么样才能成为那样的人"等问题,并且会有意识地为实现这个愿望确定目标、制订计划、采取行动,并能够按照计划努力付诸实践,不会轻易地受到外部刺激的干扰而改变计划。青少年初期,个体在从事某项行为前对行动的目的与计划缺乏事先考虑,对行动的结果及影响也缺乏深远的估计。到了青少年的后期,随着年龄的增长和知识经验的增多,他们行为的自觉性与计划性逐步增强,在从事某项行动前,不仅能预计到行为的后果,而且还将规划出行动的方式。行为的冲动性逐渐减少,开始能较好地根据新的形势确定新的行为目标,表现出较高的敏感性,并能根据行为中的反馈信息及时调整原来的目标与方法,表现出较高的灵活性。例如,为了考上重点大学,放弃许多休息和娱乐的时间去努力学习,这表明青少年对自我的控制已经有了自觉的要求。

2. 青少年自我调控的独立性

这个时期,青少年在生理、心理和社会成熟水平上有了进一步的提高,他们产生了强烈的成人感,有了较强的成人意识,他们开始有了摆脱对成人依赖和不再表现幼稚的强烈愿望,自己的独立性也得到一定发展和满足。具体表现为:其一,他们喜欢独自观察和判断事物、考虑问题和独自行动,开始对成人的唠叨、指点和管教表示厌烦。其二,他们常常向周围的人尤其是成人表明自己的独立要求,并且表现出他们成熟的一面,如积极阐述自己的观点,开始讨厌被他人看出是"孩子",越来越喜欢与成人平等对话等。其三,他们对自立自治有了强烈的愿望,更加喜欢自己组织活动,自己动手解决问题,对于他人过多的干涉、指责和控制表现出十分反感等。但是青少年毕竟不是成人,对于他们来说,那种成人式的自我意识还是一种幻想。故此时的青少年自我意识容易走向极端,表现为我行我素和反叛。青少年为了证明自己已经成熟,会有意地做一些成人和社会不希望的事情,对成人的意见和教育产生强烈的逆反心理,他们从中体验到一种"长大成人"的快感。这些恰恰说明了青少年的自我意识幼稚和不成熟的一面,对其心理健康成长是不利的。

3. 青少年自我调控的差异性

在教育实践中发现,青少年学生自我控制能力的发展具有差异性。青少年自我控制能力表现出明显的年龄差异性。如初中一年级学生自我控制能力较差;初二时自我控制的动机主要以外部力量为主转变为以内部力量为主的转折点，一方面他们力图摆脱教师、家长的束缚，另一方面自控能力还未建立起来，所以这时的学生往往易放松自己；到了初三，学生的年龄又相对大些，加上准备毕业和升学，学习自觉性有所提高，自我控制能力明显增强。此外，青少年自我控制能力表现出明显性别差异、不同的家庭教养方式以及不同的学习环境差异性。例如，在青少年早期，由于女生比男生提前进入青春期，所以，在同一年龄阶段，女生自我控制的能力强于男生。

第二节 青少年自我意识发展中的问题

青少年自我意识虽然趋于成熟，但还是发展的过程，在这个过程中会产生这样或那样的问题。即使他们的自我意识已经比较成熟，也可能存在明显或不明显的缺陷。归纳起来，青少年自我意识发展中主要存在以下几个方面的问题。

一、青少年自我意识发展水平仍具有幼稚性

青少年心理的成熟性主要表现为他们产生了对成熟的强烈追求和感受，这是来自于身体的快速发育及性的成熟。在这种感受的作用下，他们在对人、对事的态度、情绪情感的表达方式以及行为的内容和方向等都发生了明显的变化，同时也渴望社会、学校和家长能给予他们成人式的信任和尊重。但是青少年自我意识的发展还需要一个过程，在这个发展过程中还会出现自我意识幼稚性的一面。

青少年自我意识的幼稚性是指个体的自我意识与他的年龄不吻合，似乎还停留在孩童时期。青少年的这种自我意识的幼稚性表现为自我认识上处于模糊、笼统、简单的状况。青少年的思维虽然已经是以抽象逻辑思维为主要形式，能够在大脑中进行概念化的判断和推理，不需要用“1 个手指”+“1 个手指”=“2 个手指”来学会“1 + 1 = 2”，但水平还较低，对于各种抽象理论的理解和接受还有困难，由于辩证思维刚开始萌发，所以常常一条道走到底，思想方法上仍带有很大的片面性及表面性。在人格特点上，还缺乏成人那种深刻而稳定的情绪体验、缺乏承受压力、克服困难的意志力；社会经验也十分欠缺，不足应付千变万化的各种实际情况。例如，有的青少年在自我角色认识方面能知道自己是父母的儿子(或女儿)，是自己老师的学生，却不能理解自己与其他亲戚、其他老师的关系，在社会上更不知道自己与周围人的关系。因此，总是出现“孩子”的角色行为，似乎永远长不大。在自我评价方面，有的青少年还只会用教师或父母对自己进行评价，缺乏独立的自我评价，也没有将教师或父母的评价内化为自己的评价。在自我情感体验方面，有的青少年的情感体验的反映起伏不定。昨天因为某同学要与自己一起回家觉得他对自己好，很愉快；今天那位同学又要与自己一起回家，觉得他是把自己当成小孩看待，似

乎是为了保护自己,感到自己受了侮辱,很生气。在自我期待方面,有的青少年更是一天一变。第一天要当作家,第二天想当演员,第三天又认为当医生很崇高。此外,青少年自我意识的幼稚性在自我控制上还表现为想做什么就做什么,不顾他人的看法和环境的要求,随意性大。有的青少年常常是刚捶胸跺脚地下了决心,转身就忘得干干净净。他们每天都要下同样的决心,同样每天都可以找到可以原谅自己没有做到的理由。幼稚性的基础是依赖性与缺乏自信。

因此,青少年心理上是成人感及幼稚性并存,种种心理冲突和矛盾不时表现出来,具有明显的不平衡性,主要表现在以下方面:

1. 反抗性和依赖性

在这个时期,青少年产生了一种强烈的成人感,进而产生了强烈的独立意识,他们对一切都不愿顺从。不愿听取父母、教师及其他成人的意见,在生活中、从穿衣戴帽到对人对事的看法,常处于一种与成人相抵触的情绪状态中,常常不耐烦地说:“我知道,不用你们说……”。存在于他们身上的反抗性也带有较复杂的性质,有时是想通过这种途径向他人表明,自己已具有了独立人格,有时又是为了撑起个样子给自己看,以掩饰自己的软弱。实际上,青少年在生活中的许多方面,他们还是需要成人帮助的,对成人还有依赖,尤其是在遭受挫折的时候。在青少年的内心中并没有完全摆脱对父母的依赖,只是依赖的方式较之过去有所变化。童年时,对父母的依赖更多的是在情感和生活上,现在对父母的依赖则表现为希望从父母处得到精神上的理解、支持和保护。

2. 闭锁性与开放性

进入青春期的青少年,渐渐地将自己内心封闭起来,心理生活丰富了,但表露于外的东西却少了,加之对外界的不信任和不满意,又增加了这种闭锁性的程度。但与此同时,他们又感到非常孤独和寂寞,希望能有人来关心和理解他们。他们不断地寻找朋友、一旦找到,就会推心置腹,毫不保留。因此,青少年在闭锁的同时,又表现出很明显的开放性。

信息窗 4 – 4

如何走出“自我封闭”的怪圈

热情、开朗、奔放本是青少年的特点,如果失去青少年应有的天性,那将是可悲的,但现实中确实有些人少年老成,整天戴着一副成人的面具去追求少年老成的效果,并装出一副老于世故、麻木不仁的态度去对待人生,他们所表现出来的是一种扭曲的性格。事实上,他们表面上对生活中真正打动他们内心的人和事,装作视而不见,但内心却充满了矛盾和痛苦。这种由自我封闭心理造成的心理痛苦,远比其他痛苦更难受,甚至会导致人无心向上,甘于堕落。因为人类的内心世界是由感情凝聚而成的,如果你非要人为地压抑自己的感情,有意把自己的心灵封闭起来,怎么会生活得轻松愉快呢?

记得一本叫《我与顽童》的书，书里讲到有一个叫小刚的学生是班里的三好学生，他本身有点口吃，有一次上语文公开课，他不能顺利地回答老师的问题，令同学哄堂大笑，这节课也因小刚的发言而不成功，老师就叫他以后上课不要发言。此后，小刚就对什么都不感兴趣，独自烦恼，从不跟别人讲话，把自己封闭起来，有时还把怨气发泄于砸烂公物、写攻击老师的标语等行为上。一年后，他从一名三好学生变为班上的后进生。小刚的转变说明自我封闭是不利于我们青少年身心发展的，那么，怎样克服自我封闭的心理呢？

第一，尊重、信任他人。生活在人类社会中，必须与人进行交往，如果你对人际交往表现得冷淡，这说明你对人的信任感和孩子般天真的直觉已被自我封闭毁灭了，因而你也不会从中获得应有的快乐，所以你要学会放慢自己紧张的生活节奏，缓解紧张的学习压力，努力去寻找生活乐趣，如与初识者打打招呼，和朋友娱乐一番等，使自己不至于走向封闭的深渊。

第二，学会说“真有趣”。生活中你常常会发现，在大人眼里一点都不值得笑或一点都不觉得有趣的事，在我们眼里却那么有趣可笑。正因为如此，孩子的烦恼才不会久留心中，总是过眼云烟。如果我们总是对什么都觉得“真有趣”，那么生活中就会常常充满开怀的笑声和无限的欢乐。

第三，顺其自然地生活。我们习惯干什么事都要事先有计划、有目的，这样才能把事情办好，但现实生活中并不能完全刻板行事，不能为了一件事没安排计划、没达目的就烦恼。如果你对每件事都精心策划，以求万无一失的话，就会不知不觉地把自己的感情紧紧地封闭起来。我们应该回忆一下自己童年时的样子，重视生活中偶然的灵感与乐趣，有时能让自己轻松高兴一下就行，不要整日奔忙于一个明确目的或一个难题，那样会很累的，要懂得快乐是人生的一个重要价值标准。

第四，不要压抑自己的真实情感，生活中会有许多令人陶醉、值得我们动心的事情，我们应当真实表露自己的情感。如你和挚友分离在即，你就让即将涌出的泪水顺利地流出来，而不要强忍在眼眶里或躲到洗手间去冲洗。为了怕别人说长道短而把自己身上最有价值的一部分隐藏起来，这是自我摧残，也无意义，倒不如真实对待自己的情感，遵从你的心，听取你心灵的声音，这样即使做错了，也不会太难过。所以当你遇到挫折、感到烦恼的时候，不妨向亲朋好友诉说你的苦闷，有些话不能对自己的家人说，但可以告诉自己最亲密的朋友。有一首歌中这样唱道：“朋友忧愁我哭泣，朋友快乐我欢畅。”若能有这样的朋友，那你就是非常幸福的人。

每一个青少年都应该尽情地展示你的青春风采和天真气息，以热情、开朗的态度面对人生，从而从“自我封闭”的怪圈中走出来。让我们拥抱快乐的生活吧！

[**资料来源**]中国中学生联盟网。

3. 勇敢和怯懦

青少年经常有初生牛犊不怕虎的表现,似乎很勇敢。但这时的勇敢带有莽撞和冒失的成分。首先,他们在思想上很少受条条框框的限制和束缚,在主观意识中,不存在过多的顾虑,常能果断地采取某种行动;其次,无知者无畏,由于他们在认识能力上的局限性,使其经常不能立刻辨析出某一危险情景,鲁莽行事。但在另外一些情况下,青少年也常常表现得比较怯懦。例如,在公众场合,常羞羞答答、不够坦然和从容,未说话先脸红的情况在少男少女中都是常见的。这种行为上的局促是与之缺少生活经验以及这个年龄阶段所特有的心理状态分不开的。

信息窗 4－5

克服怯懦性格的方法

1. 训练自己盯住对方的鼻梁,让人感到你在正视他的眼睛。

2. 径直迎着别人走上前去。

3. 开口时声音洪亮,结束时也会强有力;相反,开始时声音细弱,闭嘴时也就软弱。

4. 学会适时地保持沉默,以迫使对方讲话。

5. 会见一位陌生人之前,先列一个话题单子。

6. 熟记演讲的首尾,那么你从头到尾都会口若悬河。

7. 想方设法和比自己强的人交往。这样,你会学到知识,同时还可观察强者的弱点和缺点,从而增强信心。

8. 精通本职工作,有能力才会有信心,也才能感到自己作为一个社会人的价值。

[资料来源]中国中学生联盟网。

4. 高傲和自卑

由于一切尚在发展和变化之中,自己和周围的变化经常超出自己的想象,青少年尚不能确切地评价和认识自己的智力潜能和性格特征,很难对自己做出一个全面而恰当的估价,而是凭借一时的感觉对自己轻下结论。这样就导致他们对自己的自信程度把握不当。同时,青少年的情绪较敏感,易走极端,几次甚至一次偶然的成功,就可以使他们认为自己是一个非常优秀的人才而沾沾自喜;几次偶然的失利,就会使他们认为自己无能透顶而极度自卑。这两种情绪往往交替地出现于同一个人身上。

5. 否定童年又眷恋童年

进入青春期后,随着身体的发育成熟,成人的意识越发明显。青少年开始鄙夷童年的身小体弱,他们认为自己的一切行为都应该与幼小儿童的表现区分开来,试图从各个方面对自己的童年加以否定,从兴趣爱好到人际交往方式,再到对问题的看法,他们都想抹去过去的痕迹,期望以一种全新的姿态出现于生活的各个方面。然而,在否定童年的同时,内心中又留有几分对自己童年的眷恋。他们留恋童年时那种无忧无虑的心态、简单明了的行为方式及宣泄情绪的方法,尤其是在新的生活和学习任务面前感到惶惑的时候,特别希望仍能像小时候一样,得到父母的关照。

二、青少年自我意识发展水平仍具有超限性

青少年自我意识的特点反映出他们正迈向成熟,为走上社会成为独立的社会成员作了准备。但是,如果有些特点有了超限的发展,就会出现问题,如过度地关注自己往往给人自我中心、妄自尊大、自私自利等不好的印象。青少年自我意识的超限性主要表现在以下几个方面:

1. 过度敏感

自我意识的过度敏感主要是察觉他人对自己态度的敏感,及对自己生理、心理变化的敏感。过度敏感的青少年会察觉到别人不注意的细微变化。处于青少年时期的个体由于生理上的发育、体态上的变化,他们对自己比较敏感。这有利于形成较为清晰的自我形象,建立正确的自我概念,构筑和谐的人际关系。但是,如果过度敏感,对外部刺激就会由于应接不暇而出现焦虑与不安。他人一瞥的目光,一皱的眉头,一抿的嘴唇,都会引起许多联想。例如,有位初二女生,一次在上课时肚子气胀,排了气。在她听到声音也闻到臭味的同时,觉得周围人都在看她,尤其是有好几位男生,她觉得非常难堪。回家后细想,排气是因为吃了食物,要不排气最好不吃饭。从此,她果真不吃饭,直到被送医院打点滴。后来班主任在了解情况时才发现,其实没有人知道她曾经在课堂上排气。再如,有的学生因为脸上出现了青春痘,老师在课堂上多问了几句,或走近熟悉人群时,他人的谈话戛然而止等都会敏感到他人对自己的态度。过度敏感的基础是过分的自我关注,如果再加上过多的思虑,就容易形成多疑的个性。

2. 过分的自我表现

个体在社会中生存时时刻刻都在向他人表现自己。自我表现是善于交际的人,总是尽量把自己的长处呈现在朋友面前,如伶俐的口才、渊博的学识、温文尔雅的举止、巧妙的化妆、典雅的服装等都给人以良好的印象。青少年阶段是个体最为渴望得到自我表现的时期,会抓住一切机会在他人面前充分显示自己,以获取他人的关注、赞许,这本无可厚非。在当今竞争激烈的社会中,介绍自我、推销自我是十分必要的,也是个体自我力量的显示,是自信的表现。

然而,有些青少年常常会出现过分自我表现的现象,他们不分场合、时间、对象,或者无论何时何地,只要有人在场,就会情不自禁地表现自我,从而出现不应该出现的言行。其结果,不仅不能赢得他人的关注与赞许,反而成为他人的笑料。如果他们又是自责心重的人,一旦感到自己言行失当,他们会立刻产生严重的自责体验。过分自我表现的基础是自我中心与渴望他人对自己的关注。

3. 过分自尊

美国著名心理学家马斯洛的需要层次理论，提出了人的自尊需要。其实，每个人都希望能得到公众的尊重和喜欢，但是这种自尊的需要仅仅是自己本人的一种希冀，能否在事实上得到，则取决于公众对自己言语、举止、行动的评价和肯定。如果说将自尊的需要作为一种行动去指导自己的行为，这本没有理论上的错误，问题是这种自尊心理不能过分。一个人在社交中过分自尊心理占据指导和支配地位，就会怕自己的行为失当，怕人们会怎么看待自己。甚至有时会因为过分自尊心理之故，而不愿与比自己强的人交往，担心相比之下，会掉自己的“价”，失去尊重。如此思来想去，就会把自己封闭起来，不与外界往来，孤家寡人，慢慢地就难以适应现代社会了。过分自尊的青少年很多也是过分敏感的人。在与人交往时，认为他人动作、表情、姿态的细微变化是因自己而出现的，十分警觉，若感到有损于自尊，在情绪上立即有体验，有的在行为上随即做出反应。这类青少年，如果性格是外向的，可能暴跳如雷；如果性格内向，则可能躲在一边偷偷落泪。前者可能做出危害集体、危害他人的行为；后者可能做出伤害自己的事情。

实际上过分自尊的青少年里有不少是自卑者，他们用过分自尊来掩盖自卑。由于常常觉得自己不如别人，又担心别人看不起自己，于是在交往中特别关注别人对自己的态度，过分重视他人对自己的评价。过分自尊的基础是过于看重自己的名誉和面子。为了保住一时的面子，取悦他人，可能导致说谎，甚至做出不该做的害人害己的事情。

正常的自尊心与自信心、自强精神相联系，相信自己的力量，通过努力可以达到自己预期的目标。一个没有自尊心的人则会成为不识好歹、难辨荣辱、毫无羞耻心的人，成为表扬无用、批评无效、难以接受外界教育的人，成为无法进步的人。

4. 过分自责

自责是因个体缺点或错误而产生的内疚谴责自己。积极的自责既是一种对他人的道歉，也是一种自我心灵的解脱；消极的自责常常表现为过度的责备自己，致使个体产生沮丧、悔恨、郁闷、绝望等心理，影响个体身心健康。自责与内疚很相似，但是自责内容的范围比内疚要广泛，内疚常由于个体出现不道德的行为，以及个体出现不道德的念头而受到自己良心上的责备，它们的共同之处都是对自己的责备。

正常的自责体验有助于个体消除缺点，改正错误，提高自身修养，这是一种积极的品质，是个体自我控制的基础。这种自责体验在一个时期中感到痛苦，随着个体对自己出现问题原因的认识，对自己改正错误信心的坚定，这种痛苦会逐渐减轻或消失，个体就会回到自尊、自信的状态。

然而，过分自责却是一种消极的品质。青少年的过分自责一般有四种情况：一是青少年对自己的错误和缺点长时间地进行自责，因而他们在心理上长期受着折磨；二是即使错误缺点很轻，他们自己却反映非常强烈，产生严重的自责心理，有的青少年由此还出现不能自控的自我伤害行为；三是青少年对自己偶然所犯的错误进行夸大，甚至认为是自身的品质的错误、缺点，他们对自己全盘否定，从而出现自我惩罚的行为；四是青少年把本不属于自己的错误缺点归咎于自己，总认为是自己不好，使自己长期陷入自责的痛苦之中，从而影响学习和生活，严重时还可能会出现自我伤害的行为。过分自责的基础是认识偏差与思维方式的不科学、不合理。

5. 过度独立

独立性的发展是青少年长大成人的必然趋势。许多青少年开始不喜欢家长的唠叨；自己的隐私不愿让人知道的；外出活动喜欢与同龄人一起，而不愿与父母同行。这正是他们长大成人的一种心理需要，这些对他们将来走上社会独立生活是有益的。因为只有在独立活动中才能深刻地获取积极的社会经验或消极的教训。

但是过度独立对于青少年来说却具有消极性甚至危险性。因为过度独立表现在拒绝他人尤其是成人的任何建议，包括积极建议，排斥他人的善意劝告，我行我素等行为。甚至以逆反心理对待成人，一切都要与成人反其道而行之。有的青少年就是因为这样而成为不良少年或失足少年。父母提醒他们不要做某事，他们却常用“你越不让做，我偏要试试”的心态。

过度独立的基础是过分自信、性格上的执拗及认识上的偏差，进一步发展可能形成对抗及反社会心理。

6. 过分的自我掩饰

在日常生活中，人们总喜欢掩饰自己的弱点、劣势。如化妆、美容、挑选适合自己体形的服饰，就是一种自我掩饰。这不仅可以增强自信，也给他人愉悦的美的感官享受。如看到他人把自己心爱的东西弄坏了，虽然自己非常的心痛，但是，看到他人已经很难过，自己可能会说：“不要紧的，它本来就是坏的。”这样的话来自我掩饰安慰他。这种自我掩饰表现出的是对他人的宽容，是对他人的理解，是一种良好的品质。

过分的自我掩饰是出于担心他人知道了自己不想让他人知道的内心活动，从而个体想时刻掩饰自己的真实想法和自己的实际行为动机，生怕他人了解自己不愿或尚未暴露的弱点。由于青少年阶段是个体自我意识的快速发展时期，个体自我控制能力逐渐增强，这个时期的青少年常常会对自己的真实想法和体验加以掩饰。他们甚至为了取悦他人而经常编造谎言，在待人接物时常常出现畏畏缩缩的行为，心理上则处于经常性的焦虑状态。过分自我掩饰的基础是缺乏自信与过分自尊。

7. 强烈的无能体验

个体的成长过程是各种知识、经验和能力获得的过程。个体在一种能力获得之前，会产生心理不平衡状态，并且常常伴随有“我不会、我不能”的焦虑情绪。个体经过学习，自己感到了进步：懂了、会了、能了，心理也就达到了平衡状态，焦虑情绪也得以消除。在新的任务面前，个体可能又会产生心理不平衡状态和焦虑情绪，通过个体的努力问题再次得以解决，又会消除焦虑情绪。个体就是这样逐渐获得进步、获得发展的。

具有强烈的无能体验的青少年，他们在问题情境中，出现严重焦虑情绪，问题一出现，他们还没有认真思考，马上就断言：“我不能、我不会……”如教师在课堂上提出一个很普通的问题,无能感的青少年不加思考就认为自己根本没办法回答。这样的他们在新任务面前总是畏畏缩缩,不敢表达自己观点,思维活动也将越来越贫乏、迟钝,与他人的差距也会越来越大,这将导致他们更加强烈的无能感,形成恶性循环。有些青少年无能体验的产生不是全面的,而是在某一方面的。强烈无能体验的基础是自卑、缺乏自信。

信息窗 4-6

北京光明小学校园口号

我能行

相信自己行,才会自己行;
别人说我行,努力才能行;
你在这点行,我在那点行;
今天若不行,明天争取行;
能正视不行,也是我能行;
不但自己行,帮助别人行;
相互支持行,合作大家行;
争取全面行,创造才最行。

三、青少年自我意识发展过程中出现的不良品质

(一)自我同一性混乱

自我同一性,即青少年同一性的人格化,是指青少年的需要、情感、能力、目标、价值观等特质整合为统一的人格框架,即具有自我一致的情感与态度,自我贯通的需要和能力,自我恒定的目标和信仰。“同一性”是美国心理学家埃里克森提出的一个重要概念,意思是一个人主观认识与客观实际的统一。包括了个体对自己的认识符合自己的实际;个体对自己的期望,符合社会对自己的要求;个体对自己的角色认识符合自己实际的角色;自己的行为表达了自己的情感体验,反映了自己的认识的一致性等。这使个体获得“我”的认识就是我,是一个真实的我,一个实实在在的我。

自我同一性的发展是青少年时期的一个核心问题,自我同一性的发展将为成人期奠定坚实的基础。同一性并不是在青少年时期才出现的,早在幼年时期,儿童就已经有自我感知。但是,青少年时期却是个体第一次有意识地回答“我是谁”的问题。这一阶段的冲突是:同一性和角色混乱。主要表现在以下几方面。

1. 自我认识偏差

自我认识包括自我角色认识和自我评价,自我认识偏差反映在自我角色认识偏差和

自我评价偏差两方面。

自我角色认识偏差表现在回答“我是谁”时出现的偏差，其中，主要包括性别角色的偏差和社会角色认识的偏差。如果个体不是因为活动、游戏的角色扮演任务需要而扮装，而是自己真的把自己当作异性，在心理和行为方式上也如同异性那样，这就是一种性别角色的偏差。一般情况下个体在三岁左右就能够知道自己是男孩还是女孩，并且对自己的性别表现出认可态度。但是孩子有时也会弄错自己的性别，一位心理学家曾问三岁的女孩：“你是男孩还是女孩？”孩子很快回答：“我是女孩。”又问：“长大后你是否要当爸爸？”她回答：“是。”这对这个年龄的孩子而言是可以理解的，而对于小学生则不应出现类似问题。我们有时会看到“假小子”和“假丫头”。自我角色认识偏差也表现在社会角色认识的偏差方面。如个体作为孩子和学生，却认为自己已经是成人，觉得自己可以做成人可以做的事，如抽烟、喝酒等；在家也把自己当作可以支配一切的主人，可以指使爷爷、奶奶、爸爸、妈妈为自己做任何事情；在学校也把自己凌驾在老师或班主任之上，认为老师和班主任只不过是“打工仔”，他们应该为自己服务等。

自我认识偏差也表现在自我评价的混乱中。古人云：人贵有自知之明，说的就是个体要能正确的自我评价。一个人如果不能正确的自我评价，那是非常可怕的，要么不知天高地厚，夜郎自大，要么就没有自信，坐失良机。这样的人不知道自己是个怎样的人，有什么优势或弱点，对别人的不同看法不能辨别。对自己的评价时而过高，时而过低。这种自我评价的混乱造成自我决策的混乱，导致行为上的混乱。

2. 拒绝接纳自己

接纳自己是指个体对自身以及自身所具特征所持的一种积极的态度，即能欣然接受自己现实中的状况，不因自身优点而骄傲，也不因自己的缺点而自卑。拒绝接纳自己常常是由于自我角色认识偏差。例如，一个女孩子总是要求把她的头发理成男孩子一样的短发，从来不愿穿裙子，讨厌自己发育起来的乳房，来月经时更是骂天骂地，并说自己倒霉，为什么不是男的，听说有变性手术，竟吵着要做手术。这是典型的不接纳自己性别角色的实例。

拒绝接纳自己还表现在个体对自己的相貌、身材、智力、能力甚至自己的国籍、籍贯、口音、家庭背景等的不满，因而不喜欢自己、讨厌自己，但又为不能改变自己的条件而高度焦虑。拒绝接纳自己的基础是个体缺乏自信，不敢正视现实，出现脱离现实的幻想，是幼稚心理的表现。

3. 知情行不一

自我同一性混乱所表现的知情行不一，是个体的自我认识、自我评价所产生情感以及由此产生的行为不同一，与常人表现也不一样。如个体受到了他人的侮辱和欺负时，一般会感到痛苦。可是青少年的自我同一性发展还处于知情行不一阶段，如在受到了他人的侮辱和欺负时，他们会感到痛苦，但有时却会表现出一种兴奋，假如此刻有人替他不平，他们不仅不感激，反而会产生愤怒的情绪。这种知情行的不一，有时也是双重人格的一种表现，他们会按与过去完全不同的方式和态度对待同一类事物，而这种不同他们自己却毫无察觉。

（二）自我中心

自我中心是瑞士心理学家皮亚杰提出的心理学名词，指儿童在前运算阶段（2～7岁）只会从自己的立场与观点去认识事物，而不能从客观的、他人的立场和观点去认识事物。个体在婴幼儿时期，以自己为出发点来观察周围事物，还没有学会从他人的角度来看待问题，这在个体心理发展过程中是正常的。如果个体到了青少年时期仍处于以自我为中心这一阶段，那么就是自我意识发展的一种缺陷。这里所讲的自我中心既包括道德意义方面也包括个体认识事物的方法方面。

青少年自我中心指的是青少年高涨的自我意识，它通常反映在青少年认为其他人也和自己一样对自己感兴趣，以及认为自己是独特的和不可战胜的。在人际交往中，他们不顾别人的喜好和需要，长时间喋喋不休地高谈阔论；在交谈话题改变之后，他们仍按照自己的思路不断地加以阐述，完全没有意识到此刻谈话情境的改变。由此，他们在处理利害关系问题的时候，自然也只会从自己的角度，只考虑自己安危、得失，不会考虑到他人的利益。此时，这类自我中心者的行为与道德意义上的自私自利者就很难区分。

自我中心者的基础是只会从自我的角度进行思维，只注意自己的心理需要，不会心理移位，站在他人的位置来思考问题，不会察觉他人的需要与体验。

信息窗 4－7

青少年自我中心的表现

1. 心理特征

第一，唯我独尊。一些学生处处以自我为中心，特别重视自我存在、自我感觉、自我价值，而忽视他人的存在与感受，轻视他人的生命价值，视自己为神圣，视别人为草芥，习惯于用自己的欲望统治他人，常让自我利益淹没他人利益。

第二，缺乏自省意识。人们遭受挫折或打击，大多情况下都与其自身的过失或弱点有某些关联。然而，一些学生在遇到挫折或打击时，不是积极从自身寻找原因，反省自己，检讨过失，纠正错误，而是首先想到社会和他人对自己的不公、不利，由此产生对社会、他人的不满和怨恨，使心态变得消极、扭曲。

第三，缺乏同情心。有些学生只关心自己的各种需要和利益，对与己无关的人和事达到了超乎寻常的冷漠程度，表现出毫无恻隐、同情、助人之心，丧失了人性的善良，变得自私、封闭、麻木、脆弱、敏感、偏激，甚至残忍。

2. 行为方式

第一，自私任性。以上几种心理因素相互交汇，使部分学生形成了封闭、狭隘、自私、冷漠的人格倾向。

第二，攻击性强。由于一些学生的自我中心倾向，若遇到不顺和障碍时，他们就认为都是别人对不起自己，怨气冲天，情绪烦躁、焦虑，内心冲突强烈，有时恶语相加，有时在背后做手脚，有时采取暴力行为。

[资料来源]中国中学生联盟网。

（三）自卑

自卑心理主要表现为对自己缺乏一种正确的认识，在交往中缺乏自信，办事无胆量，畏首畏尾，随声附和，没有自己的主见，一遇到有错误的事情就以为是自己不好。这样导致个体失去交往的勇气和信心。他们常常贬低长处，夸大自己的错误缺点，认为自己在外貌、身材、衣着、智力、家庭状况等方面都不如别人。伴随这种消极评价就会产生害羞、不安、内疚、忧伤、失望等情绪体验。个体在面对竞争时认为自己总会失败，一旦失败，他们总把责任归咎自己的能力或命运；面对任务个体时认为自己没有能力而不敢承担；在群体中常常回避他人，不敢正视他人，不愿意参与集体活动，从不出头露面等。

自卑的前提是自尊，当人的自尊需要得不到满足，又不能恰如其分、实事求是地分析自己时，就容易产生自卑心理。自卑者的基础是缺乏自信，自卑是一种自我否认，对自己没有信心，也是对自己不认同的心理表现，是自我形象偏差在情感上的反映。其危害不仅影响学习、工作效率，还可能由此在性格上变得孤僻、抑郁，甚至丧失生活的勇气。青少年自卑表现在以下方面。

1. 自我评价过低

表现在对自己的生理条件如外貌、身高以及对学习、交往等方面能力的评价过低，认为自己在各个方面都明显不如他人。

2. 概况化与泛化特点

青少年容易将由于某种原因造成的自卑情绪泛化到其他方面。例如，某同学在数学考试上遭受了打击之后就觉得自己在学习其他各科时也都不如别人了。这些学生的问题是将“有时”与“总是”，“可能”与“必须、一定”混为一谈，以偏概全，扩大了自己的劣势，增强了自己的自卑情绪。

3. 敏感性与掩饰性

具有自卑心理的青少年往往对自己的不足和别人的评价都很敏感，他们经常对自己的缺点加以掩饰或否认，表现出较强的虚荣心。同时，他们把自己封闭起来，采用回避与别人交往的方法来避免别人看出自己的缺陷和不足。这样的行为将导致他们失去许多朋友，继而产生孤独的体验。

第三节　青少年自我意识的完善与人格辅导

正如前面所述,自我意识是个体人格发展的自我调控系统,主要包括自我认识、自我体验和自我控制。青少年自我意识发展并不是一个完全自发过程,如何以有效的教育策略促进青少年自我意识不断完善,既是其人格发展的核心内容,也是保证其顺利解决人格发展中所面临新问题的关键所在。

一、健全的自我意识完善的标准

一个心理健康且具有较高心理素质的个体,首先应该能客观、全面地认识和了解自己。也就是说,一个人若想拥有一个健全的自我,在自我认识、自我体验、自我控制三个方面必须得到健康而顺利的发展,而青少年时期正处在这三个方面发展的关键时期,因此,在这个阶段有意识地对青少年的自我认识、自我体验、自我控制方面进行培养,对于青少年的心理健康的发展、维护以及心理素质的提高具有极其重要的意义。

自我意识对人的心理健康起着很重要的作用,它制约着个体人格的形成与发展,在个体人格的优化中发挥着强大的动力功能。健全的自我意识是个体心理健康的重要标准,是人类自身内在的一种成功机制,在人格发展中发挥着重要作用。那么,怎样衡量个体自我意识是否健全呢?也就是说青少年自我意识的培养应该参照什么样的标准呢?一般认为,健全的自我意识有如下标准:

第一,自我意识健全的人,应该是一个有自知之明的人,既知道自己的优势,也知道自己的劣势,能正确评价自我和自我发展。

第二,自我意识健全的人,应该是自我认识、自我体验和自我控制相协调一致的人。

第三,自我意识健全的人,应该是积极自我肯定的、独立的并与外界保持一致的人。

第四,自我意识健全的人,应该是理想自我与现实自我统一的人,有积极的目标意识和内省意识,积极进取、永无止境。

二、青少年健全自我意识的培养与辅导内容

健全的自我意识是青少年心理健康的重要标志,也是自身内在的一种成功机制,它在青少年的成长发展中起着导向、控制和监督教育的作用。可以说,培养健全的自我意识是使青少年健康成长、全面发展、走向成熟的必备要素。青少年拥有健全的自我意识必须做到以下几点。

（一）正确的认识自我

认识自我就是个体能够全面、客观地认识自己，它是个体自我意识成熟的标志。然而个体正确地认识自己并不容易，这是因为我们所要认识的对象是我们自己本身，而每个人往往不容易看清自己的全部。青少年时期，个体主要从三方面认识自己，即生理自知、心理自知和社会自知。生理自知就是青少年要了解自己的生理状态、身体发育和自然情况，包括个体对自己身材外表、家庭出身的认知与了解等内容；心理自知就是青少年了解自己的心理特点及个性心理特征的认知，主要包括自己的学习能力、情绪和兴趣爱好、意志品质、性格特点等方面的了解；社会自知就是青少年通过对他人的了解而达成的对自己的认知，包括对自己、亲人、同伴、教师的深入认识和了解，进而更进一步了解自己，并对自己在人际交往中的位置、作用、角色以及自己与社会关系等方面的认识。

青少年要正确的认识自我，就必须从多个角度、多个侧面对自我进行较为客观、准确的评价。具体来说，一方面要进行横向比较，就是要与比自己强的、与自己差不多的和比自己差的人作比较。青少年如果总与比自己强的人作比较，不免会使自己感到一无是处，自惭形秽；如果总与比自己弱的人比较，久而久之就会夜郎自大、沾沾自喜。另一方面要进行纵向比较，将现实的我与理想的我作比较，看到自己的差距，同时也要将现在的我与过去的我作比较，从而看到自己的进步。此外，青少年在自我评价时既不要以一时一事作为衡量的尺度，也不要盲目接受他人的暗示，而是要把从各个方面获得的信息加以综合分析，获得较为客观的评价。

（二）积极的悦纳自我

积极悦纳自我是一种心理状态，与客观环境并不完全相关。有些人虽有生理缺陷，但很乐观；有些人五官端正，相貌堂堂，但却不喜欢自己；有些人并不富裕，但知足常乐；有些人有钱有势，却并不深感快乐。马克思很欣赏这一谚语：“你之所以感到巨人高不可攀，只是因为你跪着。”事实上，许多事情别人能做到，你自己也一定能做到，关键在于你应当充分、准确、客观地认识自己，而要做到这一点则必须先在心理上悦纳自己。

悦纳自我就是个体要无条件地接受自己的一切，无论是好的还是坏的，有价值的还是没有价值的，成功的还是失败的，凡是个体自身现实的一切都应该积极接受。体现青少年积极悦纳自我的内在要求就是无论自己身材的高与矮、长相的美与丑、学习成绩的好与差、家庭的贫与富，都能对自己有一个正确、客观、合理的评价。

青少年积极的悦纳自我需要做到以下几点：

首先，青少年要喜欢自己，体验到价值感、自豪感和满足感，欣赏自己的优点和成绩，正视自己的不足和失败，积极接受自身现实。其次，青少年要性情开朗，对生活保持乐观，对未来充满憧憬，不断激励自己，以发展的眼光来看待自己。最后，青少年要平静而理智地对待自己的长短优劣、得失成败，既不以虚幻的自我来补偿内心的空虚、自欺欺人，也不消极回避自身的现状，更不以哀怨、自责甚至厌恶来否定自己。

总之，悦纳自我是青少年培养自信、自强、自立、自主的心理品质和良好健全的自我意识的关键一环。

（三）有效的自我控制

自我控制是自我行为判断后进行的理性行为，这种理性的判断和执行构成了自我控制力，主要包括生理自我控制、心理自我控制和社会自我控制。生理自我控制是指个体对自己肢体的自我控制，包括动作灵活性、协调性等内容；心理自我控制是指个体对自己心理状态的自我调控，对自己个性心理特征的有意识的培养，包括情绪的自我控制，为了长远目标而对目前低级需要的控制，为达到目的而做出的克服困难的努力、自我人格的扬长避短等；社会自我控制是指个体在他人的交往过程中对自己行为的自我调控，包括社交能力、耐挫折能力的培养等内容。

自我控制过程是青少年改变“现实自我”达到“理想自我”的一个积极主动的反馈过程。这一过程是否积极有效，大致取决于两个条件：

一是目标的正确性与适宜性。青少年“理想我”应当是既现实又高于“现实我”；既有个性特点，又符合社会需要；既丰富又有主导因素；既相对稳定又有一定灵活性等。正确的自我控制应当是有积极、可靠的目标的控制。

二是为实现目标的坚持精神。对自我的监督与修正需要意志的力量作为保证条件，比如对目标的态度的自觉性、主动性，对实现目标的决心和排除干扰、克服困难的能力，对成功的正确态度和对失败与挫折的适应能力等。所以，青少年要提高行动的自觉性、果断性、自制力和顽强性，增强挫折承受能力，培养坚强的意志品质，提高自我控制能力。

总之，有效的自我控制要有积极的目标作为努力方向，坚强的意志作为保证，健康的情感作为激励动力。

三、青少年自我意识培养与辅导的措施

（一）引导青少年正确的认识自我

1. 帮助青少年了解自我

认识自我是个体健全自我意识的基础，只有在正确认识自我的前提下才可能产生正常的自我体验和行之有效的自我控制。因此，教师应该引导青少年从生理自我、心理自我和社会自我三个方面进行深刻的了解自我，并且传授正确了解自我的渠道和途径。具体做法：

其一，青少年可以通过认识他人来认识自己。青少年可以运用自己认识他人的方法、技巧来认识自己，这是因为我们都是与他人共同生活在社会中，我们一样拥有群体的

共同因素。青少年还可以通过分析他人进行自我评价，以此认识自我，这需要老师和家长帮助青少年客观地分析他人对自己的评价，尤其是客观、正确地对待他人对自己的不好的评价。

其二，青少年可以通过社会比较来了解自己。青少年可以选择与他人的比较来了解自己，尤其是与自己条件相当的人进行比较，也可以对当下的自我与过去的自我和将来的自我进行比较，将自己的追求与成绩进行比较等。

其三，青少年可以通过自我观察来认识自己。青少年可以通过观察自己的外部行为表现，从自身的行为以及行为结果来推断自己的能力、气质、性格等心理特征，也可以直接观察自己的内部心理活动，从自我体验、自我分析、自我反思中认识自己。

2. 增强青少年的自我评价能力与社会认知能力

增强青少年的自我评价能力与社会认知能力，使其能够批判地接受他人的评价，避免产生自我认识的偏差。如有的青少年总是喜欢与比自己优秀的人比较，其后果就会总感觉自己一无是处、自惭形秽；而有些青少年却喜欢与比自己差的人比较，其后果就会夜郎自大、沾沾自喜、不思进取。常常听到青少年说："我的学习成绩算是好的了，比我差的人还多得是。"所以作为老师和家长，我们应该注意引导青少年客观、正确的评价自己，从多个角度、多个侧面合理的评价自己，一方面，要进行横向比较，与超过自己的人、与自己相似的人、与不如自己的人进行比较；另一方面，也要进行纵向比较，青少年应该看清楚现实自我与理想自我的差距，看到现实自我与过去自我的不同，积极看待自己的进步。同时青少年应该常常找一找存在这些差距的原因所在，并结合自身特点加以综合分析与反思，以获得比较客观、合理的评价，既不妄自菲薄，也不自负自满。

信息窗 4－8

青少年正确地认识自我的训练

1. 客观地评价自己的相貌。将外表与心灵结合起来进行评价。人的心灵是世界上最美丽的花朵，唯有心地善良、品德高尚的人才活得最为幸福。

2. 愉快地接纳自己。在世界上自己是独一无二的，生下来自己是什么样子，这是社会给自己的礼物；自己将成为什么材料，这是自己给社会的礼物。

(1) 早晨起来后，自己就应当下定决心，要在愉快中过好这一天。

(2) 夜晚睡觉前，自己要勇敢地接受自己一天来的所作所为，要以一种轻松的心情进入梦乡，并且相信明天早晨的空气一定会更加清新。

3. 正确地分析自己的优点与缺点，一定不要只接纳自己的优点，而不接纳自己的缺点。

4. 自己要确信失败会让自己更加清醒。其实在太多的时候，都是自己打败了自己。

5. 自己一定要记住，自己不可能赢得每个人的喜欢。拍马奉承、小心谨慎，希望被他人喜欢,其结果只能是失望、空虚。如果自己对别人在每一件事上都言听计从,自己将永远都找不到真正的自我,更为严重的是,别人反倒看不起自己。自己应当坚持4条原则:

(1)别人不喜欢我,甚至反对我,那没有关系,真正有关系的是我不伤害或者利用别人。

(2)有些人不喜欢我,那是他们自己的事,而不应该把责任推到我的身上。

(3)我自己的价值并不取决于别人的认可程度。

(4)有些人不喜欢我或者因为我长得特别像一个曾经伤害过他的人,我根本不需要为此事而伤神。

[**资料来源**]中国中学生联盟网。

(二)引导青少年积极的接受和悦纳自我

个体自我意识发展健全的核心与关键是悦纳自己。个体首先要接纳自我才能被他人接纳。在自我接纳的基础上,培养青少年的自信、自立、自强、自主的心理品质,才能促进青少年的自我发展和自我完善。

教师和家长作为青少年自我意识培养的主要引导者、教育者,可以通过青少年喜欢和欣赏的古今中外有所成就者对待不足与缺陷的事例,启发引导青少年思考如何对待和接纳自己。使青少年懂得积极悦纳自我就是接受自己的一切,包括好的或坏的、优点或缺陷、成功的或失败的、有价值的或无价值的,所有自身现实的一切都应该积极的接纳,并理智地对待自己的这些优劣和成败,用乐观的、发展的眼光看待自己。既不自欺欺人,也不消极回避自身的缺陷与不足。

教师、班主任、家长等教育者在实际教育和工作中应该帮助青少年积极地接受和悦纳自我。应该做到以下两点:第一,与青少年交流时注意技巧,应该尽量采用建议性的口吻与青少年谈心,正如前面我们提到的,青少年大多不喜欢被成人呼来唤去,如成人用命令的口气指挥或指使青少年做事,他们就会十分烦感,会激发青少年的叛逆心理的出现;还可能会使他们感觉到自己很笨、不重要、不如你等这些负面的自我评价信息,从而对他们的自尊心和自信心的发展产生消极的影响。所以教育者应该多用建议性、商量性的话语与青少年进行交谈,如“你看这样是不是很好?”“你觉得呢?”“你看这样行吗?”等,这样他们会更乐于接受教育者的建议,并会收到较好的效果。第二,注意青少年的面子。在对一些具体问题的处理过程中要考虑到青少年的面子,教育者应该以平和宽容的态度与青少年进行交流,给青少年在班集体中留一定的面子,这样对青少年的自尊心和自信心的发展是十分有利的。

信息窗 4－9

青少年积极地接受和悦纳自我的训练

1. 停止与自己对立。“不论我的现状如何，我选择尊重自己生命的独特性”。

“停止与自己对立”是指停止对自己的不满和批判。不论自己认为做了多少不合适的事，有多少不足，此刻都应停止对自己的挑剔和责备，要学习站在自己这一边，维护自己生命的尊严和价值。

2. 停止苛求自己。“不论做错了什么，我选择从中吸取教训”。

具体说就是，允许自己犯错误，但在犯错之后自己要首先做出补偿，以弥补自己的错误造成的损失；其次就是错不二过，也就是一个错误不犯两遍。

3. 停止否认或逃避自己的负性情绪。“不论我产生什么样的负性情绪，我选择积极地正视、关注和体验它，我将从中了解自己的思想和问题，并给以建设性的解决。”

如果产生了负性情绪，不要去抑制、否认或掩饰它，更不要责备自己，对自己生气。要先坦然地承认并且接纳自己的负性情绪，不论它是沮丧、愤怒、焦虑还是敌意。人产生负性情绪是很正常的，它提醒你对现状要有所警觉，是改变现状的先决条件。如果一个人不为自己的成绩差而沮丧，他就不会想努力学习；如果一个人不为和别人的矛盾而苦恼，他就不知道自己的人际交往方式需要调节。所以，不要怕产生负性情绪，也不要否认或逃避。要首先接纳它，然后再想办法解决引起负性情绪的问题。

4. 无条件地接纳自己。“不论我有什么优点和弱点，我首先选择无条件地接纳自己。”

绝大多数人从小就受到种种有条件的关注，或者严格的管束，致使很多人以为只有具备某种条件，如漂亮的外表、优秀的学习成绩、过人的专长、出色的业绩等，才获得被自己和他人接纳的资格。于是，很多人因此背上了自卑的包袱。由于曾经被挑剔，也就逐渐习惯于用挑剔的目光看待自己，越看越觉得无法接受。所以我们要学习做自己的朋友，站在自己这一边，接受并且关心自己的身体和心理状况，不加任何附加条件地接纳自己的一切。

[**资料来源**] 中国中学生联盟网。

（三）引导青少年有效的控制自我

自我控制是指个体主动地改变自我的心理品质、心理特质和行为习惯的心理过程。有效的控制自我是健全自我意识、完善自我的根本途径。青少年时期是自我控制能力发展的关键时期，因此教育者应该积极培养他们的自我调节能力和自我控制能力，从而使得他们尽早达到自我调节、自我控制、自我监控和自我教育的功能。培养青少年控制能力应该从以下两个方面入手：

1. 帮助青少年合理定位理想中的自我

理想自我是个体未来将要实现的目标，在青少年确定理想的内容时，应该立足于现实，教师或家长应该帮助指导青少年，让他们从自身实际出发，既不好高骛远，也不把目标定得唾手可得，而应该是通过自己的一定努力可以实现的目标。如果目标设定的过高，就会感到很大的压力，易产生焦虑情绪，从而失去信心、丧失斗志，以至于遭受挫折和打击，最终丧失自我控制能力。相反，如果目标设定的过低，轻而易举的达到目标，易产生自负心理，从而个体就会丧失进取心，自我膨胀，以至于失去对事物的复杂性、曲折性的认识，最后也会丧失自我控制能力。

2. 培养青少年健全的意志品质

意志健全的个体，在行动的自觉性、果断性、顽强性和自制力等四个意志品质方面都能表现出较高的水平。个体对自我的有效监督和控制，离不开意志力。只有意志健全的青少年才能真正做到自我控制，从而最终实现理想中的自我。因此，青少年自我意识的完善应该从培养其良好的意志品质做起，提高自我控制能力。

信息窗 4－10

青少年有效地控制自我的训练

1. 保持良好的情绪。欣喜若狂和过分忧郁都不仅会破坏自己的心情，也会让别人感到不知所措。情绪不好时，你可以这么做：

(1) 与你最好的朋友聊天，当然啦，最好别说那些令朋友也扫兴的话。

(2) 安安静静地去欣赏一首歌，比如《莫斯科郊外的晚上》就很有韵味，你完全可以沉浸于那优美的旋律之中，然后用热水洗一下脸，看一眼窗外的绿色。

(3) 与父母一起打上一会儿羽毛球，最好让自己出一身汗，然后去洗个热水澡。

(4) 背诵一段文章或者一首诗。

2. 适当地调整一下自己的行为方式，不要让自己的思维固定在一个狭小的空间里，也不要把自己的行为变得非常模式化。

(1) 改变一下自己拖拖拉拉的习惯。如作业按时完成；理完头发后再去学校；背完今天的单词后再去休息；没有理解的文章段落要立即去问老师；同学聚会一定要准时参加。

(2) 千万不要强逼自己去仓促地完成一项工作，那样会使你的眼界变得狭窄，从而很难享受到多样化的生活。

(3) 把自己一段时期内或者一天内所要完成的事情进行归类，并且将它们记下来，按照它们的重要性依次进行排队，大致估算一下做完每件事所要花费的时间。记住：每做完一件事，就一定要满怀乐趣地在纸上划掉一项。

3. 培养自己坚强的意志。人世间的许多障碍其实是自己设置的,你要鼓起勇气越过所有的障碍。

(1)今天的事今天就去完成,别去寻找一个借口为自己的懒惰推卸责任。

(2)学习就如同跨栏,如果你不抬脚,栏杆就会被你踢倒而变成绊脚石。

(3)马上就要期中考试了,你的英语单词还没有背完,你应该感到难过吗?不应该,你应该立即行动起来,从今天早晨开始就拿出单词表。

(4)千万别后悔,后悔只会消磨你的意志。你应当把后悔变成反思,用智慧去总结自己的成功与失败。

[资料来源]中国中学生联盟网。

问题思考与讨论

1. 青少年是自我意识发展的关键时期,你是如何理解这一看法的?

2. 青少年自我意识的发展特点有哪些?

3. 如何判断你的学生有没有自卑的不良情绪,如果有,应该如何应对?

4. 什么是自我同一性?青少年在自我同一性的建立过程中,有哪些具体表现?容易出现哪些偏差?

5. 健全的自我意识标准是什么?请联系自己,试分析自己的自我意识发展水平。

6. 如何引导青少年有效的控制自我?

7. 结合实例谈谈青少年自我意识发展中常出现的问题。

8. 开展游戏活动“优点轰炸”:请5~8名同学为一组,每名同学都要接受其他同学对自己的正面评价,每位同学至少要列出10项对方的优点。活动结束后请同学们互相谈谈自己的感受。

阅读指南

1. 姚本先. 学校心理健康教育[M]. 合肥:安徽大学出版社,2008.

本书是普通高等教育“十一五”国家级规划教材。书中对心理健康和学校心理健康教育的中外研究历程做了详尽的介绍,并有自己的见解;尤其对学校心理健康教育的目标、内容、课程、管理、评估等均有系统的阐述,是目前国内对学校心理健康教育比较全面和系统进行论述的著作。

2. 刘华山. 学校心理辅导[M]. 合肥:安徽人民出版社,2001.

本书是我国大陆第一部研究学校心理辅导的综合性著作。内容主要包括学校心理辅导的一般概念,心理辅导的主要领域如学习、生活、职业的辅导,心理生活重要方面如自我意识、挫折、冲突与自我防卫的辅导,对重点对象如适应不良学生的辅导等。

3. 何先友. 青少年发展与教育心理学[M]. 北京:高等教育出版社,2009.

本书以“基础理论”“认知发展与学习”“个性社会性发展与德育”三大部分有机整合了青少年发展心理学与教育心理学的相关内容,形成了完整而清晰的理论体系。本书关注青少年教育过程中的热点和难点问题,通过案例等形式直接把相关原理运用于教育与教学实际。

网络导航

1. 中国儿童与青少年心理健康网:http://qsxl. psych. ac. cn.
2. 中国青少年心理成长基地:http://www. chinayoung. net.
3. 中国未成年人网“陶老师”工作站:http://www. kids21. cn/zt/0119/tao/index.

第五章 青少年情绪发展与教育

学习目标

了解青少年情商和逆境商对青少年成功的意义；掌握青少年情绪发展特点、常见不良情绪的表现及青少年情商、抗挫力的培养；理解青少年常见不良情绪的成因；会应用本章所学理论在实践中帮助和引导青少年学会恰当地、正确地体验情绪、表达情绪以及正确应对不良情绪，帮助青少年提高承受失败和应对挫折的能力。

第一节 青少年情绪发展的特点

情绪是人对客观现实是否符合自己的需要所产生的一种态度体验，它具有独特的主观体验、外部表现和生理基础，情绪的主观体验是人的一种自我觉察。情绪与认知、意志等心理活动及人格有着密切的联系，一个人能否调节控制自己的情绪是其心理健康和社会适应的重要因素，也是青少年成长、成人和成才的必要条件之一。

青少年由于其生理成熟、心理成熟和社会成熟的不同步性，相对于成人，其情绪体验强烈、情绪跌宕起伏、情绪表现丰富多彩，具体来说，青少年的情绪发展具有以下四个特点。

一、情绪活动的丰富性

人的情绪是从最初的几种基本情绪，如愉快、愤怒、悲伤、厌恶等逐渐发展和分化而来的。随着青少年自我意识的不断发展，需要的种类和强度不断增加，青少年在自我认识的态度体验上，形成了如自尊、自信、自负以及友谊等方面的多种情绪体验，并形成了许多高级的社会情感，如社会责任感、民族自豪感、使命感、理智感、道德感和美感等。

青少年情绪的丰富性与青少年需要的发展有直接关系。在婴儿期，个体的需要以生理需要为主，情绪也主要与生理需要有关。随着个体的成长，社会需要逐渐产生和发展，并越来越居于主导地位，如青少年的悲欢忧喜多与学习、工作、交往、恋爱等相联系，主要由社会需要所产生的。社会情绪在青少年情绪生活中所占的比例及青少年发展水平，是衡量青少年社会成熟程度和精神生活丰富程度的一项重要指标。

二、情绪体验的跌宕性

在青少年初期，当他们意识到自己像个“大人”之后，他们的情绪与一种特殊的积极性紧密联系在一起。他们要求参加成人的生活，企望获得成人的能力、权利和品质，因而对各项活动表现出特有的热情。青少年的热情表现为过度的兴奋、不易自控、不让步、甚至态度粗暴，尤其是在别人的评价涉及他们的品性、品质和行为，涉及对他们观点的肯定或否定时，最容易冲动。有时，当他们迷上了某一门知识和活动后，可以达到废寝忘食的地步，但由于他们的思想还不成熟，易犯忽冷忽热的毛病，热情不易持久，尤其是碰到困难和挫折后，他们很容易泄气。

青少年情绪激荡，容易动感情，也容易激怒。这种冲动性与他们的生理发育，特别是神经活动的兴奋过程强、抑制过程弱有一定的关系。喜欢感情用事，遇事好激动，对自己认为不良的现象深恶痛绝，对罹难者多加恻隐之心。对外部刺激反应迅速、敏感，高兴时欢呼雀跃，甚至惟我独尊；失败时则极端苦闷，悲观失望，有时为一点小事，或是动怒怄气，与人争吵，或是转向反面，变得泄气、绝望。在强烈的感情冲击下，青少年可能会遇事武断，行为固执，不听劝告，我行我素。正因为青少年的情绪起伏不定、动荡多变、情景性强、感染性大、来得急而强烈，所以他们既可以表现出惊人的豪壮行为，也能因为狂热愤怒和不冷静而盲目做出一些追悔莫及的事，酿成不可挽回的后果。

案例 5－1

暴躁的王惠钢

王惠钢，初中二年级学生。由于远离父母，寄居在他人家里，没有父母的照顾，每天还要接送上小学的弟弟。长期以来，他便产生了焦虑、易怒、情绪不稳定等心理特点，行为上表现出爱使用暴力胁迫他人服从，并与老师对抗，破坏力很大，是班主任心目中的问题学生。

王惠钢的情绪变化可以说是非常的跌宕，对周围的同学，尤其是他自己看不惯的同学会表现出极端的情绪，甚至是暴力倾向；而对于自己的弟弟却又是时刻显出兄长的温情，这就与他心理上的自我控制和抑制力弱有关系。

三、情绪活动的心境化

无论是外显的情绪反应，还是内心的情绪体验，青少年与儿童在情绪的持续时间上都有很大的不同。总的来说，随着年龄的增长，他们的情绪持续时间会逐渐延长。在儿童时期，情绪表现虽然强烈，但持续时间却很短暂，而且是爆发性的，情绪来得快、消失得也快，情绪反应的频率往往也比较高。但到了青春期以后，情绪爆发次数就减少了，情绪持续时间的增加和延长，出现了一种新的心理气候——心境。心境作为一种比较平静而持久的情绪状态，具有弥散性的特点。心境化就是情绪反应相对持久，情绪反应时间明显延长的情绪现象。一方面，表现为延长反应过程，如有的青少年在受到批评之后，事后会为此而感到闷闷不乐好几天；另一方面，表现为延迟做出反应，如一位学生在和同学玩扑克牌时与人发生争执并被嘲笑，当时闷声没有发作，晚上睡在床上，却越想越生气，于是半夜里起床与那位同学理论，最后发生争执。

青少年的情绪既具有易激动、易兴奋等特点，又具有心境化的特征，这似乎是矛盾的，但也正是其情绪由不成熟向成熟发展的表现。青少年在摆脱儿童时期情绪反应快、转变快、缺乏心境化状态特点的同时，逐渐发展了对情绪的自我控制能力，使强烈的情绪反应得到一定的调节，转化为心境状态，但有时又因调节能力不够而又爆发为激情。到了青少年后期，心境体验逐渐趋于稳定和持久。

四、情绪变化的两极性

（一）复杂与简单共存

进入青少年后期，随着环境的改变，视野的扩大，知识的增多，青少年的情绪领域也在不断拓宽。情绪内容日益复杂，其范围已经发展为对学习、生活、友谊等的体验，以及对一切所热衷的事物的体验。但是，由于诸多因素的影响，青少年所有的情绪体验，尤其是高级情感体验尚比较简单，如有的青少年对理想的追求仅仅是因为兴趣深厚，对学习的热情仅仅是为了荣誉，把友谊理解为“义气”等。

（二）强与弱共存

青少年的情绪十分强烈，为了一件小事或暴跳如雷，或欣喜若狂，或欢呼雀跃，或垂头丧气的现象屡见不鲜。与此同时，他们的情绪还有着温和细腻的一面，在与知心朋友、所敬重的师长交往时，会表现出温文尔雅、和颜悦色的形象，即使有令人不快的事情发生，有时也会冷静理智地处理和对待。

（三）波动与稳定共存

青少年的情绪波动性表现为情绪的大起大落，往往从一个极端走向另一个极端，顺利时晴空万里，受挫时愁云满天，今天对某人佩服得五体投地，明天又觉得不屑一顾。与波动相对的是稳定性，青少年在形成一种看法以后，有时也会表现出一定的坚持性，不易改变。整体上来说，青少年的情绪就是波动性和稳定性的共存。

(四)外在冲动与内在掩饰并存

青少年的情绪不再像儿童那样天真直露,他们的情绪表现出了文饰、内隐的性质,有时会把自己真实的内心情绪世界封闭起来,对自己内心的真实想法或真实情绪,是否予以表现也时常依时间、对象、场合而转移。但青少年毕竟阅历较浅,涉世未深,内心深处存在希望被理解的强烈愿望,依然比较袒露、直率,当意志不能完全控制情绪时会锋芒毕露,遇到知己时也会诉真情,所以情绪的隐蔽性是相对而言的。

信息窗 5－1

青少年情绪弹性问卷

评定项目	完全不符合	基本不符合	不太符合	有些符合	基本符合	完全符合
1. 心情不佳时,我能想一些令人开心的事情。	1	2	3	4	5	6
2. 他人的批评指责会让我长时间难过。	1	2	3	4	5	6
3. 无论遇到什么困难,我都能保持好的心情。	1	2	3	4	5	6
4. 我的心情不容易受到外界的干扰。	1	2	3	4	5	6
5. 不开心的事情会让我苦恼很长时间。	1	2	3	4	5	6
6. 我能在短时间内调整自己的消极情绪。	1	2	3	4	5	6
7. 白天不愉快的事情常让我晚上难以入睡。	1	2	3	4	5	6
8. 面对压力或挫折时,我能够"自我找乐"。	1	2	3	4	5	6
9. 无论感觉多么糟糕,我都能往好处想。	4	3	2	4	5	6
10. 别人的误解会让我感到很难过。	1	2	3	4	5	6
11. 和别人争吵后,我的情绪很难平静下来。	1	2	3	4	5	6

备注:

1. 情绪弹性指个体产生积极情绪以及从消极情绪体验中快速恢复的能力。情绪弹性包含了两层含义,由两个基本要素构成:一是面对负性情绪刺激时,个体能够产生积极情绪的能力(积极情绪能力);二是个体即便体验到了消极情绪,也能快速从消极情绪体验中恢复过来的能力(情绪恢复能力)。

2. 评定标准:问卷共 11 个题目,包括积极情绪能力和情绪恢复能力两个因子。每个问题分为"完全不符合、基本不符合、不太符合、有些符合、基本符合和完全符合"6 级选项,依次分别记"1、2、3、4、5、6"分,其中 6 题反向记分。得分越高,表示情绪弹性越高。

3. 问卷结构:积极情绪能力项目:1、3、4、8、9;情绪恢复能力项目:2、5、6、7、10、11。

[资料来源]张敏. 青少年情绪弹性及其对认知的影响[D]. 上海:上海师范大学,2010.

第二节　青少年不良情绪的表现与成因

青少年时期,由于学业压力和人际压力的加大,遇到的生活事件和挫折也会增多,会使青少年产生烦恼、郁闷、孤独等很多消极情绪。具体来说,青少年较普遍的不良情绪有以下几种。

一、焦虑

焦虑(anxiety)是一种情绪状态,是由于情境或外界阻碍而威胁到个人的自我概念,产生冲突、挫折的内在感受。焦虑是一种普遍现象,在神经症、精神病和正常人身上均有焦虑的体验。学生在考试前、即将登台演讲、向异性表达爱慕时都可能伴有焦虑体验。对于青少年来说,焦虑与他们息息相关,焦虑情绪的调节在很大程度上影响到他们的学习和心理健康水平。

(一)青少年焦虑的分类

大多数学者认为焦虑有两大类:特质焦虑(trait anxiety)和状态焦虑(state anxiety)。特质焦虑是表现在人格中的比较稳定的情绪;状态焦虑则是在特定条件中产生的焦虑反应。这里我们根据青少年活动的实际情况,将焦虑划分为以下几种类型:

1. 学习焦虑

学习焦虑是指青少年在学习活动中由于达不到预期目标或难以克服学习障碍,致使自尊心、自信心受到挫折,失败感、内疚感增加而形成的一种紧张不安、带有恐惧的情绪状态。这是青少年群体中最为常见的心理障碍。通常情况下,这类青少年对自己要求严格,对自己的学习要求也较高,但过度的焦虑却影响到了他们的正常学习活动。

2. 社交焦虑

社交焦虑主要是指青少年害怕与人相处,尤其是与陌生人接触的情绪状态。通常情况下,这类青少年一到社交场合就紧张、恐惧、害羞,害怕自己成为众人注意的目标,焦躁不安使他们极力回避现实,由于在社会交往中常表现出退缩、依赖性强、做事优柔寡断,因而不受同伴欢迎。

3. 环境焦虑

家庭、学校、社会环境对青少年的心理有着重要的影响作用。不良的家庭氛围与子女焦虑的产生有着密切的联系,如父母自己焦虑,向孩子诉说不满,会给孩子“模范性”影响,孩子就易于出现焦虑情绪。家长、学校对青少年的期望值过高,不断给他们加压,他们在压力之下，就容易出现焦虑情绪，陷入焦虑困境。

4. 境遇焦虑

一些不可预见的事情的发生会给青少年带来焦虑情绪，如亲友死亡、父母离异、意外事故等都会使青少年脆弱的心理难以承受。一般情况下，这类症状会随着时间的流逝而自然消失，但也有少数性格内向的青少年难以摆脱焦虑情绪，以至影响自己的一生。

5. 健康焦虑

青少年学习压力大，用脑过度，体力透支，有时候会出现健康水平下降现象，如失眠、疲倦、胃痛等症状，由于担心自己的身体健康状况引起焦虑。

（二）青少年焦虑的成因

导致青少年焦虑的原因非常多，除了某些遗传和生理原因之外，心理焦虑因素是其中最主要的原因。

1. 家庭环境的影响

青少年个人的理想、情操、道德、性格的形成在很大程度上受家庭的影响，因此家庭是青少年产生焦虑情绪的第一个源头。如果夫妻关系恶劣、亲子关系不融洽、家庭氛围紧张，会使孩子感受不到家庭的温暖，缺乏安全感，这些都会导致青少年焦虑情绪的产生。

另外，不良的家庭教育方式也是导致青少年焦虑的重要因素。随着教育竞争的加剧，家长“望子成龙，望女成凤”心切，对孩子寄予了过高的期望。父母的一切希望都集中在孩子身上，对孩子提出过高的要求，不考虑孩子是否能承受。而孩子摄于家长的权威，整天处于紧张的状态，久而久之，便导致了焦虑反应，甚至影响他们智力水平的正常发挥。家长教育孩子的焦虑情绪和孩子成长中的焦虑心理相互作用，以致恶性循环。

2. 学校教育和社会环境的影响

我国传统教育对学生的培养多采用一种标准化模式，青少年就通常用标准化的、刻板的标准来评价自己、评价他人，以迎合学校、社会的要求，他们的个性受到压抑，便会产生困惑焦虑的情绪。另外，青少年生活在竞争无处不在的时代，激烈的竞争使得青少年对自己目前的现状担忧：以后如何适应社会的需要。同时，社会的剧烈变革、生活节奏的加快，使得青少年的思想观念、心理和行为受到巨大的冲击，加之他们的价值观、人生观、世界观都尚未形成，心理发展尚未完全成熟，前途未定，因而更容易产生困惑、迷茫、紧张、焦虑和无所适从。此外，社会上的不正之风也让青少年对这个社会产生不信任感，对自己失望。这些消极影响在一定程度上也促成了青少年焦虑情绪的产生。

3. 青少年自我认知与思维方式的误区

由于青少年正处于人生观、价值观形成的时期，他们在知识、经验和能力等方面都还不成熟，一旦遇事多采取“聚集式”思维，因而常会产生认识上的偏颇，导致理想自我与现实自我的分离，出现焦虑心理。如思维的绝对化：对事情的看法只有好与坏两种，只要有些地方不完美就认为自己是失败者;过分夸大和贬低:将自己的失误和缺点加以夸大,贬低自己的优点和能力,认为自己一无是处;消极过滤:喜欢戴"有色眼镜"看问题,把所有美好的东西都过滤掉,只留下消极的念头;不当推理:总是将自己的消极情绪合理化,以为自己的消极情绪反映了真实情况;不当自责:对一些与自己无关的事件主动承担责任,常因出现问题感到内疚,就认为是自己无能所致;想当然:用"应该""必然"来激励自己,苛刻地要求自己和别人,这种不顾现实的想当然心理,会使人产生很多不必要的坏情绪,导致紧张、焦虑的产生。

信息窗 5-2

Zung 焦虑自评量表(SAS)

评定项目	很少有	有时有	大部分时间有	绝大多数时间有
1. 我感到比往常更加神经过敏和焦虑	1	2	3	4
2. 我无缘无故感到担心	1	2	3	4
3. 我容易心烦意乱或感到恐慌	1	2	3	4
4. 我感到身体好像被分成几块、支离破碎	1	2	3	4
5. 我感到事事都很顺利,不会有倒霉	1	2	3	4
6. 我的四肢抖动和震颤	1	2	3	4
7. 我因头痛、颈痛和背痛而烦恼	1	2	3	4
8. 我感到无力而且容易疲劳	1	2	3	4
9. 我感到很平静,能安静坐下来	1	2	3	4
10. 我感到心跳较快	1	2	3	4
11. 我因阵阵的眩晕而不舒服	1	2	3	4
12. 我有阵阵要昏倒的感觉	1	2	3	4
13. 我呼吸时进气和出气都不费力	1	2	3	4
14. 我的手指和脚趾感到麻木和刺痛	1	2	3	4
15. 我因胃痛和消化不良而苦恼	1	2	3	4
16. 我必须时常排尿	1	2	3	4
17. 我的手总是温暖而干燥	1	2	3	4
18. 我觉得脸红发烧	1	2	3	4
19. 我容易入睡,晚上睡得很好	1	2	3	4
20. 我做噩梦	1	2	3	4

评定标准:评定采用 1 ~4 分制记分,评定时间为过去一周内。其中 5、9、13、17、19 为反向计分题。把各题的得分相加为粗分,粗分乘以 1.25,然后四舍五入取整数即得标准分。焦虑评定的临界值为 50。分值越高,焦虑越明显。

[**资料来源**]http://wenku.baidu.com/view/c430011fb7360b4c2e3f64c3.html.

二、抑郁

抑郁(depression)通常被用来描述一种普遍的悲伤、隐晦、痛苦或者失望的情绪状态。大部分人都会在生命中的不同时期经历短暂的抑郁,研究发现,人的一生中至少一次患抑郁症的比例为10%。在青春期,由于心理压力的增大,抑郁情绪、抑郁症状和抑郁性失调的青少年普遍增多。根据一项大规模的研究表明,1/2 以上的青少年感到悲伤和失望,1/3 以上的青少年“对未来感到没有任何希望”,大约 1/4 的青少年经常感到抑郁。

(一)青少年抑郁的主要表现

抑郁症状不仅指各种感觉,而且还包括情绪、认知和行为特征。青少年抑郁最明显的情绪上的症状就是压抑、沮丧,对热闹活动不感兴趣,愤怒或负罪感。具体来看,主要表现在以下几个方面。

1. 兴趣衰退

抑郁的青少年对生活的兴趣明显减退,甚至对自己以前感兴趣的东西也变得兴味索然,活动水平大大下降;在校期间对学习失去兴趣,学习成绩也发生较大的起伏和变化,有的甚至拒绝上学。

2. 精力减退

青少年自觉活力降低,懒散乏力,不能进行复杂的思考和较强的运动;他们精神不振、脑力迟钝、反应缓慢,对学习缺乏信心。

3. 封闭退缩

抑郁的青少年社交活动减少,不愿主动与他人交往,情绪苦闷而且封闭,不诉说也不发泄。虽能维持和同伴、老师的一般性交往,但有点被动和勉强,流于形式;与父母关系也出现了问题,一般不愿过多与父母交流,有时还会变得比较烦躁,甚至对抗。

4. 悲观失望

青少年表现出强烈而持久的悲伤,觉得心情压抑和苦闷,并伴有焦虑、烦躁及易激惹等情绪反应;他们易产生负性的自我评价,贬低自己、抱怨自己、依赖性增强,感到自己没有价值,生活没有意义,对未来充满悲观失望情绪;他们常常沉思不愉快的往事,或遇事老往坏处想;他们经常谈论死亡,专门听忧伤的音乐。甚至会产生轻生的想法,有的还有自杀的详细计划等。

5. 躯体不适

在躯体方面,青少年抑郁表现为面容忧虑、冷漠,伴有叹息、呻吟或哭泣的表情,他们常报告有头痛、背痛、肢体酸痛、食欲不振、失眠等不适,而这些躯体症状在临床医学上并无任何器质性问题。另外,青少年的饮食规律也开始变得难以掌握,尤其对少女来说,她们当中普遍存在节食瘦身和饮食障碍的情况。

（二）青少年抑郁的原因分析

1. 生物因素

一般认为，至少某些抑郁症是生理功能失调的结果。研究者特别注意视丘下部——垂体轴强烈激活的先天倾向性。倾向于强烈的 HAP 激活的个体对于压力更易产生一种生物上的反应，更易于导致抑郁和其他内部失调。最近有关研究表明，青少年抑郁的产生可能与青春期荷尔蒙的分泌有关。抑郁症还表现出家庭倾向性，遗传在抑郁中起着重要作用，双极性抑郁症比单极性抑郁症更易受遗传影响。如果父母中的一方患过抑郁疾病，由于承受压力的基础能力比正常人低，其后代有 15% ~25% 的几率会患此病，但这并不意味着抑郁症可以遗传给家庭的所有成员。

2. 人格缺陷

那些从小在家庭中受到歧视或虐待，在学校受到不公正待遇而严重挫伤了自尊心，学习困难或失败，生活过于单调、思想闭塞、缺乏与人交往的机会，情绪长期受到压抑，身体状况不佳，有负性生活事件刺激，缺乏自信、消极悲观，过分内向、多思多虑、易于伤感、孤僻退缩等缺陷的青少年都容易产生抑郁。尤其是早年的心理创伤更可能在未来的生活中导致抑郁。人们研究还发现，不同的人格类型也会导致抑郁情感的差异。情感依附型抑郁和摄取型抑郁分别与依赖型自我评价人格相关；社会奖赏型人格和自主型人格也与抑郁相关。研究还发现，抑郁与焦虑的联系也越来越密切。某些具有极易焦虑的人，当他们持续不断地焦虑下去时，一旦遇到压力，就会变得更加焦虑，更加容易患上抑郁症。

3. 生活环境

生活环境对青少年抑郁情绪的影响在家庭氛围、同伴关系和学业压力方面体现最明显。家庭中的矛盾和冲突多，青少年不断地目击攻击行为或者成为父母相互攻击的受害者，遭受拒绝或惩罚，生活在这种家庭中的青少年更易产生抑郁，而离异家庭的青少年抑郁的发生率更高。在同伴关系方面，青少年对同伴的关注胜过父母和老师，同伴的接纳程度成为他们生活的重要方面，是他们自我评价的重要依据。那些受同伴忽略或不受同伴欢迎的青少年更易于产生抑郁情绪。

信息窗 5 - 3

Zung 抑郁自评量表(SDS)

评定项目	很少有	有时有	大部分时间有	绝大多数时间有
1. 我觉得闷闷不乐,情绪低沉。	1	2	3	4
2. 我觉得一天中早晨最好。	1	2	3	4
3. 我一阵阵哭出来或觉得想哭。	1	2	3	4
4. 我晚上睡眠不好。	1	2	3	4
5. 我吃的跟平常一样多。	1	2	3	4
6. 我与异性亲密接触时和以往一样感到愉快。	1	2	3	4
7. 我发觉我的体重在下降。	1	2	3	4
8. 我有便秘的苦恼。	1	2	3	4
9. 我心跳比平时快。	1	2	3	4
10. 我无缘无故感到疲乏。	1	2	3	4
11. 我的头脑跟平常一样清楚。	1	2	3	4
12. 我觉得经常做的事并没有困难。	1	2	3	4
13. 我觉得不安而平静不下来。	1	2	3	4
14. 我对将来抱有希望。	1	2	3	4
15. 我比平常容易激动。	1	2	3	4
16. 我觉得做出决定是容易的。	1	2	3	4
17. 我觉得自己是个有用的人,有人需要我。	1	2	3	4
18. 我的生活过得很有意思。	1	2	3	4
19. 我认为如果我死了别人会生活得好些。	1	2	3	4
20. 平常感兴趣的事我仍然照样感兴趣。	1	2	3	4

评定标准:评定采用 1 ~4 分制记分,评定时间为过去一周内。其中 2、5、6、11、12、14、16、17、18、20 为反向计分题。把各题的得分相加为粗分,粗分乘以 1. 25,然后四舍五入取整数即得标准分。抑郁评定的临界值为 50。分值越高,抑郁倾向越明显。

[资料来源]http://wenku.baidu.com/view/3ab6d768011ca300a6c39080.html.

三、孤独感

孤独感是指当个体感到自己缺乏令人满意的人际关系,对交往的渴望与实际的交往水平产生差距时,通过自我知觉而产生的孤独、寂寞、失落、疏离和不满的主观情绪体验。

(一)青少年孤独感的表现

1. 社会适应困难

孤独感源于人际关系的缺失或质量较低,反过来孤独感又会波及健康的人际交往,形成恶性循环。孤独感还会通过某些外部问题行为表现出来,如攻击行为、退缩行为等,这些会成为人际交往的障碍。

2. 患某些心理疾病

孤独的青少年对自己和别人通常持极端消极的评价,他们可能变得内向、焦虑和敏感,使青少年的身心处于亚健康状态,长期的孤独则会产生某些心理疾病。

(二)青少年孤独感产生的原因

青少年的亲密感和人际交往需求得不到满足时,就会产生孤独感。青少年孤独感的产生与其家庭环境、同伴交往、学校环境密切相关。缺乏家庭温暖,得不到父母的疼爱和支持,亲子关系疏离,或处于留守地位的青少年必然容易产生孤独感;同伴关系不良、沉迷于网络、神经质、抑郁质人格类型的、学习困难、缺乏社会支持的青少年,潜在的孤独感就会增长①。

信息窗 5-4

UCLA 孤独量表

评定项目	从不	很少	有时	一直
1. 你常感到与周围人的关系和谐吗?	1	2	3	4
2. 你常感到缺少伙伴吗?	1	2	3	4
3. 你常感到没人可以信赖吗?	1	2	3	4
4. 你常感到寂寞吗?	1	2	3	4
5. 你常感到属于朋友们中的一员吗?	1	2	3	4
6. 你常感到与周围的人有许多共同点吗?	1	2	3	4
7. 你常感到与任何人都不亲密了吗?	1	2	3	4
8. 你常感到你的兴趣与想法与周围的人不一样吗?	1	2	3	4
9. 你常感到想要与人来往、结交朋友吗?	1	2	3	4
10. 你常感到与人亲近吗?	1	2	3	4

①邹泓. 青少年的同伴关系:发展特点、功能及其影响因素[M]. 北京:北京师范大学出版社,2003.

11. 你常感到被人冷落吗?	1	2	3	4
12. 你常感到你与别人来往毫无意义吗?	1	2	3	4
13. 你常感到没有人很了解你吗?	1	2	3	4
14. 你常感到与别人隔开了吗?	1	2	3	4
15. 你常感到当你愿意时就能找到伙伴吗?	1	2	3	4
16. 你常感到有人真正了解你吗?	1	2	3	4
17. 你常感到羞怯吗?	1	2	3	4
18. 你常感到有人围着你但并不关心你吗?	1	2	3	4
19. 你常感到有人愿意与你交谈吗?	1	2	3	4
20. 你常感到有人值得你信赖吗?	1	2	3	4

评定标准:评定采用1～4分制记分,其中1、5、6、9、10、15、16、19和20项反向计分,然后将每个条目分相加。高分表示孤独程度高。

[资料来源]汪向东,王希林,马弘. 心理健康评定量表手册[M]. 增订版. 北京:中国心理卫生杂志社,1999.

第三节　青少年情商与抗挫力的培养

一、情商及其培养

(一)什么是情商

情商也叫情绪智力、情感智商(emotional intelligence),由两位美国心理学家约翰·梅耶(新罕布什尔大学)和彼得·萨洛维(耶鲁大学)于1990年首先提出,但并没有引起全球范围内的关注。直至1995年,美国著名心理学专家丹尼尔·戈尔曼出版了《情商:为什么情商比智商更重要》一书,才引起全球性的情商研究与讨论。因此,丹尼尔·戈尔曼被誉为“情商之父”。丹尼尔·戈尔曼接受了萨洛维(P. Salovery)的观点,认为情商指的是认识自己的情绪、克制冲动、延迟满足、自我激励,认识他人的情绪,以及正确处理人际关系的能力等,主要包含以下五个方面:(1)了解自我,监视情绪时时刻刻的变化,能够察觉某种情绪的出现,观察和审视自己的内心体验,它是情感智商的核心,只有认识自己,才能成为自己生活的主宰;(2)自我管理,调控自己的情绪,使之适时、适度地表现出来,即能调控自己;(3)自我激励,能够依据活动的某种目标,调动、指挥情绪的能力,它能够使人走出生命中的低潮,重新出发;(4)识别他人的情绪,能够通过细微的社会信号、敏感地感受到他人的需求与欲望,这是认知他人的情绪,也是与他人正常交往,实现顺利沟通的基础;(5)处理人际关系,调控自己与他人的情绪反应的技巧。

1997 年,巴昂认为,情绪智力高的人能识别和表达他们的情绪;拥有积极的自我认定,能发挥他们的潜能并且生活幸福;他们能理解别人的情感并能建立和保持相互满意和负责的人际关系,却不依赖别人;他们一般是乐观的、灵活的、现实的,能够成功解决问题和应付压力,并且不会失去控制。巴昂还认为,那些能力强、成功和情绪健康的个体都是情绪智力高的个体。情绪智力是随着个体的成长而逐渐发展起来的,并且一生都在变化,能够通过训练和矫正措施以及通过治疗干预得到改善和提高。

信息窗 5-5

延迟满足实验

20 世纪 60 年代,美国斯坦福大学心理学教授沃尔特·米歇尔(Walter Mischel)设计了一个著名的关于“延迟满足”的实验,这个实验是在斯坦福大学校园里的一间幼儿园开始的。研究人员找来数十名儿童,让他们每个人单独待在一个只有一张桌子和一把椅子的小房间里,桌子上的托盘里有这些儿童爱吃的东西——棉花糖、曲奇或是饼干棒。研究人员告诉他们可以马上吃掉棉花糖,如果等研究人员回来时再吃还可以再得到一颗棉花糖作为奖励。他们还可以按响桌子上的铃,研究人员听到铃声会马上返回。对这些孩子们来说,实验的过程颇为难熬。有的孩子为了不去看那诱惑人的棉花糖而捂住眼睛或是背转身体,还有一些孩子开始做一些小动作——踢桌子,拉自己的辫子,有的甚至用手去打棉花糖。结果,大多数的孩子坚持不到三分钟就放弃了。“一些孩子甚至没有按铃就直接把糖吃掉了,另一些则盯着桌上的棉花糖,半分钟后按了铃”。大约三分之一的孩子成功延迟了自己对棉花糖的欲望,他们等到研究人员回来兑现了奖励,差不多有 20 分钟的时间。

实验之后,研究者进行了长达 14 年的追踪。他们发现,到中学时,这些孩子表现出了明显的差异:克制型的孩子显得社会适应能力较强,较为自信,人际关系较好,也较能面对挫折。在压力面前,不易崩溃、退却、紧张或乱了方寸,也能够积极迎接挑战,不轻言放弃。在追求目标时也能和小时候一样压抑立即得到满足的冲动。而冲动型的孩子约有三分之一缺乏这种特质,反倒表现出一些负面的特征,例如:怯于与人接触,固执而优柔寡断,容易因挫折而丧失斗志,认为自己是坏孩子,遇到压力容易退缩或者惊慌失措,容易怀疑别人以及对别人感到不满,容易嫉妒或羡慕别人,因易怒而常与人争斗,而且和小时候一样,不易压制即时得到满足的冲动。

这些孩子中学毕业时又接受了一次评估,结果表明 4 岁时能够耐心等待的人在校表现得更为优秀。根据孩子父母的评估,这些孩子学习能力较好,语言表达、逻辑推理、专注、制定并实践计划、学习动机都比较好。更让人意外的是,这些孩子的入学考试成绩普遍较高,等待最久的三成孩子,平均成绩语文 610 分,数学 652 分;而最迫不及待取走糖果的三成孩子,平均成绩语文 524 分,数学 528 分。两组孩子总分差距多达 210 分。

这个实验表明:那些更善于调控自己情绪和行为的孩子,拥有更高的心理健康水平和更大的未来成功的希望。

[**资料来源**]刘儒德. 教育中的心理效应[M]. 上海:华东师范大学出版社,2006.

(二)提高青少年情商的情绪调节方法

掌握如何调适与消除不良情绪的方式,可以尽量减少或避免其对青少年身心发展带来的消极影响,保持愉快的心境,促进情绪的成熟、稳定,从而形成良好的情绪和情感。

1. 生理调节法

从情绪理论中我们知道,情绪的改变总是要伴随生理状态的变化。由此反过来,我们主动地改变生理状态,必然也可以间接地改善情绪。

(1)药物调节。目前能够改善情绪的药物很多,例如,服用苯二氮卓类药物,可以缓解焦虑;服用三环或四环类抗抑郁剂,可以减轻抑郁的情绪。在国外,这类抗精神药物的自发使用十分普遍,已成为严重的社会问题,不少人因此而成为了药物依赖者;在我国,也有抗精神药物滥用的倾向。因此,对这类药物的服用一定要遵医嘱。

(2)放松训练。心理生理学的研究表明,当个体处于紧张焦虑状态时,总是伴有不同程度的肌肉紧张,所以人们假设,可以通过放松肌肉的方法,间接地缓解紧张和焦虑,而临床实践也证明的确有这种效果。放松训练就是通过循序交替收缩或放松自己的骨骼肌肉,细心体验个人肌肉的松弛程度,最终达到缓解个体紧张和焦虑状态的一种自我情绪治疗技术。放松训练之前需要做好准备工作,如寻找一个安静的场所、一个舒适的姿势(站、坐、卧),让个人全身心处于放松的状态。之后就可以进入正式的肌肉放松训练程序。先让自己体验全身紧张的感觉,然后是从头到脚或从脚到头依次放松,这样就很容易使人全身松弛、轻松舒适、内心宁静。

2. 认知调节法

青少年的情绪和情感是通过认知的折射而产生的,认知是产生情绪和情感的基础。正确的认知产生积极的情绪和情感,错误的认知则产生消极的情绪和情感。如果青少年能把错误的认知改变为正确的认知,他们的消极情绪和情感就会被积极的情绪和情感所代替。

(1)不过分注意别人对自己的评价。每一个人都会在意别人对自己的评价,正是在别人的评价声中,人才逐渐形成了自我意识,也正是通过他人的评价,个体才实现了自己存在的价值。所以,青少年注意他人对自己的评价,有助于心理的发展,有利于良好人际关系的建立。但是这种需求走向极端时,就会使人丧失独立的人格,陷入为别人而活的心理误区。陷入这种误区的青少年,每次行动都要看别人的脸色,乞求别人的微笑,每一建议都要求得所有人的满意,所以他们往往生活得很累,精神上的痛苦也就在所难免了。因此,青少年不要过分注意别人对自己的评价。

(2)调整理想自我与现实自我的差距。理想的我是自己追求的一种境界,现实的我是自己发展的实际水平。当青少年在学习、生活中一再受挫,就应重新检查一下,理想的我和现实的我之间的差距是否太大,个人发展目标是否定得太高。目标太低不能带来真正的愉快和满足;目标过高超过自我能力所及的范围只能受挫痛苦。青少年在目标的确立上应以"跳一跳就能摘到果子吃"为原则。

(3)消除不合理信念。艾里斯(Ellis)认为,一个人的消极情绪源自不合理的信念。不合理信念有两大特征:其一是绝对化的要求。青少年对某些事物怀有其必定发生或不会发生的信念,常与"必须""应该""都要""无论如何"等字眼联系在一起。怀有这种信念的青少年极易陷入情绪的困扰,因为客观事物的发生发展都有其自身的规律和条件,不会以哪一个人的意志为转移,从而使青少年陷入情绪的困顿之中。其二是过分概括化,青少年以一种以偏概全的不合理方式来思考事物,表现为对自己和他人的不合理评价。如有些青少年遭遇失败时,马上认为自己一无是处,这就容易导致他们过分地自责和抑郁,因为别人的一个过错而否定其整个人的价值,其结果必然是自己气恼,对方也会觉得难以与其共事。因此,当青少年陷入情绪困扰时,应该反省一下自己在处理问题时是否受到不合理信念的支配,如果是,就应该主动放弃或改变它。

3. 行为调节方法

行为调节法是在分析产生不良情绪行为的情境条件的基础上,通过改变其刺激物或强化物来达到情绪的调节,其理论基础是行为的操作条件反射理论和观察学习理论。这类方法有着简便、易于操作等特点。

(1)正强化。正强化是利用各种形式的奖励或表扬改变青少年行为的一类技术。通过正强化,可以增加或减少特定情绪行为出现的次数或频率,提高或降低特定行为发生的可能性。比如对于那些情绪控制差的青少年,只要他一有情绪控制的表现,哪怕是很微不足道的表现,都给予热烈的表扬或奖励,而对他的情绪冲动行为给予忽视,绝对不加以注意,这就能很好地调节其情绪行为。

(2)角色扮演。角色扮演是指导者扮作与当事人情绪问题有关的人物,将其可能出现的行为表现出来的一种行为调节技术。由于角色扮演存在许多直接学习的机会,因而该练习成为指导或帮助青少年改变情绪行为的有效手段。如针对一位处于青春期的女中学生,她希望以成人化的方式与母亲交流时,就可采用角色扮演。可以先鼓励这位女中学生尝试几种不同的交谈方式,同时指导者根据她的情况介绍其母亲。这样可以帮助她在一种较为安全、很少焦虑的情境中尝试不同的做法。通过实际体验,她就能够比较准确地预测母亲的各种反应。

(3)想象放松。想象放松是指导当事人在放松的状态下回忆和想象那些有助于身心放松的事情或情节的一种方法。指导者可以通过丰富多彩的语言和恰如其分的语气鼓励青少年进行平静、安宁的想象。可以让他们想象并描述一些事物及其生动情节,比如"告诉我你现在(当时)有什么感受?""事情是怎样发生的?当时的感受如何?"等。

4. 宣泄调节法

青少年出现了消极的情绪后,如果过分地压抑自己,只会使这种情绪的困扰日趋严重,不利于身心健康。如果适度地宣泄,可以把消极的情绪释放出来,从而使紧张的情绪得到缓解,这样会提高学习效率。

(1)哭的宣泄法。哭是一种纯真的情绪宣泄,它是释放体内累积的能量、排除体内毒素、调节机体平衡的一种方式。当青少年面临严重的情绪问题时,如受委屈、考试失败、情感挫折等,不妨在一个合适的场合大哭一场,这样可以很快地从情绪困扰中平静下来,解脱出来。

(2)体育运动宣泄法。剧烈的体育运动也是一种宣泄消极情绪的方式,新的活动既能让青少年获得自尊、自信,又能在转移他们对于消极情绪的持续注意。青少年遇到负性的生活事件,出现压抑、烦躁情绪时,如果做些剧烈的体育运动,亦能起到宣泄焦虑的作用。

(3)倾诉宣泄法。青少年的倾诉有两种形式:一种是以谈心的形式向矛盾的对方开诚布公地谈出自己的看法,通过交换意见,解开疙瘩,消除误会,缓解不良情绪;另一种是以写日记的形式来倾诉内心的不快。通过写日记寻找自己产生消极情绪的原因和解决方法,以此达到心理平衡。另外,还可以通过向知心朋友或信任的老师、家长倾诉心声。

当然,青少年宣泄情绪也有一个"度"的问题,要做到适时、适度,注意时间、场合和方式方法。不能把合理的情绪宣泄理解为疯狂的情绪发泄。如果以暴力或其他不恰当的方式发泄情绪,其后果往往很严重,不仅不利于问题的解决,反而会引发新的问题。

信息窗 5-6

名言警句

在任何情况下都保持冷静和镇定,是你胜过他人最大的优势。

——托马斯·杰弗逊

在气头上讲话,你会说出这辈子最让你后悔的话。

——劳伦斯 J. 彼得

你的"过火的想法"点燃了你心中的怒火,即使真的发生了极其不好的事,最终决定你情绪巨变的因素是你对情绪本身的解读。

——大卫·伯恩斯

伸手不打笑脸人。

——杰伊·莱诺

二、青少年抗挫力及其培养

（一）什么是挫折

在日常生活中，挫折一词是挫败、阻挠、失意的意思，即俗话说的碰钉子，是普遍而不可避免的，也是人生路上必须跨过去的一道坎。《心理学大词典》对挫折是这样解释的：挫折是个体在从事有目的的活动过程中，遇到障碍或干扰，致使个人动机不能实现，需要不能满足时所产生的一种紧张状态和情绪反应①。它包括挫折情境、挫折认知和挫折反应三层含义。挫折情境指对人们的有动机、目的的活动造成的内外障碍或干扰的情境状态或条件，构成刺激情境的可能是人或物，也可能是各种自然、社会环境；挫折认知指对挫折情境的知觉、认识和评价；挫折反应指个体在挫折情境下所产生的烦恼、困惑、焦虑、愤怒等负面情绪交织而成的心理感受，即挫折感。其中，挫折认知是核心因素，挫折反应的性质及程度，主要取决于挫折认知。挫折其实是一把双刃剑，能够激人上进，也可使人从天堂坠落地狱。特别是对于青少年来说，心理防卫机制尚未完善，无法正确对待外来刺激，在遭遇挫折后，往往会导致一系列不可预料的后果。青少年只有掌握了这把双刃剑，化挫折为动力，才能更好地成长。形成挫折的原因主要有两个方面：

1. 环境因素

环境因素属于外来因素，是指由于外界事物或情况阻碍人们成功而产生的挫折。环境因素又包括自然环境因素与社会因素两种。疾病、老去、死亡是自然界不可抗拒的法则，天灾人祸也是不可避免的。因此，人们都难免遇到生离死别和天灾人祸的袭击，这些不良的自然环境会给人造成心理挫折。一般来说，来自自然环境的心理挫折不是主要的，由社会因素造成的挫折对人的影响更大。社会因素主要指人在社会生活中所受到的人为因素的阻碍，如人与人之间不良的人际关系、不当的管理方式以及受到不公平的对待、才能得不到施展等都会使青少年产生挫折心理。

2. 主观因素

主观因素引起的挫折也可称为自身因素引起的挫折，是由于个体因生理或心理上的条件与个体自我需求发生冲突，无法实现而产生的挫折。生理上，由于自身的容貌、身材、体质、能力、知识等条件的限制使自己所要追求的目标不能达到而产生挫折。心理上，青少年个性尚未完善，认识不够全面，想事情容易偏激，耐力不够，加上年龄普遍比较小，社会阅历也不够，没有扎实的实践基础，对未来充满希望和幻想，常常对自己抱有过高期望。而复杂的社会及残酷的现实常常令他们手足无措，信心备受打击，形成了挫折心理。

---

①李海洲，边和平. 挫折教育论[M]. 南京：江苏教育出版社，2001.

（二）受挫后的心理和行为反应

无论产生挫折的原因是什么，面对挫折青少年的行为和生理都会有所反应，产生的反应也各不相同，归纳起来，有以下几种。

1. 焦虑

青少年在受挫折后心理脆弱，容易变得恐惧、担心、急躁、害怕，常常表现为烦躁不安、紧张、厌学、喜怒无常等，与平时大相径庭，即使对一件鸡毛蒜皮的小事也会作出很强烈的情绪反应。长期处于焦虑状态，不仅损害人的心理健康，还会引发躯体疾患。

2. 敏感

人在挫折情况下，往往缺乏安全感，变得过于敏感，把周围的人看成假想敌，唯恐他们对自己不利，因而产生一种戒备状态，甚至疑神疑鬼，经不起一点风吹草动。

3. 攻击

在受到挫折后，个体会产生愤怒的情绪，会对造成挫折的人或物进行直接攻击，如怒目相视、吵闹、打架等，以此发泄心中的怨恨。也有的人在受到挫折后进行转向攻击，攻击与产生心理挫折毫无关系的人或物上，迁怒于他人，寻找替罪羊，如在单位遇到不快，回家拿孩子出气。以上这两种攻击都是不可取的，直接攻击会给自己带来更大的挫折，形成一道跨不过去的高墙，而转向攻击会在很大程度上伤害自己与他人的感情，造成关系紧张。

4. 冷漠

冷漠是指个体在受挫后不显现自己的愤怒情绪，而是压抑着自己，以极其冷淡的态度面对挫折，被动地接受挫折带来的影响，不主动去解决问题。看起来好像无动于衷，其实心里已经翻江倒海，只是个体在极力压抑着受挫的不甘与愤怒。这是一种消极的逃避心理，不可取，如果长期这样下去，会导致心理失调。

5. 退行

退行是指一个人受挫时表现出一种与自己的年龄、身份不相符的幼稚行为，即“大人小孩子气”，包括无故地批评与埋怨、做事优柔寡断、工作效率低下等，有时也可称为“倒退”或“回归”。青少年在这时表现为不能控制自己的情绪，容易无理取闹，并且会盲目地追随他人，分不清好坏。

6. 幻想

在面对无法解决的挫折时，个体有时会陷入一种幻想，幻想自己有足够的能力解决挫折。还有一种幻想表现为自我催眠，个体把自己用“壳”包起来，自我掩饰，假装生活还是像往常一样，什么也没发生，那些失败与挫折被他们潜意识地遗忘了似的。采取幻想的方式并不能解决挫折，幻想过度反而会使人不能更好地适应现实生活，容易产生混淆，无法分清眼前的究竟是现实还是幻想。

7. 固执

固执通常指被迫重复某种无效的动作，尽管反复进行这种动作并无任何结果，但仍要继续这种动作①。也就是俗话说的不知变通，即使知道毫无用处，却还是固执地重复。这是因为受到挫折，一时找不到正确的方向，对其他方法产生抵触心理，执拗地认为原先那一种方法最好，这是一种不明智的行为。遭受失败后不但不去分析失败的原因，寻求解决的方法，反而盲目地采取原来的无效动作，这容易导致心理的恶性循环，无法走出原先的困境，甚至会造成新的心理障碍。

（三）青少年抗挫力教育

青少年抗挫力也称青少年心理弹性能力，是青少年在面对逆境时的处理能力。美国宾夕法尼亚大学经过三十年的研究发现，在人生的挫折与困难面前决定一个人成功与失败的关键在于一个人的抗挫力。保罗·斯托茨教授认为“挫折商”或“逆境商”（Adversity Quotient）是表现挫折承受力的指标，反映的是人们面对逆境和挫折时的心理状态和应变能力。一个人的成功必须具备高智商、高情商和高逆境商三个因素，在智商和情商都跟别人相差不大的情况下，逆境商将起决定性的作用。抗挫力犹如一个人的心理自我免疫系统，不仅保护自己免受困难与挫折的侵蚀，还能提高生命的动力，以勇气与智慧去探索未知的世界。因此，抗挫力对于青少年来说，是必不可缺的一种能力。要提高青少年逆境商，可构建个体、家庭、学校三位一体的教育系统，来培养青少年的抗挫力。

1. 个体的积极心态

不管什么时候，挫折都会出现，它是人生路上的“拦路虎”，但是，如果能够正确地认识挫折，用一种健康的心理去对待挫折，那么，在你面前的便只会是一只纸老虎，可以不费吹灰之力就把它打倒。

（1）要树立正确的人生观，保持积极向上的人生态度。只有这样才能客观、全面、发展地看待挫折，不会轻易被挫折打倒。其实，生活就像一面镜子，你对它哭，它就对你哭；你对它笑，它就对你笑，主要是看你如何对待，所以我们要用笑脸去面对生活。而挫折则是你弱它强，你强它弱，所以我们不可以示弱、不可以放弃，要顽强而坚定地面对，坚信自己一定可以战胜它。人生的道路并不是平坦的，有顺境也有逆境，无论生活赠予我们的礼物是幸还是不幸，我们都应该用一种豁达的胸怀来接受它。

（2）青少年建立合理的自我期望。有的青少年把自己的目标定得过高，非自己的能力所能达到，一旦失败，便郁郁寡欢，认为自己倒霉透顶；而有的人要求十全十美，忍受不了一点点失败。这个时候，青少年要做的是给自己“松松绑”，从自身找原因，学会改变，对自己定的目标和要求进行调整，而不是整天怨天尤人，愁眉苦脸。

（3）青少年要正确认识挫折的两重性。青少年学会正确地对待挫折，善于发现挫折存在的价值。尽管挫折带来了很多的消极影响，但是不可否认的是，挫折具有双重性，有坏的一面，也有好的一面。挫折或许会使人颓废，但是也可以使人在失败后发现自身的

①俞文钊.管理心理学[M].3版.兰州：甘肃人民出版社，2008.

不足，然后加以改正；挫折还可以锻炼青少年的意志，使他们更坚强。

(4)掌握积极地应对挫折的方法和技巧。挫折心理会带来巨大的心理压力，当挫折一时难以克服和化解时，可以主动把压力转化为适度的情绪反应并通过适当的方式发泄出来，比如自我疏导、合理情绪疗法、合理适度宣泄、积极自我暗示、森田疗法、放松训练法、注意力转移法、找专业心理咨询老师辅导以及参加团体心理辅导等。

(5)参加青少年抗挫力训练。青少年抗挫力训练是挫折教育中的综合实践部分，是对青少年抗挫折技能的培训，是以青少年团体工作理论为基础，以团体工作的形式开展活动，充分发挥青少年团体的功能，通过情绪管理、人际交往、自尊自信、乐观、解决问题和设立目标、控制冲动、主动探求等七大项技能的训练，在训练过程中发挥团队协作能力，青少年团体可以给青少年情感慰藉，使青少年个体获得群体在情感、情绪等内在心理方面的支持，可以纠正青少年在成长过程中已经形成的一些偏差，让青少年在群体适应中实现个人行为的转变和个人社会功能的恢复、发展①。

2. 家庭的正确教育

家长应适当地对青少年进行挫折教育，帮助青少年走出挫折的低谷，昂首迈步奔向前方。

(1)家长对青少年应有客观的评价。家长不应该过多地把自己的孩子和别的孩子进行比较，对孩子应该有一个客观的评价，不能只比“长”不比“短”，也不能只比“短”不比“长”。家长不仅要看到孩子的缺点，更要看到孩子的优点，对孩子的评价应是客观而公正的。过分贬低孩子时，会伤害到孩子的自尊，这样的孩子容易缺乏自信，会选择逃避以求避免挫折；而对孩子进行过高评价时，会使孩子缺乏对自己的认识，同时会增加孩子的心理压力，使其不敢面对失败，会产生极严重的消极后果。孩子在成长中总会遇到挫折，作为家长不能漠不关心，更不能一个劲地埋怨和批评，而应把挫折当成一个特殊的教材，给予孩子谅解、关心、鼓励和帮助，尽可能让孩子从挫折中获得经验，化消极因素为积极因素，化挫折为动力。

(2)家长给青少年树立榜样。孩子生活中最好的直接榜样就是家长，“身教胜于言传”。家长对待挫折的态度和行为会潜移默化地影响到孩子，所以家长应该给孩子树立不畏艰辛、战胜挫折的榜样，有助于增强青少年直视挫折的勇气，并且还可以让孩子懂得：只有在挫折中不断进取、不肯放弃的人，才能摘取成功的桂冠。在日常生活中，家长应常向孩子讲述一些贴近生活的名人在挫折中成长并获得成功的事例来激励孩子。教导孩子任何人的成功都不是一帆风顺的，也不是一朝一夕的，之所以能取得成功是因为他们不断地克服各种困难，知难而进，顽强拼搏到最后一刻，他们在数不尽的挫折中经受磨炼，形成了坚强的意志，从而取得成功，这是他们成功的关键，让孩子明白只有不停地战胜挫折才能真正地成功。

---

①陆士桢，王玥. 青少年社会工作[M]. 北京：社会科学文献出版社，2010.

(3)家长应承担正确的角色。抗挫力是在不断地解决和应对挫折的过程中形成并提高的,所以,当孩子面对困难时,家长不应以大人的身份去越俎代庖,替孩子做决定,而应该选择相信孩子,以"顾问"的身份和孩子进行沟通,向他们提供建议,并教给孩子一些应对挫折的方法,由孩子自己去选择、去尝试。家长应该做好的倾听者,而并非是"决策者",要多给孩子锻炼的机会,让他们去自己面对,而不是强行地控制孩子前行的方向。这种沟通教育不仅可以培养孩子的抗挫力,还能培养孩子对自己的行为负责的精神。

(4)创设挫折情境。生活是无情的,想要成功,就必须经历失败、感受痛苦,因为在逆境中成长的人才更具有生存力和竞争力。过于优越的环境会使孩子形成依赖、懦弱、退缩的心理,缺乏顽强的进取精神,经不起挫折。而大量的调查显示,当代青少年的身心日趋脆弱,是因为他们缺少了"负面刺激"。家长应在孩子的成长过程中有意识地创设"挫折情境",让孩子在逆境中经受洗礼,磨炼意志,学会调节自己的情绪,锻炼心理承受力,提高抗挫折能力。家长在创设挫折情境时要把握好挫折的"质"和"量",不然会适得其反。家长应根据青少年的心理水平和特点,设置不同难度的挫折情境,使之既有利于提高孩子的心理承受力,又不超过孩子的心理承受限度。

(5)创造和谐的家庭氛围。创造和谐的家庭氛围对青少年的成长有着至关重要的作用,有助于孩子抗挫力的提高。和谐的家庭氛围是指家庭成员性格开朗,有乐观向上的态度,家庭成员之间关系融洽,彼此尊重、互相团结、相互理解、民主而平等。在这样的家庭环境中成长,在面对困难时,青少年会以积极向上的心态去看待,顽强向上,决不退缩。因为他们知道自己不是一个人在孤军奋战,他的身后有父母的理解、信任和支持。这样的孩子心理承受力比一般人要强得多,他们时刻保持着乐观的情绪,也会主动调控消极情绪,不会让自己轻易被打倒。

3. 学校的全面教育

学校是进行抗挫折教育的一个重要场合,因此我们要善于利用学校的一切有利条件来培养学生的抗挫力。

(1)提高素质教育的地位。青少年需要的是一个可以让他们自由发展的空间,可以尽情地挥洒自己的智慧,而不是在应试教育的潮流中,被书本"框住",被成绩"压着",以成绩为最终奋斗目标,这样只会"囚住"孩子的思维,让他们变得越来越沉闷,整天埋在书堆里,无暇去参加社会中的各种活动,这样会阻碍他们的身心健康发展。学校不能再把"应试教育"摆在主导地位,而应提高素质教育的地位,因为"德育"和"智育"同等重要。只有全面发展,青少年才有更多的机会接触社会、接触生活,才能积累更多的生活经验,以便更好地面对生活中的挫折与难题。学校应该全面推行素质教育,给孩子提供一个积极向上的学习氛围,不再把成绩作为评价孩子的唯一衡量标准,而应该从多方面、多层次发掘孩子的潜力,让他们更好、更茁壮地成长,学生更有勇气去正面对抗学习、生活中的挫折,从而获得成功。

(2)加强心理健康教育,进行各种社会实践活动。青少年是人一生中一个特殊的阶段，他们的心理发育尚未完全成熟，情绪波动比较大，遇到挫折很容易产生消极反应。因此，学校应有计划地安排教师对学生进行心理辅导及心理健康教育，使其在遭遇挫折后能够进行自我调适，调节自身的情绪，变消极因素为积极因素。除此之外，教师应该深入到学生当中，留心学生的反常行为，并依据不同情况采取不同措施，并加以引导和教育。

对学生进行心理健康教育时不仅要靠理论启发，还应联系实际，用事实证明，从而让学生从心底接受教育，真正进步。因此学校应多开展各种实践活动，锻炼学生的意志。如军训、夏令营活动、社会实践、运动会、青年志愿者等活动，使学生在活动中得到锻炼，培养他们顽强的意志以及用微笑面对挫折的勇气。也让学生们明白生活并没有那么简单，而是布满了荆棘，很多事情都必须自己学会去面对，只有经历过了，才不会惶恐害怕，才能够更坚强、更有毅力地面对逆境。

（3）教师——抗挫力培养的主导。对于青少年来说，教师是传授给他们知识的人，也是教导他们如何成长和如何成功的不可缺少的一分子。教师在青少年的生活中占有主导地位，对孩子的影响是巨大而深远的。

第一，建立民主、平等的师生关系。教师应用心去爱孩子，走进他们的心里，真诚地与他们交朋友，创建一种民主、平等的氛围，只有这样，教师才能够赢得学生的信任，在他们遇到困难时，才能替孩子打开心结，真正帮助到他们，让他们更好地成长。

第二，赏识学生。青少年自尊心较强，也有叛逆心理，因此在教育学生时不能操之过急，更不能公开打骂批评，而应该根据因材施教的原则，采取宽容的态度去处理。对学生进行表扬应多于批评，要善于发现学生的闪光点，并及时提出表扬和鼓励，增强他们的自信心，而不是揪住他们的错误一个劲地“穷追猛打”，那样只会适得其反。但是赏识教育应该有原则，必须客观公正，不然的话会让学生无法分清是非对错，也就无法进步了。

第三，尊重理解学生。青少年正处于一个发展的时期，他们渴望得到别人的尊重和理解。因此，教师应尊重和理解他们的行为，要用足够的耐心引导他们正确认识挫折，正确认识自身的不足，同时给他们提供锻炼的机会，让他们养成不怕困难的习惯，并培养他们坚强的意志。

第四，教师要及时和家长进行沟通，把孩子的情况及时向家长汇报。不能只“报忧”不“报喜”，应全面而客观地向家长讲述学生在校的学习和生活情况，并提供给家长一些正确教育孩子和培养孩子抗挫力的方式，建立起家校一体的挫折教育系统，全方位地提高孩子抗挫折能力。

问题思考与讨论

1. 青少年情绪的发展表现出哪些特点？
2. 有学者把青少年期称为“情绪发展的困难时期”，你如何理解这一说法？
3. 青少年有哪些常见的不良情绪？请举例说明。

4. 有哪些因素可能引发青少年的焦虑和抑郁情绪？

5. 什么是孤独感？请分析青少年孤独感产生的原因。

6. 什么是情商？情商包括哪些方面的内容？

7. 什么是抗挫力？如何提高青少年的抗挫力？

8. 请设计一个提高青少年抗挫力的教育活动。

9. 案例分析：

小强是个处事果断，遇事有主意的男同学，但是，十分任性，脾气暴躁，小拳头时常要发挥作用。有一天，小强的拳头先后落在了桌子上和好朋友的头上。

那是今年的3月21日，学校3名值日生来到教室检查卫生情况，刚走进教室，就听到几个同学不约而同地低声叫着同一个名字——郑小强，并且在不断地重复着，接踵而至的是教室里出现了嘈杂的议论声和不自然的笑声。只见小强瞪大了眼睛，歪着脑袋，双手插着腰大声地呵斥着："叫什么叫，瞧我好欺负呀！"说着举起拳头就要打周围的同学，被同桌的好友小亮一把拽住，可是，他这点邪火就撒到了小亮身上，一连几拳都打在小亮的头上，小亮却一手未还，同学们见此情景都愤愤不平，纷纷要求把小强的家长请来评评理，还有的同学提议给他个处分。小强边拍桌子边喊："用家长吓唬我，我不怕！"

（1）请分析案例中小强的这样表现的原因。

（2）作为家长和教师该如何对小强做好引导教育？

阅读指南

1. [美]丹尼尔·戈尔曼. 情商：为什么情商比智商更重要[M]. 杨春晓，译. 北京：中信出版社，2010.

作者利用大脑与行为科学的突破性研究，说明了高智商的人表现不佳、普通智商的人表现出色的影响因素。这些因素包括自我意识、自律和同理心，它们不是天生固有的，却能为我们提高智力另辟蹊径。情绪智力成形于我们的童年时期，但可在成年时期得到培育和加强——这对我们的健康、人际关系以及工作将会产生直接益处。

2. 柳絮恒，李洁. 青少年挫折教育故事全集[M]. 北京：石油工业出版社，2007.

本书汇集了200多个故事，将教给青少年朋友战胜挫折的智慧，教你从生命的深处发掘出潜能，凭借坚实的信念、坚强的信心和无畏的勇气，坚持走出生命的泥潭，去体会人间的温暖、成功的喜悦及奋斗的酣畅淋漓。

3. 张笑恒. 哈佛逆商课：最有效的高AQ养成法则[M]. 武汉：武汉出版社，2012.

本书以逆商创始人保罗·斯托茨教授理论为基础，融汇历届哈佛大学精英的成功心得，总结出当今世界上逆商最新研究成果。详细阐述人们遇到各种困境、失败和挫折时的3大心理要素；4个容易坠入的情绪陷阱；突破逆境5大技巧。

网络导航

1. 彭凯平的微博:http://weibo. com/pengkp? from = myfollow_all.

彭凯平,教授,清华大学心理学系主任,国际积极心理学中国理事,一直致力于在中国倡导积极心理学,介绍国内外的研究成果及其对生活的启示。

2. 孙云晓的微博:http://weibo. com/sunyunxiao? from = myfollow_all.

孙云晓,中国青少年研究中心副主任、研究员,1993 年发表纪实报告文学《夏令营中的较量》震惊国人,一直从事青少年研究,著述颇丰。

第六章　青少年人际交往与教育

学习目标

掌握青少年人际交往发展特点、主要人际交往问题及辅导措施；了解人际交往的一般知识；理解青少年人际交往的意义及主要人际交往问题的成因；会应用本章所学理论在实践中帮助和引导青少年调适人际交往障碍，提高人际交往能力。

第一节　青少年人际交往的特点

在日常生活中，“人际交往”指的是人与人之间的相互联系和往来。社会心理学领域认为人际交往是人们在社会生活中，运用语言符号系统或非语言符号系统相互之间交流信息，沟通情感的过程。人际交往一般包括两方面的含义：从动态的角度说，人际交往指的是人与人之间的信息沟通和物质的交换；从静态的角度说，人际交往指人与人之间已经建立起来的相对稳定的情感联系或关系，也就是我们平常所说的人际关系。对青少年而言，主要的人际关系有三种类型：同伴关系、师生关系、亲子关系。

人际交往是青少年社会化的起点和必由之路。青少年通过与社会及他人互动，接受社会文化影响，形成和发展自我意识，学习与掌握社会行为规范和价值观念，成长为完全的社会人。

青少年时期的个体在心理上产生了成人感，心理发展呈现出明显的矛盾性和不成熟向成熟发展的过渡性。青少年的心理和行为表现出不稳定性，情绪、行为两极波动，对成人闭锁，对同伴开放，反叛传统，喜欢标新立异。因此，青少年的人际交往也体现出不同于儿童和成人人际交往的独特性。

一、交往对象的转变

交往对象由原来依赖的父母、老师转向同龄人中的伙伴和朋友。具体表现为：

(一)与父母交往产生隔阂

在学前期,孩子的主要交往对象是父母。小学阶段,亲子交往依然是主要的交往方式,师生交往快速发展起来,同伴交往出现。

进入青春期后,随着青少年生理和心理的急剧变化,独立、自主的意识增强,青少年不再把父母的观点看作是唯一正确的,他们渴望对事件作出自己的分析和判断,不再一味地服从父母的各种命令,经常对父母的建议和要求提出质疑和反对,青少年与父母的亲子冲突增加,与父母的心理隔阂不断加剧。研究发现,57%左右的青少年与父母一个月内发生1~5次冲突,12%左右的青少年与父母一个月内发生6~10次冲突,2%左右的青少年与父母一个月内发生11次以上的冲突①。

青少年时期的亲子冲突主要与日常事务有关,包括日常生活安排、家务、交友、参加活动、学习等。青少年亲子冲突的形式主要以言语冲突和情绪冲突为主,身体冲突较少发生,亲子冲突的激烈性主要表现在双方的情绪上。大多数青少年亲子冲突发生在母亲与子女之间,这与母亲更多地参与子女的日常生活管理、母亲在家庭中的权威地位较弱和与父母冲突可能带来不同的后果有关。

研究发现,我国青少年与父母的交往水平从初一到初二迅速下降,到了高中阶段与父母的关系有所改善②。青春期的中学生经过反抗期走向自主自立,中学生与父母的交往水平在初一到初二时迅速下降。父母在初中生心中的榜样形象开始瓦解,代之为看到父母也有很多缺点,对父母的信赖减少了,反抗性情绪却增加了,所谓的“青春期风暴”多在这一阶段出现。到了高中阶段后,心理发展日趋稳定,反抗性成分逐渐减少,同时由于自身洞察力与对他人认识能力的增强,能够比较全面地看待父母的优缺点,认为父母虽有缺点但应受到尊敬,与父母的关系有所改善。

一方面,亲子冲突会导致青少年的各种问题行为,包括离家出走、辍学、药物滥用、网络成瘾、青少年犯罪等;另一方面,青少年早期亲子冲突的增长是亲子逐渐获得同等交往地位的一种手段,亲子冲突能刺激父母与青少年去更改或重建对彼此的期望,在冲突及冲突解决的过程中,父母能逐渐给予子女更多的自主性和尊重。亲子冲突的合理解决也使青少年获得一些未来人际交往必需的社交技能。

(二)师生交往有所削弱

师生交往是青少年与老师之间的情感、认知和行为交往。师生交往主要有三种基本形式:单向交往、双向交往和多向交往。单向交往是我国课堂教学的主要交往形式。师

---

①王美萍,张文新.青少年期亲子冲突与亲子亲合的发展特征[J].心理科学,2007(30).

②沃建中,林崇德,马红中,等.中学生人际关系发展特点的研究[J].心理发展与教育,2001(3).

生交往对师生关系影响很大。师生关系从不同的角度可以分成不同的类型。美国心理学家希尔博曼将教学情境中的师生关系分为依恋型、冷漠型、关怀型和拒绝型四种类型；我国学者研究认为目前我国中小学师生关系主要存在对立型、依赖型、自由放任型和民主型四种类型。

师生交往是青少年社会化进程的重要途径，直接关系到青少年的健康成长。师生关系对于学生的学校适应、社会性行为、自我意识、学习成绩等均有显著影响。研究发现，教师对于学生的积极期望能产生奇妙的罗森塔尔效应。

青少年期的师生交往发生了巨大的变化，青少年不再像小学生那样将老师当作至高无上的权威，他们对老师的态度变得富有批判性，开始重新认识老师，并对老师提出了更高的要求。老师对青少年的影响力减弱，师生交往有所削弱，师生交往保持在较低的水平上，师生交往主要表现在学习和工作等方面。

青少年时期的师生交往表现出一些新特点：

(1)青少年在师生交往中既表现出更多的独立和自尊需求，又期望获得教师的关心和抚慰。婆婆妈妈式的管教或冷漠放任的态度都遭到他们的排斥。

(2)教师在青少年心目中的地位进一步降低，变得更注重其理智作用，否认其准监护者角色。在他们看来，教师是获得知识和技能的辅助力量，教师对他们的奖惩和激励作用逐渐降低。

(3)青少年和教师在情感上的亲密联系开始具有选择性，青少年对教师的亲密度开始普遍降低。

(4)青少年对教师的要求和期望更高、更全面、更深刻。研究发现，青少年在智慧、人格、品德、教学能力等方面对教师提出了要求。他们希望老师讲课有趣、幽默；为人和蔼、严格、公正、认真；学识渊博、有独到见解。他们不喜欢不负责任、照本宣科、枯燥无味、缺乏公正、言行不一的老师。

(5)青少年在师生交往中常体验到“角色冲突”。这是因为，青少年既是教师的助手、合作者，又要接受教师评价、批评，同时他们还是同伴、团体成员，需要服从同学意愿，多重角色间常发生冲突，在内心产生矛盾。

(三)同伴交往占据十分重要的地位

处于心理“断乳期”的青少年，不仅在生理、心理等方面快速发展，在社会关系上也呈现出全新的人际交往模式。青少年“受人尊重的需要、友谊的需要和交往的需要”发展最迅猛。一方面，青少年的独立性迅速发展，家长和教师的影响相对减弱；另一方面，他们开始热衷于同伴交往，对同伴倾注越来越多的感情。调查表明，约75%～85%的中学男生、60% ~70%的中学女生都把同龄人作为自己的知心朋友①。对500名犯罪青年和500名一般青年的调查发现,两组青年都是中学时期结交朋友最多②。

在同伴交往中,青少年往往会以友谊作为交往的基础,青少年的友谊观发生了重要变化。小学阶段儿童对友谊的认识还具有较强的主观性,认为友谊应该以相同的活动和爱好为基础,他们可能会认为没有朋友就会被人瞧不起。中学阶段的青少年对友谊关系的认知越来越客观,能够站在他人的立场上认识友谊,兴趣相投的重要性相对降低,他们更重视友谊双方的心理需求,认为朋友之间需要的是相互理解和支持。他们对友谊的重视使得同伴交往变得非常单纯,感情也非常真挚。友谊一旦被破坏,同伴交往也就随之中断。青少年的友谊不仅存在于同性之间,也可以存在于异性之间,对于青少年来说,同异性间有着亲密的朋友关系是非常正常的事情。

青少年开始对异性同伴产生朦胧的神秘感和渴望,萌生了与异性交往的强烈欲望,男女生之间的接触明显增加。但是在最初阶段,他们对于异性的兴趣是以一种相反的方式予以表达的,或者在异性面前表露出一种漠不关心的态度,或者在言行中表现出对异性的轻视,或者以一种不友好的方式攻击对方。总之,从表面上看,他们并不相互接近,而是相互排斥。到青少年晚期,随着青少年心理日趋稳定与成熟,对异性的好感也以正面的方式加以表达,因此他们与异性的关系也有大幅度的攀升。同性交往是青少年同伴交往的主要方式,但青少年与异性同伴的关系要好于与同性同伴的关系。

二、交往意识的转变

交往意识由原来寻求年龄相仿、兴趣相投的玩伴发展到寻求能够认同、理解自己的伙伴。

青少年时期的个体往往缺乏安全感、充满焦虑,缺乏对个性的明确把握及安全的自我认同,他们迫切需要在同伴中寻求支持。青少年与人交往已不仅仅是为了娱乐和游戏,更主要的是为了寻找能够认同和支持自己、帮助自己缓解青春期紧张和不安的伙伴。在择友标准上,青少年选择兴趣、爱好、性格、信念相同的人交朋友,对于家庭地位和经济条件等外部因素很少考虑,他们更重视彼此心里的相容,希望朋友之间既相似又互补。在影响初中生交往频率的各项制约因素中,感情融洽排在第一位,约占调查人数的60%③。随着青少年的判断力和自我调节能力的相对提高,在同伴交往中青少年能够做到求大同、存小异,朋友间的个体差异并不会影响友谊的继续。青少年志趣爱好的不断拓展和内心的逐渐丰富使得他们的交往领域不断扩大,他们更倾向于选择不同的朋友来满足自己不同的需要。

---

①伍新春. 中学生心理辅导[M]. 北京:高等教育出版社,2010.

②林崇德. 中学生心理学[M]. 北京:中国轻工业出版社,2013.

③郑和钧,邓京华. 高中生心理学[M]. 杭州:浙江教育出版社,1993.

三、交往方式的转变

交往方式实现了由团体交往到小群体的交往。

在青春期以前,儿童的同伴交往一般体现为同学或邻里间的游戏团体交往和同性别的团体交往,交往团体比较松散,成员极不稳定,交往维持的时间也非常短暂。成员间的交往是以活动为中心的,内容也以游戏、玩耍为主。这种交往方式在小学高年级发展到了顶点,然后逐渐趋于解体。

进入青春期后,由于自我意识的增强、身心矛盾的涌现,青少年心理上的不安和焦躁,使他们需要一个能倾吐烦恼、交流思想、表露自我并能保守秘密的场所,团伙式的交往方式已经不能满足需要,小群体的"结伙式"的交往现象突出起来。这种小群体往往是非正式的,人数不多,维系群体的力量来自成员间的个性、情趣、志向、兴趣、思想等的相容或相似。情感维系和心理凝聚力较强,成员往往对群体表现出高度忠诚。小群体交往的影响是相对的。一方面,这种交往方式有利于青少年自我意识的发展,有利于青少年掌握与同龄人交往的技能;另一方面,这种交往方式常表现出理智性和原则性水平较低的现象,在学校形成的"小群体"中,只要其中一人有犯罪意识,就可能相互影响,形成共同犯罪①。

在小群体交往的同时,青少年的交友范围逐渐缩小,"知心"朋友一般是一至两个,交友内容也逐渐从活动的外在层面向内在认识和体验方面发展。青少年选择朋友的主要标准是:有共同的志趣和追求,有共同的苦闷和烦恼,性格相近,在许多方面能相互理解等。这一阶段朋友之间的关系十分密切,建立起的友谊相对稳定和持久。

近年来,伴随着现代化传媒及通讯手段的普及,网络虚拟人际交往迅速发展起来。校外同辈群体甚至是陌生成年人也成为青少年的交往对象,青少年人际关系社会化的倾向日益突出。网络虚拟交往的发展对于青少年社会交往能力的发展和社会成熟水平的提高无疑是有益的,但同时由于青少年的自制力和分辨力有限,也容易导致灰色交往,危害很大②。

第二节 青少年人际交往中常出现的问题及原因

人际关系和谐是人人期望的事情,但往往事与愿违,人与人之间总会发生一些令人

---

①伍新春.中学生心理辅导[M].北京:高等教育出版社,2010.

②孙宏碧.中学生人际关系的特点及交往能力的培养[J].教育科学研究,2002(12).

不愉快的人际交往问题。青少年的人际交往问题主要表现在亲子交往、师生交往和同伴交往三个方面。由于同伴交往成为青少年人际交往的主要形式,因此同伴交往问题也最为突出。

一、同伴交往常见的问题及原因

同伴交往指的是年龄相同或相近的个体相互交流信息,沟通情感的过程。同伴交往在青少年时期的人际交往中占据十分重要和特殊的地位。青少年的同伴关系体现了同伴交往的亲疏:一是二元同伴关系(友谊、男女恋慕),二是朋党,三是团伙。团伙是最大的、最松散的青少年同伴群体。团伙成员通常是因为大家对某一活动有共同的兴趣而聚在一起。朋党则规模较小,成员之间关系更为亲密,凝聚力比团伙更高,不过与二元同伴关系相比,朋党的规模大一些,亲密度也差一些。在二元关系中,友谊作为青少年同伴关系中的一个重要层面,带有更多的感情色彩,意味着更加忠诚、坦率。友谊对青少年来讲具有特殊的意义,占有重要地位。

(一)同伴交往常见的问题

1. 同伴冲突

人际冲突是一种人与人之间的状态,表现为两个或两个以上的相互关联的主体之间紧张、不和谐、敌视甚至是斗争关系。对于青少年来说,人际冲突可能出现在同伴之间、师生之间和亲子之间,其中,同伴冲突最为突出。

2. 不敢交往

在人际交往中,人们都存在着不敢与人交往的心理,只是每个人的反应程度不同。有些青少年在这方面反应特别强烈,他们在与人交往时显得特别紧张,心跳气喘,面红耳赤,两眼不敢正视别人;在与人交谈时显得语无伦次,词不达意,尤其在人多的场合或者在集体活动中更感到害怕,不敢和人打交道,不敢表现自己,严重的甚至导致社交恐惧症。

3. 不愿交往

有的青少年认为自己不如别人,担心别人瞧不起自己,不愿与人交往;有的同学自高自大,瞧不起别人;有的同学群体意识淡薄,以自我为中心,对周围的人与事漠不关心;有的同学"我"高兴、"我"开心就愿意理你,否则就拒人于千里之外。同学之间缺乏必要的宽容,甚至会为一些鸡毛蒜皮的小事大打出手。有的人遇事总是回避、退让,整日郁郁寡欢,缺乏交往的愿望和兴趣,他们自我封闭、孤芳自赏,但又特别敏感,心理承受能力差,独往独来,不愿抛头露面,不愿与人交往。

4. 不善交往

有的青少年缺乏交往的知识与技巧,在与同学交往时不注意沟通方式,开玩笑不注意场合,不懂得给人留面子,或出言粗鲁伤了对方的自尊心,或不懂得尊重对方的生活习惯,或不懂装懂、夸夸其谈等。这些表现都有损于自身形象的塑造,影响了同学之间进一步的交往。

5. 不懂交往

青少年大都有强烈的与同伴交往的欲望,但又常常感到人际交往困难。这是因为许多青少年对人际交往的追求往往带有浓厚的理想色彩,以友谊的理想模式为标准来衡量现实中的同学关系,导致高期望值与高挫折感并存,对现实中同伴交往表现出强烈的不满。有的青少年总希望别人主动关心自己,主动与自己交往,而自己总是处于被动地位,很少主动帮助别人,人际交往自然出现问题。

(二)同伴交往问题的原因

1. 心理障碍

(1)认知障碍。认知障碍在青少年的人际交往中非常突出,表现为人际交往的自我中心主义和理想主义。自我中心主义是导致青少年同伴人际交往的认知原因。进入青春期,由于自我意识的高涨,青少年"思维的自我中心化"再次出现。青少年,尤其是在青春期的早期阶段,表现出认为自己被人注意、被人评价或像是在"舞台上"等自我中心主义特点。一个青春期的男孩可能会认为其他人和自己一样,也会注意到自己的头发乱了;一个青春期的女孩认为自己走进教室时,所有的眼睛都在注意她的表情。受这种思维方式的影响,青少年十分关注自己的内心和外表,同时对周围人对他们的分析和评价表现得非常敏感,特别是对自己容貌和外表的过分关注,就像是一个演员全神贯注于自己的表演一样,过多地以自我为中心,容易担心自己被消极评价而不愿与他人交往。

处于自我中心的青少年还倾向于认为自己是独特的和与众不同的,心理学称之为"个人神话"。青少年的个人独特感使得他们认为没有人能够理解他们真正的感受。例如,一个青春期的女孩认为其他人不可能感受到她所受的伤害,因为最好的朋友和她分手了。为了保持个人独特感,青少年可能会设计一个关于自己的、充满幻想的故事,沉浸在一个远离现实的世界里,孤独感油然而生。在人际交往中也有可能自认高人一等,自以为是,盛气凌人,人际交往自然就会出现问题。

一个人如果不能客观地评价自己或他人,就会形成自卑或自负等心理,影响人际交往。事实上,自我中心主义也会导致青少年与成人交往出现问题。另外,青少年自我意识迅猛发展,主动交往意识增强,但由于其社会经验有限,心理发展尚未成熟,不了解人的整体面貌,在人际交往中常常带有理想的模型,然后据此寻找知己,一旦理想与现实不符,就有可能产生障碍,心理出现创伤。

(2)嫉妒。嫉妒心理是指发现别人在某些方面优于自己,有可能危及自身利益时,产生怨恨的情绪。嫉妒是人类的一种很普遍的情绪,它产生的基础是人类的竞争。嫉妒在某些时候会起到积极作用,如有些人嫉妒他人是出于不服气,从而发奋图强,力图超越自己的比较对象。然而很多时候,嫉妒心理导致的嫉妒行为往往是消极的,表现为孤立、疏远、中伤、诋毁甚至是报复,这无疑会对人际交往产生很糟糕的影响。嫉妒心强的青少年对别人的长处、优点、荣誉或成绩不满、憎恨,很容易出现挑衅、指责、敌对甚至报复行为,导致人际关系紧张,破坏和同伴之间的关系。

(3)害羞。害羞心理是指一个人过多地约束自己的言行,表情羞涩,神情不自然,经常不能充分地表达自己的思想感情,人际交往比较被动。一个人有害羞心理是正常的,只要其不足以影响正常的人际交往,一个人如果不害羞反而更令人担忧。但如果在任何时间、任何场合都有害羞心理,不愿与人交往,不敢与人交往,就是心理障碍了。

害羞是一种由不正确的自我暗示引发的心理障碍,有一小部分人是由遗传因素造成的,而大多数人则是受家庭和环境影响所致。形成害羞心理的原因可能是过去失败受挫的经历导致的自卑心理,也有可能是由于过于敏感,过于关注自己的个人形象,过分追求安全感等。

(4)恐惧。恐惧心理分为对物的恐惧和对人的恐惧,我们这里指的是对人恐惧,也就是人际交往恐惧,是一种严重的交往心理障碍,主要表现为害怕见陌生人或在公共场合讲话,在交往中经常不由自主地紧张,害怕或担忧,表现出语无伦次或不知所措,严重的可能导致交往恐惧症。交往恐惧主要发生在抑郁质的人和有过交往挫折经历的人身上。

(5)猜疑心理。生活中,人们在人际交往时免不了有一些顾虑和怀疑,这是正常的,特别是对于涉世未深的青少年,更不能随便与陌生人交往。要有防范意识,不跟陌生人走,防止上当受骗,受到伤害。

猜疑心理是一种主观的想象和推测,它不是以客观事实为依据的。表现为在人际交往中对别人的言行过于敏感,容易对他人行为的动机产生怀疑,容易把一些无关的事情与自己联系起来,在交往中顾虑较多。“疑人偷斧”就是典型的多疑心理表现。

猜疑心理一方面是由猜疑者的认知偏差导致的,他们常常带着“有色眼镜”去观察别人,用别人的行动来验证自己的看法,歪曲事实,对别人产生怀疑;另一方面,猜疑与对自己缺乏信心有关,猜疑者总要以别人的评价作为衡量自己言行的是非标准,而当别人的态度不明朗时,他们往往要从不利于自己的方面去猜疑,自寻烦恼。另外,猜疑还可能是挫折引起的一种防卫。

此外,自卑和孤僻等心理障碍也是影响青少年的同伴交往的重要原因,这里不再赘述。

2. 不良个性

研究者发现,在同伴交往中,受欢迎的青少年真诚、快乐、率真、热情、自信,往往给同伴以积极的肯定、适时的关注和帮助,他们能够悉心地倾听同伴的倾诉,彼此开诚布公地交流。不受欢迎的青少年在同伴交往中或者不够明智,冲动、霸道,极具攻击性、破坏性,总是希望主导整个活动或强制别人服从,而不能很好地与别人协作;或者虚伪、胆怯、害羞、自私和孤僻,这些在很大程度上阻碍着正常的人际交往。

3. 缺乏交往技能

一些青少年因为缺乏交往技能,在人际交往中缺少信心,担心自己在公众场合"出丑",不愿主动交往。

二、师生交往常见的问题及原因

"一日为师,终身为父",中国自古就有重视师生交往的传统。之所以把师生交往放到如此高的位置,是因为其在整个人际交往领域中的重要地位,对学生的毕生发展有着极其重要的作用。

(一)师生交往的问题

教师是除了父母之外与儿童和青少年保持长久而密切关系的主要成年人。师生关系首先是教育关系,教师不仅是教书育人的教育者,还是家长的"代理人";师生关系强调伦理关系,师生关系对于师德的重视超过其他任何类型的人际关系;师生关系还有因情感的交往和交流而形成的心理关系。因此,师生关系非常微妙,它可以亲如父母的疼爱,也可以诚如朋友间的率直,而它本身又带有一种其他交往方式所不具有的威严性、权威性、直接性。

良性的师生交往对于师生双方都是有益的。一方面,在和谐、融洽的师生交往中,教师不仅能起到"传道、授业、解惑"的基本作用,更重要的是教师会尊重、爱护自己的学生,给予学生鼓励,满足学生的心理需求,激励学生、鞭策学生取得进步。研究发现,积极的师生关系对于学生的学校适应、社会性行为、自我意识、学习成绩等均有显著的促进作用。例如罗森塔尔效应,即教师期望的作用:心理学家罗森塔尔在一个非常著名的实验中,在对一所小学的学生进行智力测验后,随机抽取 20% 的学生,告诉这些学生的教师,他们是非常有发展潜力的大器晚成者。8 个月后再次智力测验,发现这 20% 的学生有了出乎意料的进步。另一方面,在融洽的师生关系中,学生也会发自内心地尊敬教师、关心教师,在这样和谐的气氛中,教师更能愉快高效率地进行工作,师生双方都达到令人满意的双赢效果,形成一种"教学相长"的格局。

然而,青少年时期不可避免地会出现师生交往问题。2013 年,有媒体在安徽合肥近 12 所中小学进行了调查,发现九成初中生最讨厌老师"言语中伤",近七成的学生最害怕"老师打小报告",六成中学生生活中没有把老师当朋友①。

青少年时期的师生交往问题主要表现为师生冲突和师生交往的实质性缺失两个方面。

①桑红青. 九成初中生最讨厌老师"言语中伤"六成中学生没把老师当朋友[N]. 市场星报,2013-09-09.

师生冲突是师生交往中的一种常见问题，在青少年早期多有发生，但在青少年晚期减少，师生冲突多数是一般性冲突，对抗性冲突较少。在师生的交往冲突中，教师占据优势地位。严重的师生冲突可能会给师生双方带来消极、破坏性的影响，危害师生双方的身心健康。但适度的冲突及其恰当解决有利于师生双方的共同成长：冲突双方借此释放内心压抑及不满，维持良好的心理健康状态；同时，冲突还促使师生双方自我反思，完善和发展自我。

师生交往的实质性缺失主要表现在师生交往只停留在“知—知”层面的授受关系，缺乏“情—情”层面的相互交流，课上交往多，课下交往少，师生关系紧张、冷漠。师生交往的实质性缺失是高中阶段师生交往的主要问题。国内许多关于“中学生心理健康状况调查”的资料表明，师生交往的实质性缺失是心理健康问题中的重要方面。调查显示，其中有70%左右的青少年很少得到教师的表扬，65%的青少年在教师面前难以自由表达内心的想法，58%左右的青少年认为教师不是很关心自己，47%左右的青少年认为教师一点也不了解自己。

（二）师生交往问题的原因

师生关系与亲子关系都属于垂直关系。垂直关系是指那些比青少年拥有更多知识和更大权力的成人（主要是父母和老师）与青少年之间形成的关系，这种关系本身是不平等的。因此，独立意识崛起、成人感发展的青少年自然会力图摆脱成人的控制，就直接导致师生交往削弱或实质性缺失，冲突也不可避免。

我们主要从社会根源和心理学原因角度来分析师生交往问题的原因。

1. 社会根源

首先，由于我国中学教育深受应试教育的影响，中考、高考的指挥棒使得学校教育教学活动的“任务取向”非常明显，学校和教师乃至学生“急功近利”思想严重。学校为提高升学率，教师为提高学生成绩，学生为提高名次而忙碌。教师的工作时间多用来备课、教学，学生的时间都用来学习。师生交往的行为被“成绩”和“名次”所左右，一些教师为了维护自己的权威，提高教学效果，甚至有意识地与学生保持距离；青少年的交往欲望也随着年级的升高而逐渐降低。这必然导致师生关系只能停留在简单的“知—知”层面，难以到达“情—情”层面。

其次，由于社会环境的影响，师生关系有经济化、功利化趋势，这也是导致师生关系问题的重要原因之一。

最后，教师的传统管理方式与青少年“觉醒”的矛盾。在传统教育观念影响下，教师是绝对的权威，扮演着教育者的角色，用一种居高临下的眼光看待学生，要求学生服从命令。然而，青少年自我意识的迅猛发展、成人感的产生，使他们希望获得成人的认同和尊重，希望教师能公平地对待他们，能以朋友的身份与他们相处，而不是高高在上。他们对教师的管理方式表示不满和厌恶,甚至进行反抗。

国外心理学家根据教师的管理方式将师生关系分为专制型、放任型和民主型三类。专制型的教师,对学生实行严格管制;学生对教师的要求只能执行,不能违抗,稍有不满情绪和行为,就会遭到教师粗暴的训斥和辱骂,师生关系表现得异常冷漠和紧张。放任型的教师,缺乏完善的工作计划,对学生没有明确而严格的要求,或不愿管理学生,或自认为管不住学生,大小活动都由学生自己安排。这样,师生都不会产生建立良好关系的愿望,有时也会因学生觉得理应教育指导他们的教师辜负了他们,而对教师产生不满和怨恨的情绪。民主型的教师,能够尊重学生,重视学生集体的作用;能够与学生共同确定计划,共同讨论问题;教师的主导作用和学生的主体作用结合较好;教室里充满积极认真、愉快轻松、富有创造的教学气氛,师生关系也显得友好和谐。

2. 心理学原因

首先,最初印象影响人际交往。交往之初,交往双方的言谈举止、表情和气质等会影响最初印象也就是第一印象的形成,这种最初印象会成为心理定势,深刻影响后续的交往关系。

如果学生对教师的第一印象良好,学生会喜爱教师,倾向于对教师其他方面的特征也给予积极的评价,与教师交往的密度会有所增加,关系也易建立;反之,学生会不喜欢或讨厌教师,并倾向于对教师其他方面特征给予消极评价,逃避师生交往,与教师的亲密关系也很难建立。也正是由于这样,在教育实际中,我们常常要求教师上好第一堂课,组织好第一次活动,为学生留下良好的第一印象,增强对学生的人际吸引力。同样,教师对学生初次接触中的认知,也在很大程度上取决于学生的外在行为和特征。如果教师对学生印象好,满意度高,就会增强教育信念,提高交往热情;如果印象不好,就很容易对学生产生不正确的认知,进而影响师生的交往与关系。

其次,随着交往的深入,交往双方的知识和经验、世界观和价值取向、人格或个性特征则会成为影响交往的重要因素。

在学校教育中,知识经验丰富、教学方法好、人格魅力强大的老师往往受到学生的尊重和欢迎。研究发现,青少年喜欢有理解力、耐心温和、可信赖、公平、能使学生学懂、开朗、不感情用事、热心负责、不缺课、学识广、上课生动有趣、活泼、守信用、讲民主、人格高尚、教法好的教师;他们厌恶经常训人、情绪不稳定、作业过难、要求过高、缺乏耐心,缺乏同情心、态度拘谨、讨厌学生、不接近学生、体罚、偏爱、不公正、缺乏知识和修养、教法不好的老师。师生间相互喜欢的个性品质越多,彼此关系越融洽;反之,则容易发生矛盾。

最后,交往双方归因方式的不同也会导致师生交往问题。例如,某班级学生数学期末考试失败,严于律己的教师往往归因于自己的教学问题,自负的老师则可能会归因于学生的笨拙和懒惰。

信息窗6－1

师生关系的诊断

本问卷共有18个陈述项目。请对照自己的实际情况，作出是（打√）与否（打×）的判断。

1. 你经常不能明白老师的讲解。（ ）
2. 某位老师对你感到讨厌或你讨厌某位老师。（ ）
3. 老师常以纪律压制你。（ ）
4. 老师上课不能吸引你。（ ）
5. 老师不了解你的忧虑与不安。（ ）
6. 你的意见常被老师不加考虑地反对。（ ）
7. 老师把考试成绩的高低作为衡量学生的优劣与奖惩学生的尺度。（ ）
8. 你找不到一位能倾诉内心隐秘的老师。（ ）
9. 老师常体罚或变相体罚你。（ ）
10. 老师常给你增加学习负担。（ ）
11. 某位老师对你有点冷淡。（ ）
12. 你的思想常被老师支配。（ ）
13. 你在学习上的创造性见解常得不到老师的肯定。（ ）
14. 老师常让你感到紧张与不安。（ ）
15. 老师常误解你的行为而斥责你。（ ）
16. 老师无法帮助你改进学习方法。（ ）
17. 老师很少与你倾心交谈。（ ）
18. 你常屈服于老师的命令与权威。（ ）

计分规则与结果解释：

1. 凡是回答“是”者给1分，凡是回答“不是”者给－1分，将所有项目的分数累加起来，即可得到总分。

总分为8分～18分，表明困扰程度严重或较严重。

总分为－8分～7分，表明困扰程度中等。

总分为－18分～－9分，表明困扰程度较轻或很轻微。

2. 整个问卷又可分为三组，它们是：

A组：1，4，7，10，13，16

B组：2，5，8，11，14，17

C组：3，6，9，12，15，18

A组的合计分数，代表师生在教学过程中的紧张程度：

4分～6分，程度严重或较严重；

-3 分 ~3 分,程度中等;

-6 分 ~ -4 分,程度较轻。

B 组的合计分数,代表师生在情感距离上的困扰程度:

3 分 ~6 分,程度严重或较严重;

-3 分 ~2 分,程度中等;

-6 分 ~ -4 分,程度较轻。

C 组的合计分数,代表师生之间在地位关系上的困扰程度:

3 分 ~6 分,程度严重或较严重;

-3 分 ~2 分,程度中等;

-6 分 ~ -4 分,程度较轻。

[**资料来源**]宋专茂. 心理健康测量[M]. 广州:暨南大学出版社,2002.

三、亲子交往常见的问题及原因

亲子交往是父母与子女之间交流信息,沟通情感的过程。父母与子女间的相互关系表现为亲子亲合和亲子冲突。亲子亲合是指父母与子女之间的情感联结,包括亲子间的相互依赖、亲密感、信任与沟通等。亲子冲突是指青少年与父母之间公开的行为对抗或对立,它表现为争吵、分歧、争论甚至身体冲突等。亲子交往问题往往主要表现为亲子冲突。

(一)亲子交往的问题

亲子冲突有言语、情绪、身体冲突三种表现形式。亲子冲突多表现为言语和情绪冲突,身体冲突不多。

在青少年早期,父母与青少年之间的冲突开始显著增加,青少年后期亲子冲突逐渐减少。绝大多数冲突的程度都是中等的或较低的,极其严重的亲子冲突不多,研究发现,仅有 20% 的家庭面临严重的、漫长的、反复的、不健康的冲突。这种漫长的、剧烈的冲突往往是和大量的青少年问题联系在一起的——离家出走、青少年犯罪、早孕、吸毒等①。母亲在家庭中扮演着子女教育的主要角色,冲突往往与母亲有关。

亲子冲突的焦点主要集中以下五个方面:

第一,社会生活和习俗。青少年的社会生活和他们所看到的社会习俗可能比其他方面更容易与父母发生冲突。这当中通常最容易出现摩擦的有:朋友的选择;可以外出多长时间;外出可以到什么地方;可以参加什么类型的活动;衣服和发型的选择等等。

---

①雷雳,张雷. 青少年心理发展[M]. 北京:北京大学出版社,2003.

第二，责任感。青少年显得不负责任时，父母是最为恼火的。父母希望孩子在以下方面负起责任：做家务；管理自己的物品；爱护家庭财产等。

第三，学习。青少年的学校成绩、在学校的行为表现以及对学校的态度，都会引起父母的注意。父母特别关心的问题有：学校成绩；家庭作业和学习习惯；正常出勤；在校行为。由于我国传统文化对学习的重视，学习无疑成为父母与孩子发生冲突最重要和最多的内容。考试后的一段时间，父母与孩子的冲突很可能增多。

第四，家庭关系。这方面冲突来自于：对父母的一般态度和尊重水平；与亲戚的，特别是老年祖父母的关系；依赖家庭的程度等。青少年对父母不屑一顾的态度往往会激怒父母。

第五，价值观和道德。这方面父母尤其关心的是：酗酒、抽烟、吸毒、语言、基本诚实、性行为等。

（二）亲子交往问题的原因

亲子双方的影响是相互的。一方面，父母的品性影响着子女的发展，父母对子女的教育方式依赖于子女的特点；另一方面，子女自身的行为特征、认知水平等的剧烈变化也对亲子关系起着重要作用。亲子冲突的原因主要有以下几个方面：

1. 青少年独立性的发展

随着青春期的开始，青少年的认知水平不断提高，他们不再把父母的观点看作是唯一正确的，他们经常对父母的建议和要求提出质疑和反对，认为自己在某些事情上知道的与父母一样多甚至比父母多，这必然会导致亲子间冲突的增多。

青少年的自主要求和独立意识的增强也影响着亲子关系。青少年渴望能对自己所做的事情及自己的角色担负起更多的责任，他们不愿接受父母在日常生活中的权威地位，敢于公开反对父母的意见。父母则对孩子这种企图脱离自己控制的做法感到不安，他们认为十几岁的孩子在适应青春期的变化时会遇到困难，希望孩子多听取自己的意见。这样，青少年与父母间的相互期望变得不一致，出现期望背离现象，亲子间往往因此产生冲突。

2. 家庭环境

家庭气氛会对亲子冲突产生影响。各种类型的冲突，如花钱、社会生活、户外活动、家务，往往会发生在独裁型的家庭，而不是民主型的家庭。

信息窗 6-2

亲子关系的类型

1978 年，美国心理学家戴安娜·鲍姆林德根据父母对子女的情绪态度（是温暖、接纳还是敌意、拒绝）和控制程度（是过度限制还是忽视放纵），把父母对子女的教养方式分为民主型、独裁型、放纵型和疏忽型四种。亲子关系也可以分为这四种类型。

父母类型	父母的行为模式	子女的行为
民主型	对子女温暖、接纳、关心,对子女的需要敏感,以子女为中心,合理地规范子女的行为,并且坚定地执行规范;考虑子女的要求和期望,并征求其意见;赞许和支持子女的建设性行为,对子女的期望合乎实际,并参与其行动	正向:活泼、外向、亲切、独立、自信、大胆、敢于表达自己的见解,具有创造性、幽默感和安全感,不怀恨别人,无深藏的敌意,无压抑的怒气,对压力适应良好;社交能力强,合群,能够自我控制;发奋向上,具有成就动机; 负向:偶尔出现不服从、不礼貌或反抗性行为,但都可以驾驭
独裁型	疼爱子女,但多限制或严格管束	正向:顺从、理智、守规矩、整洁;侵犯性和支配行为较少; 负向:懦弱、严肃、依赖,较缺乏竞争性、独立性和创造性;有时潜意识中怀有敌意、怀恨父母及他人;社会行为、好奇心、主动性、灵活性等因受到限制或压抑而流于呆板,难以正常发展
	厌恶子女,多限制或排斥	正向:较少,表面服从; 负向:易将愤怒情绪和行为抑制或内化,对现实不满,好幻想,甚至引起神经质反应,敏感、猜疑、对人缺乏信任、充满恐惧、不快乐、不友善、潜藏敌意,怀恨父母及他人;被动攻击并具有愠怒的退缩性,缺乏自尊和自信,学业成就低,人际关系不良,反抗权威,甚至出现违法犯罪行为
放纵型	对子女过分溺爱、放任、并放纵其行为,对子女要求不清楚、不执行、任其为所欲为,常对子女的抱怨和苦恼行为屈服让步,忽视甚至接纳子女的不良行为,管教态度不一致,对子女成熟独立的行为较少要求或期望	正向:很少; 负向:缺乏自信,成就动机很低,自我控制力差,行为常出轨或偏离社会规范,情绪不稳定,喜怒无常,变化快;对大人反抗、不服从,对父母不尊敬,常不能面对挫折与挑战,社会适应困难,生活没有目标,活动缺乏导向;待人处事具有攻击性,自我中心,作威作福,操纵他人
疏忽型	厌恶子女,纵容子女	正向:很少; 负向:除易出现上述放纵负向行为以外,还可能将不满情绪表露出来并付诸行动,反抗父母和权威;甚至出现问题行为或犯罪行为,危害社会安全

[资料来源]李志凯.中小学心理健康教育[M].北京:国防工业出版社,2013.

父母之间的冲突也会影响家庭氛围，对青少年产生有害影响。研究发现，在父母冲突较多的家庭中，有将近一半的家庭中亲子冲突也较多。充满温情和支持的家庭气氛能有效降低冲突的水平和危害。父母离异会影响亲子关系，在父母离异的前期及离异过程中，父母间冲突水平很高，必然会对亲子关系产生消极影响；父母离异后，非抚养家长与子女的接触时间减少，也会对亲子关系造成消极影响。离异单亲家庭的青少年需要父母的友善和亲近，如果需要不能满足，也会导致亲子冲突的增加。

家庭的社会经济地位影响亲子冲突。低社会经济地位的家庭更关注服从、礼貌和尊重，关心孩子在学校不要惹麻烦；而中产阶级家庭则更关心发展独立性和创造性，关心孩子的学习成绩。父母的工作负担影响冲突，当父母都必须工作时，父母对青少年的必要监督减少导致家庭问题出现。

第三节　青少年人际交往能力的提高与辅导

从心理健康的角度来看，青少年人际交往能力的提高与辅导的必要性是由人际交往的功能决定的。人际交往的功能主要表现如下：

第一，获得信息功能。英国学者萧伯纳曾经说过，如果你有一个苹果，我有一个苹果，彼此交换，每人只有一个苹果；如果你有一种思想，我有一种思想，彼此交换，我们每个人都有两种思想。在"知识爆炸"的现代社会，与从书本获得信息相比，人际交往表现出内容更广泛、渠道更直接、速度更迅速等特点。随着交往的扩大和友谊的深厚，个体交换更多的思想，获得更多的信息。

第二，自知、知人的功能。人的自我意识是在与人交往中逐渐发展起来的。个体通过与他人的比较认识自己，通过他人的评价以及自己与他人的关系认识自己。随着人际交往范围的扩大，个体的人生阅历逐渐丰富起来，也就能理解更多他人的品行。

第三，人际协调功能。在社会生活中，人们通过交往相互联系，形成一定的社会关系。为了使人们的行为相互协调、保持一致，避免发生相互干扰及矛盾冲突，就会产生社会公约与团体规范，这些公约与规范通过人际交往发挥作用。

第四，身心保健功能。人际交往对于人类的心理健康有着极为重要的作用。马斯洛认为，交往的需要，也就是归属于一定的社会团体、得到他人的爱与尊重的需要，是与吃饭穿衣同等重要的不可缺少的需要，交往的缺失将使人丧失安全感，进而影响心理健康。心理学研究发现，健康的个性总是与健康的人际交往相伴随的。心理健康水平越高，与别人交往越积极，越符合社会的期望，与别人的关系也越深刻。在青少年心理咨询中发现，绝大多数青少年的心理危机都与缺乏正常的人际交往和良好的人际关系相联系。

青少年人际交往能力的辅导就是要培养青少年的交往技能，发展交往能力，使青少年乐于交往、善于交往、乐于助人、善于合作与竞争，消除人际交往障碍，提高交往效能，建立一种和谐融洽、建设性的人际关系，最终促进青少年的心理健康和人格成长。

一、人际交往的一般知识

建立和谐融洽的人际关系是每个人的美好愿望。想要达到这个目标，就要建立起一种健康的人际交往行为态度。人际交往是复杂而微妙的，但也是有章可循的，这里介绍的一般知识，可以指导并帮助我们建立并维持良好的人际关系。

（一）人际交往的原则

1. 交互原则

社会心理学家的大量试验均已证明，人际关系的基础是彼此间的相互重视与支持。任何人都不会无缘无故地接纳他人，喜欢他人。我们喜欢他人是有前提的，那就是他人也喜欢我们，承认我们的价值，支持我们，这就是人际交往的交互原则。对于真心接纳、喜欢我们的人，我们也倾向于接纳对方，愿意同他们交往并建立和维持关系。相反，对于表现出不喜欢、排斥我们的人，我们也倾向于排斥、疏远对方，避免与其有深层的交往。在人际交往中，必须首先遵循交互原则。对于人际交往对象，我们应首先接纳、肯定、支持和喜爱他们，保持在人际交往中的主动地位，否则，我们的人际交往将困难重重。“爱人者，人恒爱之；敬人者，人恒敬之”，说的就是这个道理。

2. 自我价值保护原则

自我价值保护就是人为了维持自我价值的确立，心理活动的各个方面都有一种防止自我价值遭到否定的自我支持倾向。大量研究证明，任何一个人，其心理活动的各个方面，从知觉信息的选择到内部的信息加工，从对行为的解释到人际交往，都具有明显的自我价值保护倾向。由于自我价值是通过他人评价而确立的，个体对他人评价极其敏感。为了维护自我价值，我们只接纳那些喜欢自己、肯定自己的人，而排斥那些否定自己的人。自我价值保护是人际交往不可违背的基本原则。我们要想同他人建立良好的人际关系，就必须对他人的自我价值感起到积极支持的作用，避免激起人们自我价值保护的防卫倾向动机，引起他人对我们的强烈拒绝和排斥情绪。必须指出的是，强调人际交往的自我价值保护原则，并不意味着在人际交往中处处逢迎他人，在信任感建立起来后，诚恳的批评，也同样会成为人们自我价值的支持。

3. 功利原则

社会交换理论认为，人与人的交往在本质上是一个社会交换过程，这种交换不仅包括物质交换，还包括非物质交换，如情感、信息、服务等。交换的原则是个体期待人际交往对自己是值得的，在交往过程中的得大于失或至少等于失。人们的一切交往行动及一切人际关系的建立与维持，都是根据自己的价值观进行选择的结果。对于那些对自己来说是值得的，或得大于失的人际关系，人们倾向于建立与保持，反之，则倾向于逃避、疏远或终止。因此,在人际交往中我们应当“投我以桃,报之以李”,不能只求回报,不讲奉献。

4. 情境控制原则

情境控制是指人需要达到对所处情境的自我控制。生活经验告诉我们,在陌生环境里,我们会感到不自在,高度紧张,直到我们熟悉了周围的环境,我们才会真正放松下来。因此,每个人都有控制环境的需要,环境的熟悉和控制带来的是安全感。在人际交往中,只有坚持自由与平等的交往,才能给交往双方带来控制感。当家长抱怨孩子不听话,老师抱怨难以走近学生时,很可能是因为他们没有摆脱权威的束缚,没有与青少年真正平等地交往。亲子交往、师生交往和同伴交往都要遵循这种原则,交往才能长久、健康地维持下去。

此外,在人际交往中还应遵循平等、尊重、宽容、诚信和适度的原则。

(二)影响人际交往的因素

1. 时空接近性因素

俗话说“远亲不如近邻”,这说明时空上的远近对人际关系建立的影响。实验证明,空间上的距离越小,接触的次数就越多,就越容易建立起密切的人际关系。另外,时间上的接近性,如同龄、同期入学等,也易于在感情上相互接近,产生相互吸引。时空接近性是密切人际关系的重要条件,但也不是绝对的。心理学研究发现,人际交往的频率与喜欢的程度呈倒U型关系。有时,时空过于接近,交往过于频繁,反而容易造成摩擦和冲突,影响人际关系的巩固和发展。

2. 相似性因素

常言道“物以类聚,人以群分”,人们通常喜欢那些同自己相似的人。心理学研究认为,交往双方越具有相似之处,就越能相互吸引,产生亲密感。相似的范围很广,但主要在态度、信仰、爱好、兴趣等方面。其中,态度、价值观念的相似尤为重要。为什么观点、态度、个性相似的人容易相互吸引呢?费斯廷格的社会比较理论解释为:人人都具有自我评价的倾向,而他人的认同是支持自己评价的有力依据,是对自己的一种酬赏,所以对方的吸引力便产生了。其次,相似容易导致交往双方有共同的话题,“酒逢知己千杯少”,从而使交往更加容易进行。

3. 互补性因素

互补性同样可以产生吸引。生活中我们不难发现,在需要、气质和性格等个性方面存在差异的人容易相互吸引。例如,脾气暴躁的人和脾气温和的人和睦相处,健谈的人会迷上相对安静的倾听者。互补是以双方需求得到满足为前提的,互补使我们的社会生活更加丰富,充满生机。互补不是无条件的,它必须建立在双方相同的信念、理想和价值观上。

4. 人格因素

人格是影响人际交往中的重要因素。一个人如果在气质、性格、涵养、品质等方面比较突出、优秀,往往能形成很强的吸引力。

信息窗 6-3

我们喜欢什么样的人

外表美是一时的，心灵美才是经久不衰的。随着人际交往的深入，外在的因素变得越来越不重要，而交往者的内在品质却变得越来越重要。哪些品质在人际交往中最受重视呢？

心理学家安德森在1968年进行的一项研究中，将555个描写人个性品质的形容词列成表格，让大学生被试按照喜欢程度由高到低排成序列。在这一序列中，有代表性的个性品质有三类：排在整个序列最前面的是高度受人喜欢的品质；位于序列中间的是介于积极与消极之间的中性品质；排在序列末尾的是高度令人厌恶的品质。统计结果表明，评价最高的人格品质是"真诚"。在其他8个评价最高的形容词中有5个与真诚有关，即诚实、忠实、真实、信得过的和可靠的；而评价最低的品质是说谎和虚伪。

影响人际关系的主要个性品质

最积极品质	中间品质	最消极品质
真诚	固执	古怪
诚实	刻板	不友好
理解	大胆	敌意
忠诚	谨慎	饶舌
真实	易激动	自私
可信	文静	粗鲁
智慧	冲动	自负
可信赖	好斗	贪婪
有思想	腼腆	不真诚
体贴	易动情	不善良
热情	羞怯	不可信
善良	天真	恶毒
友好	不明朗	虚假
快乐	好动	令人讨厌
不自私	空想	不老实
幽默	追求物质	冷酷
负责	反叛	邪恶
开朗	孤独	装假
信任	依赖别人	说谎

［**资料来源**］章志光，金盛华．社会心理学［M］．2版．北京：人民教育出版社，2008.

5. 能力因素

在其他条件相等的情况下，一个人越有能力，就越受到人们的喜欢，越有吸引力。这是因为，一方面，与能力高的人在一起，我们可以学到许多知识和经验，少犯错误，觉得更安全；另一方面，当我们周围都是才华出众的人，他人认为我们也不会是普通的人物，可以抬高我们的身价。然而，能力的吸引力是相当复杂的。当一个人的能力与其他人相差很大，让人感到可望而不可即的时候，这种差距就会变成一种压力，会使人产生自卑感，从而敬而远之。这就不难理解为什么在一个群体中，最有才华、最有创造性的成员往往不是最讨人喜欢的人，而聪明能干但有一些小缺点的人却是讨人喜欢的。

6. 外表因素

外表因素虽然只是一种外因素，但在人际交往中也起着不可小视的作用，尤其是在初次与异性交往中，外表因素会影响到某些人做出“是否继续交往”的决定。

（三）人际交往中的心理效应

社会心理学研究表明，在人际交往中有一些非常有趣的心理现象。科学地利用这些心理效应对青少年乃至教师的人际交往很有意义。

1. 首因效应

首因效应是交往双方形成的第一印象对今后交往活动的影响，也就是平常所说的“先入为主”。首因效应在与人初次交往时发生，良好的第一印象会产生积极的首因效应。不良的第一印象则会产生消极的首因效应，并对后来的人际交往产生重要影响。

第一印象主要表现在仪表方面，其次是言谈举止。仪表包括相貌、穿着、仪态和风度等。衣着整洁、举止大方的人会给人一种亲近感；衣装不整或不合时宜常常不受欢迎。首因效应如此重要，我们应发挥其优势，为自己的交往服务；避免其不足，不被第一印象所迷惑。

2. 近因效应

在人际交往中，新近获得的信息比以前获得的信息对于交往活动有更大的影响，这就是近因效应。近因效应主要产生在熟识的人之间。首因效应与近因效应不是对立的，它们是一个问题的两个方面。在青少年的人际交往中，第一印象固然重要，但最后的印象也是不可忽视的。在人际交往中，既要注意平时给对方留下的印象，也要注意给对方留下的第一印象和最后印象。

3. 光环效应

光环效应又称晕轮效应，在人际交往中，当对一个人的某种特征形成好或坏的印象后，就会倾向于据此推论该人其他方面的特征，这就是光环效应。所谓“情人眼里出西施”，说的就是这种光环效应。光环效应实际上是个人主观推断泛化的结果。例如，看到某人话少，就认为这个人待人冷漠，不好相处；发现某个学生撒谎，则倾向于推测他的品德等其他方面都不好。在光环效应状态下，一个人的优点或缺点特别容易被夸大或遮挡,使人难以认清其真面目。

光环效应的有害影响表现在人际交往中,就是我们对一个人的评价可能会受这个人的相貌举止、家庭背景等无关因素的影响,影响正常的人际交往。我们既要有意识地从多个角度、各个方面观察评价他人,不被表象迷惑;又要巧妙地利用光环效应的积极作用,为自己增加人际魅力。

4. 刻板印象

刻板印象是社会上对于某一类人产生的一种比较固定而概括的看法。一般来说,生活在同一地域或文化背景中的人们常表现出许多相似性,人们容易将这些特点归纳固定下来。例如,商人精明,北方人憨厚,女人柔弱,等等。这样对人的印象很容易忽略个体性,造成过度概括化的认知偏差和成见。刻板印象的消极影响阻碍人与人之间深入、细致的认知。

5. 投射效应

投射效应指人际交往中,一个人总是假设他人与自己有相同的倾向,即把自己的特性投射到他人身上。如爱议论别人的人,总以为别人也常议论自己。投射可以表现为两种类型:一种是个人没有意识到自己已经具有某些特性,而把这些特性加到他人身上。例如,有人对另一个人怀有敌意,则总感觉到对方也对自己怀有仇恨,一举一动似乎都带有挑衅色彩。另一种投射是指个人意识到自己的某些不称心特点,把这些特性加到他人身上,说是别人有这种恶习。例如,想作弊的学生总感觉到别人都在作弊,自己不作弊就吃亏了。克服投射效应的关键是客观对待他人,防止以己度人。

二、重视学生同伴交往——青少年同伴交往辅导

同伴交往在青少年行为、认知、情感以及人格的健康发展和社会适应中起着重要作用。良好的同伴关系有利于青少年社会价值的获得、社会能力的发展、学业的顺利完成以及认知、情感、个性的健康发展,而同伴关系不良则可能导致学校适应困难,甚至会对成年以后的社会适应造成消极影响。因此,青少年同伴交往辅导是学校心理健康教育的一项重要任务。

(一)青少年人际认知辅导

人际认知辅导首先强调要着重树立青少年正确的人际交往观,对人际交往有全面、积极的认识,明白建立亲密人际关系及友谊的重大意义。帮助青少年认识自己、认识他人、认识自己与他人的关系,积极交往、主动交往。

人际认知辅导还要求帮助青少年掌握人际交往的基本知识、技能与方法。实践证明,学生能否形成良好的人际关系与其对有关人际知识掌握的程度密切相关。认知辅导包括要让学生懂得人际交往的基本原则,懂得人际交往的影响因素和人际交往的心理效

应，掌握解决人际交往问题的具体方法等，用人际交往知识武装青少年头脑，进而促进其人际交往能力的提升。

（二）青少年个性修养辅导

个性缺陷往往是导致人际交往心理障碍的重要原因，甚至是本质原因。一般说来，具有真诚、自信、豁达、克制忍让、正直诚实、谦虚热情等良好个性的人，人际关系较为融洽；而冷漠、自卑、心胸狭窄、虚伪冷漠、猜忌多疑的人，人际交往容易出问题。具体说来，青少年个性修养辅导包括：帮助青少年树立正确的人生观与世界观；帮助青少年正确认识自我，培养悦纳自我的态度；帮助青少年提高受挫能力；帮助青少年掌握情绪调控方法，自觉地调控不良情绪。

（三）青少年人际交往技能辅导

许多人际交往问题是由于缺乏必要的人际交往技能造成的。人际交往技能辅导包括：

1. 良好人际关系的建立

（1）建立良好的第一印象。注意仪表、真诚有礼、守时守信等都是建立良好第一印象的要素，此外，心理学家卡耐基在其著作《怎样赢得朋友，怎样影响别人》一书中总结出六种途径，也值得借鉴：真诚地对别人感兴趣；保持微笑；多提别人的名字；做耐心的听者，尽量让别人谈他们自己；谈符合别人兴趣的话题；以真诚的方式让别人感到他很重要。

（2）主动交往。帮助青少年克服理想主义和自我中心主义的不良认知影响，正视自身缺点和问题，关爱他人，主动交往。

2. 良好人际关系的维持

相对于人际关系的建立，人际关系的维持更加困难，需要掌握一些技巧维持。

（1）避免过度争论。生活中常常会发生争论，争论往往是以面红耳赤和不愉快的结果而结束的。青少年之间的争论还有可能演化成人身攻击。因此，过度的争论对人际交往是毫无意义的，应避免过度争论。

（2）尊重他人意见。根据人际交往的自我价值保护原则，尊重他人意见，能有效地帮助他人保护他的自我价值感，避免引起他人的排斥心理，有利于人际关系的维持。

（3）善于倾听，真诚表达。善于倾听是维持良好人际关系的重要技巧。倾听时要与说话人有目光交流，并给予恰当的应答，不随意地批评他人。有时，善意的批评是必需的，但其前提是真诚表达。

（4）勇于承认错误。承认错误也是保护交往对象自我价值的一种方式。根据人际交往的交互和功利原则，对方也会以保护你的自我价值作为回报。对于勇于承认错误的人，人们会显示出超乎寻常的容忍度，从而有利于人际关系的维持。

(四)青少年人际交往障碍辅导

1. 认知障碍辅导

案例6－1

自觉“优胜者”的小肖

小肖以优异的成绩考入初中。入学后,他偶然得知自己的分数比班上大部分同学高出许多,因此,他产生了一种优越感。在与其他同学的交往过程中,他总是不自觉地扮演着“优胜者”或“领导者”的角色,以居高临下的姿态与周围的同学交流,总觉得自己高人一等。他常常在不经意间伤害了别人,造成与同学之间的冲突和摩擦。不仅如此,他甚至连自己的任课教师都不放在眼里。渐渐地,同学们离他远去,不愿意与他交往;老师也对他产生了不良的“观感”,对他印象不佳。在“离群索居”的孤独中,小肖逐渐陷入了极度苦闷的情绪之中。

自我中心的个人神话心理导致小肖过高地估计和评价自己,同时又过低地估计和评价别人,心理膨胀,自以为是,不考虑对方的需要和感受,这样的人在人际交往中必败无疑。具有这种自我中心特征的人,在交往中主要表现为:很少关心别人,与他人关系疏远;固执己见,唯我独尊;自尊心过强,过度防卫,有明显的嫉妒心。因此,青少年在人际交往过程中,必须自觉地排除自我中心的认知障碍,在正确看待自己的同时,更要正确地认识他人,教师也要帮助学生克服自身的认知障碍,这样,青少年之间的人际关系才能和谐融洽。改变自我中心的方法主要为接受批评和平等相处。

2. 嫉妒心理辅导

案例6－2

好朋友如何变成仇人

小王和小胡原本是一对好朋友。平时他们一起出入教室、宿舍、食堂,可谓情同兄弟,形影不离。他们有共同的兴趣爱好、共同的人生目标;他们互相帮助,互相关心,两人的学习成绩都很好。后来,小王被同学们推选为班干部,这时小胡的心理就失去了平衡。他认为,两人的学习成绩、工作能力等都不相上下,各方面表现也差不多,为什么好友小王能当干部,还被评为“三好生”,而自己却“一事无成”呢?小胡百思不得其解,越想心情越糟糕,心中开始滋长不满和怨恨情绪。从此,两个好友开始疏远,小李还经常无中生有,造谣中伤,使小王受到伤害,两人关系越来越紧张,一对好朋友似乎变成了仇人。

这个案例,在青少年的人际交往中屡见不鲜,其根源是“嫉妒”这种情感障碍在作祟。嫉妒是痛苦的制造者,是一种十分狭隘而又危险的情感状态。它不仅严重影响人际关系,而且强烈的嫉妒心可以吞噬人的理智和灵魂,在嫉妒心的驱使下,小李采取造谣、中伤等做法来达到心理平衡,终结了一段珍贵的友谊。

克服嫉妒心理首先要纠正认知偏差。嫉妒者把他人的成功看作是对自己的威胁。实际上，他人的成功是努力的结果，嫉妒者应当学会比较的方法，善于学习别人的长处来克服自己的短处，而不是以己之短比人之长。

克服嫉妒还可以采取升华的方法。把不服气的心理引导到积极的方面，化嫉妒为上进的力量，赶上或超过对方。有时，以自己的优势与他人的劣势比较，扬长避短，以求心理平衡，也是一种有效的方法。

克服嫉妒还要积极地转移注意力。积极参加有益的活动，努力学习，使自己忙碌充实起来，自然无暇嫉妒；注意的转移还包括对优点和缺点的注意问题，注意自己的优点和他人缺点，而不是别人的优点和自己的缺点，就会使失衡的心理获得新的平衡，嫉妒心理自然也无从产生。

3. 害羞心理辅导

案例 6-3

不敢与男生讲话的小秋

小秋，女，某重点中学高中一年级学生。自幼就性格腼腆，几乎不说话，对于家中来的陌生客人经常躲而不见。高中以前，虽然不太会与人交往，特别是与男生交往，但还是有几位好朋友（都是女生），在家里也能感受到父母的关爱和理解，再加上学习成绩突出，自己感觉比较顺利。可是进入高中以来，非常害怕与男生讲话，当男生主动跟她讲话时，就很紧张不安，不敢看着他们，脸还会变红，感到很不自在，很难过，连学习也无法安心了。

害羞心理障碍导致了小秋的人际交往困难。克服害羞心理，首先，要放下包袱，树立信心；其次，寻找机会在公众场合发表言论，与人沟通；再次，增强体质，这是克服先天性害羞的有效方法；最后，教师可以指导学生：记下感到不安的事情，帮助学生更直观、更全面地认识自己的一切；创造一个"角色"，尝试扮演一个不害羞的自己；有准备地参加社交活动时，坦率地将不安告诉别人，寻求他人的帮助。

4. 人际交往恐惧辅导

案例 6-4

她害怕别人的目光

吴某，女，某重点中学高二学生。从小性格孤僻，没有伙伴，甚至不和弟弟接触，当时其父母并不觉得这是什么缺陷。上高中以后，发现女儿仍不敢与同学来往，不敢住集体宿舍，不敢去食堂打饭，不敢抬头听老师讲课，即使在自己的家里也不敢去阳台晒衣服，但又经常偷偷地在家里照镜子，反复表演自己认为最佳的表情和风度，其父母才意识到问题的严重性。

可是实际上，每当她看到其他男女同学有说有笑、非常开心的样子时，就既羡慕又嫉妒。她虽然个性孤僻,但内心深处却渴望与人交往,也想成为受同学们重视的人,但是自己又做不到,同学们也很少与她交往,因此内心矛盾重重。到了高中阶段,这种内心矛盾冲突更加强烈,每天独来独往,十分痛苦。现在她几乎不怎么上课,自己在家里看书还能看下去,一到学校就心烦意乱,难以投入学习。时时感觉到自己不如别人,怕同学耻笑,不敢与同学往来,不敢面对别人的目光,几乎淡出了老师和同学的视线。

吴某的表现是典型的人际交往恐惧症。人际交往恐惧有向坏的方向发展的趋势,表现为开始时只在与某些人交往时产生恐惧感,慢慢地恐惧会泛化到所有的陌生人甚至于熟人。在青少年人群中,不少人都会出现这种社交恐惧,其症状主要有:不敢与人目光对视,不敢在人多的场合说话,紧张不安,甚至手足无措。

克服交往恐惧障碍,首先要积极参加社会交往活动,在活动中端正对交往的认识。害怕交往可能是由于缺乏交往技巧,实践是提高交往能力的唯一途径;其次,改变个性,逐步克服交往恐惧。个性不良是产生交往恐惧的罪魁祸首,也是交往恐惧得以蔓延的前提,改变个性,才能从根本上解决交往恐惧;最后,严重交往恐惧症,必须采取心理咨询和心理治疗的方法。

5. 猜疑心理辅导

案例 6-5

爱猜疑的小王

小王是个高二的女生,住校。有一天,同寝室的同学在收拾书本时,将书堆放在了旁边小王的床上了,小王瞪了同学一眼。但她立刻后悔了,怕其他同学看见,不巧的是,正好有一位同学抬头看小王,小王非常不好意思,心里不免担心,怕同学说自己太小气,以后对自己也不会那么好了。她一整天都在注意其他同学的反应。晚自习后,小王回来晚了点,其他人正说笑着,也就没在意她,她认为他们在说自己小气了,不想理她了。第二天到教室,小王又发现别人用异样的目光看着她。心想坏了,她们一定对全班同学说了,这一下全班同学都知道自己是个小心眼的人了。听到同学们在笑,小王也认为是在笑自己,她坐立不安,夜不能寐食不安寝,学习成绩也下降了。

猜疑心理已经严重影响小王的人际交往甚至是学习了。猜疑心理无疑是有害的,它会束缚青少年的交往欲念,使之不敢与人交往。长期不与他人交往,还会导致多疑者的自我封闭、自我怀疑,使之陷入自卑和孤僻的消极心理状态。猜疑也会挫伤交往一方的感情,导致交往的结束。克服猜疑心理,要完善个性,培养自信、开阔的心胸,可以用以下方法:

(1)自我控制法。当察觉到自己对他人产生猜疑心理时,首先要用理智的力量控制冲动情绪的发生,要寻找产生猜疑心理的原因,并从正反两方面,一分为二地看待猜疑的对象。

(2)收集证据法。在交往过程中观察、了解他人,把握他人的性格特征,对于克服猜疑心理也是有效的。

(3)直接面谈法。诚恳地与猜疑对象将事实探讨清楚，开诚布公地交换意见，以此来消除误会。这是消除猜疑心理最有效的方法。

(五)改变同伴关系的心理学技术

改善人际关系的心理学技术，是试图改变人们的自我意识水平、移情能力和社交技能，使人们的人际关系状况得到改善。主要有角色扮演、敏感性训练、模仿和自我奖励等。

角色扮演是在某些具体情景中以扮演的方式，从中获得某种新的体验或建立某种行为习惯。

敏感性训练，又称为 T 小组训练法，主要目的是让接受训练者学会怎样有效地交流、细心地倾听，了解自己和别人的感情，是改善人际关系的有效心理学方法。它的活动方式主要是语言交流。成员由 5 ~ 15 人组成，包括 1 名组织者，训练期限可以是 1 ~ 4 周。这两种方法需要老师有相关的心理学知识。

模仿和自我奖励等方法也能有效提高青少年人际交往技能。模仿是通过观察别人在人际交往中的表现，习得一些有效行为方式；自我奖励是个人通过与以前行为的比较和对行为后果的评价，对行为的改变给予恰当奖励，从而强化积极的交往行为。

(六)冲突教育

人际冲突是社会生活的客观存在，只要有人际交往，就会有冲突。冲突并不可怕，如果处理得当，人际冲突也可以为双方增进了解的切入点。因此，要开展冲突教育，引导青少年全面分析冲突，辩证地看待冲突。

冲突教育可以从青少年的自我情绪管理训练和冲突处理训练两方面展开。教育原则是把解决冲突的主动权交往学生，让青少年在解决冲突的过程中历练人格品行。

自我情绪管理训练是通过控制消极情绪，减轻心理压力，训练并建构冲突平衡机制。由于在前面章节已有详细阐述，这里不再赘述。

冲突处理训练是正确认识人际冲突，培养非暴力倾向，实现自我情绪管理，预防冲突产生的有效方法。具体包括：

第一，客观地了解冲突的原因；第二，具体地描述冲突；第三，向他人核对自己有关人际冲突的观念是否客观；第四，提出可能的解决人际冲突的方法；第五，逐一评估这些方法，筛选出最佳的解决途径、最佳方法，必须对双方都最有益；第六，尝试使用最佳方法；第七，评估最佳方案的实际效果，并按照双方利益最大化和有利于良好人际关系维持的原则予以修正。

三、正视青少年异性交往——青少年异性交往指导

（一）青少年异性交往的意义

中学生的异性交往是实现个体社会化过程中必不可少的途径。异性交往的意义主要表现在以下几方面：

1. 异性交往可以促进青少年自我同一感的发展

根据心理学家埃里克森的观点，青少年阶段的关键任务是发展同一感。异性交往在青少年的同一感发展中主要通过两种作用方式产生影响：第一，异性交往有利于青少年建立清晰的自我感知。相对于那些与异性交往水平低的青少年，与异性交往比较积极、水平高的青少年更清晰地感知自我交往能力，也更加自信。第二，异性交往及其自我概念还能够影响个体的自我价值感。因为在与异性交往过程中形成的自我概念与众多其他自我概念相关，这些不同方面的自我概念综合决定了个体的自我价值感。

2. 异性交往有利于青少年的心理健康

异性交往可以满足青少年的心理需求，从而达到心理平衡；而缺乏异性交往可能会导致适应不良，甚至引起性心理扭曲、性变态等问题。青少年异性交往有利于个性的完善，一般来讲，既有同性朋友又有异性朋友的青少年，往往性格比较开朗，为人诚恳热情，乐于帮助同学，自制力也比较强。那些只与同性同学交朋友的青少年，往往缺乏健全的情感体验，不具备与异性沟通的社会交往能力，社交范围和生活圈子也比较狭小，人格发展也不够完善。

3. 异性交往能增进青少年间的友谊，为将来获得成熟爱情奠定基础

健康的异性交往，不仅扩大了青少年的交友范围，异性交往的有益经验还可以迁移到同性交往中，因此异性交往对于发展青少年友谊的广度和深度有着十分重要的作用。通过异性交往，积累与异性健康交往的经验，可以使青少年逐渐学会进行比较与鉴别，掌握友谊与爱情的区别，从而更稳妥地把握自己的情感，为将来成人后的恋爱和婚姻生活做好准备。

因此，指导中学生培养异性交往能力和积累异性交往经验，为其步入社会做好准备，是十分必要的。

（二）青少年异性交往的问题

当前青少年异性交往存在着以下问题①：

1. 交友观不正确

部分青少年以异性朋友多为荣，借以炫耀能力，互相攀比。还有些青少年交异性朋

---

①王磊. 青少年异性交往心理问题研究综述[J]. 心理科学，2004(4).

友是为了达到自己的私欲。

2. 超越友谊界限

一些青少年分不清友谊与爱情的本质区别，将异性同学之间的相互吸引和愉快相处误认为是“爱情”，把握不住自己的感情而陷入早恋的旋涡，有些甚至过早地发生两性关系。

3. 交往方式不当

青少年异性交往的随意性和隐蔽性增多。由于社会认知能力和判断能力的限制，青少年异性交往中往往随意性较强，交往对象也良莠不齐。由于害怕家长、教师的干预和训斥，部分异性交往带有“地下”隐蔽性。青少年网恋已经成为一个不容忽视的社会问题。

4. 择友标准不当

大多数青少年以学习好、能力强、思想品德高作为选择异性朋友的标准，但也有部分青少年在选择异性朋友时以“讲义气”“有钱”“出手大方”“漂亮”等为择友标准。

5. “一对一”的异性交往带来的困扰

在集体交往过程中，某些异性同学之间难免会出现较为亲密、频繁的“一对一”的交往。这种交往即使是正常的交往，也容易招来同学、老师、家长的猜疑与议论，给交往带来困扰和压力。这种异性间的交往也很可能逐渐超越正常友谊的界限，过早地涉入爱河，给学生的学习和生活带来不利的影响。

6. 爱情错觉

有的青少年因受到对方言谈举止的迷惑，或受自己的各种主观体验的影响而错误地涉入爱河，或因自以为某个异性对自己有意而产生“被爱”的错觉，并因此感到困扰。

7. 心相近而形相远的矛盾

由于生理和心理的发育，青少年产生了强烈的与异性交往愿望，但由于缺乏与异性交往的技巧，不安和害羞使部分青少年以反向的方式来表达自己对异性的关注，从而出现特殊的“心相近而形相远”现象。

8. 拒绝异性交往与异性交往困难

一些青少年由于以往的生活经历造成了对异性的偏见或者是由于个性心理障碍，使他们厌恶、回避、拒绝乃至仇视异性。

(三)青少年异性交往的指导

1. 青少年异性交往观念指导

对异性交往的正确认识和态度，是青少年正常异性交往的前提。

目前，中小学生异性交往中比较常见的心态是既渴望和异性进行交往、了解异性，又担心和异性交往会给自己的学习、生活带来新的烦恼，尤其是怕引起别人的误解和非议。青少年早恋现象也有上升的趋势，对早恋问题的正确引导也刻不容缓。

青少年内心萌发的异性吸引，是性生理和性心理发展的必然结果，是一种正常的自然表现。对于青少年而言,异性同学之间的正常交往不仅有利于学习的进步,而且也有利于个性的全面发展。要指导青少年认识到正常异性交往的必要性和可行性,摒弃“男女授受不亲”“异性交往没什么好处”等错误观念。提倡男女生的交往,既有利于减缓青少年对异性的神秘感,也有利于把异性的交往公开化,有利于成人对青少年异性交往的监控和引导。

指导学生将正常交往和不当交往区分开来,摒弃“异性交往就是谈恋爱”的错误观点,引导青少年正确区分友谊和爱情,并使学生认识到早恋的不利影响,从而使其端正思想,树立正确的异性交往观念。

对青少年异性交往观念的指导,要同时注重进行人生观、价值观、交友观和友谊观等教育。这是因为人生观、价值观制约着人际关系的亲疏,是交往关系亲密性、深刻性和持久性的主要调节器,能够不断净化、优化交往心理,使择友、交友从盲目的自然状态上升到自觉的理智水平。

信息窗 6－4

友情与爱情的区别

友情与爱情都是学生们向往的美好情感,但两者之间存在着很大的区别。

友情往往是开诚布公的,而爱情往往比较隐蔽。友情不会在同学、家长、老师面前避讳或隐瞒,也不会私下交往,往往是在众多同学之间进行的交往模式。有时班里会有男生和女生互相以好哥们或好兄弟相称,这都是在友情范围之内的。而爱情则并非开诚布公,往往比爱情隐蔽,不愿意让别人知道甚至对好朋友也会隐瞒。

友情具有多向性的特点。这就好比是招贤纳士,彼此有共鸣或是欣赏对方的才干才可能成为朋友,不一定只存在于两人之间。而爱情则是单一的,有一定程度的自私心理,决不容许有第三者的加入。

如果学生的感情两方面都不太像,我们就称这种感情处在临界状态。所谓临界,就是处于友情和爱情的边缘,这是一种包裹在蚕茧里朦朦胧胧、说不清道不明的情怀。高中生对异性的倾慕很多都处于这个状态,多年以后当他们自己回想起这段感情时,就会明白这并不是真正的爱。这是一种非常单纯而美好的感情,没有成人世界的杂质。在这种情形之下,我们不必要去强化他们的感觉,特别是不能给他们带上早恋的帽子并采取高压政策。因为压抑措施可能反而会让学生错把自己的感情当成爱,甚至在逆反心理的作用下向前迈一步。

[**资料来源**]崔丽娟. 了解你的学生[M]. 北京:北京大学出版社,2008.

2. 青少年异性交往方法指导

(1)要把握好异性交往的原则。指导青少年在异性交往时,除了遵循人际交往的一般原则,还应遵循“自然”和“适度”两个原则。

自然原则就是在与异性交往过程中，言语、表情、行为举止、情感流露和所思所想要做到自然、顺畅，既不过分夸张，也不矫揉造作。清除异性交往中的不自然感是建立正常异性关系的前提。自然原则最好的体现是：像对待同性同学那样对待异性同学；像建立同性关系那样建立异性关系；像进行同性交往那样进行异性交往。同学关系不要因为异性的加入和存在而变得不舒服或不自然。

所谓适度原则，是指异性交往的方式要恰当到好处，应为大多数人所接受。遵循这个原则，才不致因异性交往而过早地萌发情爱，又不因回避或拒绝异性而导致适应不良，危害心理健康；既不过多地与异性之间"单独活动"，也不在异性面前如临大敌，拒不接纳异性的热情和帮助。

（2）要恰当使用交友方法。首先，要克服交往心理障碍，包括自卑、羞怯、猜疑、恐惧心理，树立自信心。其次，要讲究交往的基本礼节、礼仪，这些礼仪包括说话和气、称呼得体、衣着整齐、举止大方、坦荡无私、以诚相待、相互信任等。最后，注意培养交往的良好品德、谦逊诚实、宽宏大度、举止得体、自尊自爱等。

（3）提倡集体的异性交往。集体异性交往能抑制异性交往中的不良现象。在集体交往中，难免会出现个别较为亲密的，甚至逐渐频繁的"一对一"的异性来往，对此，教师既不要过度紧张，也不要完全忽视，可以把个别辅导和集体感化相结合，把离群的"雁"引回集体中来。在个别辅导时，最好用"冷处理"的方法，使还在潜伏的、不明朗的不良异性关系在冷静思考后得以处理。切忌将问题公开化和扩大化，对中学生恋爱不适宜的渲染和说教反而会激起学生的尝试心理和舆论氛围。

3. 营造青少年异性交往环境

教师可以通过组织丰富多彩的文体活动，缓释青少年的能量，满足他们渴望交流和自我表现的心理需求。例如，安排公益劳动时，分成男女生小组开展劳动竞赛，或者把轻重任务分开，让男女生各展所长，既为青少年营造了集体交往的环境，改变了学生交往单一的闭锁状态，又充分发挥了他（她）们的才能。另外，也可以开展"在人生起跑线上""怎样看待异性之间的友谊"等主题班会，引导学生自辨是非，在集体氛围中达到自我教育的目的。

四、建构和谐的师生关系

教师在师生关系中居主导地位并发生重要影响。为了建立和谐的师生关系，教师应为开创新型师生关系承担更多的责任，付出更多的努力，真正成为学生的良师益友。为此，教师应做到以下几点：

（一）更新教育观念，建立新型师生关系

在社会发展和教育进步的新形势下，教师要打破原有的教育观念，不再将师生关系看作是"传道、授业、解惑"单向关系。要建立一种双向互动的民主、平等的师生关系，把

学生看作是与教师一样有情感、有意志、有理智的人。以学生为主体，尊重学生的人格和个体差异，促进学生主动、和谐地发展。

师生交往场所也不应局限在课堂上和校内，还应走到课下甚至是校外；交往内容也应从学习拓展到兴趣的培养、情感陶冶及价值的形成等。教师可以充分利用课余时间与学生进行非正式的师生交往，使师生在自由自在、无拘无束的气氛中进行交往，缩短社会角色等外来因素所造成的心理距离。

只有在充分尊重学生需要、爱好的基础上，才会有诚挚的、毫无虚饰的心灵交流，才有可能形成真正的良师益友关系。

（二）采取民主型的教育管理方式，促进自身的教育行为

教育研究和实践都表明，民主型的教育方式效果较好，也比较容易受到学生的欢迎。这样的教育作风可以使学生在轻松活泼的心理环境中学习，调动积极性。每个学生各尽其能，不仅有利于智力的发展，而且有利于培养学生协调和交往能力，有利于各种优良品德的形成。当然，在注重师生民主的同时，仍要注意保持教师的权威，这样才能增强感召力和影响力，保证教育的效果。教师的教育权威往往与其教学风格和人格魅力有关，与知识水平相比，人格魅力的影响更大。

教师在实际的教育和教学活动中，要在民主和权威之间选择一个比较好的平衡点①。教师可以利用下面的一些问题来衡量自己的教育管理方式是否适当：是否鼓励学生在课堂上自由发问或发表意见；是否喜欢称赞学生；是否了解学生；是否偏心；是否大声责骂或嘲笑学生；对学生是否有耐心；是否严厉；是否打人；是否骂学生笨；处罚学生是否公平；是否因部分学生犯错误而处罚全体学生；是否重视学生的自尊心；脾气是否不好；是否鼓励学生独立思考与判断。

（三）培养良好的人格品质，促进师生交往

教师良好的人格品质可以改善和促进师生交往，有利于建立融洽的师生关系。事实上，由于教师劳动的示范性与感染性的影响，教师的良好个性还会在“润物细无声”中影响着青少年的心理健康和个性发展。

（四）利用教师的期望效应，促进师生互动

教师对学生的积极期望是促进师生良好互动的有效手段。教师根据学生的行为表现、人格特点会对其形成一定的评价，进而对其产生相应的期望。教师的期望又在很大程度上影响着学生的自我评价和行为表现。教师对学生的积极期望会促使学生增强自信心，努力提高学习成绩，密切与教师的关系。教师对学生的消极期望则可能使学生产

①李志凯．中小学心理健康教育［M］．北京：国防工业出版社，2013．

生能力低下的感觉，在学习上放弃努力、自暴自弃，与教师的关系逐渐疏远。因此，教师应努力建立合理的积极期望。

问题思考与讨论

1. 什么是人际交往，人际交往的意义是什么？
2. 联系实际讨论青少年时期的人际交往特点。
3. 青少年的同伴交往有哪些常见问题？请举例说明。
4. 联系实际讨论青少年师生交往问题产生的原因。
5. 什么是人际认知障碍？请分析其对青少年人际交往的危害。
6. 联系实际讨论青少年亲子交往问题的表现及产生原因。
7. 什么是猜疑心理？克服这种心理可以采取哪些方法？
8. 请运用相关理论讨论“青少年的异性交往就是谈恋爱”这一观点？
9. 如何建构和谐的师生关系？
10. 案例分析：

小林和小梅都是高二学生，自从开学初他们成为同桌后便发现彼此有说不完的话，有时上课的时候还在讲。小林懂得很多，上至天文，下至地理，似乎没有他不知道的事情。后来班主任发现这个情况后，立即与学生家长取得联系，要求他们“处理”这件事。家长知道后都非常着急，毕竟高二是高考的重要准备阶段，于是与小林和小梅谈话，并且禁止他们继续交往。后来他们分开坐了，基本上不再来往。有一次打扫卫生，两人分在了一组，配合十分默契，碰巧被班主任老师撞见，于是老师严厉地要求他们交检讨书。小梅的自尊心大受打击，学习成绩大幅度下降，而班级同学也在后面风言风语①。

（1）你赞同老师的做法吗，为什么？

（2）作为教师还可以怎样解决这个问题？

阅读指南

1. 彭贤，李海青. 人际关系心理学[M]. 2 版. 北京：北京交通大学出版社，清华大学出版社，2013.

本书分为基础篇、应用篇、专题篇、实践篇和活动篇五部分。其中基础篇和应用篇涵盖了从基础知识到现实应用的人际关系的诸多方面；专题篇包括两性关系和中国本土人际关系专题两部分；实践篇对从校园到家庭的各类人际关系案例逐一进行了心理剖析，并提供了可贵的拓展知识和行动建议；活动篇则注重学生学习该课程时的深度参与，方便任课教

①崔丽娟. 了解你的学生[M]. 北京：北京大学出版社，2008.

师参考实施培训式教学，为学生在课堂上创造大量实践、感受、思考与体悟的机会。

2. 威廉·W·威尔莫特，乔伊斯·L·霍克. 人际冲突：构成和解决[M]. 7版. 曾敏昊，译. 上海：上海社会科学院出版社，2011.

本书试图告诉我们：冲突是生活的常态。我们无法避免冲突，但应该了解它的构成和产生，并寻求积极的解决方法。全书分为两部分，第一部分介绍了冲突的构成，包括冲突的性质以及利益、目标、权力、处事风格等一系列促使冲突产生的因素；第二部分提出了解决冲突的方案，例如预估冲突、对话技巧、谈判、原谅，等等。

网络导航

中国儿童与青少年心理健康网：http://qsxl. psych. ac. cn/index. php.

中国心理学会主办的网站，涉及幼儿、小学和中学等多个板块。中学版主要在个性与情感、人际与家庭、学习与能力等方面为广大教师、家长和青少年提供帮助，也可为大学生们提供青少年心理发展学习资料。

第七章　青少年生活适应与教育

学习目标

理解青少年成长过程中经历的适应性矛盾；了解青春期生理与心理发展的主要特征，掌握青春期教育的原则和途径；理解青少年休闲消费心理的变化过程，帮助青少年形成适合的消费意识；了解青少年人生阶段的目标志向，掌握帮助青少年树立正确的职业价值观、合理进行职业规划的途径。

第一节　青春期教育

“青春”无论是指年龄还是心态，都是人人喜爱的字眼。“青春期”也是人生中最美妙的时期，人们常以“花季”形容之，而生理学家们则称之为“人的第二次生长高峰”（第一次为 0 ~ 1 岁），心理学家们却描绘为“心理风暴期”或“心理断乳期”。

从人的一生发展和成长来看，青春期是个体由儿童向成年人过渡、变化的时期，其本质特征可从身心两方面变化来把握，性器官发育的明显加快是青春期开始的标志。由于受遗传、营养、社会文化环境等因素的影响，每个人进入青春期的年龄是有差异的，从总体上看，我国女孩子大约在 10 岁开始进入青春期，男孩一般要推迟 1 ~ 2 岁①。青春期的结束年龄应考虑法定的公民资格和结婚年龄，我国一般定为 20 岁左右。那么，青少年进入青春期到底会发生哪些变化呢？认识这些变化，就可帮助他们坦然地迎接青春期的到来。

一、青春期的身心特征

（一）青春期的生理变化

青春期的生理变化有三大特征，亦称“三大剧变”。表现在以下三个方面：

①蔺桂瑞，杨凤池，贺淑曼，等. 性心理与人才发展［M］. 北京：世界图书出版公司，2001.

1. 身体外形的剧变

第一，身高体重的急剧增长。青春期以前，青少年平均每年长高不过 3 ~ 5 厘米，进入青春期，每年长高少则 6 ~ 8 厘米，多则 10 ~ 11 厘米。女孩一般从 9 岁进入身高突增阶段，11 ~ 12 岁达到突增高峰，一般可长到 19 岁，最多到 23 岁；男孩从 11 ~ 12 岁起发育，14 岁前后达到最高速度，身高又超过女孩，一般可长到 23 ~ 24 岁，最多到 26 岁。

这一时期，由于青少年骨骼生长很快，手、脚、特别是腿骨长得最快，胸围加宽，肌肉发达起来，所以，体重明显增加，16 岁左右肌肉重量可占体重的 44.2%。

第二，第二性征的出现。由于性腺机能开始发生作用，男孩女孩在外观上都会出现与其性别相应的征象，我们称为“第二性征”。如男孩喉头突起，嗓音变粗，出现胡须，身上毛发变浓密；女孩表现为乳房发育突起，骨盆变宽，声音尖细，皮下脂肪增多。这时，男孩显得健美，女孩显得丰满，表现出明显不同的体态。但在个别青少年身上，由于性激素分泌紊乱，会出现个别男孩胸部胀痛，个别女孩嘴唇上部茸毛较重等现象，给这些青少年带来了极大的心理困惑。其实，这些并无大碍，随着发育成熟，这些现象会逐渐减轻，只要从心理上坦然接受和面对，对他们的成长不会产生很大影响。

2. 体内机能的增强

第一，内脏机能发育很快。心脏容积与血管容积之比达到 140:50，肺活量增加到 3000 至 3600 毫升。由于心脏功能增强，血压体温稍增，脉搏稍减。这时，青少年有更大可能从事激烈的体育活动和体力劳动，同时，也需要有足够的营养来维持、补充身体迅速发育的需要。

第二，神经系统的发育接近完成。脑重量接近成年人，整个神经系统从结构到机能都有一系列的完善和提高，这奠定了青少年心理发展，特别是逻辑抽象思维发展的物质基础。但此时脑细胞还比较脆弱，兴奋和抑制的调节机能还不完善，如果用脑过度，易产生神经衰弱等症状。因此，青少年要注意劳逸结合，学习和工作负担不能过重，要保证充足的睡眠，养成良好的用脑习惯。

3. 性器官和性机能的成熟

随着性腺大门的开启，性激素的分泌，促使青少年性器官成熟，产生性机能。男性的睾丸和阴茎增大，并由于前列腺发育成熟产生精液，自发溢出时称为“遗精”；女性卵巢成熟，生成卵子，并每月排出，产生月经。有学者研究发现，1987 年，某地区女生月经初潮和男生首次遗精的平均年龄分别是 13.35 岁和 15.20 岁；到了 2007 年，这数字变成 11.45 岁和 13.55 岁①，提前了一年以上。

青春期生理上的巨大变化必然带来心理上的变化。由于此时青少年处在身体逐渐强健，但又需要成人帮助的“半儿童半成人”的时期，所以，心理学家把这个时期叫做“心理断乳期”。

---

①朱晓荣. 1987 年和 2007 年女生月经初潮和男生首次遗精的调查研究[J]. 地方病通报，2010(2).

(二)青春期的心理特征

生理上的快速发育与心理上的相对迟缓的成熟,必然给青春期青少年带来动荡性矛盾,这些矛盾和困惑是人的发展中必经的阶段,具体从以下三方面分别论述。

1. 自我意识增强,发生质的变化,但并不完备

自我意识的产生和发展是人和动物在心理上的最后分野。自我意识,即个人对自己以及自己与外界关系的认识、评价,包括认识自己的生理状况、心理过程、个性特征以及自己与他人的关系等。我们常说,某人有“自知之明”“自尊”“自信”“自卑”“自负”等,都是对其自我意识水平高低的评价,青春期是自我意识发生突变的时期。

第一,自我意识的内容更加丰富和深刻,但自我评价不够客观和全面。

青少年强烈地渴望认识自己、了解自己,他们会在镜子面前左顾右看,研究自己的相貌和体态,注意自己的服饰和仪表,在意别人的反应和对自己的态度,以及自己在团体中的地位和受尊重状况。青少年这种对自我的外形和内心世界的关注,表现为一种强烈的自尊要求。但是,青少年的自我认识往往带有片面性、主观性,比如夸大自己的某些缺陷,而表现出自卑、自我否定;或表现出一种过分的自尊需求,如虚荣心和盲目攀比。

第二,有独立自主的要求和能力,但自我调控能力仍需加强。

由于青少年感到自己的体态和各种身体机能已发育成熟,在心理上产生了自己已不再是小孩子的意识,有着强烈的“成人感”。他们追求独立自主,不愿接受成人更多的监督和照顾,希望成年人给他们自由的空间和独立行事的机会。很多初中生的家长反映孩子总是不听话,甚至故意与自己对着干。其实,青春期的孩子将进入“第二反抗期”。

相对于幼儿期的第一反抗期的对自主行动的争取,第二反抗期的独立自主要求是全面的、更深刻的,不仅要求行动上的独立自主,还要求人格上的独立,希望家长和老师能够尊重他们,尤其是有关他们自己的事情能够与他们商量,听取他们的意见。

信息窗 7-1

甘肃少女晓琴给妈妈的十四条建议

1. 我需要帮助,同时也需要独立。
2. 为了成长,请允许我犯些错误,让我自己在生活中学会生活。
3. 请不要强迫我按照您的模式去生活。
4. 请自觉地保护我的自尊心和隐私权。
5. 如果您想成为我的朋友,那就得放下家长的架子。
6. 请不要拿我当您的出气筒。
7. 宠了我就别说把我宠坏了。
8. 不要把简单的事情复杂化,不要把过去的错误扩大化。

9. 多一些建议,少一些命令。

10. 请不要第一百零一次告诉我某事该怎么做。

11. 我不仅学习您告诉我的东西,还学习您身上表现出来的东西,包括坏的习惯。

12. 我不仅需要爱,还需要学会爱别人。

13. 即使您能替我做所有的事,也请您把它们留给我自己做。

14. 因为我是菊花,所以请别让我在夏天开花;因为我是白杨,所以请别指望从我身上摘下松子。

[**资料来源**]朱晓成,陆小娅. 成长的谈判桌[M]. 北京:中国青年出版社,2001.

第三,产生了闭锁性心理。

青少年倾向于把自己的内心体验封闭在内心,只有在日记中或与知心朋友交谈、通信时才倾吐出来,而不愿向一般人甚至父母倾诉;有些中学生的日记要上锁;他们参加的一些活动也对家长和老师保密。教育者对这些心理变化不必太担心,而要充分理解和尊重他们。如果教育者强行查看他们的"秘密",会损伤他们的自尊心,引起他们的反感和对立情绪。当然,作为家长如果平时能平等、民主地对待孩子,注重与孩子做情感和心灵上的沟通,相信孩子会把自己解决不了的问题向家长袒露,寻求必要的支持与帮助。

2. 情感变得丰富深刻但不稳定

青少年由于生活面扩大,兴趣广泛,课外阅读量增加,理解力提高,使其情感丰富,自我体验逐渐深刻,不仅有了自尊感、自豪感,而且会产生友谊感、集体荣誉感、民族自尊心、社会正义感等富有社会内涵的高级情感;青少年的情感体验越来越与自己的人生价值观的确立、人格的塑造相联系。当然,青少年的情绪波动较大,变化快,他们可能一时信心百倍、情绪激昂,但稍遇挫折,又顿时心灰意冷,情绪低沉,充满悲观色彩。

另外,青少年的情感表达带有明显的"文饰性",他们不像小时候那样直白地表达自己的情感,而表现出含蓄、婉转的特点。

3. 性心理的发展

性心理,是个体对性的意识、理解和态度,主要与性行为相比较而言。

性心理发展,一方面受性生理发育的制约,它是性心理发展的生物基础;另一方面又受性文化的影响,它是性心理发展的社会条件。随着青春期发育,青少年的整个身体趋向成熟,性意识也日益觉醒,并迅速发展,起初是朦胧的、不自觉的,甚至对异性产生疏远、反感;青春期性发育成熟,性意识在自身心理发展变化和外界的刺激下,也由不自觉到自觉,对异性的态度,也由疏远、反感到向往、追求。青少年的这种心理现象,是人生必经之路,同时,也是人的社会化的真正开始。性意识的发展通常经历以下三个阶段。

(1)对异性的暂时疏远或否定倾向。这一阶段也称青春萌发期。在青春期到来前,个体经历了一个很长的性无知期(0～10 岁左右),我们通常用"青梅竹马""两小无猜"

来形容孩童的异性交往和游戏活动，并不带有性的色彩。从青春期开始，男女同学的交往发生了一系列的变化，他们开始变得明显疏远。童年时一起玩、一起走、一起学习的异性同学和玩伴，现在会不自然地减少交往。这个时期，少男少女只要稍有接触，往往会引起骚动，被同伴窃笑、嘲弄，乃至起哄。此时，青少年出于对性别差异的敏感，对两性关系所持有的神秘感和戒备感也陡然上升，在两性交往中出现更多的回避、疏远、排斥等现象；同桌为异性，在桌上会出现“三八线”以划清界限；有的青少年还表现出蔑视或反感异性的言行，男孩的表现更为明显。我们可以把这种现象看作是性意识萌发的一种特殊表现。

对异性的暂时疏远作为性意识的觉醒标志，其实是从青少年对性的疑惑开始的。这一阶段的性教育可侧重于性生理方面的教育。

(2) 对异性的好感、接近。这一阶段也可称为异性接近期，女孩约从 12～17 岁，男孩约为 14～19 岁。此阶段两性个体已初步达到性成熟，已有较高性感知，产生了较明显、较清晰的性意识，对异性潜滋暗生了淡淡的思慕。但这时的性心理是幼稚的、朦胧的、不定型的，性心理还远未成熟到要以性行为来表现的程度。

随着青春发育高峰期的到来，青少年情窦初开，男女同学之间不再相互攻击，而只要有异性同龄人在，就会出现一种特殊的心理，产生一些微妙的情感吸引和接近的需要。这种对异性的好感、接近，是青少年性意识发展的重要阶段，也是青春期性意识表现和发展最长的阶段，这种心理很正常，是以后建立美满婚姻生活的基础。

这个时期，青少年对异性的好感接近有两个特点：一是感情隐秘，异性间接触、感情交流是隐晦含蓄的，往往以试探的方式进行；二是对象广泛，产生好感的异性具有不确定性。

(3) 对异性的倾慕、依恋。这一阶段有学者称之为性饥饿期。随着生理发育的完成，青少年的性机能也日趋成熟，他们的性意识由朦胧逐渐清晰；他们对恋爱婚姻十分向往，渴望有一个异性对象。我国目前的青少年大约从十五六岁开始，直到二十二三岁或者更长，处在该阶段。

在这个阶段，有的青少年会出现类似初恋的情感体验，已有一个倾心的对象，愿意和对方接近，深深地体验着与对方在一起学习和交往的愉悦，把对方理想化，只要对方在，自己的心绪就会涂上一层神奇的色彩；有的青少年看到自己倾慕的对象和异性同学在一起，就会产生一种特殊的嫉妒心理；也有的青少年虽已有了倾慕的异性，而对方却根本没有对自己加以特别注意，自己的情感得不到相应回报，便若有所失，感到忧虑、不安。青少年这时对异性的倾慕和依恋，是一种纯洁的情感，一种几乎纯粹精神上的向往。这种依恋关系的表现是初恋，由于它极富理想色彩，在现实生活中不易稳定，绝大多数的结果是南柯一梦。

这个时期青少年性的自然性与性的社会性构成了一对矛盾，即生理上性的成熟产生的性要求与传统观念和社会规范压力之间的矛盾。这种矛盾的解决或激化可能产生三种结果，一是在青春期受到良好的性教育，使性欲得到升华，学业或事业获得可喜的发展；二是受到社会环境中不良因素的影响，加上自制力差，走上性失误甚至性犯罪的道路；三是出现性变态，这种情况是性心理异常，强烈的性欲受到压抑造成的。对于此时的青少年来说，性的生理冲动和体验是一种全新的感受，它会打乱原先的生理和心理的平衡。如果青少年没有受到良好的教育，没有明确的道德观念，没有充实的精神生活，并且，由于缺乏胜任的成人监护而接受了不良的性刺激，就会引起精神不振、想入非非，以致性的生理冲动难以抑制，造成心理失常或性变态等种种可怕的后果。

性心理发展既可以把青少年引向正常而健康的恋爱和婚姻，也可能使其出现不符合社会要求或不道德的行为，甚至是违法行为。研究并了解青少年性心理的发展，可为青春期性教育的实施提供理论依据。

二、青春期性心理误区及原因分析

所谓性心理误区，是指在性心理的发展过程中误入歧途，既有性认知和观念上的偏差，也有行为上的过失或错误。青春期的性心理误区主要有以下几方面。

（一）早恋

所谓早恋，就是过早地谈恋爱。中学生谈恋爱（12～18 岁），明显属于早恋范围。因为中学生虽然性生理发育成熟，但缺乏社会经验，思想意识不成熟，没有独立稳定的经济收入，没有为自己和对方负责的能力，在这种情况下，仅凭着对某个异性产生的倾慕情感，发展成一对一的、频繁的单独交往，这是青春期性心理发展的误区，对中学生身心健康有较大的危害。

中学生出现早恋现象，是多种因素综合影响的结果。比如，受影视、刊物等大众传媒和文学作品的影响，产生对恋爱生活的好奇和向往；出于同龄人之间的爱慕心理、模仿心理、攀比从众心理而出现流行性早恋；因青春期闭锁心理而产生孤独寂寞感，在偶尔与异性交往中找到共鸣，同病相怜，导致早恋；缺乏学习兴趣，生活无聊，精力不能合理排遣，通过早恋寻求刺激；因才华、外貌出众，经不住别人追求，怕伤别人心而被动陷入早恋；因得不到家庭温暖或家庭环境特殊，而去寻求异性的爱。

每个陷入早恋的中学生，其原因可能各不相同，但早恋带来的结果或危害往往是一样的。沉湎于早恋的中学生必然要消耗很多的时间和精力，上课时注意力涣散，听不进老师讲课，学习兴趣和学习成绩会逐渐下降，并使其他的爱好、特长和有益的兴趣都不能得以发展；如果在恋爱中感情受到挫伤，更会使他们精神恍惚，情绪低落，直接影响他们的健康成长和全面发展；与异性一对一的单独交往会缩小自己的人际范围，大大减少自己的人际交往机会，使自己的社交能力得不到锻炼和提高；早恋容易导致性尝试，发生越轨失足行为，尤其对女孩的身心造成极大摧残；就像植物生长一样，早开的花早凋谢，早熟的果并不好吃。事实表明，中学生早恋的成功率极低，绝大多数早恋者品尝到的是苦果。

（二）性尝试

青少年性心理发展更为危险的误区是性尝试。所谓性尝试，就是青春期的青少年在与异性交往中发生性接触、性行为，这种行为带有很大程度的模仿性、尝试性心理，所以叫做性尝试。

中学生婚前性尝试是一个颇为敏感的社会问题。报刊上常有关于中学生因模仿、好奇导致性失误或未婚先孕的案例刊出。据有关调查，性失误呈低龄化趋势，少女未婚先孕现象有上升趋势，很多资料表明，对性问题还处于似懂非懂、蒙昧状态的少女常常成为性侵害和性骚扰的对象。

分析青少年发生性尝试的原因，主要有以下几方面。

第一，一些青少年对性的强烈渴求心理、好奇模仿心理、虚荣心理、畸形性享受心理是导致性尝试的个人内部因素。

青春期的青少年，不仅对自己的性生理变化反应敏感，而且对异性也表现出极大的兴趣，有的会产生强烈的性渴求心理。而传统的学校和家庭却羞于给予他们正面的、积极的教育，而社会上那些黄色的、低俗的刊物、影像或网站正好满足了他们好奇、渴求的心理。由于他们社会阅历浅薄，认识水平低下，情绪波动大，一旦受到外界的不良刺激，很容易产生性冲动和性体验欲望，如果个人意志薄弱，就可能发生性尝试的越轨行为。也有的低龄中学生由于无知而盲目模仿，在性游戏中发生性尝试。

虚荣心使有些青少年认为，自己能早早交上异性朋友，说明自己有魅力、有能力。有些男孩为满足自己的控制欲和占有欲，而与早恋对象发生性行为；有的女孩认为自己把贞操献给所爱的人，一方面表明自己的爱，另一方面能拴住对方不至于移情别恋，其实这是非常幼稚、错误的想法，有些实施了婚前性行为的男性反而会怀疑女孩是否与其他异性随意这样，甚至会看低女孩。还有的青少年由开始的性尝试发展到后来主动寻求性刺激，这种畸形的性享受心理使他们最终走上性犯罪道路。

第二，不良外部环境的刺激和影响是导致性尝试行为的客观原因。

性渴望心理是青少年性心理发展的正常表现，并不会必然导致性尝试。性渴望心理主要表现在对性知识和异性的兴趣和渴求，但如果此时接触的多是不良文化和环境刺激，就可能使性渴望向性尝试的恶性转变。这些不良文化和环境因素包括黄色书刊、画报、影视、光碟、网站，还有家庭性行为的泄露，周围成人的不良性诱导或言谈中充斥着低级粗俗的两性调笑，交友不慎等等这些因素，其负面影响是相当严重的。

第三，家庭和学校的性教育缺乏是造成青少年性尝试的间接原因。

不少成年人主观认为，这些性知识不教自会，到时候孩子自然就知道了；如果告诉他们，反而会引发他们的兴趣，导致学习分心。很多家长对孩子的好奇发问，或敷衍塞责，或胡编乱造,致使孩子更加疑惑;有的学校老师在健康常识课上,讲到生殖系统或跳过去,或让学生自学等等这些欲盖弥彰的做法,只能导致青少年的性无知,或对性的错误认识,使一些人因好奇探究心理而游戏尝试,或认为其肮脏下流而对自己萌发的性意识有不洁、羞耻感。

青少年性尝试行为会给他们自己和家庭以及社会带来一系列问题。性尝试会严重危害青少年身心健康,给他们未来的恋爱、婚姻蒙上阴影。如果少女未婚先孕,必然给其带来强烈的羞愧感和沉重的社会道德压力,有些青少年由于性尝试染上性病,后果同样严重。有些性尝试行为虽然未导致怀孕,但在重视女性贞操的文化里,女孩的失贞也会给她们背上沉重的心理负担。性尝试易使青少年产生性失误和性罪错,构成社会问题。

(三)性角色混乱

性角色混乱就是当事人对自己的生理性别不认同,在心理上感觉自己是异性,从而在气质、言行和外在装束上都表现出异性的特征,有的甚至强烈要求通过手术来改变自己身体上的性生理特点。

导致性角色混乱的原因是多方面的。研究结果表明,生物遗传因素与性身份识别异常有内在的联系。另外,性激素的紊乱,也可使人发生性分化的异常。性角色混乱与早期的家庭教养方式也密切相关。例如,在孩子幼年时期,一些父母出于个人对性别的爱好,把男孩打扮成女孩或把女孩打扮成男孩,在穿衣、买玩具、做游戏上都向异性引导,这种异性生活环境体现了一种性别角色期待,给孩子的性别自我认同造成了紊乱;还有的孩子在童年时长期生活在异性的范围内,受到过多的异性气质的熏染,容易形成异性心理;由于现在城市家庭多是独生子女,对孩子过于保护,尤其对男孩的冒险、勇敢行为的限制也导致不少男孩具有女性气质,等等。这些因素都可能造成他们到青春期后对自己出现的第二性征和性机能的成熟,表现出困惑、反感,甚至厌恶。这种性角色混乱如果在幼童或青少年时得不到调整和矫正,发展下去就可能造成像异装癖、异性癖、同性恋等变态心理。

对于性角色混乱,家长除了在早期(尤其是孩子3~6岁)要注意自己的教养方式外,在孩子青春期时,一旦发现苗头,应及时干预。家长和教师可帮助孩子接纳自己的性别,了解自己性别的优势长处,懂得自己性别所特有的气质,比如男子的“阳刚之气”、女孩的“阴柔之美”;懂得性别差异是由先天的生理基础决定的,自己不能选择,如果一个人男不像男、女不像女,那就会给自己的个人生活和社会生活带来极大的不便。当然,一个人带有一点异性气质并无关紧要,就像男孩有一点柔情、女孩有一点洒脱反而更有吸引力,关键是在心理上喜爱、接纳自己的性别。

对于那些比较严重的、已经发展到异装癖等性变态的人,需要看心理医生,由专业的心理医生给予对症的治疗。

（四）性心理变态

性心理变态是一种有别于正常人的性心理和性行为。主要有两方面表现：一是性爱对象的变异。正常性爱是指向异性的，而性爱对象指向同性的，则属于性变态，前面所述的性角色混乱的一种结果同性恋就属于性变态。二是性欲满足方式的变异，有恋物癖、露阴癖、窥阴癖等。这些性心理变态，都已构成心理疾病，需要请专业的心理医生治疗。

三、青春期性教育的主要内容及途径

（一）青春期性教育的目标

苏联教育家马卡连柯说："学校是郑重讨论性的问题的地方，是消除对异性的好奇心和神秘感、减少盲目无知行为的地方，是使学生明白卫生、节欲和性病危险的地方"，英国学者罗素也说："一切无知都是令人遗憾的，但是对性这样的事无知，则是严重的危险"。所以，学校应该是开展性教育的正规场所，对于性教育的开展具有义不容辞的责任。

青春期性教育的目的，就是追求性健康。

什么是性健康呢？世界卫生组织对性健康的定义是：性健康是情感中、理智中和社会中的性的诸方面的集成，是积极地丰富和提供人类的相互交往和爱的方法。这个定义已为许多国家的性教育实践所确认。更进一步地讲，性健康就是指健康的性生理和健康的性爱观、性意识、性情感、性行为。可见性健康是个体素质的重要组成部分，是一个人身心健康的重要标志。追求性健康也是素质教育的一个重要方面。

确立了性教育的目的还不够，还必须建立青春期性教育的具体目标。我们不妨先参考一下美国的性教育目标。

美国性知识和教育协会于1990年召集了教育界、卫生界和性学界20位著名专家，组成了全国性教育特别工作组。经过一年的努力，编写出《全国性教育综合大纲》。其中，确立的性教育目标（从幼儿园到高中）有四个：

第一，知识。提供关于人的精确知识，包括人的生长和发展、人的生殖和生理解剖、手淫、家庭生活、妊娠、生育、为人父母的知识、性反应、性定向、避孕、流产、性变态、性病，等等。

第二，态度、价值观和洞察力。为年轻人提供了解、探索和评价他们的性态度的机会，以便他们形成自己的价值观，增强自尊心，掌握处理两性关系的洞察力，以及懂得对他人的义务和责任。

第三，人际关系和交往技能。帮助年轻人学会交流、做出决定、坚持自己的权利和拒绝他人的能力，以及创造融洽的人际关系的能力。

第四，责任。帮助年轻人增强性关系的责任感，包括克制性欲，防止过早的性交，鼓励采取避孕和其他性健康措施等。

(二)青春期教育的原则

1. 知、情、意、行四者并重的原则

如前所述,青春期教育的目的是为了维护青少年的性健康,这包括性爱观、性意识、性情感、性行为四个方面的健康。所以,现代学校的性教育不应只是性生理知识的传授,还必须通过德育、美育、情感教育、法制教育等多方面进行。当然,知识是态度和行为的基础,人的决策依据和行为表现总是以他过去的知识、经验为基础,由他的价值观所支配。价值观的形成与一个人的情感体验和认识水平密切相关。所以,掌握正确的知识,体验高尚的情感,对是非、善恶、美丑有明辨力,这样,有助于形成正确的价值观、性爱观,从而正确地评价别人的行为,并有意识地调控自己的行为。

遵循这一原则,除了做到性知识与性道德教育的结合外,还要做到课堂教学与课外活动相结合。青少年的性生理逐渐成熟,性欲会自然萌发,仅通过理智和意志来压抑是不明智的。在性知识、性道德教育的基础上,应丰富青少年的课外活动,如:文体活动、集体郊游、科技活动等,使他们的旺盛精力得以有益释放,聪明才智得以充分发挥。丰富多彩的活动对青少年的吸引起到极好的引导作用,可以陶冶情操,使他们感情升华,兴趣转移,激发他们积极向上的进取心。

2. 理解、尊重的民主性原则

青少年进入青春期以后,独立感和成熟感逐渐增强,他们需要别人(包括家长和教师)将自己当作有独立见解、能够自己分析问题、做出判断、处理问题的"大人"。忽视这种变化,一味将其当作命令的对象,极易引起他们的反感、不满和抵触,这是已为教育实践所充分证明了的。同时,青少年的独立倾向和成熟感虽然强烈,但又十分脆弱,通常以极强的自尊加以维护,一旦遇到挫折,就会封闭心灵,甚至用负面的行为来表达和满足这方面的需求。

作为教育者,应理解青少年的这种身心发展的规律,并以朋友的姿态平等地与学生交流,这样才能使学生愿意与之分享欢乐、分担苦恼;才能使学生敞开心扉、坦诚相待;才能消除师生间、亲子间的心理距离,从而使教育者的指导和教育生效。为此,教育者应避免居高临下的说教,而是彼此平等地讨论、说理;要给予学生足够的发表意见的机会,并尽量接受、肯定他们的合理意见。作为教师,必须尊重学生的人格,在任何情况下,不允许讽刺、挖苦、嘲弄学生,不允许侮辱学生,不揭学生的"短",不泄露学生的"秘密"。批评学生时要注意不要伤害学生的自尊。

3. 适时、适度、适当原则

适时是指对学生的性教育必须抓紧时机,及时进行。确定教育时机要遵循青少年身心发展的顺序,既不超越,也不延缓,使青少年有准备地、愉快健康地成长。在儿童、青少年发展的不同时期,性教育的内容是不同的。在早期的家庭教育中,面对孩子的许多好奇、疑问,家长就应抓住时机,坦然地给予一定的解释;性知识教育可作为青春早期性教

育的侧重点,随着青春发育,性道德教育、性心理指导越来越重要。

适度是指在传授性知识时要根据青少年的年龄特征和承受能力,把握分寸,防止过度。一般来说,从事青春期教育的教师要经过专门的培训。

适当是指教育形式、方法和态度要适当,应了解青少年的个别差异,在个别施教时因人而异,选择适当的方法和态度对学生加以关怀和引导。

4. 家庭、学校、社会三位一体的原则

青春期教育需要社会、家庭、学校三位一体共同完成。学校具有主导性,长于对学生进行性知识、性科学的普及;家庭具有早期性,具有血缘关系的一家人,特别适合进行一对一的具体关怀和指导;社会具有基础性,社会环境可以检验、印证、巩固孩子们在学校、家庭传承来的正确观念和正确行为,社会媒体尤其应增强对青少年教育的责任。三方各负其责,不可替代,并应努力保持教育方向的一致。

(三)青春期教育的途径

1. 教师为主导的课堂讲授,力求形式多样

课堂讲授是性知识传授的主要途径,其优点是能使学生在较短的时间内获得较系统的性科学知识。在教学过程中,教师通过生动形象、科学准确的语言进行描绘、讲解、合乎逻辑的分析、论证,以及善于设疑解惑,都有利于发展学生的理性思维和有系统地进行思想教育。

在课堂讲授中,应力求形式多样、直观形象,如挂图、幻灯片、模型、标本,有条件的学校,可采用现代教育技术,如教学电影、录像、软件,若当地正举办相关的展览,可组织学生前往参观。直观教具图文声并茂,能使学生通过生动逼真的画面把抽象的概念、道理形象化、具体化,更重要的是具有破除封建迷信思想、移风易俗的意义。

2. 精心组织主题班会,发挥学生的主动性

主题班会是围绕一定的教育主题而开展的班级活动,它可以激发学生的主动参与性,并通过同龄人集体来教育学生。对于班主任来说,如何在放手与介入之间把握好分寸,是一门很艺术化的功夫。

组织好主题班会,首先要选择好主题。青春期教育的主题班会的主题,主要根据学生的实际需求和愿望来确定,同时要考虑学生的年龄特征和心理特征,主题应有吸引力和感召力,要有针对性,使学生受到一定的自我教育。

其次,要做好充分准备。老师要精心组织和指导整个准备过程,发动全班,人人动脑,个个动手,发挥每个人的专长、爱好和创造性。准备过程也是学生自我教育的过程,是学生经受锻炼、增长才干的过程。

另外,主题班会可根据所选主题和学生特点采取多种形式,如专题演讲、正反方辩论、诗歌朗诵、小品表演、篝火晚会等,当教育内容渗透到学生喜闻乐见的形式中、富有生活气息时,就容易被学生欢迎和接受。

3. 充分利用课间活动和社会资源

课间活动的开展和利用主要针对男女生交往的问题。前面已述，我们提倡团体式的、大方健康的异性交往，我们的学校要为这种交往提供适当的条件和机会。在中小学的课间活动中，可以组织学生跳集体舞，让青少年学会自然地、大方得体地与异性交往；有的学校面向学生开展戏剧课，在排练戏剧的过程中，男女生自然大方地交往。这些活动的开展，不仅使得男女生在自然交往（甚至手拉手等肢体接触）中释放了性能量，消除了对异性的神秘感和好奇心，同时还陶冶了情操，提升了艺术修养。

利用社会的资源，主要是指在媒体中披露的社会事件，正面的、积极向上的案例可以给青少年提供榜样，负面的案例可以是反面教材，具有警示作用。

4. 指导课外阅读，汲取精神养分

课外阅读是学生课外活动的一项重要活动。作为教育者，若不去加以利用和引导，学生也会自发地寻找读物，很可能就会被不良文化侵蚀。青春期教育的课外读物可分为性科学读物和关于爱情主题的文学作品。这两类读物对于学生性观念的形成，对他们性心理的发展和成熟，对促进他们的性健康，乃至对他们整个人格的形成和发展，都是非常必要的。

学校对学生课外阅读的指导，一方面体现在向学生推荐、介绍优秀的书籍或文章，或让学生相互介绍所读过的优秀作品，并谈谈读后感；另一方面通过教师对作品主题的分析、对人物心理的分析，帮助学生提高审美趣味和能力。

5. 开展心理咨询，进行个别辅导

随着学校心理健康教育的普及和深入，中学生对自己身体发育和情感等问题的困惑不愿意向老师和家长倾诉，而会求助于心理咨询机构。心理咨询作为青春期教育的一种途径具有针对性强、能给予求询者具体指导的优势。心理咨询不同于一般的“谈心”活动，它具有自身的科学理论和科学方法，咨询员必须受过良好的专业训练，掌握处理心理危机的方法和技巧，会使用心理测验来了解求询者的深层人格状况。

应该说，青春期教育的方法是多种多样的，只要不违背青春期教育的原则，只要不采取简单、粗暴的方法，只要教育者真正树立了“以人为本、因材施教”的教育理念，就能灵活运用各种方法，并会创造性地产生新的方法，使青少年在青春期能获得人格和身体的共同成长、心理和生理的协调发展。

第二节　青少年健康的网络行为教育

随着信息时代的到来，网络给人类带来的方便之处表现在生活的各个方面，促进了信息传播、人际交往以及社会交流等各个方面的更新，给人类社会带来信息传播方式、交往方式、教育方式、消费方式、闲暇方式和社会组织方式的革命，也给人类的生产生活以

及科技教育等方面带来了非比寻常的变化。但是不可否认的是，由于网络中信息传播的虚拟性以及不稳定性等，这种新兴技术的发展仍旧是一把双刃剑，特别是对于仍不具备成熟的是非判断能力的青少年学生来说。

中国青少年网络协会于2011年发布的《2011年中国网络青少年网瘾调查数据报告》显示，2011年我国网络青少年判定为网瘾性质的比例高达26%，网瘾倾向比例高达12%；在所有参与调查的青少年中，13～17岁青少年的网瘾比例最高，为30.5%；其次为18～23岁青少年网民，其比例为26.6%。从调查数据中可以发现，13～17岁的青少年由于正处于心理和生理的青春过渡期，心智上的不成熟使得他们无法正面积极地面对网络。因此，关注青少年心理健康教育，探索青少年沉溺网络的原因，给予他们有效的教育指导，发挥网络的积极效应，在当今社会的教育发展历程中显得尤为重要。

一、网络发展对于青少年心理健康的影响。

中国互联网络信息中心（CNNIC）第27次中国互联网络发展状况统计报告显示，2010年我国网民总数已经达到4.57亿，10～19岁网民所占比例为27.3%①。随着时间的推移，庞大的青少年网民群体数量也在不断增加，希望用完全隔绝的手段遏制青少年接触不良的网络信息，显然不切实际，因而帮助青少年认识网络具有深远意义。

在网络发展的最初，网络环境的丰富性、复杂性和多元性，很大程度上为人类开拓了一个全新的领域，为青少年创新思维的发展提供了无限的空间和时间，为其思考方式的变革带来了另一种全新的角度，因此网络对于青少年心理健康的正面影响不仅体现在基本心理健康的完善方面，更体现在推动青少年自我提升个人心理健康水平等更高层次的心理水平方面。

在网络给青少年带来众多益处的同时，这项新技术的飞速发展也给青少年的身心健康带来了负面影响，除了网络文化发展相对滞后以及管理措施不够完善等外部原因，青少年本身心智发展的不够成熟，缺乏一定的是非判断能力等内在原因，使得网络对于青少年的负面影响更需要得到社会的关注。

（一）青少年网络成瘾，形成网络依赖

虽然对于网络成瘾并没有一个准确的定义，我国学者欧居湖提出网络成瘾是指以网络为中介，以网络中储存的交互式经验、信息等虚拟物质为成瘾物所引起的个体在网络使用中，沉醉于虚拟的交互性经验、信息中不能自主，长期和现实社会脱离，从而引发生理技能和社会、心理功能受损的行为②。对于形形色色的网络信息，青少年可能无法有效地进行筛

---

①董蒙. 网络——青少年心理健康教育的有利途径[J]. 教育探索，2011(8).

②代美霞，孙继华. 青少年网络成瘾与心理健康的关系[J]. 潍坊学院学报，2008(3).

选，对于刺激新鲜的网络游戏或是虚拟的网络聊天室等，处于青春期阶段的青少年由于强烈的求知欲，可能在接触这些新事物时表现出一定的盲目性，从而无法鉴别出不利于个人身心发展的事物。

（二）阻碍人际交往正常发展，形成情感淡漠

网络发展虽然在一定程度上打破了时空界限，扩宽了青少年的人际交往圈，但是如果青少年无法有效地实现现实世界与虚拟世界中角色的有效转换，则很容易被动地迷失于具有巨大诱惑性的网络交际当中，在气质和性格都尚未定型的阶段中，青少年比较容易将自己封闭于虚拟环境中，喜爱与虚拟的人物进行交流，从而与现实生活产生了隔离，逐渐变得不合群、孤僻甚至远离人群，更甚者可能导致不同程度的心理问题，如人际交往障碍以及其他交际危机等。

在青少年的成长过程中与他人进行面对面的情感交流是极为重要，因为他们可以在交流过程中学习与他人沟通，控制自我的情绪，进行自我调整和发展个人情感，逐渐完成青少年的社会化。但是虚拟世界的发展容易导致青少年不需要考虑后果，无限制地放纵个人情感，将对现实情感中的期待转移到网络世界中，从而逃避在现实生活中的交流，回避家人以及同学们的关爱，不愿与他人进行现实交流，最后变得淡漠，形成情感冷漠的症状，对青少年的心理健康产生极大危害，不利于其日后的发展。

（三）道德观念意识弱化，不利于形成积极正确的人生观及价值观

青少年由于受到年龄、知识水平等方面的限制，不能够真正运用社会规范约束自我，因此在现实社会中需要家长以及老师的引导。而在网络社会中，青少年不需要暴露个人真实的身份，也不需要为个人言行承担义务和责任，网络平台的“自由性”极大地滋长了青少年希望触犯底线、为所欲为的“叛逆心理”，最后导致一些青少年形成淡薄的是非观念，弱化了他们的道德意识，甚至失去了个人道德判断的准则，肆意地做出违反道德规范的行为。大量色情、暴力的信息充斥着“丰富多彩”的网络世界，膨胀了青少年猎奇和挑战的需求和欲望，令他们防不胜防，促使不正确的人生观、价值观的形成，对青少年的身心健康产生极为错误的引导作用。

面对纷繁复杂的网络世界，教育者应该通过平和的态度引导青少年，而非采取强硬的手段，给予他们独立自主思考的能力，虽然他们的自控能力仍有待加强，但是需要体现出对他们的信任，不能采取像对待儿童一样的反复强调的方式，摆出“高高在上”的长辈姿态，应以平等的立场同青少年进行沟通，引导青少年健康合理地安排个人上网行为，促进青少年健康人格的形成。

二、不良的网络行为及原因分析

不良的网络行为是指网络使用者不遵守社会规范，不适当地使用互联网而导致行为偏差，产生的网络失范行为①。常见的种类可归纳为网络不文明及不道德行为、网络不健康行为和网络违法犯罪行为三种。

（一）网络不文明及不道德行为

网络不文明及不道德行为主要表现为传播粗言秽语，发表不健康、不文明的言论，随意传播未经证实的信息内容，发布虚假信息误导他人、辱骂他人及对他人进行人身攻击，冒用他人姓名进行不良行为，做出有损他人名誉的事情，使得网络空间受到污染、导致网络文化庸俗化，传播了不健康的网络文化及信息，破坏了网络行为规范，对现实道德进行挑战，同时损害了他人的利益。

青少年在网络世界中的不文明及不道德行为，很大程度上是为了宣泄在现实生活中的不满，将客观世界中的愤怒情绪转移到虚拟世界当中，由于不受到监督和约束，这种缺少压力的环境更加激发了青少年个人消极情绪的发泄，虽然这一方面体现了青少年发展的不成熟化，但这同样也是社会精神文明的落后性的体现，说明社会主义精神文明建设任重道远，教育者还需两手抓，从内外因出发，帮助减少不文明及不道德行为的发生，营造良好的网络氛围。

（二）网络不健康行为

网络不健康行为主要体现在青少年浏览传播暴力、色情的信息，沉迷于充斥着低俗暴力内容的网络游戏和网络聊天，散布消极厌世的生活态度，对于不健康的内容不加以筛选，最后不仅对个人的心理情绪产生消极影响，同时也对他人的情绪和思想产生了负面影响。

实际上，青少年浏览黄色网站等不健康的网络行为，很大程度是由于在青春期阶段所产生的强烈的性渴求心理，对于性方面相关知识的好奇心促使了青少年对于这一方面产生尝试心理，而传统社会中家长和教师大多倾向于打“擦边球”，回避给予青少年正面积极的引导，从而导致他们转向以网络中黄色的、低俗的内容满足个人好奇心和需求，甚至一些判断力较低、意志薄弱的学生可能做出越轨行为，在产生性冲动和性欲望的时候无法控制自我，对网络中的不健康行为进行盲目模仿，造成不良后果。

对于青少年在发育过程中的好奇和疑问，教育者和家长们应该积极地为他们做出解答，传授健康的性知识，以过来人的姿态引导他们正视自己的欲望和生理变化，用合理的

---

①谷申杰，何卫军. 大学生网络不良行为的主要特征及危害性分析[J]. 新西部：中旬刊，2013(10).

方式帮助他们认识自我欲望。

（三）网络违法犯罪行为

网络犯罪行为是指利用网络作为媒介进行违反法律法规的一系列行为①，如制作并传播网络病毒，造成网络瘫痪；从事危害社会，破坏社会精神文明的活动；散布反党反社会，破坏民族团结，煽动分裂等观点；传播邪教信息，误导他人；进行网络欺诈，欺骗他人钱财并对他人财产及人身安全造成危害；攻击他人网站，以“黑客”身份使他人主页陷入瘫痪等一系列对社会安全造成巨大伤害的行为。这些行为不仅危害了他人的生命及财产安全，破坏了社会秩序，同时也会对国家经济和文明发展造成巨大威胁。

除了青少年心理发展不成熟是造成网络犯罪行为日益增多的重要原因外，家庭对于青少年教育的忽视，社会上影视作品、网络游戏对于青少年的误导作用也是不可忽略的，网络环境以及社会环境中所存在的缺陷给不法犯罪分子教唆青少年从事违法行为提供了便利，这也正是需要社会给予高度关注的，在促进青少年个人人格完善的同时，也需要建立有效的监控手段，对市场上的信息传播进行控制和分类。

三、健康网络行为的引导及其教育途径

（一）健康网络行为的引导

引导青少年形成良好的网络行为规范，正确地对待网络现象，提高自我的判断辨别能力，能够客观地区分现实世界和网络世界，建立良好的价值观，需要学校和家长共同的努力。学校作为传道授业的场所，需要帮助广大青少年接受正面的、积极的网络行为的教育，在这个过程中，需要把握以下几个方面。

1. 主动提前预防

网络发展的日新月异以及快速的生活节奏，要求教育者及时主动地对青少年普及健康的网络使用知识，提早对学生进行心理健康调查，打好预防针，对可能出现的情况进行告知和解释，帮助青少年正确看待、合理应对网络上的不同现象。

2. 利用网络开展有意义的活动

在对青少年的行为进行指导的过程中，要结合课堂学习的内容在网络上进行一些拓展性的、研究性的学习，不要过度束缚他们在网络世界中的探索，尊重青少年的人格以及个人需求，甚至适当地帮助青少年选择一些健康益智的游戏，也未尝不可，与其堵，不如给予正常的通道，给予他们足够的信任。

---

①黄昕，贺才琼. 论大学生网络不良行为及对策[J]. 南华大学学报（社会科学版），2005(1).

信息窗 7－2

走下网络　走出宿舍　走向操场

为更好地贯彻落实党的十八届三中全会关于“强化体育课和课外锻炼，促进青少年身心健康、体魄强健”的精神，引导和帮助大学生提高参加体育锻炼的主观能动性、形成良好的体育锻炼习惯、提升身体素质，并从中磨炼坚强意志、培养良好品德和拼搏精神，共青团中央、教育部、国家体育总局、全国学联近日联合下发通知，决定从 2014 年开始，在全国高校范围内全面启动和广泛开展大学生“走下网络、走出宿舍、走向操场”的群众性课外体育锻炼活动。

通知指出，增强大学生体质、促进大学生健康成长，是关系国家和民族未来的大事，对于深入贯彻党的教育方针，大力推进素质教育，培养中国特色社会主义事业的合格建设者和接班人，具有重要意义。2007 年，《中共中央国务院关于加强青少年体育增强青少年体质的意见》颁布以来，各地各高校普遍重视学校体育工作，广泛开展“全国亿万学生阳光体育运动”等工作和活动，在帮助和促进广大学生积极参与体育锻炼、提高体质健康水平等方面营造了良好氛围、收到了一定成效。但同时，由于学生学业压力大、对于互联网依赖程度的加深、群众性体育活动载体不足等因素，当前青少年学生特别是大学生群体对于体育锻炼的自觉意识和重视程度以及体质状况和健康素质仍有不足。

通知强调，主题活动要以健康第一为指导思想，以“走下网络、走出宿舍、走向操场”为统一主题，充分发挥各高校的工作自主性、积极性和创造性，以学生宿舍、班级等为主体，通过广泛开展各类大学生群众性课外锻炼活动，努力实现《中共中央国务院关于加强青少年体育增强青少年体质的意见》中提出的有关要求。

开展大学生群众性课外体育锻炼活动是一项长期性、经常性工作。各级共青团组织、教育部门、体育部门、学联和学生会组织要立足长远，制定保障制度和措施，设计和组织开展好具有自身特色的活动，形成促进大学生参加课外体育锻炼活动的有效平台和长效机制。要着眼于工作的普遍性、覆盖面和持久性，将活动与学校体育课教学、体育运动会等常规工作有机结合，在活动中注重大学生参与的人数、时间、频率，努力做到人人有体育项目、班班有体育活动、校校有体育特色。要借助电视、报纸、广播及互联网等多种形式加大对活动的全方位、多角度宣传，扩大在校园中和社会上的影响，努力将大学生“走下网络、走出宿舍、走向操场”的主题群众性体育锻炼活动做成品牌、做出实效。要注重把握大型体育赛会举办、全民健身日等契机，推动活动不断形成热潮。要加强教育引导，防止发生各类安全事故。

据了解，为行之有效地开展好这一活动，下一步将在全国范围内选择不同地域、不同类型高校，开展大学生群众性课外体育锻炼活动试点工作，积极探索充分发挥团学组织的作用，通过开展活动、协调资源、出台政策、创新手段等，着重促进以班级、宿舍为单位的群众性课外体育锻炼活动，帮助和促进大学生增强体质认知、提高体育锻炼自觉性、提升身体素质。此外，还将适时在全国高校范围内组织开展争创“大学生百炼之星”活动，鼓励坚持参加体育锻炼的宿舍、班级、社团等学生集体，带动更多的学生积极参加体育锻炼。

[**资料来源**]中国青年报2014年1月14日版。

3. 有意识地学会自我控制

青少年应该从小培养和锻炼自控能力，不要沉浸于网上聊天、游戏等虚拟世界，不浏览、制作、传播不健康信息，不使用侮辱、谩骂性语言聊天，不和不相识的网友约会，拒绝进入未成年人不应该进入的网吧，尽量看一些对自己的日常学习生活有益的内容。在上网之前，最好制订个小计划，把要做的事情先写下来，一件一件地去做。

（二）健康网络行为的教育途径

1. 开展主题班会，提高学生主动学习的积极性

主题班会是班级教育活动的形式之一，是班主任根据教育、教学要求和班级学生的实际情况确立主题、围绕主题开展的一种班会活动，也是一种极富有教育意义的形式。

在进行主题班会前，需要针对学生们的发展情况制定好相应主题，比如“健康上网，人人有责”“净网从我做起”等富有教育意义的内容，结合班级内收集的学生意愿等进行组织，充分发挥学生们的积极性，同时可以通过演讲、小品、图文结合等方式展开主题班会以提高班会过程中的趣味性，生动形象地为青少年宣传一些不健康的网络行为所带来的危害性，普及青少年网络安全知识，加强学生们的安全网络意识，形成健康的网络行为。

2. 建立班级绿色主页，及时有效地更新引导信息

面对网络世界，应该积极主动地面对挑战而非消极逃避，教育者应该帮助青少年深刻了解健康的网络行为的重要性，激发同学们共创文明、和谐的网络氛围的决心。还可以根据班级的具体情况制作属于班级的主页，除了添加班级的基本情况之外，可以设置信息窗口，及时地更新网络使用小贴士，让同学们共享个人认为有趣的网站，浏览介绍健康内容的博客文章，丰富各方面的知识，扩展视野，同时又满足娱乐身心、愉悦生活的需求。

3. 将家庭教育与校园教育相结合，与家长合作促进学生身心发展

除了学校以外，家庭同样是引导青少年形成健康良好价值观的重要场所，因而教育者们需要及时地与家长进行沟通，有效地反馈学生们在学校中的表现，同时鼓励家长增加与孩子沟通的时间，帮助他们引导孩子正确观念的形成，还要及时地向家长提供需要的帮助，只有双方共同努力，才能为学生营造更好的学习环境。

此外，还可以对学生的课余生活加以利用，为同学们推荐优秀的读本以及电影，防止

学生受到不良文化的腐蚀，对读本和影视作品进行分析解读，提高学生们的鉴别能力，促进其心智的发展成熟，帮助学生们提升个人人格，学会在复杂的网络环境中筛选有效信息，抵抗不良内容。

4. 利用网络开展心理健康教育，点面结合

教育者自身也应该用客观的态度面对网络行为，同时可以利用网络的便捷性和多元性，将心理健康教育和网络技术结合起来，将相关的心理健康内容放入信息窗口中供学生们学习，在网上与他们交流，在保证学生个人隐私的私密性的前提下，最大程度地帮助他们解决个人困扰，打破了时间和空间界限的同时，又能及时有效地帮助他们解决问题，取得更有效的教育效果。网络媒体的平等性会使得学生们在与教育者沟通的过程更能够表达个人观点和进行倾诉，能够更直接地了解学生的真实想法，真正地进行"平等对话"，走进青少年学生的内心世界，共同感受他们的内心想法。

第三节　青少年休闲和消费的教育

处在受教育阶段的青少年大部分时间都在学校中度过，繁重的学业负担以及同伴竞争，可能会给他们带来不可忽视的心理压力，这使得拥有一种能够释放压力、宣泄情感的休闲方式变得十分必要。消费行为和休闲活动之间有着不可分割的关系，休闲生活涉及人们多方面需求的满足，现代消费者对休闲生活的重视程度也在不断提高，这直接导致了休闲生活在社会生活方式中占有越来越重要的地位。因此，引导青少年拥有正确的休闲和消费观念，也就成为了每位教育者的一项重要工作。

一、青少年休闲的教育

第一，从休闲研究的历史来看，在不同时代、不同文化背景中，人们对休闲的理解不尽相同，但总的来说，主要是从以下几个角度来定义的：第一，从时间的角度来看，Aristotle 把休闲称为"手边儿的时间"；H. May 和 H. Petgen 将休闲理解为"在生存问题解决以后剩下的时间"；一般社会学认为休闲是人们除工作时间、工作往返时间、家务劳动时间、抚育子女时间、满足生理需要时间以外，剩余的、可供个人自由支配的时间，即自由时间、空闲时间。第二，从活动角度来看，休闲被定义成一系列不同类型的自主活动，如 J. Dumazedier 认为休闲乃是免于工作、家庭和社会的职责，个人随着自己的意愿所从事的活动，其目的在于获得放松、娱乐，或扩大知识，促进社会参与、实践创造能力。第三，从心态角度来看，大多社会心理学家认为休闲是心灵上的自由或是驾驭自我的内在心理状态。也就是说，只要心灵摆脱了任何责任感，而准备追寻愉快的心理状态，即不必真正地

去做任何事情，都是休闲①。

(一)休闲活动的发展趋势

1. 休闲时间的增多

随着我国近现代科学技术的发展以及生产效率的提高，人们拥有了更多的休闲时间，在不久之前，休闲这个活动还只限于少数“资产阶级”，而现在几乎每个人都能拥有属于自己的休闲时间，尤其是在1995年实施“双休日”以来。近期中国人民大学的一项研究表明，在休闲时间方面，中国人已处于国际领先水平，2000年至2003年，美国和英国年平均闲暇时间为5620小时和6018小时，而中国在2000年的闲暇时间就已达到6051.2小时；休闲时间的增长，使得人们对于休闲内容的关注也相应增多，大多数人都希望在这段能自由支配的时间里，进行一些能放松身心的活动。

2. 休闲活动方式的丰富

沈杰对青少年闲暇活动的调查结果显示，青少年喜欢的闲暇方式，依次为与同学或朋友聚会、到郊外游玩、在家里、逛街、去书店或图书馆、去运动健身、上网吧、去公园、去电影院、去酒吧、去游戏厅。可以看到，与同辈的交往活动占绝大比例，这表明满足交往的需要在青少年身上显得尤为迫切②。

随着社会经济的发展，休闲活动的变化主要表现在以下几点：首先，上网人数、时间不断增加，网络成为青少年的重要休闲对象，一些青少年甚至沉迷于网络的虚拟世界中不能自拔；其次，关注健康的意识明显加强，业余时间从事体育健身活动的比例有所增加；最后，在业余时间学习新技术，进行阅读的青少年仍占较大的比例。因为随着社会的发展，想要在激烈的社会竞争中立足，不少青少年都在自觉努力加强自身的竞争力。

(二)健康积极的休闲活动的特点

并不是所有的休闲活动都具有建设性的意义，随着科学技术的发展和人类文明的进步，现如今的青少年拥有越来越多的休闲选择。教会他们如何辨别正确健康的休闲活动，也是教师不可推卸的责任和义务，然而在此之前，对什么是健康积极的休闲活动进行充分的了解，也是必不可少的一步。下面就简单地介绍一下，健康积极的休闲活动的特点。

1. 内容丰富多样

每个人都有适合自己的休闲方式，并且有自己的偏好，但是过于单调的休闲方式不利于身心的健康发展。这在某种程度上来说，也是对宝贵的休闲时间的浪费，有些人或是无所事事，或是将休闲的时间放在看电视剧、打麻将等单调而又对身体毫无裨益的活动上，这些活动虽然也能称得上是休闲，但却是不健康且不值得提倡的。健康的休闲方

①胡敏. 大学生心理健康教育与指导[M]. 上海：上海中医药大学出版社，2005.
②冯江平，安莉娟. 青年心理学导论[M]. 北京：高等教育出版社，2006.

式应该是可以在放松心情或是情感得以宣泄的基础上，增强自身素质的一些活动。

2. 蕴含较强的知识性

青少年思维活跃，渴望成功，尤其是知识层次较高的青少年，他们都希望能从休闲活动中有所得，并且这种欲求随年龄增长日益强烈。除注重专业知识的巩固和提高外，还应注意获取其他方面的知识，不失时机地扩大自己的知识面，增加文、体、美各方面的素养。

3. 重视活动的情趣性

在休闲活动的美学文化特点方面，健康的休闲不应只是追求休息和娱乐，而应重视活动的情趣性。比如文学、艺术、摄影等相关活动，这些活动不仅能够提高文化艺术修养，还能使人变得更加高尚文明。

4. 集体性高

不少青少年偏爱单独活动，希望能够获得独处的时间和空间。在独处时，青少年能够对其自我概念、自尊感和同一性进行反省，这无疑是一种好的现象。但是独处的时间不宜过多，否则将会导致社交能力的减弱，进而导致学校问题、沮丧情绪以及其他心理的出现。而在集体性高的活动中，青少年与其他个体进行各种社交活动，能够在休闲放松的同时，提高自身的社会交往能力。

5. 健康合理

参加的休闲活动应是健康而高雅的，应坚决抵制阅读不健康的文学作品，或是观赏低级趣味的影视。与此同时所参与的活动应该是经济合理的，有些活动属于消费型，需要较高的费用，而这些活动对于在校的青少年来说，完全是没有必要的。在选择休闲活动的同时，也应该充分考虑自身的经济状况，避免给家庭造成不必要的经济负担。

6. 适度适量

在校青少年的主要任务是学习科学知识。休闲生活知识为了调节身心，最终目的还是为了促进学习效率的提高，不能本末倒置。休闲活动要有节制，避免因过分疲劳而影响学习。

（三）休闲活动对青少年心理发展的作用

尽管休闲活动在青少年的日常生活中，仅占据很小的一部分，但是它对于每位青少年的心理发展却有着特殊的、不可忽视的甚至是正式的职业或学习活动所无法替代的作用，休闲教育是引导人们怎样正确合理地利用休闲时间，以提高自己、完善自己的教育活动。就青少年休闲教育而言，主要是要引导他们合理地利用休闲的时间，以提升自己的竞争力和实力。

1. 休闲能缓解压力

这是最重要的一点，也是人们选择休闲的首要原因。好的心态是成功的基石，我们要学会在不顺的时候调整心情，使自己的心情保持良好的状态，因为愉快稳定的情绪是身心健康的重要心理条件。抑郁、不稳定的情绪在一定条件下，可能会导致身心疾病。因此，培养良好的心情，对增进身心健康、防治疾病是很重要的。

青少年的大多数时间都在学校学习，学业的负荷和考试的竞争，给学生带来巨大的压力，这无疑是对其心理健康的严重损害。如果个体不能做出良好的适应性反应，就可能导致其个体的心理平衡失调，引起一系列负性情绪的出现，如迷惘、愤怒、焦虑等。这种状况持续下去，就可能引起心理异常、行为异常等现象的发生。而学会选择正确的休闲活动，就可以在一定程度上缓解压力、消除疲劳。例如，音乐就常常能使年轻人度过悠闲时光，无论是与朋友一起，还是一个人单独活动，音乐都是不错的选择。在电影和杂志中，青少年也可以寻求到娱乐的感觉，可以获得消遣、生活得更开心。利用各项活动来转移内心的各种压抑的情绪，也将使得个体获得精神上的轻松愉快。

2. 有助于自我同一性的建立

青少年面对的重大挑战之一就是建立自我同一性，即形成一个人价值观、能力、信念的自我概念，并成为自我发展的动力。今天，作为休闲生活中的重要伙伴的媒体，已经成为一种文化并能为年轻人建立自我同一性提供“物质”条件。建立自我同一性要思考“我想成为什么样的人”，在休闲活动中的普遍选择——媒体，能让他们看到“理想自我”与“不想成为的自我”，他们会通过模仿媒体中塑造的形象以求达到理想自我，修正不理想的自我。

媒体还可以为青少年提供很多自我同一性建立的信息。例如，青少年可以通过看电视或读杂志了解各种职业，以便寻求适合自己的职业。同时媒体也在性别角色认同这一点上起着重要作用，这是因为，媒体会告诉青少年，理想中的男人和女人是什么样的，作为男人或女人应该承担什么样的社会角色。青少年还可以利用媒体提供的这些信息，以一种更为安全的方式去了解性和浪漫的爱，有效地避免了对自身可能造成的不必要的伤害。

3. 丰富青少年的知识和技能

青少年时期是个体知识积累的关键时期，是一项健康有益的休闲活动，所涉及的知识是多方面的，能够完善学生的知识结构，在实践中教给学生许多课本上学不到的知识。比如，在进行策略型游戏时，就可以全方面锻炼青少年的观察力、记忆力、想象力、思维力及创造力等多项能力。如果仅是在课堂上，由老师教授，青少年被动地接受相关知识，可能会引发一定的抵触情绪，效果反而不尽如人意。而在休闲活动中，在轻松愉快的氛围下，这些对于青少年发展至关重要的能力，能够潜移默化地影响着每一个青少年的发展。

4. 能够促进青少年的全面发展

休闲活动不仅能够在知识、技能的获得上提供帮助，同样也能使得个体得到更为全面的发展，每个人都是一个社会人，光有知识储备是不够的，要在社会中生活下去，必须具有一定的社交能力。不同的休闲活动，为青少年提供了多种多样的交往对象以及交往场所，在活动进行的过程中，每个个体要学会控制自己的情绪，与一同活动的其他个体进行语言或是情感等方面的交流。而之前从事的休闲活动，很大程度上能够为青少年提供某些共同的背景。无论他们身在何处，都能很快在他们的交往中找到同伴：他们可以通过以大多数青少年都喜欢看的电视节目和电影，喜欢听相同的音乐，熟悉相同的广告标语作为共同的话题来展开对话。特别是谈论音乐，这是青少年表达相同价值观的最好方式。在集体性活动中，青少年的团队合作能力也能够得到很大的提高。与此同时，休闲活动也能够促使青少年个性心理的健康发展。每个个体都可以自由参加自己喜欢的活动，拥有自主选择的权利，能最大限度地满足个人的欲望。

5. 有助于青少年创造性的培养

休闲意味着没有压力和重负，在这种状态下，青少年有自由支配的时间，他们可以做自己喜爱和感兴趣的事情。很多青少年的发明创造就是在这种状态下产生的。热爱是最好的老师，有的青少年痴迷于机器人，有的热衷于遥控航模，有的喜爱文学创作，这些有益的兴趣爱好只要被成人保护好，并给予自由支配的休闲时间，他们就能搞出小发明、小创造，播下爱发明创造的种子。

（四）不良休闲活动的表现

在前文中涉及的各项休闲活动，都是应该备受推崇的有益青少年身心健康的活动。但并不是所有的休闲都是有益的。青少年可能出现的不良休闲活动有以下几方面。

1. 休闲无度

休闲活动应是克制而有度的，现如今大多青少年选择的休闲方式是上网、看电视等，如果将其控制在适当的时间内，能够起到一定的放松身心的作用。但是如果长时间沉溺于电视和网络，可能会使人丧失自制力，不能维持正常睡眠，造成体能过度释放，出现失眠、头痛、消化不良、恶心厌食和体重下降等症状，更甚者还会产生猝死现象。在行为方面，休闲无度还会使人置工作、学习于不顾，甚至产生孤独和抑郁等人格障碍，造成对朋友和家庭的冷淡，甚至还会引发一些攻击性的反社会行为等。随着人民生活水平的提高，“美食休闲”也成了一项新兴的休闲活动，这的确可以算作是追求高生活质量的表现，但是过度的美食休闲，无节制地摄入高热量、高脂肪含量的食物，最终造成青少年的肥胖问题，这无疑也是一种令人后怕的结果。

2. 休闲活动的内容不符合社会道德规范

各类新媒体的出现，在丰富青少年休闲生活的同时，也使得对其所选内容的控制产生了一定的难度。有学者认为，媒体对于青少年存在着潜在效应，它很可能会诱导年轻人喝酒、进行不安全性行为、暴力以及对性别角色持刻板信念，严重的还将引发青少年的性别歧视。据有关部门的数字统计显示，目前我国在校中小学约有 2.1 亿人，18 岁以下的学生上网比例达 81.3%，其中 7 成以上沉溺于网上聊天，4 成以上经常浏览色情网站，学生因其荒废学业，参与违法犯罪活动的案例不胜枚举，“电子毒品”对未成年人的伤害已到了一个非治不可的地步。

媒体作为青少年休闲娱乐的重头戏，也早就受到了许多学者的关注，关于媒体对于青少年的影响的理论中，有一个较为典型的理论：涵化理论（cultivation theory）。这种理论认为长期持续地看电视会逐步“培养”一个人的世界观，久而久之，对世界的认知会与电视所描绘的情形接近。涵化理论在现实世界的表现为“恶世综合征”（mean world syndrome）。“恶世综合征”是指长时间观看暴力电视节目的人会觉得这个世界没有安全感，结果导致这些人走上犯罪道路，成为暴力电视的牺牲品，最终导致国家的犯罪率直线上升。根据涵化理论，因为电视剧经常描写犯罪和暴力，观众看多了就会受其影响产生“共鸣”，相信整个世界是自私的、充满暴力的和危险的，从而形成消极世界观①。而青少年正处在确定自我同一性的关键时期，也即树立正确世界观、价值观和人生观的重要阶段，因此教师们一定要注意对其如何选择正确的休闲活动内容进行教育。

3. 休闲活动中独立性行为较多，集体性行为较少

这一点在前文中也有所提及，从青少年休闲生活内容的选择来看，他们最经常做的事情大多数都是单独行动的活动，具有极强的独立性。而诸如球类运动、集体活动、甚至与人聊天等需要集体参与的交往性活动，却很少有人参加。这可能是因为，青少年在紧张的课堂生活之余，更希望拥有自己的私人空间，做自己感兴趣的事情，而不希望受到别人的干扰。

4. 上网在青少年休闲生活中占过大比重

网络作为一种教育手段，丰富了教育内容，拓宽了教育途径，能够帮助青少年足不出户地了解各种现代科学知识和生活经验，有利于提高自身综合素质，培养全面的、多维的思维方式。网络能使青少年进行多元的互动和交往，促进了青少年之间的交流，同时也与广阔的社会进行了有效的融合。

与此同时，我们也应注意到网络的负面影响。首先，上网时间的增多，必将使得青少年阅读书籍、思考问题以及进行体育活动的时间减少，这有可能会导致其知识结构的不平衡。其次，就整体而言，经常上网的青少年获得了大量的信息，而这些信息中有好有坏。最后，网络交流的增多，导致面对面的人际交往减少，容易导致青少年不再关心现实世界，一旦没有网络，就会产生孤独感和挫败感，严重影响了自身的心理健康。

（五）对青少年休闲生活的指导

休闲生活往往在一定程度上反映了一个人的精神面貌，如兴趣、爱好和人生观，也能反映出一个民族、一个社会的物质文明和精神文明程度。休闲生活正是以它的广泛而突出的自由行、个性化、情感性特征，展现出休闲个体的心灵状态和精神品味，无疑是当代生活中一个值得重视的问题。我们要促进青少年的心理健康与成才，就一定要重视休闲活动这一敏感的领域，并主动对青少年的休闲活动进行指导。

---

①［美］杰弗里·阿内特. 阿内特青少年心理学［M］. 北京：中国人民大学出版社，2009.

信息窗 7-3

闲情的分量

在中国文人身上,从来有励志和闲情两面。励志,就是经世济用,追求功名,为儒家所推崇。闲情,就是逍遥自在,超脱功名,为道家所提倡。我发现,我所欣赏的古典作家和作品,往往是闲情这一面特别突出的。阮籍、陶渊明、袁宏道、李白、苏轼纵情山水,我从中看到的是对生命本体的热爱和对精神自由的追求,而人生最宝贵的价值岂不就在于此?

对闲情不可等闲视之,它是中国特色的人性的解放,性灵的表达。

只有励志,没有闲情,中国文人真不知会成为怎样的俗物。所以,我用"闲情的分量"做书名,来概括我品评中国古典作品的视角。

[**资料来源**]周国平. 闲情的分量[M]. 西安:陕西师范大学出版社,2007.

在美国学者琳达看来,休闲教育的途径有两种:一是休闲式教育方式,是指人们通过参与休闲了解自我和周围世界。这样我们可以"在休闲中"进行学习。这种休闲教育一般是非正式的个人行为,既可在自然环境下,也可在人为营造的环境下展开。二是教育式休闲方式,是指人们通过休闲活动来培养技能(如下棋)、获取知识(如了解公交车路线)和培养态度(如认识到休闲价值,或向往健康休闲并从中受益)。正规教育计划既可以教育青少年如何休闲,也可以传授绘画和音乐等休闲技能。教育式休闲是正规教育计划的一部分,旨在教育青少年如何利用休闲时间完善自己,并使自己成为有责任心的人。这种休闲教育形式很容易进入学校教学大纲,或成为教学大纲的基础,也可成为课外计划的一部分①。

我们认为,在学校对青少年的休闲生活的指导,应注意以下几点:

第一,充分认识休闲对于青少年健康成长的重要意义,要确保学生有必要的休闲时间,将节假日、双休日、课间操、课间休息都还给学生,让学生有自由支配自己时间的权力。第二,可以开设家政课等课程,教给学生一些生活技能,也让学生感受到生活的乐趣、劳动带来的成就感。第三,可组织一些课外兴趣小组,学生可以自由报名参加喜欢的小组,可以由老师带领学生,也可以由学生自己开展活动,前提是这些活动是有意义的、安全的。第四,教师可利用班会课或在教学中倡导健康有益的休闲生活方式,也可以让学生介绍自己体验到的好的休闲方式。第五,学校要为青少年的休闲活动创造良好的物质条件,如场所、设备等,同时也要加强对青少年休闲活动的科学组织管理,如宣传休闲活动的意义,引起社会有关方面的重视。还有很重要的一点,就是要协调学校、社会、家庭在青少年休闲活动中的作用。

---

①[美]琳达·凯德维尔. 以休闲教育为预防措施:应对中国青少年的危险行为[J]. 浙江大学学报(人文社会科学版),2009(2).

二、青少年消费的教育

近年来，我国的社会消费出现了很大转变，国家的整体消费需求以较高幅度增长，城乡居民消费水平稳步提高，尤其城镇居民人均消费已开始进入到国际上认可的中等水平，在这种情况下，我们有必要加强对消费尤其是个人消费的引导和调节。

经济来源稳定，数量可观，这是近年来在青少年零用钱方面的两个显著特点，所以青少年在消费时可以自由支配、随心所欲。而在零用钱的各方面体现出来的特点，很大程度上影响了青少年的消费行为。对青少年进行消费教育，能够帮助他们做出正确的消费决策。另外，可以防止受到商业经营者多种推销措施的诱惑，从而更好地调节自己的需要，使自己的消费行为更合理、更经济，避免盲从上当。

（一）青少年的消费心理特征

有学者研究了自1992年以来我国青少年的消费趋势和特征。消费结构：从生存型走向发展型和享受型；消费心理：从使用价值走向符号价值；消费方式：网络消费成为消费的重要形式；消费观：不同群体青少年趋同①。

信息窗7-4

青少年消费的趋同心理

在信息化、网络化、全球化和广告的示范效应下，不同群体青少年的消费观出现趋同的趋势。虽然来自不同阶层的青少年在实际的消费能力上会存在较大差别，但这并不妨碍他们持有相似的消费观和消费行为。邢哲曾提出，青年消费存在全球一体化的发展趋势，不同国家、地域或阶层的青年，其消费能力和消费水平的差距在逐渐缩小，其原因除了经济发展之外，消费的示范效应和攀比效应也发挥了关键性的作用。消费的示范效应使消费方式由较高层次向较低层次转移，而消费的攀比效应则使消费的低层次在消费方式上向高层次看齐，两种效应是双向的。这种效应也发生在中国青少年的身上，通过示范效应和攀比效应，不同群体青少年的消费观乃至消费行为都出现了趋同的趋势。哈尔滨日报在“大学生在消费能力与消费实力间‘难过’”的报道中记录了大学生的消费故事。来自家境较富裕的大学生小张拥有全套现代装备，比如“阿迪”最新款的球鞋，“苹果”的MP3，这些常常会引来同学羡

①魏莉莉. 青少年消费特征及趋势探析[J]. 当代青年研究. 2014(4).

慕的目光，这就发挥出较高消费的示范效应。而部分穷学生出于心理原因消费追随富学生，在消费方面与家庭经济条件好的同学攀比，又发挥了较低消费的攀比效应。对于自己超越家庭经济能力的消费，来自偏远农村的贫困生的解释是："看到家庭好的同学消费时，总是感觉自己比别人矮半截，怕同学们看不起我，碍于面子我就经常请同学上网吃饭，为自己置办 MP3 等时髦用品。"

[资料来源]魏莉莉. 青少年消费特征及趋势探析[J]. 当代青年研究. 2014(4).

青少年消费行为的原因，有客观和主观两个方面。

客观上讲，我国城乡居民的收入水平和富裕程度显著提高，伴随第三产业的迅速成长，我国商品和服务的供给能力有了大幅度提升，由短缺转向总体基本平衡或有所结余，人民生活水平有了较大幅度提高，生活质量有了明显改善。这些都为青少年消费水平的提高和消费结构的转型提供了物质基础。

消费主义的社会思潮是影响青少年消费行为的社会环境因素之一。消费主义是把个人的自我满足和快乐放在第一位，促使人们不断追求新的消费品，以满足自己的物质需要，消费已不再被看作一种手段，而成为目的本身。消费主义文化通过不断地向人们展示某种精致的、高消费的生活方式，使人们在不断追求身份认同、地位认同的过程中，陷入无止境的消费追求中。

另外，大众传媒的示范导向作用也是影响青少年的社会环境因素。在消费领域，大众传媒正以其强大的攻势引领着潮流，通过潜移默化的明星示范效应影响着青少年。例如，以周杰伦为形象代言人的美特斯邦威作为知名的休闲服饰品牌，其广告词"不走寻常路！"塑造的也是个性、时尚和活力的符号形象，吸引着年轻的消费群体。可见，大众传媒通过赋予商品以超越其使用价值的符号价值，激起青少年对某种生活方式的欲望，而青少年正是通过对象征某种生活方式的商品的消费，建构起自己个性、活力、时尚和前沿的身份认同。

从主观上讲，青少年的从众心理，有的甚至是虚荣、攀比心理对其消费行为起到催化剂作用。青少年对消费符号价值的追求以及当其消费水平低于身边其他人时所产生的不安和自卑心理都是受到从众心理的影响。有的学生不考虑家庭的经济状况，有的甚至通过卖血、卖肾来购得自己喜爱的消费品，这已经不是简单的从众、虚荣心理，而是与其极端偏执的个性有关。

（二）对青少年进行消费指导的途径

对青少年的消费指导就是加强对青少年适度消费观念和理性消费行为的引导，可从以下几方面开展：

1. 在青少年中树立自立自强的价值导向

虽然说青少年的消费具有符号意义和身份认同价值，关系到青少年的社会化历程，但是青少年中盲目消费、非理性消费和攀比消费现象仍是客观存在的事实。我国青少年的消费水平往往是由家庭的经济条件所决定的,青少年的消费状况对家庭有很强的依赖性,如媒体中曝光的炫富行为往往是富二代和官二代所为,仰仗的是父母的财富和权力,而非依靠自身的努力,这说明我国青少年的独立性不足,对家庭的依赖性过强,才会滋生出种种青少年过于奢侈和超前、不符合其年龄特征的消费行为。相比之下,西方发达国家更注重培养青少年的独立性,青少年的消费行为独立于家庭的做法值得我们借鉴。例如,美国和加拿大的中学在对学生进行财富观的教育中提倡“通过自己的努力奋斗,获得财富,才是值得尊重的”,因此,学生很少显摆家庭的财富,甚至还会因为显摆而遭到嘲笑。而且无论家庭多么富裕,年轻人仍然要通过自己的努力赚钱谋生。因此,应从小培养青少年自立自强和努力上进的意识,鼓励青少年通过自己的努力实现消费目标,如在家庭中帮助父母做家务活赚零花钱,在社会中做兼职赚钱等,让青少年在劳动中体会赚钱不易,从而更加珍惜自己和父母的劳动成果,这不仅有利于培养青少年的理性消费行为,而且有利于培养青少年的独立人格,从而有助于其终身发展。

2. 在家庭中加强理性消费引导

家庭是与青少年联结最紧密的环境,父母是孩子的第一任老师,青少年的许多消费观念和消费习惯都在家庭中养成,青少年消费特征的形成与他们在家庭中的角色、地位有关。随着我国计划生育政策的实施,许多青少年成为家庭中唯一的孩子,更可能得到父母的过度关注和爱护,亲子关系过度卷入,父母为子女全身心地付出,家庭资源过度集中于青少年身上,使青少年成为家庭资源的主要消费者,导致部分家庭的青少年出现脱离其家庭实际经济状况的消费行为。为了培养青少年的理性消费习惯,父母应以身作则,作好理性消费的榜样;父母要努力学习科学消费知识,有意识地对青少年进行理性消费教育,提高青少年消费的计划性和消费预算能力,引导青少年在消费时进行理性购买决策行为;父母平时应注意与青少年多沟通,将家庭的经济状况和收支情况告诉青少年,使青少年能够在家庭经济范围之内做到量入为出;注重培养青少年的自控能力,减少冲动消费,实现延迟满足;对青少年超出家庭购买能力的消费需求予以坚决反对,但应建立在与青少年理性沟通的基础上。

3. 将消费教育纳入学校教育

将消费教育纳入学校教育是培养青少年理性消费观念和行为的重要渠道。目前,在全国范围内已经有部分学校意识到消费教育进课堂的重要性,并在此方面作了有效的探索。例如,江苏省无锡市作为在全国较早启动消费教育进校园活动的地区,在全市发布了《关于在全市中小学普及科学消费教育的通知》,于 2010 年编写了适合不同阶段(小学、初中和高中)消费教育的校本教材《科学消费》,并将其试用于无锡市的部分中小学校,以此引导青少年树立科学的消费观。消费教育是素质教育的有机组成部分,消费作为青少年一生都要从事的活动,将会影响青少年一生的健康和幸福。在学校中开展消费教育,并将理性消费教育系统化、规范化和常态化,有助于培养青少年的理性消费行为,提升青少年的全面素养,应当得到学校教育的重视。

4. 营造理性消费的社会舆论风气

社会主义荣辱观提倡的八荣八耻中明确倡导“以艰苦奋斗为荣、以骄奢淫逸为耻”，可见，提倡节俭反对奢靡代表着我国的主流价值观。因此，应发挥政府的主导和引导功能，整合社会资源，加强对社会舆论的指导和监督作用，树立良好的社会风气，为青少年理性消费观和消费行为习惯的养成营造良好的社会舆论氛围。在宣传教育方面，要坚持以正面宣传为主，利用网络和电视等影响力大的大众传媒，通过新闻报道和公益广告等形式，加大对科学、理性消费观的宣传力度，积极营造理性的社会消费氛围，反对物欲至上和脱离自身消费能力的消费行为；在社会教育实践活动中，有意识地为青少年创造社会实践机会，鼓励青少年参与志愿者活动，在活动中体验生活，了解社会贫富差距，使青少年在了解社会现实的基础上，懂得珍惜，养成勤俭节约、量入为出和理性的消费行为和习惯。

第四节　青少年职业生涯辅导

人生的幸福包括美满的家庭、知心的朋友、称心的工作等，拥有一份令人满意的工作对整个人生来说有重要意义。那么，为了将来可以进入一个合适的行业，青少年们应该了解什么？应该做怎样的准备？青少年了解职业生涯，树立正确的职业观，并对自己未来的职业生涯有一个基本的想法或规划，也是学校教育的重要内容。

一、职业生涯概述

（一）职业生涯与职业生涯规划

职业生涯，顾名思义，就是指个人在职业领域的发展经历，包括一个人从职业学习开始到职业劳动，最后结束这一生的职业工作所经历的过程。

职业生涯规划是指根据个人对自身的主观因素和客观环境的分析，确立自己的职业生涯发展目标，选择实现这一目标的职业，以及制定相应的工作、培训和教育计划，并按照一定的时间安排，采取必要的行动实施职业生涯目标的过程。

青少年学习职业生涯规划可以为将来的职业发展积蓄力量、储备知识，让未来的职业发展得更好。一般来说，职业生涯规划的重要作用有以下几方面。

1. 有助于选择合适的职业

不同类型的职业适合不同类型的人，即便是非常优秀的人，在其不擅长的领域也会非常吃力，就像画家不能像外科医生一样去做手术，程序员不能像小提琴家一样演奏音乐，只有在适合自己的职业领域，人们的能力才能得到发挥，才能发光发热。职业生涯规划可以帮助求职者了解自身的特点，了解自己喜欢什么，适合什么，擅长什么，同时也考虑外界的多方面的因素,这将有助于找到适合自己的职业。

2. 减小职业生涯中的风险

不管从事哪一种职业,它都是有风险的,没有一种职业生涯是能够一帆风顺的,总会碰到挫折和困难,可能是错失了一次升职的机会,可能是与上司的关系紧张,也可能是遇上了不好沟通的客户。在职业生涯中,很多情况都有可能出现,而提前做好职业生涯规划的好处就是可以规避风险、减小风险,以及在问题发生的时候,尽快地找到有效的解决方法。

3. 适应职业生涯发展规律

职业生涯的发展有其自身的规律,许多心理学家根据一些标准,如年龄、人的生命周期的特点等将职业生涯划分成不同的阶段,在不同阶段人们面临着不同的发展任务。职业生涯规划是遵循职业生涯发展规律的,在不同的阶段,规划出不同的但符合职业生涯该阶段特点的发展方式。比如根据舒伯的理论,成长阶段应该发展自我形象,发展对工作世界的正确态度,并了解工作的意义;维持阶段应维持既有成就与地位。只有适应职业生涯发展规律,才能不在该进的时候退,不在该守的时候攻。

(二)职业生涯发展阶段

职业生涯发展的不同时期具有不同的特点,依据这些特点可以将个人的职业生涯划分成不同阶段。心理学家对职业生涯发展阶段提出了自己的理论。为了合理地规划职业生涯,我们需要了解职业生涯的发展规律,也就是职业生涯发展阶段以及各个阶段的特征和发展任务。

1. 舒伯的职业生涯发展阶段理论

舒伯将职业生涯发展阶段按年龄为标准划分为成长阶段(4 ~ 14 岁),探索阶段(15 ~24 岁),建立阶段(25 ~44 岁),维持阶段(45 ~65 岁)和衰退阶段(65 岁以上)。

成长阶段发展的任务是发展自我形象,发展对工作、世界的正确态度,并了解工作的意义。成长阶段又分为三个时期:一是幻想期(4 ~ 10 岁),以“需要”为主要考虑因素,在这个时期幻想中的角色扮演很重要;二是兴趣期(11 ~ 12 岁),以“喜好”为主要考虑因素,喜好是个体抱负与活动的主要决定因素;三是能力期(13 ~ 14 岁),以“能力”为主要考虑因素,能力逐渐具有重要作用。

探索阶段发展的任务是使职业偏好逐渐具体化、特定化并实现职业偏好。这个阶段也包括三个时期:一是试探期(15 ~ 17 岁),考虑需要、兴趣、能力及机会,做暂时的决定,并在幻想、讨论、课业及工作中加以尝试;二是过渡期(18 ~ 21 岁),进入就业市场或专业训练,更重视现实,并力图实现自我观念,将一般性的选择转为特定的选择;三是试验并稍作承诺期(22 ~ 24 岁),生涯初步确定并试验其成为长期职业生活的可能性,若不适合,则可能在经历上述各时期时确定方向。

建立阶段发展的任务是统整、稳固并求上进。这个阶段细分为两个时期:一是试验——承诺稳定期(25 ~ 30 岁),个体寻求安定,也可能因生活或工作上若干变动而尚未感到满意；二是建立期(31～44岁)，个体致力于工作上的稳固，大部分人处于最具创意时期，由于资深往往业绩优良。

维持阶段发展的任务是维持既有成就与地位。

衰退阶段，由于生理及心理机能日渐衰退，个体不得不从积极参加到隐退。这一阶段往往注重发展新的角色，寻求不同方式以替代和满足需求。

舒伯的理论突出了职业价值观、能力、兴趣等的作用，抓住了本质的职业心理属性，对组织和个人的职业生涯规划和设计仍然具有很大的启发作用。但该理论似乎过于全面、宏观，缺乏较强的操作性。

信息窗7－5

生涯彩虹图

从1957年到1990年，著名职业生涯规划大师舒伯(Donald E. Super)拓宽和修改了他的终身职业生涯发展理论，这期间他最主要的贡献是“生涯彩虹图”。为了综合阐述生涯发展阶段与角色彼此间的相互影响，舒伯创造性地描绘出一个多重角色生涯发展的综合图形——“生涯彩虹图”，形象地展现了生涯发展的时空关系，更好地诠释了生涯的定义。在生涯彩虹图中，纵向层面代表的是纵观上下的生活空间，是有一组职位和角色所组成，分成：子女、学生、休闲者、公民、工作者、持家者六个不同的角色，他们交互影响交织出个人独特的生涯类型。

他认为在个人发展历程中，随年龄的增长而扮演不同的角色，图的外圈为主要发展阶段，内圈阴暗部分的范围，长短不一，表示在该年龄阶段各种角色的分量；在同一年龄阶段可能同时扮演数种角色，因此彼此会有所重叠，但其所占比例分量有所不同。

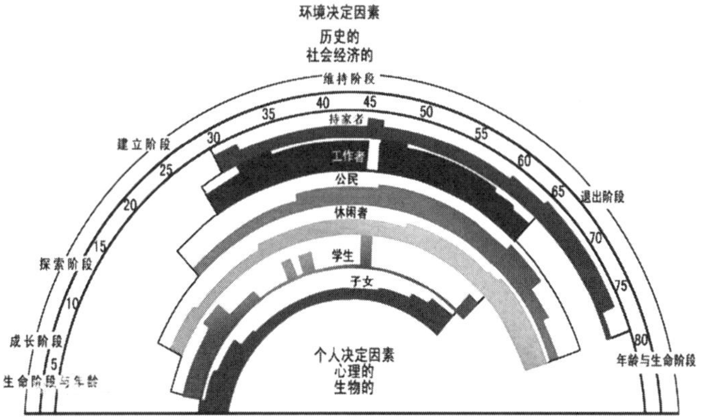

根据舒伯的看法，一个人一生中扮演的许许多多角色就像彩虹，同时具有许多色带。舒伯将显著角色的概念引入了生涯彩虹图。他认为角色除与年龄及社会期望有关外，与个人所涉入的时间及情绪程度都有关联，因此每一阶段都有显著角色。

1. 横贯一生的彩虹——生活广度在一生生涯的彩虹图中,横向层面代表的是横跨一生的生活广度。彩虹的外层显示人生主要的发展阶段和大致估算的年龄:成长期(约相当于儿童期)、探索期(约相当于青春期)、建立期(约相当于成人前期)、维持期(约相当于中年期)以及衰退期(约相当于老年期)。在这五个主要的人生发展阶段内,各个阶段还有小的阶段,舒伯特别强调各个时期的年龄划分有相当大的弹性,应依据个体的不同情况而定。

2. 纵贯上下的彩虹——生活空间在一生生涯的彩虹图中,纵向层面代表的是纵贯上下的生活空间,由一组职位和角色所组成。舒伯认为人在一生当中必须扮演九种主要的角色,依次是:儿童、学生、休闲者、公民、工作者、夫妻、家长、父母和退休者。各种角色之间是相互作用的,一个角色的成功,特别是早期的角色如果发展得比较好,将会为其他角色提供良好的关系基础。但是,在一个角色上投入过多的精力,而没有平衡协调各角色的关系,则会导致其他角色的失败。在每一个阶段对每一个角色的投入程度可以用颜色来表示,颜色面积越多表示该角色投入的程度越多,空白越多表示该角色投入的程度越少。

彩虹图的作用主要是对自身未来的各阶段进行调配,做出各种角色的计划和安排,使人成为自己的生涯设计师。

[资料来源]魏潾,李广才.大学生职业生涯指导、规划、发展、未来[M].北京:科学出版社,2010.

2. 金斯伯格职业生涯阶段论

美国学者金斯伯格认为职业生涯包括幻想期(11 岁前)、尝试期(11 ~ 18 岁)、实现期(17 岁以后的成年期)。其中幻想期是依据兴趣,决定职业期望。尝试期又分为兴趣阶段(11 ~ 12 岁,培养职业兴趣),能力阶段(13 ~ 14 岁,开始以能力为核心考虑职业问题),价值阶段(15 ~ 16 岁,了解职业的价值性,以职业的价值性来选择职业)和综合阶段(17 岁,将前三个阶段进行综合考虑,正确了解未来发展方向)。实现期包括试探阶段(试探职业机会)、具体化阶段(做出进一步选择)和专业化阶段(依据自我选择的目标,做具体的职业准备)。

二、职业生涯规划的步骤

职业生涯规划的基本步骤是职业生涯分析、确立目标、实现目标、评估与回馈。其中,职业生涯分析就是本节最后重点阐述的帮助青少年学会职业生涯规划。

(一)确立目标

前文讲述的自我评估和外界环境分析都属于职业生涯分析,在一系列的分析过后,选择适合自己的职业,确立职业生涯目标。

职业生涯目标的设定,是职业生涯规划的核心。确立职业生涯目标是职业生涯规划中至关重要的一步,有目标才有努力的方向,有目标才有前进的动力。

信息窗 7-6

哈佛毕业生的差别

有一年,一群意气风发的天之骄子即将从美国的哈佛大学毕业,开始各自的职业发展。他们的智力、学历、成绩、环境条件都相差无几,临出校门,哈佛对他们进行了一项关于人生目标的调查,结果如下:27% 的人没有目标;60% 的人目标模糊;10% 的人有清晰但比较短期的目标;3% 的人有清晰而长远的目标。

25 年后,哈佛再次对这群学生进行了跟踪调查,得到如下结果:3% 的人,25 年间他们朝着各自的目标方向不懈努力,几乎都成为社会各界的成功人士,其中不乏行业领袖和社会的精英;10% 的人,他们的短期目标不断地实现,成为各个领域中的专业人士,大都生活在社会的中上层;60% 的人,他们安稳地生活与工作,但都没有什么特别成绩,几乎都生活在社会的中下层;剩下 27% 的人,他们的生活没有目标,过得很不如意,并且常常抱怨他人、抱怨社会、抱怨这个"不肯给他们机会"的世界。其实,他们之间的差别仅仅在于:25 年前,他们中的一些人有着清晰而长远的职业发展目标,而另一些人则目标模糊或没有目标。

[**资料来源**]孔晓东,揭水平.大学生心理健康导引[M].武汉:华中科技大学出版社,2011.

在职业生涯中,如何建立目标?首先,要明确什么样的目标才是好的目标。好的目标应该是有效的目标,可以引导人向正确的方向努力,使人产生动力。

1.目标的属性

目标具有两个属性,明确度和难度。明确度就是目标的清晰度,明确度越高,目标越清晰,人们就越知道该往哪里走,该怎么做,也就越有动力。就像吃过巧克力的孩子比没吃过巧克力的孩子更经受不住巧克力糖果的诱惑,因为他们知道巧克力的味道,也就是说,他们对"得到巧克力"这个目标理解得更清楚明白。

明确度越高越好,难度却不同。难度过低,毫无挑战,会使人缺乏动力;难度过高,付出很多却始终看不到回报,长此以往,会使人失去信心,丧失追逐生涯目标的动力;而中等难度的目标既有一定的挑战性和激发人的动力,同时也能在努力后给出一些回报,时时激励着人们前进。

因此,建立职业生涯目标要求目标明确度高,也就是个人应明确地知道自己想要的是什么,同时这个目标对其本人来说应该具有中等的难度,这样的目标才能起到引导方向、提高动力甚至激发潜能的作用。

2. 长期目标和短期目标

从实现目标所需要的时间上来看,目标分为长期目标和短期目标,在职业生涯中,不仅要有长期目标,也要有短期目标。长期目标为职业生涯确立一个发展的方向,引导生涯的发展,决定的是生涯发展的总的路线。短期目标更为具体,更易实现,起到激励作用。短期目标是符合长期目标的,是为实现长期目标服务的。

(二)实现目标的策略

有了职业生涯目标,接下来的重要任务就是制订实现职业生涯目标的策略,也就是实现目标的行动方案。没有有效的行动,目标是无法实现的,更不可能取得成功。为了便于实施,为实现职业生涯目标而制订的行动方案,应该是各种具体的措施,比如:为提高业绩,应该采取怎样的措施? 为改善与上下级的关系,应做怎样的努力? 为提高自身的业务能力,该学习哪些新知识、新技能?

格林豪斯等人将职业生涯战略归纳为 7 类:胜任现职、延时工作、开发技能、拓展机会、建立支持性关系、树立形象和声誉、参与组织政治。

胜任现职指提高现任岗位的竞争力,希望有效地胜任现在的工作。延时工作指决定在自己的工作中投入大量的时间、精力和心思。开发技能是指通过培训、教育或其他的实践性工作来获得(或提高)有助于当前职位的能力,或以后工作需要的能力。拓展机会是指设计一些办法,把自己的兴趣和志向告知他人,以了解与自身志向相符的工作机会。建立支持性关系是指寻找重要人士并与其建立良好关系。树立形象和声誉指通过交流使别人了解自己突出的能力、成功或成功潜力,以使自己在组织内树立良好的声誉。参与组织政治是指试图以奉承、服从、联盟以及有力的交易和影响等手段去获得预期的结果。需要注意:并不是我们每个人都要参与组织政治,但是要知道组织政治行为是组织生活普遍存在的事实,忽视它的人常常会面临一定的困境甚至危险①。

(三)反馈与评估

事物是不断变化的,不仅是外部环境因素,自身的因素也会发生变化,不同时期,人的兴趣、能力等会有所不同,所以职业生涯规划不能是一成不变的,而要有一定的灵活性,在不同情况下可以加以调整,从而使个人的职业生涯获得更好的发展。

三、职业生涯规划的辅导

(一)树立正确的职业观

青少年阶段正是生理与心理快速发展的阶段,在这个阶段,他们的世界观、人生观、

①郑美群. 职业生涯管理[M]. 北京:机械工业出版社,2010.

价值观尚未成熟但日益成熟，因此青少年阶段是形成世界观、人生观、价值观的重要阶段，而正确的职业观正是建立在正确的世界观、人生观、价值观的基础上。

青少年正确的职业观的树立需要做到以下几点：

第一，需要老师、家长的正确引导。青少年阶段是观念塑造的重要阶段，青少年的心理快速发展，对人、对事物都开始形成新的更为敏感的看法，青少年阶段的观念是不成熟的、不稳定的，容易受到外界因素的影响。所以，这个阶段需要老师、家长对其加以正确的引导，帮助他们正确地认识世界，认识自我，帮助他们成长，从而形成正确的世界观、人生观、价值观，为树立正确的职业观奠定基础。

第二，远离有害信息。当今社会，网络、电视等各种媒体传播的信息多且复杂，而青少年辨别是非的能力还不成熟，很容易受到一些不好的信息的影响。所以，对于各种信息，青少年应有选择地接触，远离不健康的信息。

第三，关注社会，自我升华。青少年的成长离不开社会这个大环境。校园是一座象牙塔，完全封闭在校园这个小环境内，不利于青少年的健康成长。青少年应该关注社会、接触社会、了解社会，在社会这个大环境中学习，而不是仅仅关注课本知识的学习，只有这样，青少年才能自我升华，自我成长，形成正确的世界观、人生观、价值观。

（二）帮助青少年学会自我评估

要想知道自己适合什么样的职业，首先要进行自我评估，简单地说就是要了解：我是什么样的人？我适合什么样的职业？

1. 自我评估的方法

自我评估要求全面客观地认识自己，主要方法有：

（1）通过心理测验了解自己的某些心理特征。心理测验是一种客观的测量工具，能够在较短的时间测量出受测者的某个特定的心理特征，而且操作简单方便，是一种常用的自我评估的工具。对于青少年来说，这种自我评估的方法也是较为简单快捷的。

心理测验种类较多，可以测量多种心理特征。如常见的能力测验有《一般能力倾向成套测验》和《区分能力倾向测验》；常见的职业兴趣测验有霍兰的《自我探索量表》和《斯特朗职业兴趣量表》；常见的人格测验有《卡特尔16种人格因素测验》和《艾森克人格问卷》。

（2）通过他人的评价来自我评估。个体对其本身的评价往往是有局限的，因此要想全面客观地认识自我，需要了解他人眼中的自己是什么样的。这一点对于青少年来说，尤其重要，因为青少年的心理发育不成熟，容易出现过于自卑或过于自负的情况，从而在自我评估的时候，容易低估或高估自己。所以，青少年应多从他人的评价中了解自己，包括老师、同学、家长等对自己较为熟悉的人的评价，这对青少年的自我评估非常重要。

（3）向专业人士咨询。专业人士可以用自己的知识和经验向前来咨询的人提供帮助，使前来咨询的人得到有效的建议和信息，从而在职业选择的决策上更有信心和能力。

在职业选择中，具体的自我评估时，往往不是运用一种方法，而是同时使用多种方法。多种方法同时使用能使人更全面地了解自己。

2. 自我评估的内容

个人与职业的匹配受到个人的气质、性格、价值观、兴趣、能力等多种因素的影响。因此，自我评估的内容也是多样的。

（1）气质类型与职业的匹配。两千多年前，古希腊医生希波克拉底认为人体内有四种液体：粘液、黄胆汁、黑胆汁、血液，人体内这四种液体的比率的不同，形成了不同类型的人，这就是体液学说。大约500年后，罗马医生盖伦进一步确定了气质类型，提出人的气质类型有四种，分别是胆汁质、多血质、粘液质、抑郁质。

现代的气质学说仍将气质分为这四种类型。不同气质类型的人的行为方式和思维特点不同。每种气质类型有其自身的职业适应性，从事某一类职业活动者能体现某一些共同的气质特征。在所适应的职业领域中，不同的气质类型者可以扬长避短，适应并完成一定的工作。

胆汁质的人非常情绪化，情绪体验强烈，爆发迅速、平息快速，思维灵活，精力旺盛、争强好胜，为人热情率真、表里如一。但是遇事容易鲁莽，易感情用事。因此，这种人适合做反应迅速、动作有力、应激性强、危险性较大、难度较高而费力的工作，不适合从事稳重、细致的工作。适合的工作有导游、推销员、节目主持人等。

多血质的人情感丰富、外露但不稳定，思维敏捷但不求甚解，活泼热情、善于交往，适应力强，但缺乏耐心和毅力，稳定性差。因此，多血质的人适合做社交性、文艺性、多样性、要求反应敏捷且均衡的工作，而不太适应做需要细心钻研的工作。适合的职业有外交人员、管理人员、新闻记者、服务员、演员等。

粘液质的人情绪稳定、思维比较缺乏灵活性但是考虑问题全面、细致，是安静稳重的人，喜欢沉思，有很强的自制力，耐受力高，内刚外柔，交往适度、交情深厚；但这种人的行为主动性较差，缺乏生气，行动迟缓。因此，粘液质的人适合做有条不紊、刻板平静、难度较高的工作，不适合做剧烈多变的工作。粘液质的人适合的职业有外科医生、法官、会计等。

抑郁质的人情绪体验深刻、细腻持久，情绪抑郁，多愁善感，思维敏锐、踏实稳重、自制力强，但不善交际、孤僻离群，优柔寡断。《红楼梦》中的林黛玉就是典型的气质类型为抑郁质的人。这种人适合做兢兢业业、持久细致的工作，不适合做要求反应灵敏，处理果断的工作。适合抑郁质的人的职业有技术员、打字员、检察院、化验员、机要秘书等。

（2）人格类型与职业类型的匹配。人格类型与职业类型的匹配模型是由美国约翰·霍普金斯大学心理学教授、著名的职业指导专家霍兰德提出的。霍兰德认为，同一类型的劳动者与职业互相结合，便能够达到适应状态，其结果是劳动者找到适宜的职业岗位，职业岗位获得了合适的人才，劳动者的才能与积极性便会得以很好发挥。

霍兰德将劳动者划分成六种类型：现实型、研究型、艺术型、社会型、企业家型、传统型。每一种特定类型的劳动者会对相应类型的职业感兴趣。

信息窗 7-7

人格类型与职业类型的匹配模型

类型	劳动者的人格特点	相对应的职业类型
现实型 R	(1)愿意使用工具从事操作性强的工作； (2)动手能力强，做事手脚灵活，动作协调； (3)不善言辞，不善交际。	主要指各类工程技术工作。通常需要一定体力，需要运用工具或操作机器。主要职业有：工程师、技术员；机械操作、维修安装工人，木工、电工、鞋匠等；司机；测绘员、描图员；农民、牧民、渔民等。
研究型 I	(1)抽象能力强，求知欲强，肯动脑，善思考，不愿动手； (2)喜欢独立和富有创造性的工作； (3)知识渊博，有学识才能，不善于领导他人。	主要指科学研究和科学试验工作。主要职业：自然科学和社会科学方面的研究人员、专家；化学、冶金、电子、无线电、电视、飞机驾驶员、计算机操作人员等。
艺术型 A	(1)喜欢以各种艺术形式的创作来表现自己才能，实现自身价值； (2)具有特殊艺术才能和个性； (3)乐于创造新颖的、与众不同的艺术成果，渴望表现自己的个性。	主要指各种艺术创作工作。主要职业：音乐、舞蹈、戏剧等方面的演员、艺术家编导、教师；文学、艺术方面的评论员；广播节目的主持人、编辑、作者；绘画、书法、摄影师；艺术、家具、珠宝、房屋装饰等行业的设计师等。
社会型 S	(1)喜欢从事为他人服务和教育他人的工作； (2)喜欢参与解决人们共同关心的社会问题，渴望发挥自己的社会作用； (3)比较看重社会义务和社会道德。	主要指各种直接为他人服务的工作，如医疗服务、教育服务、生活服务等。主要职业：教师、保育员、行政人员；医护人员；衣食住行服务行业的经理、管理人员和服务人员；福利人员等。
企业家型 E	(1)精力充沛、自信、善交际，具有领导才能； (2)喜欢竞争，敢冒风险； (3)喜欢权利、地位和物质财富。	主要指那些组织与影响他人共同完成组织目标的工作。主要职业：经理企业家、政府官员、商人、行业部门和单位的领导者、管理者。
传统型 C	(1)喜欢按计划办事，习惯接受他人的智慧和领导，自己不谋求领导职位； (2)不喜欢冒险和竞争； (3)工作踏实、忠诚可靠，遵守纪律。	主要指各类与文件档案、图书资料、统计报表之类相关的各类科室工作。主要职业：会计、出纳、统计人员；打字员；办公室人员；秘书和文书。图书管理员；旅游、外贸职员，保管员、邮递员，审计人员，人事职员等。

[**资料来源**]周文霞. 职业生涯管理[M]. 上海：复旦大学出版社，2004.

(3)兴趣与职业的匹配。学生时代,常听人说起,兴趣是最好的老师,其实这句话不仅仅针对学习,对于大部分事物来说,都是如此。对于感兴趣的事物,人们更愿意投入时间和精力,也更容易专注,并且能从中得到满足感和幸福感。职业伴随着人生的大部分时光,职业生涯是否令人满意也深深地影响着人生是否幸福。如果一个人对他从事的工作有兴趣,就能够发挥全部才能的80% ~90%,并且能较长时间地保持高效率而不感到疲劳;而对工作缺乏兴趣的人,则只能发挥其全部才能的20% ~30%,且容易精疲力竭①。可以想象,如果一个人做着自己毫不感兴趣的工作,那么每个工作日都会极度难熬,因此在职业选择中考虑兴趣与职业的匹配是具有重要意义的。

青少年离真正步入职业社会还有较长一段时间,在这段时间,青少年应该多观察,多学习,多了解,多体验,多实践,这样才能知道自己真正感兴趣的是什么,从而在职业选择中选中自己真正感兴趣的职业。

(三)帮助青少年学会分析外部环境

为了选择合适的职业,不仅要考虑自身的因素,也要考虑外部环境因素。外部环境因素包括社会环境因素、行业环境因素和家庭环境因素等。

社会环境因素和行业环境因素是至关重要的因素,它决定着一个职业是"热门"还是"冷门",决定着一个职业是否具有发展前途,所以在选择职业的时候,要尽可能多、尽可能全面地获取各方面的有效信息,从而做出正确的决策。

对于社会环境因素和行业环境因素对职业选择的影响,值得注意两点:

第一,"热门"不一定是合适的选择,"冷门"也不一定是不合适的选择。社会环境因素和行业环境因素是在职业选择时需要考虑的因素,但却不是决定性因素。"热门"的职业也有可能不适合你,选择"冷门"的职业也可能获得好的发展,这需要结合其他因素综合考虑,不要一味偏好"热门"。

第二,要以发展的眼光看待社会环境因素和行业环境因素。社会是不断发展的,因此不能只在一个时间点上看待它,需要纵向发展地看。就行业来说,目前"冷门"的行业可能正在发展中,一段时间后它就可能炙手可热起来,而目前"热门"的行业也有可能在一段时间后处于饱和状态,所以为了职业生涯的发展,我们需要用发展的眼光看待社会。

家庭环境因素也是职业选择中需要考虑的一个因素。在人的成长过程中,家庭是不可或缺的角色,每个人的性格、行为方式都会受到家庭的影响,职业生涯也同样受到家庭环境因素的影响。在我国,家庭观念深厚,家庭环境因素对个人的影响更加显著。在职业选择中,需要考虑的家庭环境因素包括家庭经济状况、家庭成员身体健康水平、家庭成员的关系、家庭成员的情感需要、家庭期望的生活方式等。

---

①周文霞.职业生涯管理[M].上海:复旦大学出版社,2004.

问题思考与讨论

1. 青春期的青少年在生理和心理上有何变化？为什么？

2. 青春期性心理发展有何过程？每个过程的教育侧重点是什么？

3. 什么是青春期教育？青春期性教育的原则和途径是什么？

4. 职业生涯和职业生涯规划的定义是什么？

5. 如何树立正确的职业观？

6. 为选择合适的职业，需要进行哪些分析？

7. 尝试进行职业生涯规划。

8. 网络带给青少年的正面影响和负面影响主要体现在哪些方面？

9. 青少年不良的网络行为包括哪些，请举例说明。

10. 观点分析：

对于网络中的信息，有人说："网络里的信息大部分都是虚假的，根本不需要相信，都是媒体为了博眼球而进行的炒作，作为生活的笑话看看就可以了"，也有人说："网络上的言论许多都是真正反映民情的，因为网络提供了大家一个说真话、表达个人心声的机会，应该得到社会的重视"。这两个观点你支持哪个呢？如果两个都不认可，你个人对于网络的看法又是什么样的？作为一名学生，你希望从网络中接触到怎样的信息和内容呢？

阅读指南

1. ［德］艾里希·弗洛姆. 爱的艺术［M］. 上海：上海译文出版社，2008.

《爱的艺术》是德裔美籍心理学家和哲学家、法兰克福学派重要成员艾里希·弗洛姆最著名的作品，自1956年出版至今已被翻译成32种文字，在全世界畅销不衰，被誉为当代爱的艺术理论专著最著名的作品。在这本书中，弗洛姆认为，爱情是一种与人的成熟程度无关，只需要投入身心的感情。如果不努力发展自己的全部人格并以此达到一种创造倾向性，那么每种爱的试图都会失败；如果没有爱他人的能力，如果不能真正谦恭地、勇敢地、真诚地和有纪律地爱他人，那么人们在自己的爱情生活中永远得不到满足。弗洛姆进而提出，爱是一门艺术，要求想要掌握这门艺术的人有这方面的知识并付出努力。

2. ［美］鲍利斯. 你的降落伞是什么颜色？［M］. 刘宁，译. 北京：中信出版社，2010.

理查德·尼尔森·鲍利斯，全球最受认可的职业指导大师，美国最顶尖的职业专家，职业规划师的开山鼻祖。他改变了全世界数百万人看待工作和生活的方式，帮助迷茫的求职者和跳槽者了解自我，掌握求职技巧，找到理想的工作。如果你正在求职或者打算跳槽，或是对自己的职业生涯感到迷茫困惑，这是一本你无论如何不应错过的著作。本书结合了互联网时代的求职新形势，指导读者在面对网络巨浪的冲击时如何脱颖而出。它是一本指导书，帮助你了解求职、跳槽的技巧；它是一本梳理书，帮助你认清自己；它也是一本工具书，帮助你找到职业方向。

3. 李开复. 做最好的自己[M]. 北京：人民出版社，2005.

《做最好的自己》由 Google 公司中国区总裁李开复创作而成，用了近百个真实案例来阐述如何运用“成功同心圆”法则选择自己的价值观，阐述如何运用自己的智慧，“选择做一个融会中西的国际化人才”，最终说明“成功就是做最好的自己”。这些案例当中，有李开复自己的成败得失，也有如比尔·盖茨一般显赫人物的故事。作者深信，读者无法理解的说教或难以产生共鸣的案例是不可能被接受的。在年轻人看来，发生在成功者身边的故事最值得学习和品味，最容易从中汲取经验和教训。如果说作者的写作还有某些特点可循的话，那就是，作者更倾向于用缜密的逻辑和真实的案例来阐释成功的秘诀。虽然《做最好的自己》不是一本自传，但是在《做最好的自己》中，也有许多发生在作者身上的有意思和有价值的事情。

网络导航

罗崇敏的微博：http://weibo.com/u/2419062270？form=myfollow_all.

罗崇敏，国家督学，云南省人民政府参事，云南省教育厅原厅长，积极倡导“三生教育”，即生命教育是基础，生存教育是关键，生活教育是目标。

第八章　教师心理健康及维护

学习目标

理解教师心理健康的标准；了解我国教师心理健康的现状、问题、表现及成因；理解维护和增进教师心理健康的意义，掌握维护和增进教师心理健康的自我调节策略。

第一节　教师心理健康

随着我国教育改革的不断深入，教师的专业化水平不断提高，教师的生存与发展遇到了越来越严峻的挑战，教师的心理健康问题越来越引起广泛的关注，教师心理健康研究也成为教育心理学研究中一个较为活跃的领域，因为教师的心理健康直接关系着学生的健康成长，关系着我国教育的成败，甚至可以说关系着祖国未来的发展。相对来说，教师这一职业极易产生心理困扰和心理压力，所以比一般的职业更容易产生职业倦怠。因此，如何维护和增进教师的心理健康就显得尤为重要。

一、教师心理健康的标准

根据心理健康的标准，结合教师的职业特点，很多学者从不同角度、不同层面进行了研究和界定。国内有影响的有以下几种标准：

俞国良教授在 2001 年《北京师范大学学报》第 1 期撰文指出，教师心理健康应具有以下标准：对教师角色认同；正确地了解自我、体验自我和控制自我；有良好和谐的人际关系；具有教育独创性；在教育活动和日常生活中均能真实地感受情绪并恰如其分地控制情绪①。

①俞国良，曾盼盼. 论教师心理健康及其促进[J]. 北京师范大学学报(哲学社会科学版)，2001(1).

贾晓波认为教师心理健康的表现是:对职业的认同并积极投身于工作;必要的教育认知能力和创新能力;良好的适应能力;和谐的人际交往;适当的情绪表达①。

孙铭钟提出教师心理健康的标准是:对教师职业的认同,关于学习和创新;正确认识自我;对自我情绪的控制与调节;和谐的人际关系②。

不管如何界定教师心理健康的标准,首先应当达成一些基本的共识:(1)不能简单地将教师心理健康一分为二,要么是健康的,要么是不健康的。心理健康是一个动态的变化的过程,心理健康的标准也不是一成不变的。(2)教师心理健康的标准不仅应强调适应环境、顺应社会,更要着眼于教师未来的发展和自我实现,这是由教师职业的特殊性决定的。所以教师心理健康的标准既包含一般心理健康标准的共性,同时也体现出教师的特殊性。综合以上表述及我们的研究和理解,教师心理健康的标准应包含以下几点:

第一,了解并悦纳自我。对自我有正确的觉知,能平衡自我与现实、理想与现实的关系。在工作、学习、生活中有较高的自我效能感。

第二,认同教师身份。承认自己的教师身份,热爱教育教学工作,相信教育在人的发展中的作用,并能在教育教学工作中获得满足感和成就感。

第三,建立良好和谐的人际关系。有较强的与人沟通的意愿,以一颗开放的心灵去倾听他人,善用尊重、温暖、真诚、将心比心的方式建立良好的社会支持系统。

第四,保持积极乐观的情绪。能够面对现实,积极乐观,对前途充满信心,心情轻松愉快。

第五,较强的适应能力和心理弹性。能随环境及社会期待的变化而不断更新自我、完善自我,面对失败和挫折具有很好的心理康复能力。

信息窗 8-1

亚健康状态

亚健康状态是介于健康状态和疾病状态之间的一种游离状态,世界卫生组织称其为“第三状态”。这种状态在身体和心理上没有疾病,但是主观上却有许多不适的症状表现和心理体验。这是身体发出的即将患病的信号,故应引起重视。对此,有人专门罗列出30种亚健康状态的症状提供给人们作自我检测。如果在以下30项现象中,您感觉自己存在6项或6项以上,则可视为进入亚健康状态。

(01)精神焦虑,紧张不安;(02)忧郁孤独,自卑郁闷;(03)注意力分散,思维缓慢;(04)遇事激动,无事自烦;(05)健忘多疑,熟人忘名;(06)兴趣变淡,欲望骤减;(07)懒于交际,情绪低落;(08)常感疲劳,眼胀头昏;(09)精力下降,动作迟缓;

①贾晓波. 心理健康教育与教师心理素质[M]. 北京:中国和平出版社,2000.

②孙铭钟. 教师心理健康的标准和对策[J]. 应用心理学,2003(9).

(10)头昏脑涨,不易复原;(11)久站头晕,眼花目眩;(12)肢体酥软,力不从愿;(13)体重减轻,体虚力弱;(14)不易入眠,多梦易醒;(15)晨不愿起,昼常打盹;(16)局部麻木,手脚易冷;(17)掌腋多汗,舌燥口干;(18)自感低烧,夜常盗汗;(19)腰酸背痛,此起彼安;(20)舌生白苔,口臭自生;(21)口舌溃疡,反复发生;(22)味觉不灵,食欲不振;(23)反酸嗳气,消化不良;(24)便稀便秘,腹部饱胀;(25)易患感冒,唇起疱疹;(26)鼻塞流涕,咽喉疼痛;(27)憋气气急,呼吸紧迫;(28)胸痛胸闷,心区压感;(29)心悸心慌,心律不齐;(30)耳鸣耳背,晕车晕船。

二、我国教师心理健康的现状

近年来的一系列研究发现,我国教师的心理健康水平不容乐观,已经进入健康透支的十大行列之一,同时还属于心理健康的高危人群。在这方面,比较有代表性研究有:

2000 年,国家中小学心理健康教育组运用 SCL-90 量表对辽宁省 14 个地区 168 所中小学的 2292 名教师的抽样检测结果表明:“中小学教师心理问题相当严重。其中有 2.49% 的教师已构成心理疾病,16.56% 的教师属中度的心理障碍,32.18% 的教师属轻度心理障碍,51.23% 的教师存在心理问题”①。

2002 年杨宏飞采用 SCL-90 量表对 547 名中小学教师进行了调查,结果显示:“(1)中小学教师 SCL-90 各因子得分均高于全国常模,差异显著;(2)心理健康问题检出率为 10.6%,其中前四位是强迫症、人际敏感、抑郁和敌意;(3)不同区域(城乡)教师之间、不同性别、中学和小学教师之间、不同年龄不同婚姻状况教师之间在心理健康状况存在不同程度的差异”②。

2013 年廖明英等人对四川省农村中小学教师的心理健康现状进行了调查,结果表明:“四川农村中小学教师的心理状况面临严峻形势,只有 40% 的教师感到自己非常好,17% 的教师经常感受到自己精力不佳,80% 的教师感受到压力大,有多半的教师感受到精神紧张,有半数的老师感到郁闷,觉得生活没有意义”③。

综合以上的研究结果可以发现,我国不同层次教师的心理健康状况均不容乐观,随着时代发展,教师心理不健康的检出率还有上升趋势,尤其是最近几年,递增的速度很快。这在很大程度上反映出教师群体确实存在各种各样、不同程度的心理健康问题,应引起教育行政部门和全社会的关注。

①俞国良.现代教师心理健康教育[M].北京:教育科学出版社,2012.

②杨宏飞.中小学教师心理健康状况研究[J].中国行为医学科学,2002(11).

③廖明英.农村中小学教师心理健康现状调查[J].教育探索,2013(11).

三、教师心理健康的意义

教师的心理健康不仅直接关系到教师能否拥有健康、幸福的人生;还关系到学生的心理健康,甚至对教育质量有决定性的影响。从某种程度上讲,教师的心理健康水平比他的专业知识水平更重要,因为教师心理健康对学生的影响是全方位、深刻而长远的。

(一)影响学生的自我认知

学生的自我认知会在很大程度上受到教师的影响,尤其是幼儿园及中小学生。他们的自我认知会受到教师的态度、期待以及行为的影响。只有心理健康的教师才能客观、平等地看待每一个学生,及时发现学生的优点,并适时地给予赞赏和鼓励,帮助学生逐渐形成正确的自我认知、自我评价。

(二)影响学生的学习动机

罗森塔尔效应告诉我们,赞美、信任和期待具有一种能量,它能改变人的行为,当一个人获得另一个人的信任、赞美时,他便感觉获得了社会支持,从而增强了自我价值,变得自信、自尊,获得一种积极向上的动力,并尽力达到对方的期待,以避免对方失望,从而维持这种社会支持的连续性。只有心理健康的教师,才能适时地向学生传递自己对学生的期待,并通过这种期待激发学生的学习动机,达到“亲其师,信其道”的效果。相反,一个心理不够健康的教师,他的言行和心态都会有不良倾向,带给学生更多的是消极影响,导致学生学习动机的下降。

(三)影响学生的情绪情感

心理健康的教师经常表现出轻松、愉快的心境,能以愉悦而安详、沉稳而冷静的态度对待学生,对不良事件冷静处理,遇事不惊,无形中让学生产生愉快的情感体验,培养学生积极、乐观的心态。反之,如果教师心态不健康,经常有过于情绪化的表现,对自己的情绪缺乏应有的自制力,就会给学生带来心理阴影,这种影响有时甚至是一生的。

(四)影响学生的人际关系

师生关系的融洽与否对学生之间能否建立良好的人际关系起至关重要的作用。心理健康的教师在处理师生关系时能够做到相互尊重、信任和理解,不仅能够树立威信,也能够身体力行地为学生做出示范,教会学生正确地处理人际关系,建立积极的人际交往模式。反之,心理不够健康的教师可能过于独断专行、粗暴、无礼,对人没有信任感,影响到学生之间的正常交往以及未来的人际互动。

（五）影响学生的人格完善

对学生来讲，其人格的形成在很大程度受到教师的影响。一方面，心态良好、人际关系协调、富有创造性、心理健康的教师能以自身健全的人格力量去影响学生，使学生在潜移默化中养成良好的心理品质。另一方面，学生成长过程中出现的心理与行为问题，也需要人格健全、心理健康的教师指导。

由此可见，教师的心理健康状况会直接或间接地影响学生及其他教师的心理与行为，而且对教师个人工作的成败、对学校教育教学质量的提高具有极其重要的作用。

四、教师心理不健康的表现

（一）人际关系问题

心理学研究表明，人类的心理适应，最主要的就是对于人际关系的适应。心理咨询与治疗的实践也表明，大量的心理问题、心理困惑甚至心理疾病，都与缺乏良好的人际关系相关。教师在工作上的人际关系主要包括教师与学生之间、教师与教师之间、教师与家长之间、教师与学校领导之间的关系。在与学生的交往中，有的教师唯我独尊，时时以权威的身份出现在学生面前，对于教师的要求，学生常常是口服心不服，导致师生关系紧张；在与同事的交往中，有的教师自我封闭、爱慕虚荣、盲目攀比等，导致互相防备、猜忌、妒忌；在与家长的交往中，有的教师不仅不够主动，还像对待学生一样对待家长，动辄批评教育，导致家长对教师常常是敬而远之；在与领导的交往中，有的教师缺乏沟通与交流，导致关系疏远。这些不良关系，往往会使教师个体产生认知偏差，对他人意图做出消极判断，从而产生焦虑、愤怒、抑郁等不良情绪、情感。如果这些情绪不能得到及时调整，带到家庭生活中，就会进一步形成恶性循环，进一步导致关系的恶化。

（二）情绪问题

情绪问题是教师心理健康的一个主要问题。许多教师都不同程度地存在焦虑、易怒、抑郁、神经过敏等情绪困扰①。由于工作压力大，部分教师又缺乏情绪调控的能力，遇到一时解决不了的事情，心理特别容易失衡，导致情绪问题的产生。尤其是在农村学校任教的教师，由于大量的留守儿童、学生学习基础相对薄弱、教师少学生多等特殊情况的存在，导致教师工作量明显加大，而工作的成就感却得不到相应的体现，非常容易导致教师对教育教学工作感到厌烦，情绪波动比较大。

---

①俞国良. 现代教师心理健康教育[M]. 北京：教育科学出版社，2012.

（三）生理心理症状

据2000年以来关于教师心理健康的调查研究表明，存在心理行为问题教师的比例在9.8%～33.2%之间，也就是说，相当一部分教师存在心理行为问题，有的已经出现了明显的生理—心理症状。在教师群体中常见的身心疾病有：失眠、头晕、食欲不振、腰部酸痛、胃病、慢性肠炎、神经衰弱、神经性头疼、心动过速等①。

（四）职业行为问题

上述教师心理问题的存在，都会在教师的职业行为中得到表现。具体地说，教师的心理健康问题在职业活动中的主要表现有：(1)逐渐失去对学生的爱心和耐心，并开始疏远学生，不认真备课甚至干脆不备课，得过且过，教学活动缺乏计划性和创造性，并过多地运用教师的权威来影响学生。(2)在教育教学过程中遇到挫折时，不能接受同行和其他人的帮助和建议，将人们的关心看成是一种控制，或者认为他们的建议和要求是不可行的或者是幼稚的。(3)对学生和家长的期望降低，认为学生是“孺子不可教也”，家长根本不懂得如何教育孩子和配合教师，进而放弃努力，不再关心学生的进步。(4)对教育教学工作完全丧失热情，甚至开始厌恶、恐惧教育工作，试图离开教育岗位，另觅职业。

五、教师心理问题的形成原因

（一）客观因素

客观因素就是指来自社会、学校、家庭等多方面的压力。压力过大导致教师心理健康水平下降。

从社会的层面来说，人们越来越清晰地认识到国际竞争实际上是教育的竞争，而教师是教育成败的关键。社会及大众对教师的要求和期望越来越高，但教师的水平与不断发展的社会要求、教育教学改革的要求会出现相对滞后的现象，与社会期望之间存在着差距。尤其是当代社会，由于信息技术的普及和大众传媒的飞速发展，使知识、信息的普及程度大大提高，教师已经不再是学生唯一的信息源了，这使得教师的社会地位和作用受到严峻的挑战。教师要适应社会发展就要不断适应变化，不断学习以充实自己，否则难以满足学生日益增长的文化需求。因此，教师劳动的复杂性、繁重性、紧张性比一般职业都大，导致教师在生活中有着更深层次的压力和危机感。

从教师职业的特点来说，教育是长期潜移默化、循序渐进的过程，它的价值体现不会

---

①俞国良．现代教师心理健康教育[M]．北京：教育科学出版社，2012．

立竿见影，因此价值体现得相对滞后，使教师在工作中缺乏成就感。同时，在教师工作的过程中，教师不仅是知识的传授者、学生思想的启迪者、学生活动的管理者、课堂教学的组织者甚至还是学生家长的代言人，多重角色的任务都要求教师必须出色完成，使得教师有透不过气来的感觉。而为人师表这种职业的神圣感在客观上迫使教师不得不掩盖自己的喜怒哀乐，总是在学生面前展示坚强的一面，软弱和不顺心的一面长期受到压抑而无法宣泄，自然就会产生心理的异常或扭曲。

从学校的角度来说，学校是教师工作和生活的主要场所，其环境氛围、管理方式等都对教师的心理健康起着至关重要的作用。调研表明，学校中的以下因素均可能不同程度地影响教师的心理健康：学校教育环境恶劣；教师工作超负荷；学校领导者对教师评价不公正；教师与领导或同事关系紧张；教师长期没有进修机会；学校教育资源过于贫乏；学校对教师缺少人文关怀等，这些都成为教师心理上的巨大压力，极有可能在偶然因素的激发下导致教师心理健康问题的产生。

从教育对象的角度来说，学生作为具有主动性和差异性的发展中的个体，每个人都是独特的，都是与众不同的，这极大地增加了教育的难度。尤其是在当今社会，教育对象出现了很多前所未有的特点：如现在的学生中独生子女占了很大的比例，他们形成了更为鲜明、倔强、富有思想的个性，这给教师的因人施教、因材施教带来了更多的挑战。再如流动儿童、留守儿童、单亲家庭成长的儿童，各有其独特性。面对这些教育对象，教师的工作时间远远多于 8 小时，所耗费的体力和脑力是常人难以想象的，容易产生身心疲劳症状和心理压力。

除此之外，每位教师还有自己个人的家庭生活，但教师的工作性质决定了教师更多的时间都需要投入到工作中，很少有时间和精力来照顾家庭和孩子，常常引起家人的不满。一方面教师常常担心没有更多的时间教育自己的孩子，耽误孩子学业；另一方面他们背负着怕别人说“连自己的小孩都教不好的”的思想包袱。还有一部分年轻的教师，个人问题还没有得到解决，内心也会深感焦虑，这些都会对教师的心理健康造成影响。

（二）主观因素

众所周知，在相同的压力环境下，教师是否会出现心理问题，主要取决于教师个人的主观因素。这些因素主要有人格因素、能力水平、认知因素、心理弹性等。

就教师的人格而言，它是教师在长期的生活和教育教学中形成的相对稳定的状态，是自己的独特风格，反映的是教师对教育事业的使命感，对工作的事业心和上进心，对自我工作的成就感和求知的欲望，人格特征决定了其行为方式，影响其面对压力时的态度和采取的解决方式。如果教师自我要求较高，具有完美主义心理倾向，就会对教育、教学的效果期望较高，就会成为教师心理压力的来源。如果教师的人格特点中有强迫、偏执或自卑、怯懦等特点也会导致教师心理问题的产生。

就教师的能力水平而言,如果教师不能客观看待自己的教育能力,不能随社会需求、教育改革而不断提升自己的能力,就会更多地在教育教学过程中感受挫折,体会挫败感,导致自我效能感下降,产生无助感。再加之不能正确认识客观现实,较多地拥有非理性认知,缺乏心理康复力,就更容易产生心理问题。

第二节 教师心理健康的维护

一、教师心理健康的社会支持系统

个体的心理健康水平与社会支持水平呈正相关,社会支持水平高,心理健康水平也高,反之,心理健康水平就低。为了有效地改善职业学校教师的心理健康问题,有必要呼吁社会各界一起努力,建立积极的社会支持系统,有关部门应切实增加教育投入,改善教师的学习、工作和科研环境,提高教师的工资收入。同时,在住房、医疗等方面给予特殊待遇,以此来解决教师的后顾之忧,让教师可以专心工作。这样不仅有利于教师社会地位的提高,而且能引起社会公众对教师工作的关注,进而促使教师更加热爱自己的工作。

从社会层面来说,可以通过:(1)从法律、法规、政策、管理等方面尽可能地为教师创设宽松、愉快的工作环境。切实提高教师的经济待遇和社会地位,维护教师的合法权益,增加教育经费的投入,改善教师的福利,真正使教师成为受人尊重、羡慕的职业。(2)促进教师职业化建设。在教师的筛选、培训和资格认定方面应该形成一整套的标准,以优化、完善和稳定教师职业。(3)适当减轻教师的工作压力。可以通过深化教育改革,减轻教师追求升学率的压力和心理负荷,从而更好地推进素质教育的进程和教育目标的实现。(4)全面启动“教师心理健康教育社会工程”,在关注学生心理健康的同时,也要认识到教师心理保健的重要性。新时代的教师除了要学习专业文化知识外,在每年的继续教育项目中,应该安排心理健康教育必修课。另外,还要因时制宜,广泛设置心理咨询机构,引导教师主动去寻求调整和治疗①。

从学校的角度来说,可以通过:(1)推进学校管理改革,改变不合理的教师评价体系。特别是对教师的奖励、职称评定不能用学生成绩和科研成果作为唯一的评定依据。应注意将发展性评价、过程性评价与听课评价、学生评教等制度结合起来,综合各方面的因素,做到公正、公平、客观、合理。在学校管理中必须坚持以人为本,不断改进领导方式,要对教师体现人文关怀,避免教师的角色冲突,减轻工作压力和精神负担,激发教师的工

①王金香.教师心理健康及其维护[D].北京:首都师范大学,2007.

作热情,强化他们的主人翁地位。(2)积极组织教师进行在职培训。科学、有效的培训是减少教师压力的间接途径。学校应充分利用资源,尽可能对教师进行在职培训。通过在职培训,更新和加深教师的专业知识和技能,提高其教育教学能力,减少教育教学实际工作中的压力,适应职业教育改革的需要。有条件的学校可开设教师心理咨询室、心理谈话室,开通教师心理保健咨询热线,积极组织教师开展文体活动,为教师缓解心理压力。(3)为教师设立交流平台,增加教师之间的了解,缓解教师间的人际关系。在工作上、生活上、思想上关心教师疾苦,经常组织各类活动,丰富教师的业余生活,增进教师之间的良好交往,缓解教师之间紧张的人际关系,促使教师在交流的过程中倾诉自己在工作中遇到的实际问题,发挥教师群体的力量一起进行解决。这样既有助于营造教师间宽松的人际氛围又有助于教师之间相互学习、相互帮助①。

二、教师心理健康的自我调适

尽管我们总在呼吁社会对教师提供更多的支持,也呼吁学校给予更人性化的管理机制,但是归根结底,教师自身也应该加强自身的发展,以抵御外界因素对心理环境的冲击。

(一)培养乐观的心态,积极应对压力

有位哲人说过,我们不能选择命运,但我们可以选择心态,人有什么样的心态,就有什么样的命运。乐观既是一种性格特征,也是一种生活态度。面对生活中的压力、挫折和不幸,乐观的人总能看到事情积极的一面,保持良好的心理状态,相信坏事总会过去,阳光一定会再来。

乐观有两种形式,一种是气质性乐观,一种是乐观的解释风格。气质性乐观是一种人格特质,与遗传有关;乐观的解释风格是后天养成的。

有这样一个小故事,说一个父亲有两个儿子,一个儿子叫悲观,一个儿子叫乐观。在一个圣诞节的前夜,父亲分别送给两个儿子不同的礼物,他在悲观的房子里放了一堆玩具而在乐观的房子里放了一堆马粪。第二天,父亲首先来到悲观的房间,却看见悲观坐在一堆玩具中哭泣,爸爸感到很奇怪,于是关心地问其原因,儿子说:“爸爸,玩具虽然多,但是我怕玩坏了。”爸爸摇摇头,又来到乐观的房间,却看见乐观在马粪中玩得很高兴,爸爸更是惊奇,只听儿子高兴地对爸爸说:“爸爸,我知道这马粪堆里面一定会有小马驹!”“这里一定会有小马驹”就是典型的气质性乐观的例子②。

还有一个小故事,是关于一个乐观的年轻人。在单位里,这位年轻人的乐观心态是

---

①张海鹰.高校教师心理健康的现状及策略研究[D].重庆:西南大学,2008.

②王薇华.幸福的能力[M].北京:清华大学出版社,2013.

众所周知的。可是有一次,朋友们认为他再乐观也乐不起来了。原来在年轻人去外地出差的时候,家里被盗,所有有用的东西都被偷走了,朋友发现后报了警并给他打了电话,让他赶快回来。这位朋友自从发现他家被盗,几天都没睡好觉,一直焦急地等待他回来,结果朋友等了几天他都没有回来,一直到会议结束他才回来。朋友很生气地来质问他:"你为什么不回来呢?"这位年轻人说:"事情已经发生了,东西已经被偷走了,唯一能做的就是报警,你已经替我做了,我回来又有什么用呢? 再说,他偷的都是我的身外之物,我不是还好好地站在你面前吗?"看到朋友还是没有高兴起来,年轻人又说了:"你再想想,做贼的是他,又不是你和我,我们为什么要拿别人的错误来惩罚自己呢?"这是典型的乐观性解释风格的例子。

积极心理学之父马丁·塞里格曼认为乐观是一种解释风格,并不是普遍的人格特质。当人们面临困难和挫折时,具有乐观解释风格的人会把困难和挫折解释成暂时的,只限于此时此刻;而具有悲观解释风格的人则倾向于把困难和挫折解释成是永久的,无法克服和面对的,所以具有悲观解释风格的人,常常会陷入负面情绪之中无法自拔甚至绝望。

如何帮助具有悲观解释风格的教师,通过学习,变得乐观起来呢?

由临床心理学家阿尔伯特·艾利斯所倡导的理性情绪疗法(简称 ABCDE 理论)认为,人的心理是作为整体而存在的,与人的认知、情绪和行为关系密切①。人们有无以计数的信念,它包括认知、想法和主意等。这些信念(Beliefs)是影响认知、情绪和行为结果的直接和主要因素。尽管看起来好像是诱发性事件(Adversity)引起结果(Consequence),但 B 处于 A 与 C 之间,是 A 的更直接的原因。人们总是按自己的信念认识 A,并按照带有偏见的信念和一定情绪结果去认识 A,要改变现状,最好的工具是反驳(Disputing),进行多角度的反驳,建立新的理性的信念,并使定信念得到强化(Energizing),持久地保持下来。在 ABCDE 理论中,主要关注的是合理的信念和不合理的信念,前者导致自助性的积极行为,而后者则会引起自我挫折和反社会的行为。

艾利斯将人们的不合理信念归纳为 11 条②:

(1)每个人要取得周围人,尤其是生命中重要人物的赞许。

(2)个人是否有价值,取决于他是否全能、在各方面都取得成就。

(3)世界上有些人很邪恶,是坏人,应严厉谴责和惩罚他们。

(4)当事情不如己意时,是可悲和可怕的。

(5)逃避困难、挑战与责任要比面对它们更容易。

(6)人的不愉快是外界因素造成的,人是无法控制的。

(7)对危险和可怕的事,人应十分关心并随时注意。

①钱铭怡.心理咨询与心理治疗[M].北京:北京大学出版社,2003.

②钱铭怡.心理咨询与心理治疗[M].北京:北京大学出版社,2003.

(8)一个人的过去决定了现在,而且永远无法改变。

(9)一个人总要依赖他人,同时需要一个强有力的人让自己依赖。

(10)一个人要关心他人,为他人的悲伤事情而难过。

(11)人生中的问题都有一个精确的答案,找不到将是糟透了的事情。

概括起来,这些不合理信念主要有三个特征:一是绝对化的要求。即人们以自己的意愿为出发点,对某一事物怀有认为其必定会发生或不会发生的信念。如“我对你好,你就得对我好”“因为我强烈地希望人们公平地对待我,他们就必须这样做”。二是过分概括化。这是一种以偏概全、以一概十的不合理思维方式的表现。如:“一件事情失败了,我一无是处”“别人一次失约,这个人不可信任”。三是糟糕至极。即认为如果一件不好的事发生将是非常可怕、非常糟糕、是一场灾难的想法。如:“失败了,生活失去了意义”“没有得到提升,认为再怎么努力工作也没有意义了”。

这 11 条不合理信念是针对一般人群的,具体体现在教师职业上会有一些特殊性。魏青等人的研究表明,教师的非理性信念主要表现为以下十个方面①:

(1)教师不应该有心理健康问题。

(2)教师不会有心理健康问题。

(3)教师的心理健康问题是个人的事,不会影响教育教学质量。

(4)教师心理健康问题是由职业本身带来的,自己无法克服。

(5)教师的心理必然比学生的心理健康,否则将是无法容忍的。

(6)教师应该自己克服心理问题,不应该求助于人。

(7)教师的心理健康对学生的心理健康不会有明显的影响。

(8)教师应该更多地关心自己的师德、师能培养,心理健康与否无足轻重。

(9)好教师应该各方面都比别人强。

(10)好教师应该得到所有学生的喜爱。

改变认知是理性情绪疗法的特色所在。改变认知不仅仅是找出非理性信念,还要对非理性信念一一驳斥,然后去修正,建立新的理性的认知。具体步骤如下:

(1)引起我情绪不良的事件是什么?

(2)我对这一事件是如何解释和评价的?

(3)这种评价合理吗?

(4)如果不合理,那合理的想法应当是什么?

(5)强化这一合理的想法。

情绪 ABCDE 理论看起来很深奥,其实操作性很强,效果很好。

---

①魏青.探教老师心理健康的非理性认知与调适[J].职业与教育,2006(5).

案例8-1

教师的不合理信念及其改变

她是一位年轻的教师，长久以来有件事一直令她烦恼，那就是不论她怎么强调，还是有学生不听话，不完成作业。为此，她每天心情都不怎么好，甚至觉得自己很无能。

青年教师的A：学生不听话，总不完成作业。

青年教师的B1：学生必须听老师的话，必须按时完成作业。

青年教师的B2：学生都教育不好，真的很失败。

青年教师的C：总不开心。

青年教师的D1：学生确实应该认真学习按时完成作业，但是十个指头有长短，孩子是有个别差异的，我们不可能要求每一个学生都学得一样好。（克服绝对化倾向）

青年教师的D2：每个班都有不肯做作业的学生，有成绩落后的学生，并不是我班独有的现象。公平是相对的，在现实生活中很难做到绝对公平，自己班的后进生比较多，但这不是领导故意造成的，要是把这些学生调到别的班里，对其他同事来说岂不也一样？（克服要求绝对公平的思想）

青年教师的D3：学生不做作业可能是不懂，也可能是贪玩，不是故意跟自己过不去。要是因为没听懂，自己的教育也许存在问题，自己也有责任；要是因为贪玩，那么爱玩是孩子的天性，要是他们也能像大人那样有自制力，就不称其为孩子了。况且学生也是挺苦挺累的，他们承受的课业负担比我们那时重多了，他们玩耍和童趣又实在太少，也是值得同情的。（设身处地，换位思考）

青年教师的D4：其实学习不认真的学生也有许多优点，比如爱好体育，劳动积极，乐于助人，讲义气等。不能否定他们的一切，不能用有色眼镜看他们。（克服以偏概全）

自己在后进学生的转化上做了大量工作，虽效果不显著，但也不是一无所获，有几个不是有了明显进步了吗？（自我效能感）

青年教师的D5：即使这项工作不能令人满意，自己也不是一文不值，有的方面做得挺好，曾受到领导的表扬，因此自己还是有价值的。（克服糟糕透顶）

青年教师的D6：即使转化后进生无效，已尽到自己的努力了，对得起学生和家长了，心安理得无怨无悔了。可考虑适当降低对这几个学生的作业要求。（克服完美主义倾向）

青年教师的E：不断强化信念和想法。心情轻松了许多。

（二）掌握情绪调节的方法，增加积极情绪

每个正常人都有两种情绪，消极情绪和积极情绪，两种情绪对人类的生存和发展都有重要的意义。消极情绪使人类活下来，生存得以保证；积极情绪使人类生活得更好，更

快乐和更幸福①。

关于不良情绪的危害，我国两千多年前的医书《内经》总结临床经验，指出："怒伤肝""忧伤肺""思伤脾""恐伤肾"等，还指出："百病生于气也，怒则气上，……悲则气消，恐则气下，……惊则气乱，……劳则气耗，思则气结"。

因此，如果经常感受强烈的消极情绪，如焦虑、痛苦、忧愁、惊恐、悲伤、愤怒等情绪，久而久之，就会通过神经机制和化学机制导致各种疾病的产生。在教育教学工作中，教师需要付出大量的情绪劳动，不可避免地成为情绪劳动者大军中的一员。这也意味着教师必须按照某种特殊的要求来管理自己的情绪。如对教育教学工作要充满热情；对学生充满关爱；要有幽默感；面对偶发事件要保持冷静；要有教育机智等，这都要求教师不仅要有很好地情绪调节能力，更要不断地增加积极情绪。

1. 调节不良情绪的方法

医学心理学不鼓励人们无限制地任凭情绪反应发展，也不认为"压抑"是适当的方法，但赞同对于情绪有适当的控制。这里的控制，并非完全压抑情绪，而是要使情绪有适当的表现。许多人在心情不愉快时，会使自己陷入一种含有敌意的沉默当中。实际上，如果能把这种不快表达出来，便会感到某种真正的轻松和愉快。由于人们不可能完全避开苦恼，所以，如何把因不愉快的情绪而导致的在体内积聚的能量消耗在有利的方面而不致发生危害，这对于人的躯体和精神上的健康都是很重要的。

(1)合理宣泄法。不良情绪对人的身体健康是有负面影响的，那么，一旦有了不良情绪怎么办呢？解决的方法就是不要闷在心里，最好把心中的不满或感到的愤怒及时排解出来。

不良情绪的宣泄有直接和间接两种方式。直接的宣泄就是直接针对引发"生气"的事情说出心里话，如果直接宣泄对别人或自己不利时，就不要直接宣泄，可用间接方式把"生气"的事情说出来。其方法有以下几点：

第一，心中有了不平之事可以向组织和领导汇报，向周围同事倾诉，请他们开导开导，评评理，如果是自己不对，就要接受他人的批评。如果是别人不对，就要善意地提出自己的看法，充分地摆道理，促使对方转变立场和观点。

第二，与人闹了矛盾要开诚布公地与对方交换意见，解开疙瘩，消除误会，千方百计地做主动和好的工作，不要让怒气积压在胸中。

第三，若是自己受了比较大的委屈实在想不通时，也可在至亲好友面前哭一场，述说心中的委屈和痛苦，得到安慰和同情，心里也会好过些。痛哭本身作为纯真的感情爆发，是人的一种保护性反应，是释放积聚能量、排出体内毒素、调整机体平衡的一种方式。这好比洪水暴涨，水库即将决堤，要是迅速打开泄洪闸门，便可避免一场灭顶之灾。

---

①王薇华. 幸福的能力[M]. 北京：清华大学出版社，2013.

第四,体育锻炼和文化娱乐活动也是消除心中郁结、宣泄不满情绪的好方法。

总之,不满意的情绪应该宣泄,但宣泄必须合理。有的人不分时间、地点、场合,对着引起自己不快的对象大发雷霆,甚至采取违反道德和法制的攻击行为。这种直接发泄,常常引起不良后果。还有的人将不良情绪胡乱发泄,迁怒别人,找替罪羊。这些泄愤方法不但于事无补,而且会影响团结,妨碍工作,因而是不可取的。

(2)理智调节法。在生气和挫折面前,人应当有理智地控制自己的感情。当忍不住要动怒时,要冷静地审察情势,检讨反省,以确定发怒是否合理,发怒将引起的后果,以及有无其他较为适当的解决办法。经过如此"三思",冷静分析,便能消除或减轻心理紧张,使情绪渐趋平复。

(3)转移法。当人在生气发怒时,头脑中有一个较强的"兴奋灶",此时如果另外建立一个或几个新的"兴奋灶",便可以抵消或冲淡原来的优势中心。转移法就是把注意力从引起不良情绪反应的刺激情境转移到其他事物上或从事其他活动来自我调节的方法。当火气上来时,有意识地转移话题或做点别的事情分散注意力,便可使情绪缓解。在余怒未消时,可以用看电影、听音乐、下棋、打球、散步等正当而有意义的活动,使紧张情绪松弛下来。

(4)升华法。升华是改变不为社会所接受的动机、欲望而使之符合社会规范和时代要求,是对抗消极情绪的一种高水平方法。如一个人在某个问题上碰了钉子,受了挫折,他就把这受挫的动机净化和提高,变成更高的要求,以保持内心的安静和平衡。比如,德国的文学家歌德在少年时爱情受挫,他痛苦得想自杀,但他没有这么做,他写了《少年维特之烦恼》,苦闷心情得到了升华;贝多芬失恋创作了第三交响曲。可见,升华作用是一种积极的自我保护机制。

(5)幽默法。幽默是不良情绪的消毒剂和润滑剂,学会幽默可以减少不良情绪。常笑多幽默,有较好的生理作用,如使吸氧量增加、按摩心脏、松弛肌肉、降低基础代谢等。因此,当遇到令你生气和困窘的情境时,不妨幽默一下。

(6)自慰法。当一个人追求某项事物而得不到时,为了减少内心的失望,常为失败找一个冠冕堂皇的理由,用以安慰自己。比如说:自己想吃葡萄吃不到,就说那葡萄是酸的,自己根本不喜欢吃;有的人伸手要荣誉没要到,就说我一向对评先进不感兴趣,等等。这种自慰的方法,实际上是自欺欺人的方法,偶尔用一下作为缓解情绪的权宜之计,对于帮助人们在极大的挫折面前接受现实、接受自己、避免精神崩溃,还是有好处的,但不能常用,它会妨碍自己去追求真正需要的东西。

(7)暗示法。心理暗示就是个人通过语言等方式,以隐含的方式来缓解和控制情绪,一般是用不出声的内部语言进行的。心理暗示具有积极和消极两种作用,我们意在摆脱消极暗示,利用积极暗示的作用。当你要发火时,在内心里真诚地对自己默念:"一定要镇定""发火是无能的表现";当你气愤时默念:"生气是用别人的错误来惩罚自己";当你失恋时对自己说:“他(她)不值得爱”“我会找到更好的”;在工作中有抵触情绪时对自己说“我是强者”“梅花香自苦寒来”“天降大任于斯人也”,等等。

(8)深呼吸法。当自己心情烦躁时,找一个安静的地方,以舒服的姿势坐好或躺好。让心静下来;用鼻孔慢慢地吸气,想象“气从口腔顺着气管进入到腹部”,腹部随着吸入的气的不断增加,慢慢地鼓起来;吸足气后,稍微屏息一下,想象“吸入的氧气与血管里的浊气进行交换”;用口和鼻同时将气从腹中慢慢地自然吐出,腹部慢慢地瘪下去;睁眼,恢复原状。

如要连续做,可以保持入静姿态,重复呼吸。这种呼吸方式称为腹式呼吸。呼吸放松的特点是见效快。在紧张时,只要进行深呼吸 2 ~ 3 次,就可以起到放松的作用。

2. 增加积极情绪的方法

芭芭拉·弗雷德里克森研究积极情绪 20 多年,经过科学的研究及亲身的体验,完成专著《积极情绪的力量》。该书被积极心理学之父塞里格曼、情商之父戈尔泰推荐为当代积极心理学的巅峰之作。书中不仅分析了积极情绪的成因及作用,将积极情绪与消极情绪进行对比的分析,同时还将教会我们如何减少消极情绪,增加积极情绪,从而达到最佳情绪配比以持续改变我们的现状,最终收获欣欣向荣的生活。

积极情绪并不是说我们应该“逆来顺受”或者“乐而忘忧”,在芭芭拉看来,积极情绪的定义更为深入:从欣赏到热爱,从欢乐到喜悦等。芭芭拉给我们分享了积极情绪的多种多样的表现形式,比如,喜悦、感激、宁静、兴趣、希望、自豪、逗趣、激励、敬佩和爱。在书中我们得到两个重要启示。其一,积极情绪意味着开放心态。人们的情绪状态与人生观之间具有明确的因果联系,积极情绪越多,思维就越开阔。积极情绪能实实在在地扩展我们的视野,让我们看到的比通常的多。随着积极情绪扩展我们视觉上的注意力,能让我们想出更多更好的主意,会激发我们去对他人做正确的事。更重要的是,积极情绪和开放性相互依赖、相互促进,为我们创造一个欣欣向上的良性环境。其二,积极情绪让我们变得更好。困难是不可避免的,它们不会因为你提高了积极性就消失,但是,它们可以变得更容易应付。每个人都有自己的低潮期和艰难期。艰难的时期不可避免地会带来消极情绪,一不留神,消极情绪狭窄的思维就会把我们拉上一个恶性循环,空耗着生命。然而,即使在看不见的力量把我们往下拉的时候,我们还是可以选择不同的道路。

《积极情绪的力量》一书中归纳了 11 种提高积极情绪的方法①:

方法 1:打开我们的心灵。世界充满了爱和美好,但它们不会自己扑到你的怀中,你必须自主地打开窗。打开心灵的窗户,我们会看见美丽的世界,打开心灵的窗户,你就会拥有很多的朋友,很多的爱。

方法 2:和他人在一起。无论怎样,请每天都与他人建立联系。无论你天性内向还是

---

①[美]. 芭芭拉·弗雷德里克森. 积极情绪的力量[M]. 北京:中国人民大学出版社,2010.

外向,你都会从社会交流中吸收更多的积极情绪。因为当你和别人在一起的时候,人的微笑更多,欢乐更多,能享受更多的积极情绪。

方法3:数数我们的福气。将看似平凡的事件转变为福气,所带来的收获可能在我们的人际关系中更加显著。

方法4:追随我们的激情。带着激情生活,给自己玩乐的权利,找到能够让我们获得心灵体验的独一无二的活动。

方法5:利用我们的优势。每天都有机会做自己最擅长的事情的人是最幸福的人,凭借自己的优势行事,更容易增加积极情绪。

方法6:品味美好。我们要学会从好的事情中寻找好的一面,将积极的事情变得更加积极。一个最简单的、加倍你从好运中获得积极情绪的方法,是养成与配偶、亲人、亲密的朋友分享你的好消息的习惯。

方法7:找到生命的意义。无论我们承认与否,我们每天都在构建意义。虽然我们可能认为这些微不足道,但如果我们用积极的方式来考虑它们,我们就为积极情绪的河流铺平了道路。

方法8:计算善意。发展一种眼光来欣赏自己对他人的善意,不仅可以增加我们的助人行为,还会极大地增加我们的积极情感。

方法9:梦想我们的未来。为自己构想最美好的未来,并非常详细地将之形象化,会帮助我们在生活中发现更多的美好。

方法10:真诚是重要的。由衷地去感受我们身边的一切美好的事物,不仅仅用我们的眼睛、耳朵和思维,更要用心去看、去听、去感受。让我们陶醉其中,同时带着一种真诚的态度。不真诚的积极情绪完全不是积极情绪,它是消极情绪的伪装。

方法11:享受自然的美好。来到户外,让自己融入大自然中,不仅可以让我们看得更远,拓展我们的思维,还可以让我们对更多的事物感觉良好。

(三)学习人际沟通方法,建立良好的人际关系

一位哲人曾经说过,人生的美好是人情的美好,人生的丰富是人际关系的丰富。心理学家马斯洛更是把人际交往需要作为人类不可或缺的心理需要。事实上,人一生的成长、发展、成功、幸福与和他人的沟通和交往是息息相关的,人一生的愉快、烦恼、痛苦、爱与恨,也同样是与别人的沟通和交往分不开的。所以,良好的人际关系是衡量心理健康的重要标准之一。

良好人际关系能够提供一种宽松、温馨的心理氛围,朋友之间的真诚、信任、理解和包容,可以让人在遇到困难和挫折时,获得有效的心理支持,能够帮助我们战胜苦闷和烦恼,增强心理承受力。

1. 培养良好的个性品质

影响人际交往的因素有很多,与外貌、邻近等外在因素相比,良好的个性品质具有无

与伦比的吸引力，而且这种吸引力持久而稳定。作为教师，应有意识地培养自己良好的个性品质，增强对学生及他人的吸引力。这些个性品质主要有：

（1）平等尊重。古人云："敬人者，人恒敬之"，在和别人进行交往时，平等尊重的态度是基本的交往前提。在和别人交往时，把和我们交往的人当作有思想情感、内心体验、生活追求的独特的活生生的个体去看待。要学会尊重，一要学会完整地接纳我们身边的每个人。在人际交往中，我们常常更容易接纳对方的优点，而不接纳对方的缺点。完整地接纳就是既要接纳优点，更要接纳缺点。同时，还要尊重对方可能和我们完全不一样的价值观，更不能把自己的价值观强加给别人。二要平等地对待我们身边的每个人。在人际交往中，应学会主动忽略对方地位、年龄、职业、文化水平等方面的差异，不因差异而指责、批评或接纳、奉承。做到既保持自己的自尊又尊重别人，这才是一种良好的交往态度。

信息窗8－2

陶行知：四块糖果的故事

早在半个多世纪之前，陶行知先生就把民主与宽容的思想渗透到自己的教育实践中，让它们发挥奇妙的作用。

陶行知先生当校长的时候，有一天看到一位男生用砖头砸同学，便将其制止并叫他到校长办公室去。当陶校长回到办公室时，男孩已经等在那里了。陶行知掏出一颗糖给这位同学："这是奖励你的，因为你比我先到办公室。"接着他又掏出一颗糖，说："这也是给你的，我不让你打同学，你立即住手了，说明你尊重我。"

男孩将信将疑地接过第二颗糖，陶先生又说道："据我了解，你打同学是因为他欺负女生，说明你很有正义感，我再奖励你一颗糖。"

这时，男孩感动得哭了，说："校长，我错了，同学再不对，我也不能采取这种方式。"

陶先生于是又掏出一颗糖："你已认错了，我再奖励你一块。我的糖发完了，我们的谈话也结束了。"

（2）真诚友善。真诚友善是一个人自然的本性和坦荡的胸怀，是一种心灵的开放。一个人的思想、观点、愿望和要求能否被人所接受，往往与他对对方的真诚友善成正比，越真诚与友善，越有利于形成和谐的人际关系。学会真诚友善，要有敏锐的洞察力，能够及时注意到当下发生的事情以及事情背后的真相；要有面对真实现象的勇气，如果一个人具备洞察力，但是对发生的现象视而不见，听而不闻，也不能培养出真诚友善的品质。在人际交往中，如果表达真实现象是为了让他人获得内心的成长，而且能够让人产生快乐,不感觉受伤,这就是真诚友善了①。

(3)宽容大度。法国作家雨果曾说:“世界上最宽阔的是海洋,比海洋更宽阔的是天空,比天空更宽阔的是人的胸怀”,前苏联的苏霍姆林斯基也曾说过:“有时宽容引起的道德震动比惩罚更强烈”。在人际交往中宽容是一种艺术,宽容别人,不是懦弱,更不是无奈的举措。在短暂的生命里学会宽容别人,能使生活中平添许多快乐,使人生更有意义。正因为有了宽容,我们的胸怀才能比天空还宽阔,才能尽容天下难容之事。社会心理学研究表明,建立友谊的良方是大家既有相同之处又有相异之处。大致上气味相投才能彼此了解,适量的志趣相异,才可互通有无②。所以,交往不强求一致,人非完人。

(4)谦恭守信。孔子曾说:“人而无信,不知其可也。大车无輗,小车无軏”。意思是说:人不讲信用,真不知道说什么可以呢?就好比大车上没有“輗”,小车上没有“軏”,车靠什么行走呢?“輗”和“軏”都是车辕前面必要的装置,没有它们车是不能行走的。谦恭礼让、言而有信一直是人们崇尚的一种美德。谦恭礼让是缩短心理距离的桥梁,言而有信是人际交往的基本原则,是做人的基本要求。

富兰克林被称为美国之父,在谈起成功之道时,他说这一切源于一次拜访。在他年轻的时候,一位老前辈请他到一座低矮的小茅屋中见面。富兰克林来了,他挺起胸膛,大步流星,一进门,“砰”的一声,额头重重地撞在门框上,顿时肿了起来,疼得他哭笑不得。老前辈看到他这副样子,笑了笑说:“很疼吧?你知道吗?这是你今天最大的收获。一个人要想洞察世事,练达人情,就必须时刻记住低头。”富兰克林把这次拜访当成一次悟道,他牢牢记住了老前辈的教导,把谦虚列为他一生的生活准则。

2. 避免人际交往中的认知偏差

(1)首因效应。这一效应由美国心理学家洛钦斯经过实验首先得以验证,指的是最初接触到的信息所形成的印象对人们以后的行为活动和评价的影响。人与人第一次交往中给人留下的印象,在对方的头脑中形成并占据着主导地位,这种效应即为首因效应。但是,“路遥知马力,日久见人心”,仅凭第一印象就妄加判断,“以貌取人”往往会带来不可弥补的错误。《三国演义》中凤雏庞统当初准备效力东吴,于是去面见孙权。孙权见到庞统相貌丑陋,心中先有几分不喜,又见他傲慢不羁,更觉不快。最后,这位广招人才的孙仲谋竟把与诸葛亮比肩齐名的奇才庞统拒于门外,尽管鲁肃苦言相劝,也无济于事。众所周知,礼节、相貌与才华绝无必然联系,但是礼贤下士的孙权尚不能避免这种偏见,可见第一印象的影响之大!

首因效应的产生与个体的社会经历、社交经验的丰富程度有关。如果个体的社会经历丰富、社会阅历深厚、社会知识充实,则会将首因效应的作用控制在最低限度。另外,

---

①韦志中. 谁在掌控你的人生[M]. 重庆:重庆大学出版社,2010.

②白羽. 改变心力:团体心理训练与潜能激发[M]. 杭州:浙江文艺出版社,2006.

通过学习，在理智的层面上认识首因效应，明确首因效应获得的评价，一般都只是在依据对象的一些表面的、非本质的特征基础上而做出的评价，这种评价应当在以后的进一步交往认知中不断地予以修正完善，也就是说，第一印象并不是无法改变，也不是难以改变的。

首因效应在人际交往中对人的影响较大。因此，在交友、招聘、求职等社交活动中，我们可以利用这种效应，展示给人一种极好的形象，为以后的交流打下良好的基础。当然，这在社交活动中只是一种暂时的行为，更深层次的交往还需要自身硬件完备，加强在谈吐、举止、修养、礼节等各方面的素质。要做到这一点，不仅要注重仪表风度，一般情况下人们都愿意同衣着干净整齐、落落大方的人接触和交往，还要注意言谈举止，言辞幽默，侃侃而谈，不卑不亢，举止优雅，定会给人留下难以忘怀的印象。首因效应在人们的交往中起着非常微妙的作用，只要能准确地把握它，定能给自己的事业开创良好的人际关系氛围。

作为教师，要利用首因效应，在每个"第一次"上下工夫，如第一次和学生见面、第一次在全体学生面前讲话、第一堂课，第一次组织活动等，争取留下良好的第一印象，为后续的交往奠定良好的基础。同时，在与学生及他人的交往中又要有意识地避免第一印象带来的认知上的偏颇，以免影响了对他人正确的认知。

(2)刻板印象。刻板印象是指个人受社会影响而对某些人或事持稳定不变的看法。它既有积极的一面，也有消极的一面。积极的一面表现为：在对具有许多共同之处的某类人在一定范围内进行判断，不用探索信息，直接按照已形成的固定看法即可得出结论，这就简化了认知过程，节省了大量时间、精力。消极的一面表现为：在有限经验的基础上形成的刻板印象往往有消极的性质，会使人对某些群体成员产生偏见、歧视。我们经常听人说的"无商不奸"，实际上都是"刻板印象"的表现。"物以类聚，人以群分"，居住在同一个地区、从事同一种职业、属于同一个种族的人总会有一些共同的特征。刻板印象一般说来都还是有一定道理的，但"人心不同，各如其面"，刻板印象毕竟只是一种概括而笼统的看法，并不能代替活生生的个体，因而"以偏概全"的错误总是在所难免。如果不明白这一点，在与人交往时，"唯刻板印象是瞻"，像"削足适履"的郑人，宁可相信作为"尺寸"的刻板印象，也不相信自己的切身经验，就会出现错误，导致人际交往的失败，自然也无助于我们获得成功。

刻板印象是普遍存在的，它在日常生活中对人的影响很大。在教育教学过程中教师一定要避免刻板印象给教育教学带来的消极影响。首先，教师要全面地看待学生，要多角度、多层面地对学生加以观察和了解，避免以偏概全；其次，教师要与时俱进地看待自己和学生，古人说得好："士别三日，当刮目相看"；最后，教师要实事求是地看待学生，不要因为学生不同的出身、相貌、年龄、性别，甚至学习成绩的好坏而主观臆断地评价学生。

(3)晕轮效应。晕轮效应最早是由美国著名心理学家爱德华·桑戴克于20世纪20

年代提出的。他认为,人们对人的认知和判断往往只从局部出发,扩散而得出整体印象,也即常常以偏概全。一个人如果被标明是好的,他就会被一种积极肯定的光环笼罩,并被赋予一切都好的品质;如果一个人被标明是坏的,他就被一种消极否定的光环所笼罩,并被认为具有各种坏品质。这种爱屋及乌的强烈知觉的品质或特点,就像月晕的光环一样,向周围弥漫、扩散,所以人们就形象地称这一心理效应为光环效应。

晕轮效应的最大弊端就在于以偏概全。其特征具体表现在这样三个方面:第一,遮掩性。有时我们抓住的事物的个别特征并不反映事物的本质,可我们却仍习惯予以个别推及一般、由部分推及整体,势必牵强附会地误推出其他特征。随意抓住某个或好或坏的特征就断言这个人或是完美无缺,或是一无是处,都犯了片面性的错误。青年恋爱中的"一见钟情"就是由于对象的某一方面符合自己的审美观,往往对思想、情操、性格诸方面存在的不相配都视而不见,觉得对象是"带有光环的天仙",样样都满意。同样,在日常生活中,由于对一个人印象欠佳而忽视其优点的事,举不胜举。第二,表面性。晕轮效应往往产生于自己对某个人的了解还不深入,也就是还处于感觉、知觉的阶段,因而容易受感觉的表面性、局部性和知觉的选择性的影响,从而对于某人的认识仅仅专注于一些外在特征上。有些个性品质或外貌特征之间并无内在联系,可我们却容易把它们联系在一起,断言有这种特征就必有另一特征,也会以外在形式掩盖内部实质。如外貌堂堂正正,未必正人君子;看上去笑容满面,未必面和心慈。简单把这些不同品质联系起来,得出的整体印象必然是表面的。第三,弥散性。对一个人的整体态度,还会连带影响到跟这个人的具体特征有关的事物上。成语中的"爱屋及乌""厌恶和尚,恨及袈裟"就是晕轮效应弥散的体现①。

在教育教学过程中,晕轮效应也是非常普遍的。如在某些教师眼中的"一好百好""一坏百坏"都是晕轮效应的体现。因此,为避免这一效应的消极影响,首先,教师对学生进行认知和评价时,要有意识地进行师生双方的理解性交往,以便获取更多的信息量,减少因为其他品质信息量少而产生的晕轮效应。其次,教师要随时提醒自己对学生的认知或评价有没有发生晕轮效应,特别是对学习成绩好和成绩差的学生进行评价时,要防止这一效应的消极作用。最后,教师要加强个性修养做到严谨、细致、富于独立见解,同时养成评价学生时先调查、先思考、依据事实材料评价学生的习惯,提高评价的准确性和科学性。

(4)近因效应。这一效应也是由美国心理学家洛钦斯得出的。所谓"近因"是指个体最近获得的信息。近因效应与首因效应相反,是指在多种刺激一次出现的时候,印象的形成主要取决于后来出现的刺激,即交往过程中,我们对他人最近、最新的认识占了主体地位,掩盖了以往形成的对他人的评价,也称为"新颖效应"。如多年不见的朋友,在自

---

①任顺元.心理效应学说[M].杭州:浙江大学出版社,2005.

己的脑海中的印象最深的，其实就是临别时的情景；一个朋友总是让你生气，可是谈起生气的原因，大概只能说上两三条，这些都是近因效应的表现。再如在面试过程中，主考官告诉考生可以走了，可当考生要离开考场时，主考官又叫住他，对他说，你已回答了我们所提出的问题，评委觉得不怎么样，你对此如何看待其实，考官做出这么一种设置，是对毕业生的最后一考，想借此考察一下应聘者的心理素质和临场应变能力。如果这一道题回答得精彩，大可弥补此前面试中的缺憾；如果回答得不好，可能会由于这最后的关键性试题而使应聘者前功尽弃。

作为教师可以有效地利用近因效应。首先，教师可以利用近因效应的积极作用开展批评教育工作。在批评过程中，如果自己出现了情绪化的表现，按照近因效应的原理，只要在批评快结束的时候说出几句体贴人的安慰语，或轻轻拍对方的肩膀，哪怕能笑一笑，就能给对方留下一个好的印象。其次，教师要用发展的眼光看待教育过程中发生的近因效应，切忌因为突然发现某个学生最近有某种缺点或不良表现，就否定他的一切。反之，也不能因为某个学生做了一件好事，就对他整个的评价发生变化。要学习用历史的、发展的、全面的观点分析人，不要受近因效应的影响而产生对人忽左忽右的知觉和评价。

3. 掌握人际交往的技能

（1）培养倾听的习惯。“倾听”从字面上理解，狭义是指凭助听觉器官接受言语信息，进而通过思维活动达到认知、理解的全过程；广义包括文字交流等方式。我们用语言交流思想，抒发情感，表述心声，这就是倾听。其主体是听者，而倾诉的主体者是诉说者。

美国通用公司前总裁卡耐基曾经说过这么一句话：“一双灵巧的耳朵胜过十张能说会道的嘴巴。”自然赋予人类一张嘴、两只耳朵，也就是让我们多听少说。一颗灵魂可以在倾听中发现、欣赏和拥有另一颗灵魂的快乐。一颗灵魂也可以在倾听中感悟、理解和体会另一颗灵魂的痛苦。

在人际交往过程中，学会倾听是我们必须具备的基本素质，学会倾听也是教师建立良好的师生关系、同事关系、人际关系的基本前提。如何做一个高效的倾听者呢？倾听是在接纳的基础上，积极地听，认真地听，关注地听，有兴趣地听，并在听的基础上适度参与①。

首先，倾听建立在接纳的基础上。作为教师，要想成为一个很好的倾听者，必须无条件地接纳和我们交流的对象，如我们的学生，同事、朋友等。他们可能是与我们完全不同的一个人，其人生观、价值观、生活态度与方式，可能与我们差异很大，甚至完全不同，我们都要做到无偏见地倾听；不能把自己的价值体系、处事原则强加给对方。这才是无条件地尊重和接纳，只有接纳了，才能用心倾听，才能做到真正地倾听。

---

①中国就业培训技术指导中心，中国心理卫生协会. 国家职业资格培训教程——心理咨询师（三级）[M]. 北京：民族出版社，2005.

其次，倾听是认真地听。倾听的时候，不仅要听到对方说了什么，还要看到对方表现了什么；不仅仅听懂对方通过言语、表情、动作等所表达的内容，还要听出对方在交流中所省略的和没有表达出来的内容和隐含的信息，甚至是对方自己都不知道的潜意识的内容。

再次，倾听还要有适当的参与。人们在倾听的时候并不是一声不吭、毫无反应的，而是应有适当的参与。为了表明听者对讲者是理解、接纳的，并鼓励对方深度地表达，听者要有适度地参与。如我们说："我能听懂，请继续""我在听，请接着说"，有时也可以通过点头，或发出"噢""嗯""是这样""还有呢"等声音，适当地参与对方的表达。

最后，避免倾听时容易犯的错误。不善于倾听的人，常常在听时打断对方的讲话；或者由于缺乏耐心，急于下结论；或者对对方说的内容不够重视，表现出轻视的态度；或者没有掌握倾听的技巧，不断地在对话开始时使用"对不对""是不是""有没有"等封闭式询问方式，导致所获得的信息非常有限，而影响了对对方的理解。

总之，与人沟通，首先要做到的是倾听，其次还是倾听，因为没有听就没有发言权。

(2)恰当的自我表露。自我表露是个体将有关于自己的、在正常情况下不为他人所知的重要信息自愿表达给某个特定目标的过程。研究表明，自我表露与人的主观幸福感成正相关，而与孤独、抑郁等负性情绪成负相关。可见，自我表露对促进个体的心理健康、帮助形成健康的人格以及建立良好的人际关系等等都有着不容忽视的作用。同时，在许多心理学家看来，一个人是否有适当的自我表露，是其人格是否健康的重要标志。

恰当的自我表露必须遵循互惠性规则①。即当对方在与我们的交谈中展示自己的私人信息时，我们也总是要有所回应，特别是涉及较隐私内容时，这就是自我表露的互惠性原则。根据这一原则，在与他人的信息交流过程中，每个人的自我表露水平在某种程度上要受到他人表露水平的制约，也就是说自己有表露水平要与他人的表露水平相对应，当他人的表露水平比较高时，自己也应相应地提高表露水平；当他人表露水平较低时，自己也应相应地降低表露水平。在现实生活中不难发现，当交流的一方表露的信息过多过快，而对方表露水平不对应时，是很难建立亲密关系的。因为对方会认为表露太快不易接受，担心情感进展太快会给自己带来伤害；而另一方却会因为进展太慢而不满，会感觉对方对自己没有诚意。可见，太多或太少的自我表露都会引起心理适应方面的问题。一个从不表露的人是很难与他人建立良好的人际关系的，而一个夸夸其谈谈论自己的人，也同样会被他人认为是不好相处、以自我为中心的人。一般说来，对少数亲密的朋友做较多的自我表露，而对于其他人做中等程度的表露通常被认为是合适的。同时，自我表露还要因时间、地点的不同而有所调整。

(3)学会心理换位。所谓心理换位就是人与人之间在心理上互换位置，在人际交往

①佘瑞琴. 自我表露的研究现状及启示[D]. 济南：山东师范大学，2006.

中对所遇到的问题，能设身处地从对方所处的位置、角色、情境去思考、理解和处理，深刻体察他人潜在的行为动因，不以自己的心态简单地看待问题，对待他人。按照人本主义心理学家罗杰斯的观点，共情的具体含义包括三个步骤：第一，通过对方的言行，深入对方内心去体验对方的情感和思维。第二，借助自己已有的知识和经验，把握对方的体验与其经历和人格之间的联系，更深刻地理解对方的心理和具体内容的实质。第三，运用沟通的技巧，把自己的理解传达给对方，表达对对方内心世界的体验和所交流内容的理解，并取得对方的反馈。

（4）树立积极的沟通心态。沟通是指为了设定的目标，运用语言、文字或一些特定的非语言行为把信息，思想和情感在个人或群体间传递，并达成共同协议的过程。沟通不仅是获取信息的手段，交流思想和情感的工具；更是满足需要、减少冲突、改善人际关系、维持心理平衡的重要因素。要真正理解沟通，还要把握沟通的三大要素：

首先，沟通一定要有一个明确的目标。只有大家有了明确的目标才叫沟通。如果大家聊了但没有目标，那就不是沟通，是闲聊天。明确的目标是沟通最重要的前提。所以，我们理解了这个内容之后，在和别人沟通的时候，我们首先要想一想：我要沟通什么？我要跟谁沟通？我为什么要沟通？什么时候沟通比较好？在哪里沟通？选择什么媒介进行沟通？这是我们沟通成功的第一步。

其次，沟通要达成信息、思想或情感的传递。沟通的内容不仅仅是信息，还包括更加重要的思想和情感。实践证明，信息是非常容易沟通的，而思想和情感是不太容易沟通的。在沟通过程中，人们传递更多的往往是彼此之间的思想，而信息的内容并不是主要的内容。为了保证这一过程的顺畅，我们在沟通过程中始终要注意维护安全，即让对方毫无心理压力地和你展开沟通①。这要求我们在沟通过程中，设身处地地考虑对方的感受，将心比心。

最后，沟通要达成共同的协议。沟通结束以后一定要形成一个双方或者多方都共同承认的一个协议，只有形成了这个协议才叫做完成了一次沟通。如果没有达成协议，那就不能称之为沟通。沟通是否结束的标志就是：是否达成了一个协议。在实际的工作过程中，我们常见到大家一起沟通过了，但是最后没有形成一个明确的协议，大家就各自去工作了。由于对沟通的内容理解不同，又没有达成协议，最终造成了工作效率的低下，双方又增添了很多矛盾。在我们明确了沟通的第二个要素的时候，我们应该知道，在和别人沟通结束的时候，一定要用这样的话来总结：非常感谢你，通过刚才交流我们现在达成了这样的协议，你看是这样的一个协议吗？这是沟通技巧的一个非常重要的体现，就是在沟通结束的时候一定要有人来做总结，这是一个非常良好的沟通行为。

---

①［美］科里・帕特森．关键对话［M］．北京：机械工业出版社，2012．

信息窗8－3

人际关系心理诊断量表

这是一份人际关系行为困扰的诊断量表，共28个问题，每个问题做“是”或“否”两种回答。请你认真完成，然后参看后面的评分计分办法，对测验结果作出解释。

1. 关于自己的烦恼有口难言。（ ）
2. 和生人见面感觉不自然。（ ）
3. 过分地羡慕和妒忌别人。（ ）
4. 与异性交往太少。（ ）
5. 对连续不断的会谈感到困难。（ ）
6. 在社交场合，感到紧张。（ ）
7. 时常伤害别人。（ ）
8. 与异性来往感觉不自然。（ ）
9. 与一大群朋友在一起，常感到孤寂或失落。（ ）
10. 极易受窘。（ ）
11. 与别人不能和睦相处。（ ）
12. 不知道与异性相处如何适可而止。（ ）
13. 当不熟悉的人对自己倾诉他的生平遭遇以求同情时，自己常感到不自在。（ ）
14. 担心别人对自己有什么坏印象。（ ）
15. 总是尽力使别人赏识自己。（ ）
16. 暗自思慕异性。（ ）
17. 时常避免表达自己的感受。（ ）
18. 对自己的仪表（容貌）缺乏信心。（ ）
19. 讨厌某人或被某人所讨厌。（ ）
20. 瞧不起异性。（ ）
21. 不能专注地倾听。（ ）
22. 自己的烦恼无人可申诉。（ ）
23. 受别人排斥与冷漠。（ ）
24. 被异性瞧不起。（ ）
25. 不能广泛地听取各种意见、看法。（ ）
26. 自己常因受伤害而暗自伤心。（ ）
27. 常被别人谈论、愚弄。（ ）

28. 与异性交往不知如何更好地相处。　(　　)

记分表

Ⅰ	题目	1	5	9	13	17	21	25	小计
	分数								
Ⅱ	题目	2	6	10	14	18	22	26	小计
	分数								
Ⅲ	题目	3	7	11	15	19	23	27	小计
	分数								
Ⅳ	题目	4	8	12	16	20	24	28	小计
	分数								
评分	标准	打“是”的给1分，打“否”的给0分，总分							

测验结果的解释与辅导：

如果你得到的总分是0～8分之间，那么说明你在与朋友相处上的困扰较少。你善于交谈，性格比较开朗、主动，关心别人，你对周围的朋友都比较好，愿意和他们在一起，他们也都喜欢你，你们相处得不错。而且，你能够从与朋友的相处中，得到许多乐趣。你的生活是比较充实而且丰富多彩的，你与异性朋友也相处得很好。一句话，你不存在或较少存在交友方面的困扰。

如果你得到的总分是9～14分之间，那么，你与朋友相处存在一定程度的困扰。你的人缘很一般，换句话说，你和朋友的关系并不牢固，时好时坏，经常处在一种起伏波动之中。

如果你得到的总分是15～28分之间，那就表明你在同朋友相处上的行为困扰较严重，分数超过20分，则表明你的人际关系行为困扰程度很严重，而且在心理上出现较为明显的障碍。你可能不善于交谈，也可能是一个性格孤僻的人、不开朗，或者有明显的自高自大、讨人嫌的行为。

以上是从总体上评述你的人际关系。下面，将根据你在每一横栏上的小计分数，具体指出你与朋友相处的困扰行为及其可资参考的纠正方法。

记分表中Ⅰ横栏上的小计分数，表明你在交谈方面的行为困扰程度。

如果你的得分在6分以上，说明你不善于交谈，只有在极需要的情况下你才同别人交谈，你总难于表达自己的感受，无论是愉快还是烦恼；你不是个很好的倾听者，往往无法专心听别人说话或只对个别的话题感兴趣。

如果得分在3~5分之间，说明你的交谈能力一般，你会诉说自己的感受，但不能讲得条理清晰；你努力使自己成为一个好的倾听者，但还是做得不够。如果你与对方不太熟悉，开始时你往往表现得拘谨与沉默，不大愿意跟对方交谈。但这种局面在你面前一般不会持续很久。经过一段时间的接触与锻炼，你可能会主动与同学搭话，同时这一切来得自然而非造作，此时，表明你的交谈能力已经大为改观，在这方面的困扰也会逐渐消除。

如果你的得分在0~2分之间，说明你有较高的交谈能力和技巧，善于利用恰当的谈话方式来交流思想感情，因而在与别人建立友情方面，你往往比别人获得更多的成功。这些优势不仅为你的学习与生活创造了良好的心境，而且常常有助于你成为伙伴中的领袖人物。

记分表中Ⅱ横栏上的小计分数，表示你在交际与交友方面的困扰程度。

如果你的得分在6分以上，则表明你在社交活动与交友方面存在着较大的行为困扰。比如，在正常集体活动与社交场合，你比大多数伙伴更为拘谨；在有陌生人或老师存在的场合，你往往感到更加紧张而扰乱你的思绪；你往往过多地考虑自己的形象而使自己处于越来越被动、越来越孤独的境地。总之，交际与交友方面严重的困扰，使你陷入“感情危机”和孤独困窘的状态。

如果你的得分在3~5分之间，则往往表明你在被动地寻找被人喜爱的突破口。你不喜欢独自一个人待着，你需要和朋友在一起，但你又不大善于创造条件并积极主动地寻找知心朋友，而且，你心有余悸，生怕主动行为后的“冷”体验。

如果得分低于3分，则表明你对人较为真诚和热情。总之，你的人际关系较和谐，在这些问题上，你不存在较明显持久的行为困扰。

记分表中Ⅲ横栏的小计分数，表示你在待人接物方面的困扰程度。

如果你的得分在6分以上，则往往表明你缺乏待人接物的机智与技巧。在实际的人际关系中，你也许常有意无意地伤害别人，或者你过分地羡慕别人以致在内心妒忌别人。因此，其他一些同学可能回报给你的是冷漠、排斥甚至是愚弄。

如果你的得分在3~5分之间，则往往表明你是个多侧面的人，也许可以算是一个较圆滑的人。对待不同的人，你有不同的态度，而不同的人对你也有不同的评价。你讨厌某人或被某人所讨厌，但你却极喜欢另一个人或被另一个人所喜欢。你的朋友关系某些方面是和谐的、良好的，某些方面却是紧张的、恶劣的。因此，你的情绪很不稳定，内心极不平衡，常常处于矛盾状态中。

如果你的得分在0~2分之间，表明你较尊重别人，敢于承担责任，对环境的适应性强。你常常以你的真诚、宽容、责任心强等个性获得众人的好感与赞同。

记分表中Ⅳ横栏的小计分数，表示你跟异性朋友交往的困扰程度。

如果你的得分在5分以上，说明你在与异性交往的过程中存在较为严重的困扰。也许你存在着过分的思慕异性或者对异性持有偏见，这两种态度都有它的片面之处。也许是你不知如何把握好与异性同学交往的分寸而陷入困扰之中。

如果你的得分是3～4分，表明你与异性同学交往的行为困扰程度一般，有时你可能会觉得与异性同学交往是一件愉快的事，有时又会认为这种交往似乎是一种负担，你不懂得如何与异性交往是最适宜的。

如果你的得分是0～2分，表明你懂得如何正确处理与异性朋友之间的关系。对异性同学持公正的态度，能大大方方地、自自然然地与他们交往，并且在与异性朋友交往中，得到了许多从同性朋友那里不能得到的东西，增加了对异性的了解，也丰富了自己的个性。你可能是一个较受欢迎的人，无论是同性朋友还是异性朋友，多数人都较喜欢你和赞赏你。

[**资料来源**]郑日昌. 大学生心理诊断[M]. 济南：山东教育出版社，2006.

（四）培养健康的生活方式，避免职业倦怠

学者王雅林认为生活方式就是人们利用闲暇时间的方式。对于什么是健康的生活方式，不同的学者可能有不同的见解，但公认的标准就是没有疾病。这里的没有疾病既包括身体的，也包括心理的。也就是说，健康的生活方式包括了很多含义，比如说要让自己有一个健康的仪表、健康的举止、健康的交际、健康的心情、健康的爱好，等等。具体来说主要有以下六个方面①：

1. 合理安排膳食

合理安排膳食包括健康的饮食和良好的饮食习惯两大方面。健康的饮食是指膳食中应该富有人体必需的营养，同时还要避免或减少摄入不利于健康的成分。良好的饮食习惯包括按时进餐、坚持吃早餐、睡前不饱食、咀嚼充分、吃饭不分心、保持良好的进食心情和气氛等。

2. 坚持适当运动

生命需要运动，过少和过量的运动都不利于健康。个人可根据自己的年龄、身体状况和环境选择适当的运动种类。运动形式并不重要，重要的是量力而行，循序渐进，持之以恒。最简单的运动是快步走，每天快步走路3公里，或做其他运动（如爬楼梯）30分钟以上。每周至少运动5次。运动的强度以运动时的心率达到170减去年龄这个数为宜，例如，一个50岁的人运动时能够使心率达到120次就比较合适。每次运动最好能够保

①俞国良. 现代教师心理健康教育[M]. 北京：教育科学出版社，2012.

持心率加快、身体发热这种状态15分钟以上。

3. 养成良好的行为习惯

不吸烟，少饮酒；保持忠贞的爱情，遵守性道德；有规律的生活习惯，如起居定时、按时作息、保证充足的睡眠；睡前不喝茶或咖啡，进食不过饱；心情平静，避免焦虑或激动；不做剧烈运动；工作有张有弛，不过度紧张和长期劳累；娱乐有度，不放纵。

4. 保持平和的心态

养生和治病的关键是消除负面情绪，培养积极乐观的健康心态。尽可能做到：(1)不生气。两千多年前，我们的祖先就总结出这样的道理："百病生于气，怒则气上"。《黄帝内经》中就有记载：大怒伤肝，暴虐伤脾，悲忧伤肺，惊恐伤肾。所以如果自己生气了，就要提醒自己：生气的结果只能是气自己、伤自己、毁自己，生气是最亏本的行为。可是只要是人，都会有生气的时候，如果想生气、要发火的时候，怎么办呢？我们可以把生气作为一种仪式，给自己三分钟的时间发泄和调整。自己监督自己，不容许自己在坏情绪中停留太久。① (2)不抱怨。抱怨的表现有很多，如唠叨、批评、不满、牢骚等。有人说抱怨可以宣泄不良情绪，但长期的抱怨不仅会让人们感受更多的负面情绪，还会让人们习惯性地在他人身上找缺点，从而变得挑剔和计较。所以抱怨就像生活中的盐，有点会给生活增添一点作料，未必是坏事，但太多，肯定是坏事，甚至招惹大的麻烦②。(3)不计较。一个快乐的人，不是因为他拥有得多，而是因为他计较得少。郑板桥脍炙人口的座右铭是"难得糊涂"和"吃亏是福"。当你站在别人的角度看问题的时候，你就会减少对事情的抱怨和计较，吃亏带来的是活着的幸福。

5. 自觉保护环境

人类生存的环境对人的健康十分重要，每个人都要遵守保护环境的法律法规，遵守社会公德，在日常生活中注意自觉养成保护环境的良好习惯，如节约资源（水、电、煤、煤气和天然气、纸张、汽油、木料等）；不污染环境（不随地吐痰、不乱扔垃圾、分类回收垃圾、减少汽车尾气排放、慎用洗涤剂等）；为保护环境贡献力量（植树造林、保护绿地、保护野生动物等）。

6. 学习健康知识

建立健康的生活方式需要懂得健康知识，知识是不断调整自己行为的指南针。健康知识也在不断更新，只有注意不断学习新的健康知识，抵制迷信和各种错误信息的影响，才能使自己的生活方式更健康。《教师健康的38个细节》和《教师心理与健康》两本书应是教师保持健康的必读书目。

---

①王薇华. 真实的幸福[M]. 北京：清华大学出版社，2012.

②王薇华. 真实的幸福[M]. 北京：清华大学出版社，2012.

问题思考与讨论

1. 结合自身实际，谈谈对教师心理健康标准的理解。

2. 什么是教师职业倦怠？请结合自己的经验描述职业倦怠的具体表现。

3. 如果自己出现了职业倦怠，你会如何调整？

4. 你是如何看待消极情绪和积极情绪的？

5. 结合自身实际，谈谈如何建立良好的师生关系？

6. 你认为学校和社会可以从哪些方面减轻教师的职业压力？

7. 结合自身工作、学习实际，谈谈如何增加积极情绪？

8. 结合自身实际，谈谈有哪些不健康的生活方式需要改进？

9. 下面是一位学生来咨询时说的话，你看后有何感想？你想对这位学生的老师说些什么？

学生说："我现在特怕上学，老师每一节课都要批评我，一次她对我说：'懒惰的人我看都不要看！'说完就把头一甩，走出去了。有一次她来借我的笔用一下，碰到我一下，我感到像鬼片上的动作一样，恐怖死了！有一天晚上做梦，梦到了老师，拿着一把刀子对着我说：'你给我回来背单词！'"

10. 下面是一位教师一天生活的记载，你阅读后有何感想？

早晨5:00 起床

5:30 洗漱完毕，做饭

6:00 早餐完毕，做家务

6:30 下楼等班车

6:45 班车到达

7:10 到校

7:20—7:50 看早读

8:00 上课，每节课45分钟，课间休息10分钟，课间操15分钟

11:40 放学，漫无目的地找吃饭的地方（学校没有食堂）

中午12:30 午饭结束，回到学校，待在外面也没去处

13:30 学生进校

13:30—13:50 维持教室纪律

14:00 上课，下午4节课，课间10分钟

17:35 放学

17:45 班车发出—回家

晚上18:30 到家

19:00 晚餐

19:30—21:30 备课

22:00 睡觉

阅读指南

1. 王薇华. 幸福的能力[M]. 北京:清华大学出版社,2013.

本书致力于将积极心理学理论与中国大众对接,以生动、活泼、通俗的形式向读者展现全新的切合中国人实际的幸福观。作者认为幸福不仅是一种感觉,更是一种能力,而这种能力是可以学习的,并告诉读者提升幸福力的策略与方法。

2. 韦志中. 幸福干预[M]. 北京:清华大学出版社,2014.

本书以积极心理学理论为指导,通过 26 个积极心理技术,将高深、抽象的积极心理学理论具体化、生活化,让读者可以边读书、边实操,在潜移默化中改变生活,改变心理状态。

3. [美]科里·帕特森. 关键对话[M]. 北京:机械工业出版社,2012.

本书以大量的现实案例为基础,深入浅出地叙述了沟通的重要原则、技巧与行为,如尊重、信任、建立安全、易位思考,双赢思维等。

网络导航

心理学微信公众号:“三仓心理学界”。

“三仓心理学界”专注科研,荟萃心理学各领域的新进展、新态度。

第九章　学校心理健康教育的途径与方法

学习目标

了解心理辅导的类型和途径,理解心理咨询的基本原则;掌握心理健康教育课程渗透的基本策略,理解人文社会类课程、自然科学类课程、艺术体育类课程的心理健康教育价值;掌握家校合作开展心理健康教育的途径和内容。

第一节　心理辅导的类型和途径

人的一切活动都必定伴随着相应的心理活动。从这个意义上说,心理健康教育也可以渗透到绝大多数的活动中进行。学校心理健康教育,也不仅仅是开展个体心理咨询和开设心理健康教育课程,还可以通过多种多样的途径和方法实现促进学生身心健全发展的目的。

心理健康教育是心理辅导教师运用其专业知识和专业技能,通过与学生建立一种特殊的人际关系,进而给学生以合乎其心理需要的帮助与教育的活动。

一、心理辅导的类型

按照不同的标准,心理辅导可以分为不同的类型。

(一)按照时间维度的分类

按照心理辅导持续时间的长短,可把心理辅导分为短程心理辅导和长程心理辅导。

1. 短程心理辅导

短程心理辅导又称焦点解决短程治疗(Solution - focused Brief Therapy),是一种短程的心理治疗技术,它以寻找解决问题的方法为核心。短程心理辅导一开始先评估可能的解决方案,即先呈现来访者期待与渴望的解决方案。然后,辅导者把焦点放在提升并增进现有资源上,既不偏重来访者,也不偏重情境因素,目标是达成来访者的期待和满足他的渴望。因此,在短程心理辅导中,来访者会对自己充满希望,甚至大幅度提高自我改变的动机,因为治疗师帮助他们创造出自己解决问题的观念,也知道需要什么来达成目标。

2. 长程心理辅导

一般把治疗持续时间超过24次或6个月的心理辅导称为长程心理辅导,多用于精神分析和心理动力学的辅导模式中。它是一种非常仔细地关注治疗师—患者互动、认真地选择时机地解释移情和阻抗的治疗,其基础是深入地理解治疗师对两个人(治疗师—患者)领域的影响。这种治疗的理论模式包括来自自我心理学的潜意识冲突理论,客体关系理论,自体心理学以及依恋理论。

(二)按照内容维度的分类

按照辅导的内容,可把心理辅导分为认知辅导、情感辅导、意志辅导、人格辅导、学习心理辅导、人际关系辅导、性心理辅导等。

1. 认知辅导

以赫尔巴特等教育家为代表的形式主义教育派认为,"对学生进行智育最重要的不是让学生学习科学知识,而是通过知识的学习增进学生的思维、想象、记忆等方面的能力"①。认知能力作为个体心理能力的基础,是心理健康教育要重点培育的基本能力。

(1)观察力训练。观察是指有目的、有计划地通过一种积极的思维活动,察看知觉对象,向它提出问题,从中得出答案的过程。观察力是指大脑对事物的观察能力,如通过观察发现新奇的事物等,在观察过程中对声音、气味、温度等有一个新的认识。

(2)注意力训练。注意是人脑对一定对象的指向和集中。注意帮助人的心理活动指向一定的对象,并维持在当前的活动上,同时还帮助个体对自身的心理活动进行监督和调节。培养注意力,其目的是培养良好的注意品质。

(3)记忆力训练。记忆是人对过去经历的识记、保持和再认(再现)。记忆把人的过去、现状乃至未来的经历整合成一个整体,是形成人的独特性和稳定性的基础。同时,记忆是影响人的学业成就的核心要素,直接决定了学生的考试成绩。培养记忆力,其目的是要提升记忆的敏捷性、准确性和容量。

(4)思维力训练。思维是人脑对客观事物的概括和间接的反映,主要表现为概念和推理等形式。训练思维,主要是要训练思维的敏捷性、灵活性、深刻性和独特性。

(5)想象力训练。想象力是人运用思维能力对表象进行加工操作以产生新形象的过程。想象力对于工程设计、艺术创作、问题解决、生产实践都有非常重要的价值。

2. 情感辅导

朱小蔓教授认为,"所谓情感教育,就是关注人的情感层面如何在教育的影响下不断产生新质,走向新的高度,也是关注作为人的生命机制之一的情绪机制,如何与生理机

①王绽蕊. 现代智育过程浅论[J]. 教育学术月刊. 2002(2).

制、思维机制一道协调发挥作用，以达到最佳的功能状态”①。情感教育是以提升学生的情绪素养和情绪调节能力、培育学生积极情感为目的的教育。具体来看，情绪教育应该包括以下方面：

（1）体察情绪。当某种情绪刚一出现时便能察觉，这种自我觉察能力是情绪智力的核心。情绪知觉能力高的人对自己的情绪具有清晰的认知。情绪觉察能力是情绪管理能力的基础，因而情绪教育从教会学生体察情绪开始。

（2）管理情绪。心理健康教育要帮助学生学会找出情绪表现所掩藏的真实感受，学会消除焦虑，抑制愤怒，缓解悲哀的情绪技能。比如，转移注意力，参加具有较大运动量的体育活动，通过享受生活让自己振奋，设法取得一个小小的成功，换个角度看问题，助人为乐等都是行之有效的情绪技能。

（3）自我激励。善于自我激励的人能有效地集中注意力，具有较强的成就动机、热情与毅力，能经受住诱惑，抵制冲动，延缓满足，并能保持稳定的乐观态度。

（4）改善关系。能够调控他人的情绪是把握人际关系技巧的核心。一方面要进行认知指导，纠正其认知偏差，对有些学生的认知缺乏要进行“补课”；另一方面，教给他们一些社交的技能、技巧，如表达情绪的技巧、合作的艺术、谈判的技巧，使他们学会调停冲突以及必要的妥协。

3. 意志辅导

意志是人自觉确定目的，并根据目的调节支配自身的行为，是克服困难、去实现预定目标的心理过程。“就知行关系而言，意志软弱主要表现为‘知其当行却未行’或‘知其当止而未止’；从理性与意欲的关系看，意志软弱则更多地关乎理性与意欲等之间的张力。在形而上的层面，意志软弱进而以可能性、偶然性的存在为其本体论的前提。”②

良好的意志品质不仅是组成良好个性的要素，也是组成学习行为的内在动力系统的重要因素。“意志品质薄弱已经成了妨碍学生学业进步的重要因素。”③心理健康教育中的意志辅导，主要体现在意志的自觉性、果断性、坚韧性和自制力等方面。

（1）自觉性辅导。自觉性是在意志行动中具有明确的目的，能认识到行动有社会意义，并使自己的行动服从于社会需要的意志品质。

（2）果断性辅导。果断性是明辨是非、抓住时机、迅速而合理地采取决定并实现所做决定的意志品质。

（3）坚韧性辅导。坚韧性是指实践目的的坚定性，能够在实践中保持充沛的精力和毅力的意志品质。

（4）自制力辅导。自制力即自我克制的能力，是在意志行动中自觉把握目标、调节情绪、约束言行的品质。

---

①李小娟. 文化的反思与重建：跨世纪的文化哲学思考[M]. 哈尔滨：黑龙江人民出版社，2000.

②杨国荣. 意志薄弱及其克服[J]. 思想与文化，2012(1).

③易联树，赵永清. 应加强大学生意志品质的培养[J]. 中国农业教育，2004(4).

4. **人格辅导**

人格辅导是以养成学生的人格品质为目标的教育。简单讲,也可以把认知辅导理解为“成才”的教育,而情感辅导、意志辅导和人格辅导是关于“成人”的教育。“十年树木,百年树人”,英国也流传“至少需要三代人才能培养出贵族”的说法,可见,“成人”是一件非常困难的事情。成人的过程漫长而艰难,就更加不容忽视,因为一旦错过,就很难矫正。

人格教育着眼于每个受教育者的人格塑造与提升,“人格健全是人协调发展的重要指标,人格教育是全面发展教育的重要组成部分”①。人格是人的心理结构中稳定的特征和结构,是人和人之间差异的区分向度。“世界上没有两片树叶是相同的”,而世界上也没有两个人的人格是相同的。

陈建文认为,“健康人格教育的基本理论问题包括健康人格的基本属性观、健康人格的发展观和健康人格的教育观三个方面”②。健康人格是一种正常发挥的心理机能特性,其基本属性表现为和谐性、适应性、自主性和发展性。健康人格辅导涉及的问题主要包括:人格教育的动力和条件是什么,人格教育途径有哪些,人格教育应该遵循怎么样的原则,人格教育的目标是什么等问题。

不管是理念层面还是在实证层面,人格教育的价值无须证明。人格教育的目的也十分明确,那就是促进人格完整性、稳定性和独特性的发展,促进明智、仁爱、坚韧、贤达等品格的形成。

5. **学习心理辅导**

学习活动是中小学生的主要活动,在中小学生的心理发展中发挥着巨大作用,学生心理活动的发展变化以学习活动为主线展开,学生学习活动的特点、品质、成效影响着学生心理活动水平和心理发展的状况。

学习心理辅导是指教育者依据现代学习理论,针对影响学生学习的因素,有目的、有计划、有步骤地教会学生如何学习的过程。学习心理辅导是对学习心理活动中心理活动的指导,其目的是培养学生良好的学习习惯和心理品质,帮助学生提升学习效率、完成学习任务。

进行学习心理辅导,主要包括以下方面:

(1)学习心理素质训练。在学习过程中,学生的进取心、思维力、自信心、责任心、乐观主义、自制力、勤奋、监控性、耐挫力、方法性、独立性、创新性、坚持性等心理品质是有效学习的基础,加强这些学习心理素质的培养和教育,是学习心理辅导的核心任务。

(2)学习方法指导。学习方法是指学习者在学习过程中形成的合适自身特点的一系列手段、方式和途径。学习方法是顺利完成学习任务和提高学习效率的基础与前提,当它以固定的行为方式表现出来时就形成了学习习惯。

---

①范蔚.我国人格心理学的发展与人格教育实践[J].教育理论与实践,2003(3).

②陈建文.健康人格教育的理论透视[J].高等教育研究,2010(3).

(3)学习习惯指导。学习习惯是学生在一定情境下自动地进行学习活动的特殊倾向,是一个惯常的学习方式。良好的学习习惯有助于学生提高学习效率,实现学习目标。比如,刻苦努力、勤于思考、专心听讲,有助于提升学生的学习成绩;而三心二意、避苦怕累、注意分散的学习习惯,不仅对学生的学习成绩没有帮助,还会对学生的人格造成负面的影响。

(4)学习兴趣辅导。兴趣是人对某种活动或事物表现出的一定的积极情绪和认知评价,会促进个体经常和反复地表现出指向性的行为。兴趣一旦形成,就成了个体的内在需要。比如,学生对科学发明形成了浓厚的兴趣,就会自觉地查阅相关材料并产生进行发明创造的冲动。"兴趣是最好的老师",浓厚的学习兴趣会激发强大的学习动力,使学生自强不息、努力学习。

6. 人际关系辅导

人际交往指在社会活动中人们运用语言符号系统相互之间交流信息、沟通情感的过程。进入青春期的孩子更关注自我的形象和自己在别人心中的形象,他们渴望交往,渴望与老师和同学建立良好的关系。人际交往是人们建立人际关系的基础,也是个人与社会融合的基础。学生的人际交往,表现为学业上的同伴关系和朋友之间的情感关系,也表现为师生之间的教学关系。人际关系是学生发展过程中最重要的反馈要素,通过人际关系,学生建立起对自己、对他人、对社会的基本信念;人际关系也是学生获得情感支持、发展幸福感的基本来源;同时,人际关系也是学生发展和实践社会技能的重要场所。可以说,学生是在建立稳定的人际关系后,才开始获得了完善人格的机会。

因此,在心理健康教育中进行人际关系辅导的目的,是在班级中营造温暖安全的心理氛围,满足学生被爱、被理解、被接纳的心理,激发他们希望成长的积极因素。

7. 性心理健康辅导

性心理指人在性方面的心理现象,如性意识、性欲望、性观念、性情感等性心理活动。学校生活是一个人身心发展的关键时期,也是一个人性心理发展的关键时期。在学校进行性心理健康教育,有助于学生形成正确的性意识,为他们未来的情感生活与幸福感奠定基础,还能预防和校正变态的性心理。

从小学六年级到初中二年级,学生进入"青春期",其生理发育加速,心理状况尤其是情绪状态出现了"暴风骤雨"般的发展和波动。此时他们的性机能处于快速发展时期,在心理上,学生的性意识逐渐萌动,开始关注异性。如果青少年对正常的性征变化缺少科学知识,就不能正确对待各种身心反应,产生害羞、忧虑、恐惧等消极情绪,会影响到青少年的身心发展。因此,对青少年进行性心理健康教育,合理梳理他们对性的好奇心和求知欲,帮助他们合理控制自己的性冲动,增强他们的性道德观念,对于促进青少年的身心健康,预防性偏离行为和性犯罪具有十分重要的意义。

完整的性心理健康教育应该把性知识教育和性道德教育结合起来,把性生理学知识和性心理学知识结合起来,把性意识教育和性情感教育结合起来,既有知识的教育,也有人格的教育和身心健康的教育。

(三)按照目标维度的分类

按照辅导目标的不同,可把心理辅导分为治疗性辅导、预防性辅导和发展性辅导。

1. 治疗性辅导

治疗性辅导是以诊治心理障碍、心理疾病为基本目的心理辅导类型。“治疗性辅导的重点为学生的问题,诊断、治疗皆以该问题为中心。”①治疗性辅导通常采用个别咨询的方式,使用测验或其他评量工具,并注重测验结果的解释、运用。在心理辅导的过程中,辅导人员注重与教师讨论该学生的问题,注重与家长的联系,以求解决学生问题。治疗性辅导是帮助少数面临较严重心理问题的学生的重要手段,是学校教育的一个重要组成部分。

2. 预防性辅导

预防性辅导也是以问题为重心,虽然注重对个案的诊断与治疗,但辅导工作提早于问题发生之前或正在发展之际进行,以预防性质为主要目的,在于防止问题的发生或扩大。辅导对象较治疗性辅导更广,以求遍及全体学生,但实际上因工作人员的时间、精力的限制,仍以少数有问题倾向的学生为主。

3. 发展性辅导

发展性辅导以全体学生的发展为重心,目的在协助整个学校的教育计划与教育措施,提供最佳的学习情境,以利于学生整体的发展,实现学校整体的教育目的。学生的问题不再属于辅导的重点,但必要时,可协同学校其他人员,进行个别或团体式的辅导。在辅导过程中,注重与教师保持密切联系,特别注重从发展的观点对教学方法、教材教具等提供积极性的建议,以作为教师的参考。也注重保持与家长的关系,着眼于如何共同建立良好的学习环境、如何协助学生发展等。

(四)按照方式维度的分类

1. 个别辅导

个别辅导是针对学生个人的辅导。辅导的基本精神是以“个人”为重心。个别辅导是对个体进行各种帮助的一种学习过程,运用辅导的专业知识和技术,以一个系统的工作计划为个别人热忱而持续地服务,旨在促进学生的自觉,使其真正了解自己,能解决自己的困难问题,发展自己的潜在能力,由自发而自觉,树立一种奋发向上的精神,自立自强,以达到自我成就的地步②。

2. 团体辅导

团体辅导是以团体为对象,使个别人对集体生活获得生长发展的机会,加强他们的

---

①方明. 学校心理辅导原理[M]. 北京:北京农业大学出版社,2005.

②方明. 学校心理辅导原理[M]. 北京:北京农业大学出版社,2005.

兴趣与经验，培养他们对社会团体的态度习惯与责任。从这个意义上讲，团体辅导是使被辅导者适应社会生活，建立人际关系，使他们在集体生活中能很好地适应。在学校心理健康教育中，团体辅导往往以班级为单位进行。班级团体心理辅导不仅有预防心理问题、促进学生心理发展的作用，而且对于促进班级凝聚力、改善班级同学的人际关系具有重要的促进作用。

二、心理辅导的途径

（一）学校心理咨询

所谓心理咨询，即指咨询者运用心理学的理论、方法和技术，给来访者以启发、帮助和教育，促进其健康发展的过程。

1. 学校心理咨询的作用

学校心理咨询指学校情境中的心理咨询服务，它由专职或兼职心理咨询师在学校中为学生也包括教师和家长提供心理咨询服务。学校心理咨询是心理健康教育的基本要素，是现代素质教育促进学生人格健全发展的必要环节。学校心理咨询在整个学校教育中具有重要的意义和作用：

（1）对特定的心理问题提供针对性的教育和服务。学生在学校中面临诸如不适应环境、同学矛盾、考试焦虑、亲子关系障碍等困扰，更严重的有暴力伤害、自杀事件、性侵害等对学生身心产生严重伤害的事件。要解决这些问题，需要受过专业训练的心理咨询人员展开专门的心理咨询和辅导工作。

（2）预防和促进学生心理发展。学生的心理发展具有一定的时间规律性，如青春期的学生情绪波动大、敏感、独立意识强、逆反等。学校心理可以帮助学生更好地认识自身的身心发展规律，为学生提供包括学习问题、人际交往问题、升学或择业问题的咨询辅导，帮助他们解除困惑，健康发展。

（3）与学科教师、管理人员、学生家长展开协同教育。通过心理咨询，心理教师对学生心理状态有了更深入的了解。在不违反咨询原则的情况下，心理教师与其他教师和学生家长充分沟通，共同制定教育策略，有利于改善学校和家庭的心理氛围，创造有利于学生发展的教育环境，进而改善教育效果。

2. 学校心理咨询的类型

按照不同的标准，学校心理咨询可以分为个别咨询与团体咨询、直接咨询与间接咨询，还有门诊咨询、电话咨询、书信咨询、专栏咨询、现场咨询与网络咨询等形式。

（1）个别咨询与团体咨询。

个别咨询是由一位咨询者对单个来访者进行的咨询。个别咨询可以采用面谈的方式，也可以通过电话、信函等途径进行。由于这种咨询没有他人在场，来访者一般顾虑较少,可以基本无保留地表达自己的真实思想,倾吐内心的秘密,也有利于咨询者对之耐心、深入地进行帮助。本章所讨论的心理咨询,主要是针对个别咨询而言。

团体咨询是以小组或团体为单位的咨询形式。团体咨询的人数从三到三十人不等。团体咨询的人数没有固定的标准,从两三人到十几人均可,但人数太多不利于讨论,故人数如超过二十人,可分为几个小组进行。对于来访者中普遍存在的共同问题,可组织心理健康教育专题讲座。与个别咨询相比,团体咨询具有以下一些优点:团体的感染力较强,团体咨询的效率较高,团体咨询对克服学生身上存在的一些诸如害羞、孤独等人际交往障碍起着更重要的作用。

(2)直接咨询与间接咨询。

直接咨询由咨询者对来访者直接进行咨询。直接咨询的特点是通过咨询者与来访者的直接交往使问题得以解决,此种咨询有利于咨询者准确了解来访者的问题,并对症下药。

间接咨询由咨询者向当事人的家长、同学、朋友、老师等了解其心理问题,并通过他们实施指导。间接咨询的特点是在咨询者和当事人之间增加了一个媒介——中间人。当事人的问题靠中间人向咨询者介绍,咨询者对当事人的指导意见也由中间人权衡后付诸实施。此种咨询的效果取决于如何正确处理好咨询者与中间人的关系,使咨询者的意见为中间人接受并合理实施。

(3)门诊咨询、电话咨询、书信咨询、专栏咨询与网络咨询。

门诊咨询是指咨询者在心理咨询室里坐等来访者上门咨询的一种形式,它是个别咨询中最常见和最主要的形式。

电话咨询是通过电话进行交谈,这是一种较为方便、迅速、及时的心理咨询方式。电话咨询一般用于处理心理危机情况,主要目的是防止自杀,以及消除极度紧张状态、极度抑郁、恐惧和孤独等心理危机。

书信咨询师通过书信的形式进行心理咨询,也是心理咨询的一种形式。

专栏咨询是指通过报刊、广播、电视等大众传媒对群体的典型心理问题进行解答,这种咨询形式目前在我国比较普遍。如许多报刊和电台都开设了心理健康咨询专栏或专题节目,在读者、听众的来信中,选择典型心理问题在报刊、电台上作答或请专家给予答复。

网络咨询是网络时代学校心理健康教育的新形式,其主要途径是通过电子公告板、网络聊天室、网络寻呼机、留言簿、电子邮件和网络会议系统等进行咨询。

3. 学校心理咨询的基本原则

心理咨询的原则是心理咨询工作必须遵守的基本守则,它反映了心理咨询工作的本质特征和内在要求。

(1)自愿来访原则。指每一次咨询都是以来访者愿意使自己有所改变为前提的。

“咨询者不能以任何形式强迫来访者接受或维持心理咨询。”①

(2)方案合理原则。方案合理原则是指在咨询过程中,咨询者和来访者共同制订的咨询方案不能包括直接或间接损害他人或社会利益的内容。

(3)时间限定原则。心理咨询必须遵守一定的时间限制。咨询时间一般规定为每次50分钟左右(初次受理的咨询时间可以适当延长),原则上不能随意延长咨询时间或间隔。

(4)感情限定原则。在心理咨询过程中,原则上禁止咨询者与来访者除咨询室之外的任何接触和交往,既不能将咨询者自己的情绪带进咨询过程中,也不能对来访者在感情上产生爱憎和依恋,更不能在咨询过程中寻求在爱憎、欲求等方面的满足和实现。

(5)价值中立原则。指在咨询过程中,咨询者要尊重来访者的价值信念体系,不要以自己的价值观念为准则而对来访者的行为准则进行任意价值判断。

(6)理解支持原则。咨询者要热情诚恳地接待来访者,向他们讲明心理咨询的基本精神和原则,鼓励他们消除顾虑,畅所欲言。同时,来访者大多有焦虑、忧郁、消沉等不良情绪,对自己的问题感到痛苦和无助,对通过咨询能否得到改变也信心不足。

(7)保守秘密原则。保守秘密原则是心理咨询中最重要的原则,它是鼓励来访者畅所欲言的心理基础,同时也是对来访者人格和隐私权的最大尊重。

(8)认真倾听原则。倾听是心理咨询的重要步骤,只有认真倾听,才能了解来访者存在的心理问题,也才能真正理解对方。不仅如此,认真倾听来访者的诉说还可以起到帮助来访者解除心理重负、放松紧张情绪的作用。

(9)非指导性原则。罗杰斯认为,心理咨询的任务在于启发和鼓励来访者潜能的发挥,并促进其成熟或成长,而不是包办地进行解释或指导。在心理咨询过程中,咨询者不应主观地指示来访者一定要怎样做或一定不能怎样做,而应该与之共同分析、讨论,设想有助于问题解决的各种方案,以及不同方案可能导致的不同后果。

(二)专门课程

学校心理健康教育要实现自己的目标,必须借助一定的方法和手段,通过一定的途径来实施。在十多年的学校心理健康教育实践中,我国一批心理健康教育的先行者对心理健康教育的实施途径做了有益的探索,他们的探索为我们开辟学校心理健康教育的有效实施途径提供了宝贵的经验。这里,我们将先对作为实施途径之一的专门课程予以介绍。

1. 专门课程的意义与作用

专门课程是着眼于受教育者的心理健康水平提高、心理素质优化和心理潜能开发,

①陈家麟.学校心理健康教育:原理、操作与实务[M].修订版.北京:教育科学出版社,2010.

以心理知识传授、心理品质培养和心理问题辅导为内容的一门课程①。综合国内开展学校心理健康教育专门课程研究的材料,可以概括出开设此类课程的实践意义与作用主要有以下四个方面。

(1)维护学生的心理健康。通过开设心理健康教育专门课程,可以帮助学生系统地认识自己的身心发展状况和特点,了解影响身心健康发展的主客观因素及其作用,及时察觉自己存在的心理健康问题,并掌握简单的解决心理问题的方法,从而促使学生顺利完成身心保健任务。

(2)有利于教师提高自身素质。通过心理健康教育专门课程的教学和培训,可以使他们了解和掌握这方面的知识与技能。教师知识面的扩大、教育观念的更新、教学水平的提高,必然能促进整个教育的改革和发展。

(3)有利于面向全体学生开展心理健康教育。学校心理健康教育单靠面向少数人甚至个别人的心理咨询是难以完成的,必须借助于面向全体学生的心理健康教育专门课程,才能实现上述目标。

(4)有利于解决学校心理健康教育师资奇缺的矛盾。我国中小学教师队伍中受过心理健康教育专业训练的师资十分匮乏。心理健康教育专门课程是以一定的心理学理论为指导,易为一般教师掌握的开发性成果,它可以通过培训、实践、总结、研讨等一系列环节,使更多的教师在不长的时间内掌握心理健康教育的基本思想与方法,因而可解师资奇缺的燃眉之急。

2. 专门课程的教学方法

与以教师讲授为主的学科课程不同,心理健康教育专门课程教学主要是通过教师与学生的共同活动来进行的。在心理健康教育专门课程的教学中,常用活动方式除了在其他学科教学中经常采用的教学方法以外,还有以下一些方法。

(1)心理测量。在心理健康教育专门课程中,让学生掌握心理知识并不是根本目的,通过对心理知识的掌握来认识自己,促进自己心理的认知发展才是真正的目的。

(2)学生自陈。这是指让学生自由地表述自己的心理状况的方法,使用该方法可以起到激发学生运用心理学知识认识自己的兴趣的作用。

(3)联想活动。通过学生的观念联想活动,来培养学生的想象力和创造性,表达自己的内心感受和经验。例如,要求学生把一些不连贯的词或图画,联想成一个完整的故事;或者通过故事接力,每人说一段话,串联成一个故事。

(4)演讲法。演讲法可以训练口才,培养机智,增进同学之间的相互了解。具体操作过程:先让学生在教师指导下准备一些题目,如“我的母亲”“当我小的时候”“我的理想”“老师好像……”“假如我是校长”等,然后将题目和班上学生的姓名分别放在两个小箱子中。每次抽出一个题目和一个姓名,被抽中的学生准备 2 分钟,即席演讲 2 分钟。

---

①陈家麟. 学校心理健康教育:原理、操作与实务[M]. 修订版. 北京,教育科学出版社,2010.

(5)绘画。通过绘画的操作活动,培养学生的想象力和创造力。例如,教师先在纸上画一个圈,或几条直线,然后要求学生据此自由发挥,或全班同学集体创作。

(6)唱歌。通过唱歌活动,引起学生的情感共鸣,调动学生的情绪和积极性。

(7)游戏。游戏是青少年儿童普遍喜爱的活动,它不仅可以给他们带来欢乐,而且也是其智力、情感、社会性等发展的一种途径。即使对成人而言,游戏也充当了使其振作精神、调节情感和充实认知能量的一片绿洲。

(三)活动训练

作为一个身心统一体的人,其身(生理)心(心理)系统的发展,都要以活动作为源泉和动力。身体(生理)系统的发展以新陈代谢为特征。培养个性的教育过程实际上也就是活动的过程。这种对心理发展过程实质的认识,既是认知心理学的重要成果,也是辩证唯物主义哲学认识论的精髓所在。

1. 学校心理健康教育活动的意义与作用

从实践层面来看,丰富多彩的课外活动为学生走向社会、接触自然提供了广阔的天地。

(1)它不仅增加了学生获得知识的信息渠道,而且由于在课外活动中获得的知识与实际生活紧密联系,因而比课堂中的书本知识更能吸引学生仔细观察、积极思维、大胆想象。

(2)课外活动提供了大量的实践与创造机会,有助于学生进行独立探索与自我发现,从而也有助于其创造力的发展;在课外活动中,各种生动活泼的活动内容和灵活多样的活动形式,不仅满足了学生的兴趣和爱好,而且能激发学生强烈的好奇心和求知欲,为学生形成积极的、多样化的学习动机奠定了广泛的基础。

(3)课外活动中许多健康有益的文化娱乐活动、艺术欣赏和创作活动,都可以发展学生健康的审美情趣,陶冶其情操,而那些有一定难度,需要学生克服较多困难才能完成的活动,则可培养学生耐心、坚持、克制以及正视失败、敢于战胜困难等良好意志品质。

2. 学校心理健康教育活动的教学组织与实施

为了提高学校心理健康教育活动的实施效果,综合国内学者(辜伟节,1999;柯晓阳,1999)的研究成果,结合我们的实践经验,我们认为应该注意以下五个方面的问题:

(1)把握时机。对学校心理健康教育活动开展来说,也有一个捕捉时机的问题。实践表明,在最佳的时机开展活动,可以使学生在活动中保持饱满的情绪、浓厚的兴趣和高度集中的注意力。当新的生活开始时、享受成功的喜悦时、遭遇困难和失败时、产生浓厚的兴趣时、不良倾向萌芽时,都要及时把握机会,组织学生开展心理健康教育活动。

(2)激发动机。在把握好时机、开展心理健康教育活动时,教师首先应思考的问题是:为了使学生对即将开展的活动产生由衷的追求和向往,应怎样激发学生积极的活动动机。学生的活动动机源于其自身的学习、交往、发展等需要,并以兴趣的形式表现出来。

(3)精心准备。心理健康教育活动除应有较好的设计方案外,还必须发动全体学生认真准备,准备得越充分、细致,就越能取得预期的效果。准备工作包括心理准备和物质准备。在活动准备阶段,教师要善于把自己的心理健康教育的要求和打算,转化为每一个学生自我教育的愿望与要求。教师要通过启发、引导,充分调动和发挥每一个学生投身于准备工作的主动性和积极性。

(4)具体进行。在活动开展过程中,教师要做到:检查准备工作,发现有不足之处时应及时弥补;必须亲临活动现场,这表明了教师对活动的重视,对学生也是一种鼓舞;协助学生主持活动,在学生主持活动前,教师要帮助其认真细致地进行准备,并鼓励其大胆主持和学会临场应变,慎重处理突发事件。教师对意外事件的处理应及时、彻底,不留"后遗症",以确保活动继续进行;坚持全程有效指导,对学生的情绪、意志、兴趣、爱好、性格等都要清清楚楚地记录,以便发现教育的某些契机。

(5)总结工作。总结是对活动进行一次认真的回顾,肯定成功方面,找出问题和不足,吸取经验教训,明确今后的努力方向,找出规律性的认识。在总结环节,要做到疏导和释放学生在活动中的紧张感,引导他们分享活动中的感受和心得,启发他们反思活动中的不足之处,并激励他们把活动感悟变成行动计划运用到以后的学习生活中。

(四)环境营造

环境是指人生活在其中并受其影响的一切外部条件的综合。这里所说的外部条件的综合,既包括人赖以生存的自然条件的综合,也包括人生活于其中的各种社会条件、社会关系、社会意识形态等的综合。前者称为自然环境,它是人类生存和发展的基础;后者称为社会环境,它决定着人的社会化程度,决定着人身心发展的内容、方向和水平。人是一个身心统一体,从这个意义上来说,环境对人的身体健康和心理健康都要产生影响。

1. 学校心理健康环境营造的意义与作用

与人生命的其他时期相比,儿童时期的心理健康问题与周围环境有着更为直接的关系。而在人的一生中占据重要位置的学校,对人心理健康的形成和发展起着十分重要的作用。

(1)良好的物理环境是激发积极心理状态的关键因素。空间、照明、通风、温度、湿度、色彩等因素都在很大程度上影响着人的心理状态。比如,红色、黄色、橙色给人以温暖和安全感,而黑色、灰色则让人觉得压抑。如果物理环境不尽如人意,则将对学生的心理健康产生不良影响。社会心理学的研究表明,过分拥挤会给人的生理和心理造成损害,人们由于刺激过量和失去个人自由,常会表现得烦躁不安、好斗、富于攻击性,心理上产生无助感和压抑感,并由于过分紧张而容易诱发各种疾病。因此,学校要避免班级规模过大,以免对学生的心理健康造成负面影响。

(2)轻松安全的心理环境是学生健康发展的重要条件。心理环境包括人际环境、信息环境、组织环境、情感环境、舆论环境等。与物质环境相比，心理环境是看不见、摸不着的无形的环境，但它对学生的心理活动，乃至对整个学校的教育、教学活动，都有着不可忽视的、巨大的潜在影响力。如果以学校心理环境建设为突破口，注重良好师生关系的形成和勤奋好学、积极进取的校风、班风的建设，注重挖掘和利用一切有利于学生心理健康发展的积极心理环境因素，就有可能在学校内部形成强大的凝聚力，激发师生高度的学习、工作热情，从而有效地促进学校的各项教育教学工作，全面推动学校环境的整体优化，使学校环境建设在有限的条件下获得最佳效果，进而也促进学校心理健康教育取得最佳效果①。

2. 学校心理健康教育环境营造的原则

如上所述，在学校心理健康教育工作中，学校环境的优化是一项非常重要和迫切的工作。为了使这项工作能取得最佳效果，应注意以下原则：

（1）教育性原则。教育性原则主要是指学校环境的一切设计、装饰和布置都必须有利于启迪学生的思维，陶冶学生的情感，磨炼学生的意志，必须充分体现各种环境因素的心理健康教育意义。

（2）科学性原则。科学性原则就是要求学校环境的建设和美化要符合学生身心发展的特点和心理健康教育、教学工作的规律，要遵循生理学、心理学、教育学、建筑学、美学、卫生学的基本原理，要通过科学合理的调控优化，使学校环境真正成为科学和艺术的统一体。

（3）实用性原则。实用性原则是指学校环境的设计、建设和优化应当根据学校的实际，本着经济、实用的宗旨进行。创建良好的学校环境的主要目的是为了更好地服务于教育、教学工作。对于我国这样一个教育投入还很有限的发展中国家来说，中小学的学校环境建设更应立足于本地、本校实际。所谓学校环境的优化，主要是指在学校现有条件下达到的学校环境的最佳状态，这也就是俗语所说的“量体裁衣”。

（4）有效性原则。有效性原则是指学校环境的优化应追求实际效果，防止形式主义。在现实生活中，不少学校在这方面极易走入误区，认为优化环境即突击打扫卫生，但检查过后依然故我；或认为优化环境即让工人创造出一个园林式的校园，但很快就会面目全非。学校环境的建设应首先重视学校心理环境的建设，只有把心理环境的建设置于物质环境建设之上，物质环境建设才会有实际效果。

（5）特定性原则。特定性原则是指在优化环境过程中，可以通过增强或突出环境的某些特性，有意形成某种特定的环境条件来影响学生的行为，以达到预期的目的。例如，在学校师生进出的主要通道口，郑重地竖立一面醒目的大整容镜，这对整饬衣容、约束言行发挥潜移默化的作用。再如，在讨论课上将课桌摆成圆圈，可以增强平等讨论的气氛，提高讨论效果。

---

①陈家麟. 学校心理健康教育——原理与操作[M]. 北京：教育科学出版社，2002.

(6)主体性原则。主体性原则是指教育者不仅自己要重视调控学校环境,而且要重视学生在调控学校环境方面的作用,培养学生自控、自理环境的能力。与教师一样,学生也是学校环境的主人,可以说,创造良好学校环境的一切工作,离不开学生的参与、支持和合作。

(五)网络辅导

网络时代的到来,改变了传统心理健康教育的模式,给心理健康教育带来了一场巨大的革命。网络与心理健康教育的"联姻",在赋予学校心理健康教育以新的生命与活力的同时,也对学校心理健康教育构成了巨大的挑战。所谓网络心理健康教育,是指受辅者(来访者,Client)通过专业网站提供的信息,学习并掌握有关心理健康知识和技能,主持网络的辅导者(咨询者,Counselor)通过网站和各种互动功能,向受辅者(来访者)介绍心理学知识,提供心理健康教育的有关服务。

1. 学校心理健康教育网络辅导的意义与作用

在学校心理健康教育中,网络一方面是心理健康教育的一种新工具、新手段,网络的各种新技术为心理健康教育提供了许多方式和途径;另一方面,网络也创造出一个不同于现实社会的虚拟社会,这个虚拟社会不仅为心理健康教育搭建了一个平台和环境,提供了丰富的信息资源,而且对传统制度化教育的各个要素也产生了深刻影响。

(1)网络健康教育是时代发展的需要。网络是这个时代的基本工具,它渗透到了人们学习、生活、工作、休闲等各个层面,已经成为人们最基本的生活方式。同时,网络也给人们的身心发展带来了极其深刻的影响。有些人利用网络找到了自身的价值,而有些人沉迷于网络中不能自拔。要预防和矫治"网络世代"的各种网络心理问题,采取禁与堵的方法在这个网络时代显然是不合时宜的,也无法做到。因此,要促进"网络世代"的心理健康发展,预防和矫治各种网络心理问题,最重要的教育途径之一就是运用网络开展心理健康教育。

(2)完善传统心理健康教育的需要。传统学校心理健康教育服务的对象数量有限;个人教育成本较高;时空制约作用明显;心灵开放程度偏低;师资培训难以跟上,等等。要突破传统心理健康教育的局限,就必须根据时代的要求,依据青少年学习、生活的时代特点和身心发展的规律,拓展心理健康教育的途径,有针对性地开展心理健康教育活动。因为网络心理健康教育具有拓展教育时空、丰富教育资源、降低教育成本、增强预警功能、促进心灵开放等重要的教育价值。

2. 学校心理健康教育网络辅导策略

(1)建立高素质的网络心理健康教育教师队伍。网络心理健康教育活动的开展能否获得成功并达到预期的效果,人的因素是第一位的。就网络心理健康教育而言,网络心理健康教育队伍的理念、素养、专业技能、敬业精神等直接影响到教育的成效。因此,实施网络心理健康教育活动的重中之重就是建立一支高素质的教师队伍。

(2)创建优质高效的心理健康教育网站。互联网被称为“争夺眼球的战争”,因此网站的建设不仅仅要考虑“有”的问题,还要考虑新颖、独特、精致、实用的问题,要能吸引学生的眼球,将网站建成学生的精神家园,使网络成为学生的知心朋友。

(3)与非网络心理健康教育相结合。在学生接受网络心理健康教育前,应对学生展开必要的心理健康教育,如引导学生正确上网,学会科学地分析网上的各种信息,认识到不当上网对身心可能造成的不良影响以及如何预防网络心理问题的产生等,这样可使学生及时掌握有关网络心理卫生的知识,提高他们的自我保护意识,增强学生的上网免疫力。

(4)开展丰富多彩的网上心理健康教育活动。网上心理健康教育活动形式十分丰富,包括网上心理健康知识的宣传与普及、网上心理测量、网上心理咨询、网上心理治疗、网上心理保健和网上心理教学等内容。

第二节　心理健康教育的课堂渗透

课堂渗透是指教师在学科教学中自觉地、有意识地进行心理健康教育。由于学科教学的核心任务是科学文化知识和素养的传授,因而只能“渗透”心理健康教育的内容到学科教学中。在心理健康教育工作中,应该有专门性的课程发挥着主动作用,但现实情况是心理健康教育课程的开出率严重不足。因此,把心理健康教育“渗透”到其他课程中,让其他课程也发挥心理健康教育的功能,成为一个现实的选择。

一、心理健康教育课堂渗透的意义与作用

十年树木,百年树人。心理健康教育是一项旨在健全人格的事业,其目标的达成不在一朝一夕,其依赖的途径也不在于某一门课程或某一类活动。可以说,学校大多数的学科课程和课外活动,都承担了育人的功能,都能发挥心理健康教育的作用。从这个意义上说,心理健康教育只有进入“学科渗透”层面时,它才算真正落到了实处。进行心理健康教育课堂渗透的意义与作用主要有以下几方面。

(一)心理健康教育课堂渗透有利于学生心理素质的形成

心理素质的形成有别于知识的掌握。知识的掌握是识记、理解、运用的过程,是有意识学习和反复训练的结果;而心理素质的形成是一个潜移默化的过程,甚至是学生意识不到的过程。知识的掌握主要是一种认识活动,是显性的过程,可以简单地通过讲解和传授的方式进行;心理素质的形成是认识活动、情感活动和意志活动的综合,更多是隐形的过程,不能简单依靠讲解和传授的方式进行。

在学科教学中渗透心理健康教育,就是通过内隐学习的方式培育学生的心理素质,让学生在潜移默化中健全人格。在学科教学中渗透心理健康教育,是要达到一种类似于“用心栽花花盛开,有意插柳柳成荫”的效果。教师的职责是教书育人,育人的一项重要内容是育心。从这个意义上来说,每个教师都应该是心理健康教育工作者,都应该自觉地充当学生的心理保健医生。

(二)心理健康教育课堂渗透有利于教育资源的整合

学校课程的各个科目本身就蕴含着丰富的心理健康教育资源,无论人文课程、数理课程、活动课程、技能课程,都有包含许多显性的或隐性的心理健康内容。这些学科课程中包含着的心理健康内容,是进行心理健康教育的宝贵资源。如果学科课程中的心理健康资源得不到有效利用,这不仅是教育资源的浪费,同时也是学校心理健康教育工作不到位的表现。

同时,教师如能合理利用学科课程中的心理健康资源,有意识地对学生的心理健康状态进行引导和教育,就能使学生在掌握知识技能的同时获得在情感、意志、能力、性格等心理素质方面的发展。那么,教师不仅完成了传授知识的教书的责任,更履行了健全人格的育人的使命。

(三)心理健康教育课堂渗透有利于教师专业发展

在我国,心理健康教育是一个新兴的教育领域,承担心理健康教育的专职教师不足。对其他学科的任课教师进行适当的培训,提高他们在学科教学中渗透心理健康教育的意识和技能,通过学科渗透的模式开展学校心理健康教育,无疑是一条有效又现实的途径。同时,即使心理健康教育工作开展得比较好的学校,也把学科教学渗透心理健康教育作为一项重要的工作方式。通过推广学科渗透模式开展心理健康教育,有着补充、巩固和深化心理健康教育成果的作用。学科渗透可以让更多的教师参与心理健康教育,有利于在学校中营造促进学生心理健康的环境氛围。

另外,心理健康教育、教育心理学、发展心理学等学科分支的知识和技能,是教师专业发展过程中必须掌握的基本素养。通过学科渗透开展心理健康教育,一方面提升了学校的心理健康教育水平,另一方面也提升了教师运用心理学理论提高其理论素养和教学能力。学科渗透要求教师深入研究和把握学生的学习心理,既要培养学生的认知因素,又要培养学生的情感、意志、人格等非认知因素。总之,学科渗透对教师提出了更高的要求,同时它也是促进教师从知识传授型的教书匠发展为专业型教师乃至教育家的重要动力。

(四)心理健康教育课堂渗透有利于素质教育的实现

学科渗透心理健康教育的开展,是学校心理健康教育良好发展的标志,也是现代学校课程和教学发展的必然逻辑。在西方课程发展中,许多学者曾致力于推动“课程心理化”的研究，即把“心理教育的目标”渗透到课程之中，从而促进学生心理品质的发展。奥苏贝尔（D. P. Amusable）、加涅（R. M. Gagne）等都曾对课程心理化问题进行过探索，力图使心理目标渗透到课程目标之中。

在学科教育中渗透心理健康教育，乃至渗透“完整的人”的教育，是素质教育的有效途径之一。除了各个学科教给学生的基本学科知识外，还应该寻求各个学科的共同目标，抽取出各个学科的共同要素。这些基本的、共同的“成人”的要素是勤学、好问、慎思、仁爱、共情、坚韧、善良、担当、公正等具有普适价值的个性品质。要培养具有普世价值的个性品质，仅靠学科知识的积累是不够的，还要靠心理健康教育、社会实践的有益补充。

二、心理健康教育渗透的实施策略

如何在学科教学中渗透心理健康教育？这首先要求教师要有在学科教学中渗透心理健康教育的意识，然后要在行为层面上把心理健康教育渗透于教育过程的各个环节，最后还要在教学评价上对学科教学渗透心理健康教育进行监督和引导。

（一）更新教育观念，建立渗透意识

意识是具有一定行为倾向性的思想认识和状态。学科教师的心理健康教育意识，就是他认同心理健康教育的作用和价值，并愿意在学科教学中渗透性地开展心理健康教育的思想状态。思想决定行动，有心理健康教育渗透意识的学科教师，会自觉修炼开展心理健康教育是技能和素养，并把“育人”作为自己的教育使命。正如美国教育心理学家林格伦（H. C. Lindgren）所说：“当一名心理卫生工作者不一定是教师的主要角色，除非我们考虑到儿童教育在本质上是改善他们心理卫生的过程；但许多教师不把这个看做是他们的主要任务；而如果一名教师对他工作中的诊疗方面一无所知，那么他所做的比他应当做的，其成效要小得很多；在关键时刻，对关键问题他完全不能帮助他的学生，而且他也对教育的某些最基本目标和目的毫无所知；如果教育是为健康社会培养健康的公民，则教师应当清楚他们的心理卫生工作者角色的重大责任。”

现代教学是以整体育人为目的的。教书育人是教师的天职，“教书”只是基本手段，“育人”才是根本目的。任何教育，都必须通过受教育的大脑功能，通过他们的心理过程才能发生。因此，要“育人”先“育心”。教育过程就是一个“育心”的过程，是一个培养学生健全的体魄、健康的心理状态的过程，更是一个“成人之美”的过程。学科任课教师要有强烈的“心理保健医生”的角色意识：一要“眼中有人、眼中有心”，即教师要对“具有什么样心理素养的学生才是理想的学生”这个问题有清晰的认识；二要“行动育人、行动育心”，即教师要积极主动地在学科教学中渗透心理健康教育，而不是对教学过程中学生出现的各种现象单一地作政治、思想、道德、能力方面的评价，“而要更多地从学生心理发展的角度去考察，着力优化学生的心理素质，发掘学生的心理潜能，促进学生成为名副其实的学习主体，让他们在自

觉、主动、积极、出色地完成学习任务的同时，实现心理的发展和完善”①。

（二）完善教学过程，明确渗透目标

教学是有目的、有计划、有系统的活动，教学活动的设计和实施具有可操作性的特点，这为心理健康教育在学科教学中的渗透提供了可能性。

在教学设计上，明确渗透心理健康教育的育人目标。心理健康教育的目标是培养智力能力、情绪稳定、意志坚定、人格健全、自我认识客观、社会适应良好、人际关系和谐的个体。教育的根本目标是培养真、善、美的个体，它们分别对应了人的心理过程中的认知活动、情感活动和意志活动。虽然心理健康教育的目标与一般性教育的目标不能直接对应，但它们都有共同的基础。从过程角度看，一般教育的目标和心理健康教育的目标的实现都要通过个体的心理过程即认知活动、情感活动和意志活动而达成；从内涵角度看，一般教育目标和心理健康教育目标都可以归结为“真、善、美”这三个根本的美德。因此，在教学目标上，通过学科教学渗透心理健康教育具有基本的逻辑一致性。

在教学过程上，给学生创造丰富而积极的心理体验。广义上，体验就是个人的一种过程和经历，他们构成了个人的经验。人生的丰富性取决于心理体验的丰富性，个人的完整性取决于经验的完整性。从过程上看，学习和成长的过程是“活动体验—相互分享—反思总结—实践运用”的过程。传统的课堂教学，注重知识的讲解和传授，甚至以考试为手段强制要求学生死记硬背，缺乏“活动体验—相互分享—反思总结—实践运用”的完整过程的知识对学生来说是机械无用的，它既不能改变生活，更不能触动生命。从内涵上看，学生的成长过程，在个体层面要体验丰富的认知活动、情感活动和意志活动，在群体层面要体验竞争与协作、凝聚与松散、集合与分离等人际互动，在社会层面要体验公正、法制、责任、担当、民主等基本的社会要素。

（三）坚持以人为本，注重健康评价

教学评价，是对学生是否达到预期目标的检验与反馈过程，也是对学生进行再教育的过程。传统的教学评价，评价内容单一，仅以学生获得知识的多寡为标准。至于知识与技能之外的情意、人格等方面，则是评价的盲区，而且评价方法机械、刻板，多以考试分数为基本指标，这容易伤害学生的心灵，带来焦虑、无助、无奈甚至是自卑、嫉妒等负面心理反应。学科渗透式的教学评价，要求综合评价学生各个方面的表现，注重对学生心理素养的评价；同时要科学全面地评价学生的发展，评价方法要多元化，突出评价对学生心理健康的促进作用。

评价是一个沟通、反馈、改进和提升的过程。教育评价，不是单纯地给学生的表达打个分数，也不是简单地给学生评定优、良、中、差的等级，而应该是思想的沟通和情感的交融，

①陈家麟.学校心理健康教育：原理、操作与实务[M].修订版.北京：教育科学出版社，2010.

是教师帮助学生改进和提高的过程。这样的改进就具有了心理健康教育的意义和价值,比如有的教师采用暂时标记法、延缓评价法、面批法、公开表彰法对学生给予评价和反馈,这不仅是向学生输出知识信息,更是输出情感信息。教师通过在作业批改中对学生的学习行为、个性、情感等进行评价和引导,能使学生对教师产生亲切、信任与尊敬;可以消除学生的自卑感,唤醒学生的自尊心;可以拉近师生心理上的距离,使学生找到人格的尊严;可以调动学生的积极性,提高学生学习的自信心和主动性。由此可见,渗透心理健康教育的评价,确实能够减轻学生的心理压力,培养学生自尊、自强、自信等良好的心理品质。

教师对学生评价的方式,反映了教师的教育理念,反映了教师是否坚持以人为本的态度。以知识为本的教师,传递的是对错的信息;而以人为本的教师,传递的是帮助和成长的信息。

三、学科特点与心理健康教育课堂渗透

学科课程亦称分科课程,由一定数量的不同学科组成。无论是社会科学类课程、自然科学类课程,还是体育艺术类课程,尽管它们自身都有特定的、不可互相置换的认知内容,但都蕴涵着各具特点的心理健康教育资源。

(一)人文社会类课程

1. 人文社会类课程渗透心理健康教育的基本逻辑

社会科学类课程包括语文、历史、地理、思想品德、政治等课程。从哲学的层面看,这些学科课程的主要价值在于帮助学生学会处理人与社会的关系。个人是社会的一员,而社会为个体提供情感寄托和价值皈依。没有个人就没有社会,不融入社会,个人的价值也无从实现。

人文社会类课程中,有些直接蕴涵着丰富的心理健康教育内容,更多的课程是间接地蕴涵着心理健康教育的内容。以语文课程为例,由于语文课程所选篇目大多是反映自然、社会、艺术、科学之美,众多的群体人物形象中具有爱国敬业、诚信友善、追求真理、开拓进取、自强不息、无私奉献、严谨治学等优良品格的极多,可以说这些都是心理健康教育的极好素材,对于培育学生的健康心理和完整人格具有极强的渲染作用。“先天下之忧而忧,后天下之乐而乐”的担当,“会当凌绝顶,一览众山小”的博大,都会对学生的心灵起到渲染和培育的作用。如历史教材可以通过历史人物,地理教材可以通过自然国情等来激发学生的高级社会情感,培养学生的良好性格。

2. 社会科学类课程渗透心理健康教育的应用举例

小学语文教材由一篇篇生动形象的课文组成,每篇课文有其独特的字、词、句、篇,它为学生认识世界、了解人生提供了一个色彩斑斓的空间,为学生心理品质的优化提供了有血有肉的凭借物。语文学科的工具性决定了语文教材不可能像心理健康教育专门教

材那样,分阶段、分层次、分单元地编排,而是以系统地进行听、说、读、写训练为系列编排的,字、词、句、段,语、修、逻、文,由浅入深,由易到难,循序渐进,分级训练,分项安排。

语文教材中的心理健康教育因素深深地蕴藏在文章的字里行间,不像思想品德教材、政治课教材那样直述。因此教师必须吃透教材,准确地把握文章字里行间潜在的心理健康教育内涵。例如,《我的战友邱少云》一文以邱少云趴在烈火中一动不动的动作、神态写来揭示邱少云具有钢铁般的意志。如果教师能选用心理健康教育原理进一步深刻理解课文,是不难发现教材中潜在的心理健康教育因素的。语文教学中心理健康教育的根本途径是濡染。当教师把握住文章中的心理健康教育因素后,充分利用语言文字的表现力,发挥文章中"形象"的感染力,通过分析词句的内在含义和感情色彩,剖析人物的心理、语言、外貌和行为,以及赏析优美的环境描写等途径,让学生与文章作者产生"共鸣",从而受到情感的陶冶和人格的熏染。

在充分认识利用语文教材进行心理健康教育的内容特点后,还必须探索与此种内容相对应的生动活泼、切实可行的教学方法,这样才能真正达到心理健康教育的效果。

(1)引导性的阅读。书籍是人类进步的阶梯。朱永新先生认为:"一个人的精神发育史就是一个人的阅读史,一个民族的精神境界取决于这个民族的阅读水平""读书,是孩子们净化灵魂、升华人格的一个非常重要的途径"。阅读,永远是教育的主旋律。儿童心灵品质的发展往往是在日常生活情境中,是儿童与他人和环境的互动中耳濡目染、潜移默化的结果,是一个无意识的过程。学校教育是一项有目的、有组织的系统的实践活动。如何让有意识、有组织的教育活动,与无意识、自发性的心灵品质的形成过程相匹配,是教师在教育过程中需要思考的一个重要问题。阅读,既体现了教育的目的性和组织性,又包含了生活的随意性和自发性,是促进人的心灵健全完整的根本途径。

案例 9-1

心理健康课程渗透案例:在农历的天空下

2004 年 9 月,我教一年级的课。

作为新教育"毛虫与蝴蝶"项目组的核心成员,我率先把最经典的故事带给了孩子和家长,开始了班级共读和亲子共读。从低段的图画书,到中级的童话、儿童小说,再到高段的科学、历史、人物传记等,几百本书读下来,孩子们的童年变得丰盈起来。

在每个生命的黎明,我带着孩子们读童谣、儿歌、儿童诗——在童年的浪漫期,这是属于这个年龄的最佳营养。

三年级下学期,浪漫期开始向精确期过渡,到了接触古典诗词的时候了。可是,我带着孩子们背了一段唐诗宋词后,却发现我们一直在诗词之外:似乎,就是为了背诵而背诵。

古典诗词和我们的生命有关?

古典诗词能唤醒我们的灵魂吗?

我们的先人日出而作,日落而息,敏锐地感受着物候的变化。在春花、夏雨、秋风、冬雪中，先人们和大自然对话，为我们留下了一首首伟大的诗歌。中国何以伟大？那些伟大的诗歌，是专属于我们中国人的心灵情感和生活方式的。我们应该用什么样的方式来学习，才能和千百年前的诗人们一同呼吸？才能拥有一种古典的生活方式？

2007年冬至那天，在干国祥老师的指导下，我们开始了“在农历的天空下”的诗词学习之旅。同时，我在教育在线开了关于这个课程的专题帖。这是一个以诗词为主的综合课程，以农历时间为线索，从冬至开始，跨越四、五两个年级，直到下一个冬至结束。在这段旅程中，以二十四节气为线索，根据四季变化学习诗歌，同时配合国画、月亮与星辰、民间故事、汉字、书法、考古、对联、民俗。

在农历的天空下，师生将经历一份怎样的旅程？一开始，是未知的。我唯一可以确知的，是干老师对这个课程的描述。

心里还是有一丝惶恐。自己接触古典诗词，是在初中二年级。从喜欢诗词的小姑父那里看到一本薄薄的《宋词》，拿回家就开始翻来覆去地读。我确信自己是读不太懂的。唯独李清照的《声声慢》，一读就很喜欢。这首词，是如此地暗合了我的气质。后来读师范，我在班里几乎不怎么说话，只是日不间断地阅读、写日记。那时候，我把《红楼梦》里林黛玉所有的诗都抄在本子上，一首首地背。

在农历的天空下行走，如果我自己不能用诗词很好地诠释季节的味道，如何能够带着孩子们走得更远？

……

一个课程，就是一个完整的叙事。叙事的主体，却不是诗词，而是活生生的我们——是每一个孩子，是教师自己。这些诗词，应该能够与我们的日常生活相交织。作为叙事主体的孩子们，当穿越了一首又一首的诗词时，生命已经完全向着诗歌，向着自然敞开。这样的课程，令我向往。

……

我们如此真实地走过了这一年。亲近自然，亲近诗歌，诗意地栖息在大地上，已经成为我们的一种生活方式。

[资料来源]常丽华．在农历的天空下[M]．天津：天津教育出版社，2009．

阅读，开启了儿童与书为友、与思想为友的旅程。每一个人的生命都是一粒神奇的种子，蕴藏着不为人知的秘密，而阅读能够唤醒这种潜在的美好与神奇。犹太人让小孩舔涂有蜂蜜的《圣经》，就是要让小孩形成一种条件反射：书是甜蜜的、美好的，从而培养小孩热爱阅读、勤于思想的习惯。《圣经》故事的熏陶，是要培育儿童一种终极的普世情怀，培养儿童对于“开天辟地、大慈大悲”的终极思考，培养儿童对宇宙人生的宏大视野和自然情怀。

(2)启发式提问。这是指教师在教学中精心设问，让学生积极地、逐步深入地体会，从而受到心理上的启迪。如教《红楼梦》，为了帮助学生理解小说中的人物性格与时代背景的关系，可设计如下问题：①激发认知的问题：宝钗和黛玉的性格有何异同？为什么她们的命运有这么大的差异？②熏陶情感的问题：你最喜欢《红楼梦》中的哪个人物角色？你对《红楼梦》宝玉和黛玉的命运有何感想？③激发意向的问题：宝玉和黛玉的爱情悲剧给了你什么样的启发？如何在现实生活中避免黛玉式的爱情悲剧？当学生在思考和回答这些问题时，他们必然潜移默化地受到心理上的教育。

(3)角色扮演。创设美、趣、智的教学情境，可以真实地再现某种场景，缩短教学中人与人、人与教材的心理距离，让学生身临其境地接受教育，得到发展。目前，广大教师正越来越多地使用现代化的教学手段来创设情境。如教《手术台就是阵地》一课，恐怕任何讲解都远远比不上录像片那么真切、扣人心弦。通过看录像，白求恩大夫临危不惧、沉着镇定的精神和心理素质，极易使学生受到心灵上的震撼。

小学生十分乐意参加角色表演。通过表演，让学生走进教材，走进人物的心理世界，更真切地受到感染，可不知不觉地受到心理健康教育。如教《会摇尾巴的狼》《争吵》等课，可让学生排演课本剧，在演出中他们不仅能更深入地理解课文的内容，且能初步接受人际关系的教育。

(4)语文活动。语文教学不能仅限于课堂，还应当开展适当的语文活动，以拓宽视野，增加练习机会，提高语文教学质量；同时，通过语文活动，可进一步利用教材中的心理健康教育资源，提高教育效益。如教《全神贯注》一课，可进行“拉不走的心”心理训练活动，专门训练集中注意的能力。这样学生不仅在心中树立了全神贯注工作的罗丹的榜样，而且在活动中也初步懂得怎样集中注意力。学习《小木船》一课后，学生可以明白在与人交往中不要为小事斤斤计较，要互相谅解，才能增进友谊。为进一步巩固课堂教学的心理健康教育效果，可以在班级里设一个“友谊树”，树上可挂友谊卡，在卡上写上对同学的祝贺语、道歉语、问候语；或在教室里挂“友谊信箱”，让学生写上对某同学想说又不好意思说的道歉语，或写上对某人误会的解释，或与对方相约在什么时间、什么地点谈谈心等。

(二)自然科学类课程

1. 自然科学类课程渗透心理健康教育的基本逻辑

自然科学类课程包括数学、物理、化学、生物等课程。从哲学的角度看，自然科学类课程的主要价值在于帮助学生学会处理人与自然的关系。人是自然界中最灵动的部分，而自然是生命的最终归宿。自然科学类课程，不仅要教给学生认识自然、改造自然的知识和工具，更要培育学生追求真理、与自然和谐相处的智慧。

数学是研究客观世界数量关系和空间形式的科学，数学学习是学习抽象的概念、法则和定理，并运用这些概念按照一定的法则、定理进行逻辑转换的复杂思维过程。当然，这一过程也离不开观察、记忆、注意、想象等认知活动的参与。通过数学知识的学习，既可培养学生的上述认知能力，又可培养学生克服困难的意志、一丝不苟的学习态度以及良好的学习习惯。物理、化学、生物等课程尽管分别介绍自然现象不同方面的规律，但其间所包蕴的心理健康教育资源亦极为丰厚、广泛，与学生的心理发展息息相关。比如，演示和实验中需要敏锐的观察力、稳定的注意力；推导结论，需要丰富的想象力和逻辑推理能力等,学生的认知能力随着学习过程而得到发展。

此外,教师有意识的激发和培养,可引起学生学习自然科学的兴趣,树立科学精神和科学态度,并形成认真、细致、耐心、踏实等良好的性格特征。

2. 自然科学类课程渗透心理健康教育的应用举例

在自然科学类课程中渗透心理健康教育,教师要尽可能做到以下几点:

(1)快乐学习。"快乐学习"指学习中的情绪状态是快乐的。这种快乐,有豁然开朗的理智之乐,有心怀感动的情绪之乐,还有止于至善的道德之乐。正如孔老夫子说"知之者不如好之者,好之者不如乐之者"(《论语·雍也》)。

在自然科学类课程教育中,快乐的情绪体验也是目标之一。在教育教学中追求"快乐学习"的境界,需要教师能了解和关注学生的需求。"只要我们的教师真正面对每一个具体的学生'因材施教',让每一个学生都感到求知的快乐,思考的快乐,创造的快乐,那么,所有学生都可以成为学习上的成功者。"①

(2)培育智慧。自然科学类课程教育不仅要传授知识,更要培育智慧。很多教师认为传授知识是自然科学类课程教育的全部内容,而忽略了对学生发现问题、分析问题和解决问题的能力的培养,即忽略了学生的智慧。"授人以鱼不如授人以渔",知识的传授,远不如教会学生方法重要。所以,理科教育的目的不仅是获得知识,更是运用知识、发现知识和创造知识。

(3)发现特长。"发现特长"是自然科学类课程教育过程中渗透心理健康教育的的基本原则。"发现特长"反映了一个潜在的事实,即学生是千差万别的,没有一个学生在所有方面都足够优秀,也没有一个学生在所有方面都"技不如人"。"发现特长"意味着教师要善于找到学生心灵之中埋藏着的独特潜能,就是帮助学生"寻找自己"的过程。"寻找自己"是学生认识自己并且在社会群体中获得存在感的过程。人格的完善、特长的展现都是帮助学生获得存在的基本条件。自然科学类课程要帮助学生形成有助于其获得存在感的内在条件,帮助学生成为独特的自己。

(4)追求科学。教育与科学有着必然的内在联系,自然科学类课程教育是与科学研究和发明创造联系最紧密的部分。其最终的目的是要"让我们的学生终生拥有科学态度、科学精神和科学的世界观,拥有能够正确认识自己、他人、人类社会和自然世界并处理好这几者之间的和谐关系的品质和能力,拥有一颗富有智慧的大脑,成为一个在精神上永远幸福的人。"②

(三)艺术体育类课程

1. 艺术体育类课程渗透心理健康教育的基本逻辑

艺术体育类课程主要包括音乐、美术、体育等课程。从哲学的角度看,艺术体育类课

①朱永新. 我的教育理想[M]. 北京:中国人民大学出版社,2011.

②朱永新. 我的教育理想[M]. 北京:中国人民大学出版社,2011.

程的核心目的是培养学生的审美情怀,还要帮助学生学会处理人与自身的关系。艺术是美的表现,这个世界本不缺少美,缺少的是发现美的眼睛。艺术体育类课程,就是要培育学生发现美、认识美、感受美的能力,即在学生的心灵深处培养出"形式美的耳朵"和"形式美的眼睛"。

与社会科学类课程和自然科学类课程相比,艺术体育类课程蕴涵着更为丰富的心理健康教育资源,甚至可以认为,音乐、美术本身就是心理健康教育的载体。

以美术课程为例,绘画的颜色和线条本身就能引起不同的心理感受。研究发现,一般情况下,特定的颜色可引起相应的心理感受和情绪体验,并进而影响生理状态。例如,红色能给人以鲜艳、欢快和生机勃勃的感受;能增加食欲,促进血液循环和新陈代谢,振奋精神,激发爱的情感,给人以鼓舞和勇气。黄色,给人以欢快、喜悦、轻松和明亮之感,使人联想到新颖、成就、希望和未来。绿色,给人以和平、安定、恬静、温柔之感,有镇定神经的功效,并能减轻视觉疲劳。蓝色,给人以和谐、平安与满足之感,也使人感到镇静、凉爽和舒适,令人心胸开阔。

以音乐课程为例,许多实验研究资料表明,音乐可以改善注意力,增强记忆力,活跃思维,丰富想象,改善情绪状态,有利于调整和改善个性特点及行为方式,消除孤僻儿童对周围环境的情绪和认知障碍,加强人们对人生意义的认识和自我信心(Alvin,1978)。音乐对人体的作用的发挥,主要是通过物理和心理两条途径。音乐的物理作用是通过音响来影响人体的生理功能。具有一定旋律、节奏和音响的乐曲,有助于机体各器官活动趋于协调一致,也有助于人体潜能的发挥。优美的音乐声波作用于大脑,可通过神经体液的调节,加速机体的新陈代谢,改善器官活动,使人精神振奋、情绪饱满。音乐的心理作用在于,优美的音乐能促使人体分泌一些有益于健康的激素、酶和乙酰胆碱等物质,起到调节血液流量和使神经细胞兴奋的作用;另外,音乐对边缘系统、脑干网状组织等情绪的神经机构能产生直接作用。

2. 艺术体育类课程渗透心理健康教育的基本逻辑

在艺术体育类课程中渗透心理健康教育,教师要努力帮助学生做到以下几点:

(1)亲近自然。亲近自然是要回到自然中去的一种心理倾向,是人的天性的表现。自然中的山水树木、花花草草、飞禽走兽都是审美的对象,都有美的意蕴。回归自然,可以清空烦恼,放松身心,感受自然的博大与生命的活力。自然无所不包,却无所偏倚,回归自然,是重新建立生命与自然的联结,为生命"呼吸"。美育,是要培养愉悦的心灵和滋润的生命。

(2)激昂生命。生命作为宇宙中神奇的一环,表现了大自然的奥妙与博大,增添了大自然的灵动与秀气。美育,不仅要让学生感受自然之美,更要让学生体悟生命之美。美育,提升学生的生命意识,激发学生的生命情怀,还要磨炼学生的生命意志。感受生命之美,会激发学生对生命的尊重和热爱。试想,一个人如果对生命没有起码的热爱和珍惜,那他是非常可怕的。一个动辄“拼命”的人，怎能相信他敬畏生命爱护生命？怎能相信对他可以托付生命？缺乏对生命之美的渴望和热爱，就难以形成完整的、美好的心灵品质。

生命美育的目的，就是要让学生懂得生命至高无上的美的价值，特别是要悦纳自己，善待自己，享受生命成长的快乐，也尊重他人和其他形态的生命①。

(3)热爱生活。境由心生，热爱生活的人为生活所感动，痛恨生活的人为生活所折磨。热爱生活不表示生活没有痛苦。生活的美不等于生活的完美，生活的阴影、曲折与困境也是生活的组成部分，是生活应有的色彩，而且，我们每一个人通过自己的行动也在创造着生活的美②。珍惜生活不表示生活中事事值得留恋，只是珍惜生活的人选择了对美好的事物心存感激、欣赏和敬畏。生活本身是一件艺术品，需要细细品味，慢慢把玩。生活顺利、志得意满之时，当融入生活、享受生活；面对痛苦、发生灾难之时，当坚定信念、心存希望、直面挑战。生活需要付出，就如同对艺术品要小心收藏。生活之美，不仅在于享受的快乐，还在于面对挑战的胜利姿态。

(4)完善心灵。朱光潜先生认为“要求人心净化，先要求人生美化”。美育，不仅要教会学生欣赏艺术，进行艺术创作。美育更要回归人的心灵，因为美育的终极目标是指向人性的。美育在中国古代的教育中具有与德育一样高的地位。孔子认为，人的成长是“兴于诗，立于礼，成于乐”(《论语・泰伯》)的过程。“诗”和“乐”都是美育的主要内容，是中国传统教育中修身养性的基本手段。完善的美育，不仅关注自然之美、艺术之美，还要教会学生科学之美、人性之美。

美育，是科学精神与人文精神的黏合剂，是逻辑思维与直觉思维的催化剂，是形式要素与内容要素的和谐统一。

第三节　家校合作：学校心理健康教育新途径

所谓家校合作，即围绕学生健康成长这一目标，以学校为主体，家庭和学校共同努力，协调好系统之间、各要素之间以及各个系统与环境之间的关系，形成一种协调、互补的关系，实现教育效果的最优化。心理健康教育渗透到家庭，帮助家长学习先进的教育理念，改善亲子之间的沟通方式，营造良好的家庭文化氛围等，是学校心理健康教育的一项基本任务。家校合作开展心理健康教育，是要整合学校与家庭的教育资源，提高家庭教育质量，其基础是家庭和学校的合作与沟通。

①朱永新. 我的教育理想[M]. 北京：中国人民大学出版社，2011.
②朱永新. 我的教育理想[M]. 北京：中国人民大学出版社，2011.

一、家校合作开展心理健康教育的目标

社会参与学校教育已成为世界教育发展的一个重要趋势。其中,家庭对学生成长的影响最为重要,因此家长是否有效地配合学校对子女进行教育,直接决定着学校教育的效果。

在教育系统中,家庭、学校和社会是三个最基本的要素,它们构成了一个不可分割的整体,都不容忽视。加强家庭教育,使家庭教育与学校教育形成合力,进而提高整个教育体系的合力,这是现代教育的基本特征,也是家校合作的重点所在。因此,在心理健康教育中展开家校合作,即是以学生的心理健康成长为根本目标,以学校为主体,家庭和学校携手合作,在亲子关系、家庭教育方式、家长心理健康、学生心理健康、亲师沟通与合作等领域充分合作,从而实现教育效果的最优化。

(一)总体目标

家庭是学生成长发展最重要的场所。相对于学校所提供的系统教育,家庭的教育作用一般来说是自发的、不连续的、不系统的。如何让自发形成的家庭教育与系统组织的学校教育形成合力,是家校合作要解决的根本问题。

1. 搭建学习共同体,提高心理健康教育能力

教育者的素质是决定教育质量的关键因素。在心理健康教育中开展家校合作,首先是要搭建一个学习共同体,为家长和教师提供一个相互学习、共同提高的机会。在这个学习平台中,家长获得了重要的学习机会。不仅家长和教师之间可以相互交流、相互学习,更重要的是,家长之间也获得了相互学习、相互交流的机会,家长能在这个平台上交流家庭教育经验,分享有关的知识和技能。家长共同体的形成,让家长从彼此的成功的经验中受到鼓舞,也让家长在面临家庭教育的问题时,能获得更多的资源支持和情感支持。在这个过程中,家长提高了自身的修养和教育素质,同时也自然而然地向孩子展示了学习的榜样,并且给孩子提供了更多的社会交往机会。

信息窗 9－1

家庭氛围影响孩子的心理成长

在敌意中长大的孩子,他学会了争斗;
在虐待中长大的孩子,他学会了伤害别人;
在支配中长大的孩子,他学会了依赖;
在干涉中长大的孩子,他学会了被动;
在娇宠中长大的孩子,他学会了任性;

在否决中长大的孩子,他反对社会;
在忽视中长大的孩子,他情绪孤僻;
在专制中长大的孩子,他喜欢反抗;
在淫乱中长大的孩子,他会心理变态;
在民主中长大的孩子,他领导能力强;
在鼓励中长大的孩子,他学会了自信;
在公平中长大的孩子,他抱有正义感;
在宽容中长大的孩子,他学会了耐心;
在赞赏中长大的孩子,他学会喜欢自己;
在爱之中长大的孩子,他会爱人知己。

[**资料来源**]姚本先.学校心理健康教育新论[M].北京:高等教育出版社,2010.

2.创设良好的环境,形成教育合力

家校合作,使家庭教育与学校教育成为相对一致的过程。这种一致性,表现为二者在教育目标上的一致,也表现为家庭更全面地参与和支持学校教育工作,而学校也全力帮助家长解决在教育子女过程中所遇到的各种问题。家长和教师相互协作,可以更清晰地了解孩子的综合表现和特长,从而在孩子的发展目标、发展路径的设计上,达成更合理、更科学的共识。香港教育署1999年8月的调查表明:开展家校合作活动后,学生的自信心、对人生的乐观态度、与朋友的交往程度、对学习的兴趣等都有极大的提高。

(二)学校在合作中的任务

《中小学心理健康教育指导纲要》中指出,学校心理健康教育的总目标是:提高全体学生的心理素质,充分开发他们的潜能,培养学生乐观向上的心理品质,促进学生人格的健全发展。具体目标是:使学生不断正确认识自我,增强调控自我、承受挫折、适应环境的能力;培养学生健全的人格和良好的个性心理品质;对少数有心理困扰或心理障碍的学生,给予科学有效的心理咨询和辅导,使他们尽快克服障碍、调节自我,提高心理健康水平,增强自我教育能力。

学校对家庭进行引导,其目的是提高家庭教育的质量,促进青少年的心理健康成长,具体地说有以下三个方面:

1.强化家长在孩子心理健康成长中的责任意识

要帮助家长认识到,家庭是一个系统,孩子的表现往往是家庭状况的反映,因而每一位家长都应该把关心孩子的心理健康视为自己义不容辞的责任。要让家长意识到,营造幸福、和谐的家庭氛围,是孩子健康成长的根本因素。

2. 帮助家长了解儿童心理发展的一般规律

家长基本都没有接受过心理学、教育学的专业学习，因此对于儿童发展的规律和差异没有较全面的认识。而且家长往往从成人的角度出发去要求孩子，对特定年龄阶段孩子的心理特点缺乏了解和尊重。因此，学校有必要通过讲座、沙龙等形式，向家长传授家庭心理健康教育的要求和实施方法。

3. 提升家长自身的心理健康水平

家长的行为模式潜移默化地影响着孩子的行为模式，因此家长的心理健康水平在很大程度上也影响着孩子的心理健康水平。学校有必要通过讲座、沙龙、工作坊等形式，帮助家长认识自己、调节自身的心理状态，为学校心理健康教育奠定良好的家庭基础。

（三）家庭在合作中的任务

1. 主动沟通，积极参与学校组织的各种家校活动

主动沟通和参与学校活动，不仅让家长对学校、教师和自己的孩子有更多的了解，还能自然而然地给孩子传递出家长自身对学习的态度和对孩子的爱。家长主动参与的行为本身，对孩子就是一种良好的示范教育。

2. 自觉学习，合理应对孩子的各种表现

要通过网络、阅读、听讲座、参加沙龙等各种形式和途径，获得有关心理健康的知识，了解各个年龄阶段孩子的心理特点和表现，学习各种有针对性的心理健康教育技能。家长要尽量避免通过说教的方式对孩子进行心理健康教育，而应该将心理健康的理念融合到生活中，对孩子进行潜移默化、润物无声的影响。

3. 榜样示范，营造积极的家庭心理文化

家长首先要有健康积极的生活态度，才能感染和影响孩子去追求健康幸福的人生。家长的责任感、信任感，是对孩子最大的鼓励，让孩子感受到尊重。家长的理想和抱负，也在潜移默化中给孩子的心灵埋下理想的种子，是孩子寻找人生方向的最大资源。家长能真正掌控的是自己，做好自己，营造积极的家庭心理文化，可以说是对孩子最有效的心理健康教育。

二、家校合作开展心理健康教育的途径与内容

（一）家长学校

为了帮助家长更新家庭教育观念，掌握科学的心理健康家庭教育方法，学校可以有针对性地开办一些家长学校，同时为了让家长更多、更有效地加入到对子女的心理健康教育中，可以成立专门的心理健康家校互联机构。学校可以利用自身资源或是与教育研

究机构和院校相配合,采取专题讲座的形式,邀请校长、教务主任、教师和有关方面的专家、教授,向家长讲解教育心理健康教育的相关知识,开展家庭教育咨询活动或家长之间的经验交流活动。开办家长学校要注意,培训的内容贴合家长的需要、循序渐进,尽量采用多种多样的培训手段,以提升家长学校的组织效率。

绝大多数的家长缺少系统的心理学和教育学知识,不了解儿童身心发展的规律,也不注意孩子的个体差异。这些知识又是家长确立正确的家庭教育观念的前提,是家长掌握科学的家庭教育方法的关键。学校应通过多种多样的形式和方法,对学生的家庭成员开展心理辅导与咨询工作。同时,根据家长的文化层次和职业、家庭状况的差异,灵活开展工作,切实帮助家长提高家庭教育质量。家长通过学习相关的心理知识,从不同的角度体验、学习教育的基本方法,提升自身的教育水平,从而更好地为孩子创造一个良好的成长环境。

同时,家长学校要系统地设计和开发下列一些课程,如:

(1)帮助孩子正确地认识自我,接纳自我,形成客观的自我意识。

(2)培养孩子养成良好的个性,具体包括积极健康的情感,坚韧的意志品质和良好的道德品质。教孩子调控自己的情绪,训练孩子和同理心的换位思考能力。

(3)培养孩子良好的学习心理品质,帮助孩子确立合适的学习目标,树立积极的学习态度,养成良好的学习习惯。

(二)家庭活动节

活动是一系列有目的行动的综合。在心理健康教育中开展家庭活动节,是通过活动为参加活动的人员创造体验,激发他们获得心理感悟、形成心理观念,进而帮助他们养成心理健康的素养。针对学生常见的心理困扰和心理问题,学校可以组织相关的亲子教育活动,让家长现场观摩,通过观察学习的方式,为家长提供反思自身教育方式的契机和正确的家庭教育行为示范。

举行家校合作专题活动,通过阅读、参观、讲座、角色扮演、观看电影、录像、图片等方法,协商解决有关学生心理健康教育的问题。

家长教育人员一般由专业心理教师担任,如经常接触孩子及家长的专业人士,家庭教育的专家,一些家长领袖等。家长教育人员要对各个家庭的内外环境因素进行分析,对合作活动方案进行策划和组织,深入家庭,给家长教育技能方面的支持。

学校通过每周或隔周的家长学校的活动,举行家长汇报会或专题讨论会,相互交流,互提建议。教师评点,帮助家长发挥家庭个别教育的优势,引导家长对子女提出合理的期望和发展目标,提高家庭教育的效果。家长咨询委员会则通过对各项家长教育活动提出合理化建议,促进家校合作活动更深入地开展。

(三)心理家长会

心理家长会不同于传统的家长会。一般在家长会上,任课老师和班主任会与家长沟通学生的学习情况和班级的一些工作情况，让家长了解孩子的在校学习情况。在素质教育背景下，家长会不仅要与家长沟通学生的学习情况，更要与家长沟通学生的心理健康、综合成长等状况。

1. 交流式家长会

这种交流不局限于本班，让家长谈谈教育的得失，以及孩子在家的行为，并与学校行为比较，老师与家长共同分析找出问题、共同寻找解决方案，可以使得家长与学校在学生教育上形成默契。家长在教育中的成功案例是最真实的也是最有说服力。

2. 观摩式家长会

观摩是以一个旁观者的角度同时也是以一个主人翁的角度进行观摩。家长与孩子一起聆听老师的精彩讲课，同时可以观察到自己的孩子在课堂的表现。从孩子的表现中观察他们的学习习惯和生活习惯，便于督促并不断改进。家长还可以观摩班会，通过班会活动让家长参与进来，如感恩教育，感谢父母的养育之恩，给父母一个拥抱，给父母写一封信；或是参加学生的成人礼仪式，教师可以通过班会活动促进家长和老师的协作，把工作落实，看到孩子的进步与变化。所以，家长会为家长搭建了深入学校了解孩子的交流平台，大大提高了家长的教育水平，也使家长获得一次再教育的机会。

（四）家长论坛

学校可以利用现代网络通讯工具如QQ、微信等建立沟通平台，既方便家校沟通也方便家长和家长之间的沟通交流。很多问题有相同体会的人会产生更多的共鸣。家长之间对于孩子的心理问题，在相互沟通的过程中往往能集思广益，得出解决方案。通过家长内部沟通合作，让心理健康教育更为高效。同时学校可让老师在网络上定时值班，每周有固定的时间在平台上为家长答疑，或是根据家长的要求，在公共的邮箱或网盘中上传心理健康教育资料，方便家长学习参阅。

网络可以资源共享，可以互动交流，打开家长和学校交流的新途径。家长和学校之间通过网络交流的更及时、更有效、更全面。合作的前提是信任、理解，学校和家长的关系的远近，关系到合作效果的好坏。简单地说，当老师与家长心理呈现出“近”的状态时，沟通融洽，彼此合作积极，教育效果呈波峰状；反之，当老师与家长心理呈现出“远”的状态时，沟通出现障碍，彼此合作消极，教育效果呈波谷状；所以开展家校合作以最“近”的心理状态，利用网络搭建网络心桥，构建网络学校。家长可以在网络学校中各抒己见，老师可以获得最真实的心声，使家长和老师以及学校之间交流更加通畅。网络学校实用便捷，通过网络传播科学文化知识和心理健康教育，也包括家长教育经验交流，让各个不同的家庭环境下的家长在教育中受到启发。现在最便捷的网络平台就是校信通，但目前只停留在简单的信息传递通知，没有更好地利用起来。家校合作应以网络为重要拓展领域，给予家长理论指导和学习，让网络成为学校老师和家长的互动交流的自由平台。

问题思考与讨论

1. 个体心理辅导与团体心理辅导有何异同?

2. 心理咨询应该注意些什么?

3. 通过活动训练开展心理健康教育的意义和价值是什么?

4. 为什么要在学科课程中渗透心理健康教育?

5. 网络心理辅导的特点和功能是什么?

6. 人文社会类课程、自然科学类课程、艺术体育类课程分别具有哪些方面的心理健康教育价值?

7. 家校合作开展心理健康教育的意义和作用是什么?

8. 案例分析:

罗鸣春、黄希庭的调查研究发现:85.1%的中学生希望有固定的机构提供心理健康服务;83.0%的中学生认为有必要了解心理健康知识;当代中学生最关注的心理健康服务项目是人际关系(91.3%)、自己的身心管理(87.0%)、学业问题(87.0%);科普宣传(72.8%)、健康教育(72.5%)、同学朋友咨询(72.1%)是当今中学生首选的获得心理健康服务的方式和途径。学校心理中心(67.6%)、社区心理中心(60.0%)、单位心理服务中心(56.7%)是中学生首选的心理健康服务机构;同学朋友(75.1%)、父母家人(69.9%)、学校心理专家(67.8%)是中学生首选的心理健康服务人员①。

请你根据此调查结果谈谈如何更有效地展开学校心理健康教育。

阅读指南

1. [美]戈特曼. 获得幸福婚姻的7法则[M]. 刘小敏,译. 沈阳:万卷出版社公司,2010.

约翰·戈特曼(John Gottman),研究婚姻与家庭问题的最权威的科学家,西雅图婚姻与家庭研究所的负责人。婚姻关系是人一生中最重要的关系之一,怎样才能拥有幸福的婚姻是每个人都想了解也需要了解的。《获得幸福婚姻的7法则》为读者提供了幸福婚姻的7法则,帮助大家建立美满的婚姻生活。

2. 钟志农. 心理辅导活动课操作实务[M]. 宁波:宁波出版社,2007.

钟志农,浙江杭州人,浙江省心理健康教育特级教师,浙江省优秀教师,全国首届中小学心理健康教育"十佳专家"。《心理辅导活动课操作实务》是"中小学心理健康教育教师专业培训系列用书"之一,该书是集作者多年对心理辅导活动课实践与研究的一个

①罗鸣春. 中国青少年心理健康服务需求现状研究[D]. 重庆:西南大学,2010.

较系统的回顾和总结。全书共分理论、设计、操作、评价四个篇幅，分别对心理辅导活动课概述、心理辅导活动课的理论分析、心理辅导活动课的设计流程、心理辅导活动课的设计素材、心理辅导活动课设计示例等进行了详细的讲解，以求全面解决中小学心理辅导活动课的操作问题。

3. 阳志平. 积极心理学团体活动课操作指南[M]. 北京：机械工业出版社，2010.

《积极心理学团体活动课操作指南》以积极心理学作为理论体系支撑，结合学校教师开展团体心理活动课的实践经验，设计了75个最新实践活动，轻松指导学校心理健康教育课程，有助于学校心理健康教育工作者、任课教师及心理咨询师等心理工作者开展团体辅导与团体咨询等工作。本书尝试把积极心理学的理念应用到青少年心理健康教育中来。全书理论体系设计逻辑性强，涵盖了当今青少年成长的重要方面。

网络导航

1. 张怡筠的新浪微博：http://weibo.com/yiyun? from = myfollow_all.

张怡筠，著名心理学家，情商研究专家，被媒体誉为“心灵魔术师”。曾任大学教授11年，资深企业培训师。工作重点为情商的全方位研究及推广，专业的学理训练，丰富的演说经验，使得她能整合各派心理学理论，并以深入浅出的方式，发展出实用的生活技巧。代表作：《EQ其实很简单》。

2. 毕淑敏的新浪微博：http://weibo.com/bishumin? from = myfollow_all.

毕淑敏，曾经是军医，后成为作家、心理医生。代表作：《你要好好爱自己》《女心理师》《昆仑殇》等。

第十章　学校心理健康教育的课程与教学

学习目标

理解学校心理健康教育课程的概念、类型及意义；掌握学校心理健康教育课程的教学模式、教学方法、实施特点及课程评价；理解学校心理健康教育课程的设计原则，并能进行主题设计。

第一节　学校心理健康教育课程的概述

学校心理健康教育课程是实现心理健康教育目标的主要途径和手段，是联结心理健康教育工作者和受教育者的中介和桥梁，是学校心理健康教育系统的重要组成要素，在心理健康教育系统中起核心、中介和桥梁作用。学校心理健康教育课程是多渠道、全方位的课程，它由心理健康教育学科课程、心理健康教育活动课程、心理健康教育环境课程和心理健康教育融合型课程等部分组成。这就要求我们树立大课程的思想，把各种类型的心理健康教育课程作为一个有机的整体，统一于学校心理健康教育整体课程体系的设计与实施中。

认识学校心理健康教育课程的概念与特点，对于把握这门课的精神、上好这门课至关重要。正因为它不是传统意义上的学科课程，而是帮助学生认识自己内心世界的特殊课程，所以它与学科课程有截然不同的内涵、意义和特点。

一、学校心理健康教育课程的含义

（一）学校心理健康教育课程的概念

美国学者斯科特（Scotter）曾指出，课程是一个用得最普遍却定义最差的术语。的确如此，不同学者立足于不同的基本假设和价值取向，给课程以不同的界说。一般说来，课程有广义和狭义的理解，广义的课程是指学习者在学校情境中获得的全部经验；狭义的课程是指各级各类学校为实现培养目标而规定的教育内容及其进程,它包括整体规划(即教学计划)、课程标准(即教学大纲)、课程内容(即教材)。

学校心理健康教育课程是指学生在学校情境中获得的关于心理健康发展、心理素质提高方面的全部教育性经验(含种族经验和个体经验)。在这一定义中,“教育性”区分了经验的性质,即只有那种对学生心理健康发展和心理素质提高具有教育意义的经验才是心理健康教育课程。全部教育性经验既包括人类文化长期积累而发展起来的种族经验,这种经验以一定的逻辑序列或系统的方式加以组织而呈现出来就是学科课程;又包括个体通过亲身的尝试、实践而累积起来的个体经验,主要是直接经验和即时信息。个体经验常常是个体直接感知的结果,这种结果往往是零散的、无序的,如果要使个体经验从零散到系统,从无序到有序,那么就必须将个体的直接感知系统化、序列化,在这方面,活动课程更容易体现出来。因而,学校心理健康教育课程包括心理健康教育学科课程和心理健康教育活动课程,它们都是心理健康教育的显性课程。

此外,由于学校教育环境(包括物质的、文化的和社会关系结构的)会有意或无意地影响学生心理健康方面经验的获得,因此学校心理健康教育课程还包括心理健康教育环境课程(亦称隐性课程)。心理健康教育的学科课程、活动课程、环境课程构成了“独立型心理健康教育课程”的三大块。由于人的心理是人的各种活动的基础,因此心理健康教育课程还包括融合于其他学科课程、活动课程、环境课程中的“心理健康教育融合型课程”。

学校心理健康教育课程是由心理健康教育学科课程、心理健康教育活动课程、心理健康教育环境课程和心理健康教育融合型课程等部分组成。其中,心理健康教育活动课程是核心部分,心理健康教育学科课程是基础部分,心理健康教育环境课程和心理健康教育融合型课程是必要部分。这些课程作为一个整体相互联系、相互促进、相互制约,共同影响和促进学生心理素质的发展。在学生整体素质结构中,心理素质占有重要的地位。它不仅制约着生理素质的提高,而且是思想品德素质和科学文化素质得以形成的核心机制。正是由于人的心理素质在人的素质中的这种特殊地位和心理素质形成的特殊方式,决定了学校心理健康教育课程是一种多渠道、全方位的课程。这就在本质上要求我们树立大课程思想,把各种类型的心理健康教育课程作为一个有机的整体,统一于学校心理健康教育整体课程体系的设计与实施中,这种课程体系可概括为:

- 学校心理健康教育课程
  - 独立型(心理健康教育综合课程)
    - 心理健康教育学科课程
    - 心理健康教育活动课程
    - 心理健康教育环境课程
  - 融合型
    - 学科课程中融合心理健康教育
    - 活动课程中融合心理健康教育
    - 环境课程中融合心理健康教育

(二)学校心理健康教育课程与传统学科课程的区别

学校心理健康教育课程完全是基于学生的心灵成长而设计与运作的,与传统学科课程相比，有以下区别：

首先，课程目标不同。传统学科课程目标强调认知性、封闭性和预成性，传统课程中教师与学生只能顺应既定的方案，课程实施的结果是可预料的。心理健康教育课程的目标是要提高全体学生的心理素质，充分开发他们的潜能，培养学生乐观向上的心理品质，促进学生人格的健全发展。因此，心理健康教育课程目标更注重个体心理的体验性，所指向的是人的内心世界，心理健康教育课程的目标对每一个学生都具有不同的意义，需要每一个个体带着自身的体验去解读。在心理健康教育过程中，每一个个体都有着鲜活的心理世界，并以此来理解课程目标和内容，影响课程实施的进程。可见，心理健康教育课程的目标并非“预成”的，而是在课程中不断生成、自主建构的。

其次，课程内容不同。传统学科课程以间接经验为基础，以传授系统的学科知识为目的，所面对的困境是缺少学生的合作，致使传统学科课程内容成为凌驾于学生之上的某种外在的东西。而心理健康教育课程则是以直接经验为基础，学生参与课程内容的商定、建构和运作。心理健康教育课程涉及学生知、情、意、行的整体发展，尤为注重学生人格的养成与提升，因而传统的以认知序列为核心组织编制的“教材”无法表达心理健康教育课程的内在精神。心理健康教育课程是以师生双向建构为基础的教育进程，课程内容是不断生成、建构的，在本质上不同于传统教材“一锤定音”式的“计划”或“方案”。

再次，课程实施不同。传统学科课程以讲授为主要形式；心理健康教育课程则以活动为主要形式。传统教学过程中，教师对知识拥有权威性，学生处于相对被动的地位，师生关系纯粹是一种控制与被控制、给予与接受的“壶与杯”式的关系①。心理健康教育课程中的师生关系是一种新型的人际关系，师生之间的活动是一种合作的、民主的、商谈式的交往活动，教师不是代替学生解决问题，而是协助学生解决问题。心理健康教育课程不是以“教”为轴心，而是围绕学生心灵的成长来展开的，是师生之间交流、对话的过程。

最后，课程评价不同。传统学科课程评价重视的是预定目标和计划的达成程度，即对客观目标达成度的一种外在评价，书面考试是传统学科课程的重要评价方式。而心理健康教育课程的实施效果（即学生的心理品质得到何种程度的发展）很难通过考试等书面形式完整地反映出来，书面考试的评价结果并不能真正代表心理健康教育课程实施的结果以及学生心理品质的发展状况。因而心理健康教育的评价更加强调动态性评价、质性评价、情境性评价和协商对话式评价。

（三）学校心理健康教育课程的意义

开设学校心理健康教育课程是学校心理健康教育的发展方向和趋势，符合现代学校心理健康教育工作的发展教育型模式，是学校心理健康教育的主要途径和重要保证，是课程改革的重要补充。

---

①潘洪建. 当代知识观及其对基础教育课程改革的启示[J]. 教育研究，2004(6).

1. 有利于充分发挥学生的主体性

注重人的主体性发展是现代教育的重要特征,而人的主体性又集中体现在自主性、能动性、独特性与创造性等心理层面,因此人的主体性需要心理健康教育来培养。尊重学生的主体地位,发展学生的主体性,通过各学科和活动课程融合心理健康教育内容是现代课程思潮的重要表现形式之一。心理健康教育融合型课程还表现为一种课程目标,课程目标是教育目的的转化形式,它是指导课程实施的规范和准则,心理健康教育对课程目标的作用就在于课程编制和实施过程中注重学生的心理层面,充分考虑学生的认知特征及需要、动机、情感、个性等非认知因素,并结合各学科课程和活动课程的实施,发展学生的心理潜能、提高心理素质。心理健康教育融合型课程更表现为一种实施策略,各学科和活动课程如何实施,都有其特定的结构和目标体系,各学科和活动课程融合心理健康教育是对其实施结构的积极建构,是课程实施策略的改进和提升,能兼顾课程的情意、人格目标,从而拓展了课程的视野。

2. 有利于优化学校课程的结构

传统课程结构的弊端是要素不全,内部关系不协调,缺乏整体性和协同性,没有心理健康教育课程,没有心理健康教育教材,这样就导致学生心理素质发展不良,最终会使学生的心理素质片面畸形地发展。因此,心理健康教育课程的开设是改变这种状况的根本出路,是提高学生心理素质的一个重要举措。在课程结构符合社会需求、学科体系及学生发展三大要素中,如果说原有结构更注重前两个因素的话,那么心理健康教育课程的开设,则是加强了学生自身发展的权重,使得三大要素逐步达到动态平衡,进而使得课程结构更趋合理。传统课程结构中的学科课程的主要功能是将社会文化和知识传递给学生,以知识为载体,以知识传递为中介,使学生获得智慧和技能,以社会发展为基本出发点。它的局限在于常常难以顾及个体发展的差异性、情意性和需要,难以发挥个体主动性、积极性和创造性。而心理健康教育活动课程的主要功能是促进个体心理健康,以个体经验为载体,以活动为中介,使学生获得学习、生活、社会适应与发展的技能,以个体发展为基本出发点,可以极大地调动学生学习的主动性、积极性和创造性,而这恰恰是对学科课程的改革和补充。

3. 有利于推进心理健康教育工作

我国学者指出:“课程,作为任何一种教育体制的‘心脏’,它从属于教育的根本目的,又是实现目的的动力机制,它始终处于教育体制的中心地位,教育体制中的任何一个侧面,包括师资、设备乃至管理、评价的策略,都是围绕着课程的实现而展开的。”①由此可见,课程在教育中的核心地位。课程最能发挥学校教育的优势,学校心理健康教育主要是面向全体学生的共性问题进行的以发展和预防为主的教育,目的在于提高全体学生的心理素质,凭借课程有可能将这种目标较为全面地实现。因为心理健康教育课程有专

---

① 吴增强,沈之菲.学校心理辅导研究[M].上海:上海科学技术文献出版社,2000.

门的教材和详实的教学指导用书，教师在学习一定理论的基础上，经过培训、研讨、实践、总结、提高等一系列环节后，有可能把握心理健康教育课程的基本要求，这就为学校心理健康教育的顺利开展提供了必要的保证。

二、学校心理健康教育课程的类型

从课程结构形式来看，可以把学校心理健康教育课程划分为两大类：独立型心理健康教育课程和心理健康教育融合型课程。其中，独立型心理健康教育课程又可分为心理健康教育学科课程、心理健康教育活动课程和心理健康教育环境课程三种类型；心理健康教育融合型课程也可分为学科课程中的融合、活动课程中的融合和环境课程中的融合。

（一）学校心理健康教育学科课程

学校心理健康教育学科课程是传授较系统的心理发展和心理健康基础知识的一种课程形式。它是学校心理健康教育整体课程体系的基础部分。心理健康教育学科课程能够教给学生心理健康教育这门学科的基本知识结构，使学生获得必要的心理健康知识和心理发展知识，有助于实现对自身心理的认知。如果在学校心理健康教育工作中不重视基础知识的传授，仅仅开展一些活动，学生就只能获得一些在具体情景中如何应对的心理技能，而很难获得整体心理水平的提高。因此，心理健康教育学科课程在学校心理健康教育整体课程体系中处于基础地位。学校心理健康教育学科课程具有下列特征：

1. 知识性

学校心理健康教育学科课程是以课堂教学的形式来进行的，它的主要任务是传授给学生必须掌握的心理发展和心理健康知识。这就要把心理健康教育学科课程和心理健康教育课程加以区别。心理健康教育课程是为实现心理健康教育目标而组织的各种教育活动及教育方式的总和，它包括学科课程、活动课程、环境课程和心理健康教育融合型课程等部分，是一种多渠道、全方位的课程。而心理健康教育学科课程只是心理健康教育整体课程体系的一个组成部分，只是心理健康教育的一个渠道或其中的一种途径。心理健康教育学科课程具有知识性的特征，只能完成知识教学这一独特的任务，而心理品质的训练、陶冶和某一方面特殊心理品质的培养则是其他心理健康教育课程的任务。

2. 基础性

学校心理健康教育学科课程传授给学生的是心理发展和心理健康最基础的知识，这就要把心理健康教育学科课程和专业的心理学课程加以区别。心理健康教育学科课程当然会涉及心理学的基础知识和基本理论，但两者对象不同、教学目的不同，因而内容的重点也不同。专业心理学课程着眼于专门人才的培养，要求学生全面系统地掌握这门学科，因此它要求理论体系的完整和深刻；心理健康教育学科课程则着眼于受教育者心理素质的发展，主要是帮助学生了解人的心理发展，从而认识自己的心理，因此它的主要内容是关于学生心理发展和心理健康的一般知识,而不涉及有关理论,也不需要学生全面掌握心理学的理论体系。心理健康教育学科课程的教学内容应以心理学、心理健康教育学等诸多学科作为依据,但是直接出现在课程中的并非是这些学科的直接结论和理论形态,而是经过处理的比较浅显实际、生活化的阐释和形态。

3. 问题逻辑性

学校心理健康教育学科课程的内容选择和编排应遵循问题逻辑性。这就要把心理健康教育学科课程和其他学科课程加以区别。心理健康教育学科课程能否为学生所接受,在相当大的程度上必须依赖和借助于受教育者的主观体验,即学生通过自身生活经验和课程内容之间的相似性联系来认同和接受它。因此,心理健康教育学科课程标准的建立不能沿用一般学科课程标准的逻辑体系,而应有新的思路。心理健康教育学科课程的目的是要学生利用有关的知识来维护、促进他们的心理健康,因此应依据优化学生心理素质、健全人格、帮助成长、促进发展这一根本目的来确定课程的内容。也就是说什么因素对学生的心理健康状况影响最大,它就应当成为此课程的主要内容。心理健康教育学科课程应该是有问题逻辑和生活逻辑的,要根据学生身心发展的特点和成长中遇到的实际问题,来安排教学内容,确定叙述方式,构建教学体系。

(二)学校心理健康教育活动课程

学校心理健康教育活动课程是指教师根据学生心理发展的规律和特点,有目的、有计划、有组织地通过学生主体性的活动项目和方式,使学生心理品质受到实际锻炼,进而培养和提高学生心理素质的一种课程形式。由于它是在心理健康教育活动中培养学生良好的心理品质,因此有时也叫做"心理训练课"。它是学校心理健康教育整体课程体系的核心部分,这是由学校心理健康教育的特殊性以及活动课程的优点所决定的。心理健康教育的教学目标、教学内容、教学组织形式以及教学效果的评价等方面都不同于其他教育,心理健康教育内容呈实践性特征,重视学生直接经验的获得,强调学生心理素质的提高。而活动课程符合人的心理形成、发展的规律以及心理健康教育的特殊性,有利于学校心理健康教育全面、有针对性地开展。因此,心理健康教育活动课程是学校心理健康教育理想的、有效的载体,在学校心理健康教育整体课程体系中居于核心地位。学校心理健康教育活动课程具有下列特征:

1. 活动性

学校心理健康教育活动课程以现代活动课程理论为依据,寓心理健康教育于活动之中。马克思主义活动理论是活动课程最坚实的理论基础。马克思主义活动理论揭示了人的发展与活动的关系,有助于我们认识设置活动课程的意义。人的心理发展是在人与人的相互交往、人与环境互动的活动过程中实现的,活动是将心理学知识转化为心理品质的中介环节。因此,活动性是心理健康教育活动课程的突出特征,表现为教师根据心理知识并围绕学生生活组织相应的活动,使学生在活动中获得心理体验、发展心理素质。

人的一切活动都必须有心理活动参与，都有培养某方面心理品质的作用，但人的心理品质是一个整体，通过单项或某类活动难以解决全部心理品质的培养问题，同时各科教学与各种教育活动都有其特有的教学与教育目的和训练内容，它们不能代替以提高学生心理素质为直接目的的心理健康教育活动课程。从这个意义上讲，心理健康教育活动课程是以学生活动为主，不同于以普及知识为主的心理健康教育学科课程。

2. 系统性

马克思主义活动理论正确揭示了人的活动的本质特点，认为人的活动具有客观现实性、社会历史性和主观能动性，这为我们科学地设计活动课程提供了理论依据。因此，我们在设计心理健康教育活动课程时，要把社会的需要和学生心理素质全面协调发展统一起来，要有明确的活动目的，不能为活动而活动；活动的内容应该丰富多彩，形式应多种多样、生动活泼，以适应学生成长的多样性要求。心理健康教育活动课程是一种有计划、有组织、有系统地安排与实施的活动，其内容是由许多个主题按一定顺序结合而成的，活动时间也是事先安排好的，具有系统性和组织性。从这个意义上讲，它有明确的活动目的和系统的活动内容，且有教师指导，不同于临时组织的班级活动以及学生自发性的游戏。

3. 主体性

学校心理健康教育活动课程是以现代心理学理论为基础的。现代心理学理论认为人的心理活动来源于客观世界，强调认识起源于主客体之间的相互作用，活动是认识的中介。心理健康教育活动课程是以活动为中介的课程形式，通过课程实施让每个学生在活动中感受、体验，接受训练和启示，让学生在活动中找到认识的来源，找回个性的位置。实施活动时，强调学生的参与意识、实践意识、主动意识，学生始终以主体活动者的角色出现，充分发挥学生的主体性是心理健康教育活动课程的优势所在。

4. 互动性

学校心理健康教育活动课程是以群体动力学理论为基础的一种集体心理辅导模式。群体动力学理论认为，影响人的行为的因素有环境和个性两大方面，而且人际环境尤为重要。人与环境的相互作用将直接影响行为的产生，学生间良好的人际环境，必然有利于学生良好行为的产生，从而促进其良好个性的形成和发展。学生间由于年龄相近，心理特点相仿，往往有更多的共同语言，容易理解沟通。心理健康教育活动课程能调动学生自身的教育资源，在平等协商对话中有效地培养温暖感、信赖感、亲切感，形成互相尊重、独立自主等人际关系和良好人格，发挥积极的双向互动的人与人之间的群体动力效应。

（三）学校心理健康教育环境课程

学校心理健康教育环境课程是指学校通过教育环境（包括物质的、文化的和社会关系结构的）有意或无意地传递给学生的关于心理发展方面的非公开性教育经验的一种课程形式。心理健康教育环境课程建设的关键是营造有利于学生充分发展潜能、形成健全人格的教育环境，它是学校心理健康教育整体课程体系的必要部分。这是因为学校的物质环境、学校中的人际关系状况、校风、班级组织机构，学校中的次级文化与各种非正式团体组织，以及各种社会“背景因素”如政治制度、教育体制、社会环境等，都会对学生的心理发展产生重大影响。因此，如何充分发挥环境课程对学生心理发展的积极、正向作用，研究环境课程在学校心理健康教育中的实施问题，以便创设良好的心理发展环境，无疑是学校心理健康教育课程设计与实施的一个重要发展趋向。学校心理健康教育环境课程具有下列特征：

1. 全局性

从学校心理健康教育课程范围来看，它不仅包含显性心理健康教育课程所涉及的领域，而且其课程范围还拓展到学校校园环境及学生在学校生活的各个领域。从时间结构上看，不仅包括有限的显性心理健康教育课程的学习，而且包括在学校生活的各个时间的学习，呈现出一种“全天候”“随时随地”获得心理素质提升的状态。

2. 导向性

隐性心理健康教育课程对学生心理素质的影响作用是由其本身的特点决定的。显性课程在传递社会的意识形态方面，痕迹比较明显，意识形态总是带有一定的强制性和权威性，这往往会引起学生的不愉快和逆反心理；而隐性心理健康教育课程则使学生无意识地接受教育，同时能增强显性心理健康教育课程的愉悦性，从而绕开学生的逆反意识而进入学生的心田。在现实的学校环境中，从物质环境到文化传统、从集体规范到人际关系，从教师的举止仪表到教室的装饰布置，都给学生提供了一个参照系，并传递一定的价值观信息，对学生态度和认识的形成发挥着导向作用。

3. 陶冶性

“知道为智，体道为情”，没有情感体验的心理健康教育注定收效甚微。当前，学校心理健康教育面临的最大问题莫过于学生认识与情感联系的断裂。情感的形成离不开隐性心理健康教育课程的体验、熏陶、干扰的作用机制。隐性心理健康教育课程对学生情感的陶冶可分为美德陶冶和氛围陶冶。美感是人的审美需要得到满足而产生的一种情感。美感和美育，可以陶冶人的性情，净化人的情感，提升道德认识，调剂精神生活，促进心理健康。隐性心理健康教育课程对学生美的陶冶主要表现为学校物质环境的美对学生的陶冶，以及教学美对学生的陶冶。氛围，是一种心理气氛，也是一种文化气氛。氛围通过班风和校风集中表现出来。一个班级、一所学校中学生的学习态度、精神状态、价值观念、行为方式是每一位学生和教师共同参与而创造的，一旦形成便对每个成员发生作用，可使他们的价值观念和行为趋向一致。

4. 规范性

学生的行为方式是学生心理素质的重要外在标志。隐性心理健康教育课程对学生良好心理品质形成和发展的规范作用，实质上就是对学生的行为方式具有一定的制约和约束作用。由于学校中的物质环境、精神氛围、师生交往等都渗透着学校的道德要求与教育意志，是一个有情感色彩的具体生动的心理健康教育环境，它可以通过暗示、舆论、从众等特殊机制对学生产生潜在的心理压力和动力，自觉感受到这种要求并按照这种要求去规范、约束自己的行为，使这种影响不带有强制性。当学生生活在一个文明礼貌蔚然成风的环境中，学生往往会注意自己言行的文雅；当学生生活在一个勤奋求实、积极进取的校园氛围中，就会逐渐改掉松懈、不思进取的心态。总之，一个积极健康的公众舆论比有形的规章制度，对学生的心理和行为更具有约束力和处罚力。

（四）学校心理健康教育融合型课程

学校心理健康教育融合型课程是指在学校常规教育教学活动中，在传递知识、掌握技能、形成良好行为习惯的同时，注重挖掘学科课程、活动课程和环境课程中的内在心理健康教育资源，并引入心理健康教育的方法和技术，帮助学生提高认知和技能、情感特质和人格素养，从而完善心理机能的一种课程形式。它包括学科课程中融合心理健康教育、活动课程中融合心理健康教育和环境课程中融合心理健康教育，它是学校心理健康教育整体课程体系的必要部分。学校的各科教学以及班团队活动、科技文体活动等活动课程都蕴藏着丰富的心理健康教育资源，需要全校教师充分挖掘其隐性的教育价值，协同发展学生的心理潜能，提高心理素质，也就是在常规的教育教学活动中培育学生的心理素质。学校心理健康教育融合型课程的实施可使全校教师参与全体学生的心理健康教育，可最大限度地集中教育的人力资源，给学生施以更全面的影响；它还有利于提高每个教师的责任感和自觉意识，易于形成最大的教育合力。因此，学校心理健康教育融合型课程的实施符合学校心理健康教育工作的本位化发展方向，能有效地改变当前我国学校心理健康教育工作专业人员较少的状况。学校心理健康教育融合型课程具有下列特征：

1. **整合性**

从学校心理健康教育融合型课程的内在机制来看，它是一种整合型课程，即心理健康教育的目标是有机地融入常规的教育教学之中的，而不是“人为的”“强加的”，也就是使心理健康教育目标内化为其他学科与活动课程的子目标，通过挖掘各学科与活动课程的内在教育价值来整合心理健康教育目标。

2. **潜隐性**

学校心理健康教育融合型课程具有隐性课程的特点，它不是直接地传授心理健康教育内容，而是以潜移默化的方式作用于受教育者，影响其心灵的成长。或者说是在各学科教学和活动中，在形成学科教学与活动所要传递的知识技能的同时，在潜移默化中塑造学生的心理品质。寓教于无声无息之中，论道而不说教，乃所谓“渐于此而不苦其难，入于中和而不知其故”。

3. **依附性**

从学校心理健康教育融合型课程的实施来看，它依附于各科教学与活动，不同的学科与活动都以其特有的方式载负心理健康教育资源，但各自又都能为心理健康教育所用,共同提高学生的心理素质。依附性的特点决定了只有在充分达成学科与活动课程目标的基础上,才能达成心理健康教育目标。

4. 合目性

融合型心理健康教育不是一种附加的教育,从课程的本质来看,心理健康教育与各学科教学和活动也不是相斥的,二者是融合的、和睦的。在各学科教学和活动中融入心理健康教育的目标并非是教育教学目标的“膨胀”“超载”,而是各学科教学和活动目标的进一步分化、提升①。

三、学校心理健康教育课程的性质

(一)体验性

体验性是学校心理健康教育课程的基本特征,其课程能否取得实效很大程度上取决于主体内在是否产生真切的体验以及体验的程度。体验所指向的不是活动的结果,而是活动的过程。心理健康教育课程是以学生为主体、以活动为轴心来进行的,但是学生不能为活动而活动,它追求的不是活动本身,而是借助活动这一载体来丰富学生的心理体验。只有经历学生主体内在的心路历程并使学生在情感交流和思维碰撞中产生深刻的情绪和情感体验的心理健康教育课程,才能真正促进学生的心理品质和心理能力的发展。

心理健康教育课程注重学生自身的体验性不仅是一种学习方式,也是外在的物质力量内化为学生心理品质的基础。体验是情境陶冶与内心感悟的有机融合,是基于经验与直觉的内在提升。体验不是获取答案的手段,体验过程就蕴含着答案,心理健康教育课程将体验作为心理建构的桥梁,关键在于它能激发心理的内化机制,在内化过程中生成与建构,达成心灵的成长。因此,教师应确立学生在课程中的主体地位,多营造、多创设健康的、能让学生“亲身经历”的体验活动,促使学生去体悟、琢磨、探究,从而促进其心理的反思和建构。

(二)学生本位性

学生对前人积累的心理知识的理解是在他们已有经验的基础上主动建构的,学校心理健康教育课程实施的过程就是教师促进学生自己主动建构心理知识的过程。在此过程中,教师的作用在于为学生理解和建构心理知识搭起一个“脚手架”。学校心理健康教育课程是在学生高度自主的前提下进行的,强调学生是课程的中心。课程进行的过程就是学生主动探索和积极创造的过程,课程的结果也难有统一的答案,这就为个性化学习和个性发展提供了充分的可能性,所有这一切都是以学生的“自动自觉”为前提的。因

①沈贵鹏. 论融合型心理教育课程[J]. 现代教育论丛,2000(3).

此,课程实施必须从学生自己的经验出发,通过建立一定的情境开展小组合作活动,促进他们原有经验发生转化和新的理解的形成。它不是一种静态的课程,而是一种不断生成的动态课程。在这个意义上,学校心理健康教育课程是一种“学生本位课程”①,是融学科课程与活动课程为一体的新型课程。

(三)生成性

学校心理健康教育课程否定了泰勒(Taylor)的循序渐进的直线式课程设计模式,批判预先设计好课程的行为目标,认为课程目标和内容不仅可以先于活动,而且可以在活动中产生。课程目标是教育要求的一个方向,但是在具体的课程实施中又不能不注意灵活的变通,这也就体现了学校心理健康教育课程目标的不确定性和建构性。

学校心理健康教育课程强调学生自身作为一个开放的系统所具有的自组织特性,把学习看作是主体对自身的心理结构的主动建构过程,主体的发展就体现在建构过程之中。所以,课程不应该是事先设定好的静止物或是一件成品,而是“一个不断前进的过程”。学生心理建构的过程就是自我不断生成的过程,自我的生成又不断地促进心理建构。所以,学校心理健康教育课程是不可以在事前借助于现存资源和答案进行“完备”设计的,教师也不能真正控制课程的进程。对于学生来说,当其进入心理健康教育过程时,也并不希望听命于某种固定的程序,而是期待着某种发现、感悟或是帮助,尽情表达心灵深处的情感。所以,学校心理健康教育课程的设计是一个生成(而非预成)的过程,是教师与学生借助于现实活动而进行协作的过程。

(四)回归生活世界

科学世界与生活世界是既相互联系又相互区别的两个范畴。生活世界是我们生活于其中的心物统一的世界,也是实体世界与关系世界相统一的世界。而科学世界是根植于生活世界又超越了生活世界的超主观、超经验、超相对的客观世界,也是用各种符号来表征客观世界的抽象世界。由于科学世界的抽象化,它要求人们用理智来探求世界的内在本质,并以认知限定了人的活动方式。

“回归生活世界”是现代教育的走向,心理健康教育的凸显可视为教育回归生活世界的一个侧面。长期以来,我国基础教育课程教材的编制远离学生的生活世界,尤其表现在一些逻辑性较强的学科上,过分推崇基础知识和基本技能,较少顾及学生生存的生活世界,致使课程内容单调枯涩,缺乏适应学生心理需求的生活气息。学校心理健康教育课程的内容所倡导的是与传统“教材”完全不同的取向,它从学生的心理实际出发,在生活世界中选择适合学生心理特点的典型材料,在具有生活化的活动情境中通过学生自主的认知、体验、反

---

①丁邦平,顾明远.学科课程与“活动课程”:分离还是融合——兼论“学生本位课程”及其特征[J].教育研究,2002(10).

省来提升心理品质。从这个意义上说,学校心理健康教育课程是发端于生活世界又依附于生活世界的一种新型课程,其课程内容并不追求文本的知识性、学术性和结构性,而是注重心理生活场景的设计和情境的渲染,呈现具有生活气息的心理空间。

第二节　学校心理健康教育课程的教学

学校心理健康教育课程的教学主要包括学校心理健康教育课程的教学模式、学校心理健康教育课程的教学方法、学校心理健康教育课程的实施以及学校心理健康教育课程的评价等。

一、学校心理健康教育课程的教学模式

(一)问题—情境—探究的教学模式

问题—情境—探究的教学模式是指学生在教师的指导下,围绕一定的问题,根据教师所提供的材料,通过自己的观察、思考和操作,在一定的问题情境中亲自去探索,寻求答案,并从中获得启发和感悟的一种教学模式。

问题—情境—探究的教学模式举例:

案例10-1

我的青春我做主

●心事链接

课桌里的纸条

放学后,刘静在自己的文具盒里发现一张纸条:

刘静:

你好!

升入高中已经2个多月了,有幸和你成为同学,你给我留下了深刻的印象。你聪明、漂亮、热情、大方、待人诚恳、乐于助人。你那甜美的声音常使我心旌荡漾,你那双会说话的眼睛常令我心神不宁。我喜欢你。

这个礼拜六的上午9点,能否请你去公园,我在公园门口等你,我们好好聊聊行吗?

祝你越过越美丽!

王强

11月4日

1. 刘静接纸条后会有什么反应？

2. 这件事对他(她)们各自的生活和学习有什么影响？

请你给“课桌里的纸条”写续篇。200 字左右，并在全班交流。

●心智训练

1. 青春是美好的，少男少女的精神世界又是难以把握的。

下列是对异性交往的一些态度和观点。用来考察一下自己，看看你对异性交往的态度怎样？有没有需要改进的地方？

观点、态度	自我评价
我认为男女同学交往是不应该的，所以我坚决不跟异性同学交往。	
我对异性同学很感兴趣，想和异性同学亲近，但我又不好意思，所以在异性同学面前我总是脸红。	
我为班上的一个异性同学倾倒，我正准备向他(她)表白，我决心不达目的绝不罢休。	
有一位异性同学对我表露好感，我准备接受他(她)的情感。	
我认为男女同学之间没有也不应该有什么神神秘秘的，所以我和异性同学之间交往很随便，大家都是同学嘛！我从来不把异性同学当异性。	

2. 目前，中学生早恋呈上升趋势，而且具有两个特点：一是人数多，不像以前一个班甚至一个学校只有一两个，而是几乎每个年级甚至每个班级都有；二是公开化，由以前的秘密进行变成公开或半公开进行。

分组讨论：

(1)男女同学的友情和恋情应如何区分？

(2)中学生该不该有恋情？

3. 写一写

我所欣赏的男生：

我所欣赏的女生：

●心理宝典

由于生理、心理的逐步发育和成熟，以及性心理的萌芽，青少年对异性产生了极大的关注、好奇和爱恋的感觉，对爱情产生向往，这些都是人类正常的心理活动。

爱情是以婚姻家庭为目标的，而处于青春期的少男少女，他们对异性的倾慕、好感与吸引，一般还缺乏明确的婚姻指向，大都算不上真正的恋情。但青少年特别是中学生思想上尚未定型，心理上尚未成熟，经济上尚未独立。青苹果是涩的，生葡萄是酸的，过早地涉足恋爱的门槛是极其有害的。

青少年学生的主要任务是学习，而青少年的心理发展尚未与生理发展取得同步，认识水平较低，因而早恋容易使青少年难以抑制感情冲动，使得在学习上分散精力，导致学习成绩下降。同时，青少年发展的可塑性较大，早恋的青少年沉浸于"双人世界"，难以参加正常的群体活动，容易变得孤独，品德上也有下降的趋势，甚至过早地发生性行为或性罪错。

因此，青少年中学生不要过早涉入恋爱圈、互相拨动对方感情的那根弦，而应该以热情稳重的方式安度生命的早春。男女同学在交往中应注意做到以下几点：

1. 同异性同学交往时应自然大方，不必过分拘谨。

2. 广泛地而不是狭隘地接触异性，感受群体的友谊。

3. 避免与异性朋友出入不良场所，男女交往不应过分随便。

4. 交往中，男女同学都要自尊自爱，尊重对方。

某班打扫卫生时，班主任一开始安排男生打扫室外，女生打扫室内。结果室外、室内的卫生都没有搞好。后来班主任将男女同学进行混合搭配，同学们积极性大增，室外和室内打扫得都非常清洁。

俗话说"男女搭配，干活不累"，这是因为当有异性参加活动时，异性间相互接近的需要得到满足，这会使人获得不同程度的愉悦感，从而激发起内在的积极性和创造性，这就是心理学上的"异性效应"。

青春期的青少年有与异性同学互相接近、了解、交往的需要，这是正常的心理现象。适当地交往，异性同学之间不但可以发展纯洁的友情，而且，异性交往对人生的发展能起极大的促进作用。

（二）活动—情境—体验的教学模式

活动—情境—体验的教学模式是指教师在教学活动中创设一种情感和认知相互促进的教学活动情境，激发学生积极参与实践活动，让学生在轻松愉快的教学氛围中自由释放自己，投射自己的内心世界，分享同伴的经验和感情，体验和反思自己行为的一种教学模式。

活动—情境—体验的教学模式举例：

案例 10-2

和不良行为说“Bye-bye”

●心理聚焦

小品表演——《发生在我们身边的事》

情景一

旁白:早晨,同学们早早地来到教室,坐在自己的位置上自习。

(小勇气喘吁吁地跑进教室,一边吃着东西,一边随时手把一团废纸丢向墙角,还没有坐下来,就一个劲儿地翻旁边同学桌上的书。)

佳佳:喂,你怎么又迟到了。嗨!嗨!嗨!你翻什么呀?!

小勇:快!快!把你的作业本借我一下。

佳佳:什么作业本?你干吗啊?

小勇:借我抄一抄。

佳佳:你又没有做作业啊?

小勇:我没时间。(说完自己从同学桌上拿起作业本抄了起来)

情景二

旁白:上课铃响了,同学们都在专心听讲,积极思考,认真记着笔记,而晓杰又在干什么呢?

(亮亮上课专心听讲,还不时地记着笔记。可他的同桌晓杰一会儿用手指顶着书转圈,一会儿又用手指夹着笔转圈,一会儿东张西望,一会儿前俯后仰,然后趴在桌上睡着了。)

旁白:下课时间到。

亮亮:(摇着晓杰的肩膀)喂,喂,下课了,你怎么啦?

晓杰:(伸了伸懒腰)我没事啊!好困啊,不过昨晚在网吧玩游戏真是过瘾!

这两个小品中的主人公小勇和晓杰的身上有哪些不良习惯呢?

____

____

除了以上这些以外,我们的身边是否还有以下不良习惯呢?常见吗?

1. 迟到早退 2. 作业不能及时完成,抄作业 3. 乱丢垃圾 4. 骂人,不文明不礼貌
5. 上课不专心听讲,做小动作,故意搞怪,随意插嘴,打瞌睡或吃东西 6. 给同学取绰号
7. 进网吧玩游戏 8. 打架,欺负弱小同学,索要财物 9. 偷拿同学和家长的钱物
10. 携带小刀匕首等危险性工具 11. 抽烟喝酒 12. 生活自理能力差
…………

你觉得这些不良习惯一旦养成对我们的成长有什么害处呢?

____

____

●心理解码

花样年华的我们正处在由少年向青年过渡的时期。我们的人格尚未成熟稳定,对五

彩缤纷的世界充满好奇，但未经世事的我们又对社会的复杂性缺乏足够全面和清醒的认识。我们的性格还不够成熟，从而使得我们总是不愿意事事都听从父母和老师的要求，总是喜欢模仿那些又帅又酷的电影明星，总是想尽办法来表现自己，希望能够引起家长、老师和同学们的重视和青睐，而又由于我们的意志力相对薄弱，自控能力还不够强，各种不良行为就或多或少在我们的身上和身边表现出来。

俗话说，习惯成自然。习惯又是有好坏之分的。能从小自觉养成良好的行为习惯，抵制不良的行为习惯，对我们的成长具有十分重要的意义。一个良好的习惯，可以使我们享益终身，帮助我们在不知不觉之中走向成功。相反，如果我们沾染上了不良行为习惯，轻者会误入歧途，重者可能会毁了我们的一生。

因此，请检视一下你自己的学习和生活中的所有习惯，看看哪些习惯会成为你成长的障碍？然后，一项一项地将它们改正，不让自己被坏习惯影响终身。

●心理成长

快板表演——《坏习惯危害大》

坏习惯，危害大，直接影响你我他，学习倒退直向下，思想落后表现差，表现差。

坏习惯，危害大，健康心理毛病发，一天到晚情绪差，人格修养倒地爬，倒地爬。

坏习惯，危害大，班风班貌全搞垮，不顾集体好和差，竞赛红旗全跑啦，全跑啦。

坏习惯，克服它，要靠全班一体化，帮你帮我也帮他，师生家长笑哈哈，笑哈哈。

念完了轻松的快板，下面请你来动动脑筋，如果碰到下列情况，你该怎么办？

①周一自习课，老师们都在开会，班上有同学吵闹，你该怎么办？

____

②你做作业时碰到难题，百思不得其解，同学把做好的作业让你抄，你会怎么办？

____

③假如你的好朋友经常无节制地上网玩游戏，你打算怎么帮助他？

____

④课间你在走廊中吃完橘子，剩下橘子皮，可旁边没有垃圾箱，也没有老师，这时你会怎么办？请实话实说。

____

⑤班里有同学损坏了公物，老师来调查时谁也不说，一起帮助这位同学掩盖事情真相，假如你是知情者，但又碍于同学间的面子，不好当面站出来，那么该怎么办……

____

____

“冰冻三尺，非一日之寒”，任何习惯都不是一天两天形成的。所以，心理学的原理告诉我们，改变一个习惯，至少需要两个星期。

这就告诉我们，改变习惯是一个漫长而又有些痛苦的过程，但这样的过程是每一个渴望更优秀的我们可以承受的，可以请老师和家长帮助自己制订出切实可行的计划，一步一步地向前走，只要我们有毅力，很快就会看到一个越来越成熟而健康的自己了。

我们要严格要求自己，要多听老师和家长的话，可以请同学帮助督促，还要虚心听取别人的意见。多看有益书籍，不断检查与反思。而且，一定要为自己制订一个改正计划。

改掉一个坏习惯，不一定要从对自己下狠心的出发点逼迫自己，而要从善待自己的角度思考，为了自己的未来，做自己该做的，朝自己预定的方向前进。不要宽恕自己的每一个坏习惯，才能进步，有所收获。一个小小的坏习惯，可能会影响自己很多方面，比如会影响自己的心情、斗志、精神等，而这些正是奋斗时不可缺少的法宝，所以，一个坏习惯伴随一个人的一生，很可能会在不知不觉中毁了他的人生。改掉坏习惯十分容易，只要你想改，你愿意改，你用实际行动去改，为自己加油、呐喊，改掉坏习惯之后，不要忘了为自己喝彩：你真棒！

（三）示范—体验—模仿的教学模式

示范—体验—模仿的教学模式是指教师有目的地把一定的示范情境作为有效刺激，以引起学生情感和认知的共鸣，使他们通过自觉模仿有效地获得良性的心理品质和行为习惯的一种教学模式。

示范—体验—模仿的教学模式举例：

案例 10-3

制怒秘诀

●心事链接

链接一

据说，古希腊大哲人苏格拉底的妻子任性而暴躁，缺乏文化教养，经常当众给丈夫难堪。一次，苏格拉底正与客人交谈，这位夫人突然闯进来，大骂苏格拉底一通，又拿来一桶水泼到苏格拉底身上。客人目瞪口呆，愕然不知所措。苏格拉底难堪和尴尬以及由此引发的愤怒可想而知。可是，只见他愣了一下，随即诙谐一笑说："我就知道打雷之后必定有一场大雨。"一阵笑声使这个突发事件造成的窘迫和紧张气氛烟消云散。客人被其非凡的修养、机智和幽默所折服，赞叹不已。

链接二

一天午饭后，张峰与往常一样，在教室里做作业。而王晓等几个同学则在旁边摆起了"楚河汉界"，并不时地发出阵阵喝彩，搅得张峰心神不宁。"你们小点声儿。"他向对方大吼一声。"关你什么事。"王晓没好气地回答。张峰非常恼火，冲过去把他们的象棋盘给掀了。结果双方殴打了起来，受到了学校的纪律处分。

●心理宝典

在日常生活中，情绪好像是一种很难控制的东西，很可能因为一件小事激起我们很强烈的情绪，也可能在我们不知不觉中它又销声匿迹。就这么个来无影去无踪的东西，我们真的能控制它吗？

如果把情绪及其相应行为的产生看作是一个过程的话，那么在整个过程中我们都可以发挥我们的主观能动性，不让情绪肆虐，理智地控制它。心理学家将控制过程又细分为五个阶段，并说明了在每个阶段我们应如何控制自己的情绪。我们用这样一个例子来详细说明这五个阶段的控制方法，假设你是一名刚毕业的学生，第二天就要去一家大公司进行一次非常关键的面试，为了有一个良好的身心状态去迎接第二天的挑战，你必须控制自己的情绪，那么以下是你在各个阶段可能用到的情绪控制手段：

1. 情境选择阶段，在这个阶段你可以通过选择有利情境来控制情绪。比如，在头一天晚上你可以选择去跟朋友们愉快地聊天，而不是挑灯夜战去背一些专业的技术名词。

2. 情境修补阶段，当你所选择的情境并不是十分理想时，可以在这个阶段再做些修补。比如，在第一阶段你选择了与朋友聊天，可他们聊着聊着就聊到了你第二天的面试，那么你可能会要求他们换一个更轻松的话题。

3. 注意分配阶段，你可以将你的注意转到其他的事情上来控制情绪。比如你个性较内向，当朋友们聊起你的面试时，你不大好意思让他们换个话题，那么你可以把注意转到其他的事情上，比如，朋友们的新发型、新衣服等，这就好像关公“刮骨疗伤”一样，你刮你的骨头，我下我的围棋。

4. 认知改变阶段，它是指当情境基本上已经稳定，改变已经不大可能，则你仍可以通过将情境赋予不同的意义而控制情绪。比如无论你怎么运用前三个方法，面试本身是无可避免的，这时你可以把这个面试看作一次锻炼自己的绝好机会，即使是失败，它所给你的经验也是非常宝贵的，它可让你下一次的面试更为顺利。事实上这是控制情绪的最重要的方法，因为在现实生活中我们可以操作情境的可能性太小，所以“苦中作乐”“穷快活”“阿Q精神”“酸葡萄”等尽管不太好听，但确实是非常实用的调节情绪的方法。

5. 行为调控阶段，它与前四个阶段有很大的区别，前四个阶段都是在行为的冲动产生之前进行的调节，也就是我们常说的“疏导”；而这一阶段是指在行动的冲动已经产生后对这种冲动的调节，用日常的话来说就是“压抑”。比如，也许你的面试砸锅了，而你在别人面前仍要“强颜欢笑”，而强行压制住你想要像祥林嫂一样扯到谁跟谁诉苦的冲动，这就是最后一阶段可用的调节方法，听上去有点无奈。这五个阶段根据其发生先后归为两类，前四个阶段为一类，称为“前期焦点情绪控制”，后一阶段独成一类，称为“行为焦点情绪控制”。从其命名就可看出，前一类主要集中于控制冲动的出现，而后一类主要集中于控制行为的出现。越是靠前的阶段，对情绪的控制效果越好，而到了最后一阶段，谁都可以看出来已经是无可奈何而为之了。这也与我们常说的“疏导”优于“压制”是相符合的。我们用一个有趣的实验来证明：找一些学生，把他们分成两组去看一部能激起强烈情绪的有关截肢手术的电影，给“疏导”组的指示语是告诉他们要看的电影是一部医学教育片；而给“压制”组的指导语是要求他们压抑自己在看影片时的情绪。结果显示两组的学生都没有表现出强烈情绪行为，但“压制”组学生的血压要高于“疏导”组。这证明了“压制”组的学生虽然压制住了他们的冲动，但冲动毕竟产生了，也就是说他们仅仅是压制住了行为，而没有压制住内心的情绪；而“疏导”组则几乎没有产生冲动，从而在根本上排除了不良情绪。

●**心智训练**

活动一：“情绪温度计”检查表

说明：请根据自己的经验填写下列表格：

列举曾经经历过的三件最让自己生气的事情	1	2	3
生气的程度	1. 有点生气 2. 比较生气 3. 非常生气 4. 气炸了	1. 有点生气 2. 比较生气 3. 非常生气 4. 气炸了	1. 有点生气 2. 比较生气 3. 非常生气 4. 气炸了
采取的行为			
你认为这样的行为是否合适	1. 是 2. 否	1. 是 2. 否	1. 是 2. 否
问题是否获得解决	1. 是 2. 否	1. 是 2. 否	1. 是 2. 否

小组交流：五人一组，组员交换阅读彼此的“情绪温度计”检查表。

全班分享：每组推荐一位代表将本组有代表性的，又能和大家一起分享的“愤怒事件”一至两例讲给全班同学听。每讲完一件事，可请班级其他同学就：有无必要生气、采取的行为是否合适、有无更好的处理办法三个方面进行点评。

活动二：角色扮演

说明：以下是发生在一对同学之间的偶然事件及可能导致的双方不同的情绪反应，请几位同学根据其中的情景分别进行表演。

故事情节：

王旭与李乐是一对好朋友，王旭的爸爸昨天给王旭买了一个复读机，王旭爱不释手。李乐想借复读机听一天，王旭借给了他，谁料李乐不小心将复读机弄坏了。李乐忐忑不安，当李乐还王旭复读机时：

1. 王旭非常气愤，并狠狠地骂了李乐。

2. 王旭面露愠色，但什么也没说就把复读机收回了。

3. 王旭心里很生气，但表面很平静地说：“没关系”。

4. 王旭没有生气，并安慰李乐说：“不要放在心上，修一下就好了。”

小组讨论:表演结束后,分小组进行讨论,王旭不同的反应会对李乐、对自己、对他们的友谊造成何种不同的影响以及妥善处理该事件的方法。

全班交流:每组推荐一位同学向全班报告本组讨论结果。

二、学校心理健康教育课程的实施

(一)学校心理健康教育课程的实施程序

学校心理健康教育课程的实施是一种创造性的过程,没有十分严格的课堂结构。各地在心理健康教育实践中总结出了许多颇具特色的心理健康教育课程的课堂结构或教学模式,如成都市十二中总结的"七环节教学法"包括"引入话题—创设情景—展开讨论—树立榜样—联系自我—反馈矫正—总结深化"这样七个环节。再如,沃建中博士主编的《中小学生心理导向》课程实施程序包括"明镜台、智慧泉、回音壁、启思录"四个环节,明镜台的环节是让学生了解自己的真实情况或水平;智慧泉的环节是让学生改变观念,接受心理训练,提高心理能力,获取智慧;回音壁是学生的反省时间,又是确立目标之处;启思录是启发学生进一步思考。一般而言,学校心理健康教育课程的实施包括以下步骤:

1. 课程的引入

教师根据本节课所要解决的中心问题,运用预热方法、澄清方法、介绍方法等起始活动技术,激发学生参与活动的积极性,引导学生进入活动。

2. 课程的开展

教师说明活动的方式与要求,指导学生开展活动。教师要根据学生的活动提出学生普遍关心的热点问题,启发学生在已有心理体验的基础上思考,寻求答案。

3. 分组讨论

在激活学生思维的基础上,分组进行讨论,然后小组长代表发言,使学生在相互交流中获得领悟。

4. 课程的升华

教师对学生活动所取得的结果进行评价,指出其成功与不足之处,同时将学生获得的感性认识上升为理性认识,升华为心理的知识技能与技巧。

5. 课程的延伸

教师联系生活实际拓展学生所获得的心理知识技能与技巧;同时,要求学生课后继续实践,从而使学生心理素质得到进一步的锻炼与提高。

以上五个程序必须紧扣活动目标,并使学生在主动活动中求发展。

(二)学校心理健康教育课程的实施特点

传统课程的实施模式是一种认识与被认识、改造与被改造的"主—客"关系或"我—

它”关系,是人与对象的关系。而学校心理健康教育课程的模式是交往的模式,是“主—主”或“我—你”关系,是人与人的一种精神性交往关系,这种关系以民主平等的对话为基础,不再是一种简单给予和被动接受的关系。正是基于这种关系,使得心理健康教育课程成为主体与主体之间的能动、互助的精神建构过程,使得参与者的关系成为一种交流、沟通、协作、对话的关系。教师与学生成为学习共同体中平等的成员,是协作关系。这种新型关系使教师“从‘独奏者’的角色过渡到‘伴奏者’的角色,从此不再主要是传授知识,而是帮助学生去发现、组织和管理知识,引导他们而非塑造他们。”

学校心理健康教育课程的实施应贯穿一个基本原则:师生双方在民主平等上的协作。首先,教师与学生在这一课程里要形成某种“契约”,即对课程目标、课程进程的协商约定。学生有权根据自身需要选择适合自己的课程,勾画自己的心理发展图景,成为积极主动的求助者和发展者。教师则成为学生成长和发展的引导者。双方分别以合作者的身份,借助于课程的展开,在交互作用中完成各自的角色职责。其次,还要看到在本课程的顺利开展中,师生有效协作,依托一种更为开放的、更为民主平等的教育人际环境。一方面,教师与学生都以主体的身份进入教育过程,教师的职责不是控制活动的进程,而是着眼于活动情境的设计,营造民主、平等、宽松、和谐的活动氛围,激发学生心理发展的动因,为双方的协作提供外在保障。另一方面,对学生的指导并非是教师单方面的责任,而是需要学生的积极投入和密切配合。随着课程的进展,师生关系越来越融洽,双方的协作也会不断向纵深方向发展。“教师的作用就不会混同于一部百科全书或一个供学生利用的资料库……他更多的是一名向导和顾问,而不是机械传递知识的简单工具。”①在这种新型的师生交往中,师生对话具有自主建构的特征,学生的心理发展不是由外部力量塑造的,而是通过他们的自主活动,在与外部世界和教师的相互作用过程中能动生成和自主建构的。只有这样,才能使外在的教育要求内化成学生追求心理健康的自觉行动。

三、学校心理健康教育课程的教学方法

学校心理健康教育课程与其他课程一样有着共同的教学方法,如讲授法、谈话法、讨论法、演示法、实验法、参观法等。但心理健康教育课程又有别于其他学科,它重在活动,重在学生参与,通过师生共同活动,达到提高学生心理素质的目的,这就决定了心理健康教育课程有一些特殊的方法。心理健康教育课程中常用的教学方法有以下几种:

①[伊朗]S. 拉塞克,[罗马尼亚]G. 维迪努. 从现在到2000年教育发展内容的全球展望[M]. 高毅,丛莉,译. 北京:教育科学出版社,1996.

（一）认知类方法

1. 讲授法

讲授就是通过语言或借助其他手段把心理健康知识传授给学生的方法。讲授既可以是教师的口头讲解，也可以采用多媒体的教学手段，以及通过墙报、广播等形式进行；既可以采取班级的组织形式，也可以采取小组的、个别的组织形式。值得注意的是，讲授不能简单地理解为教师讲、学生听。在学校心理健康教育中，十分强调教、学双方的沟通，为此，讲授中穿插谈话、讨论等方法是非常必要的。

2. 集体讨论法

集体讨论法是在老师的引导和组织下，对某一专题发表自己的看法，表述自己的意见，进行研讨的一种教学方法。通过讨论可以沟通意见、集思广益、解决问题。在心理健康教育活动中常用的讨论方法有以下几种：

（1）小组讨论法。针对某一问题情境，教师将全班学生分成若干小组，每个小组成员均可充分发表自己的看法，畅所欲言，然后形成小组意见，接下来小组与小组之间讨论或辩论，或每小组发言人作交流，其他学生可补充，最后由老师作总结。分组方式应多样化，如自愿组合、报数组合、生日组合、异质组合等。这样不仅可以扩大学生的接触面，还有利于保持学生的新鲜感，增强活动的吸引力。其中，异质小组的组合，要求将学习水平、性格、气质、兴趣行为等不同层次的学生组合在一个小组，这有利于学生之间的互动和互补。

（2）辩论式讨论。将全班学生分成两组，就一个讨论话题分成正反两方，意见对立，学生根据自己所在方的立场，与对方辩论。

（3）配对讨论法。就某一主题，两个人先讨论，得出结论。然后与另两个人讨论的意见协商，形成4个人的共同意见；再与另4个人一起协调，获得8个人的结论，之后，还可以推选出本组代表参与全班的讨论。这种讨论方法使每个学生都能参与，还要求学生有独立的见解，善于辩论、协商，因而讨论的效果会比较好。

（4）脑力激荡法。此方法允许学生对一个问题能自由地考虑可采用的方法。它利用了集体思考和讨论的方式，目的是在一种兴奋、有趣、安全及接纳的气氛下使思想观念相互激荡，发生连锁反应，以引出更多的意见或想法。教师应鼓励学生真诚地提出意见，不管有无价值，甚至类似开玩笑或引人注意的意见，也要接纳它，应特别鼓励有创意的学生。

（二）活动类方法

1. 角色扮演法

角色扮演法就是通过学生扮演或模仿一些角色，重演部分场景，使学生以角色的身份，充分表露自己或角色的人格、情感、人际关系、内心冲突等心理问题，进而起到增进自我认识，减轻或消除心理问题，发展心理素质的一种教学方法。角色扮演有澄清问题、纾解情绪、塑造行为和成长心智的功能，角色扮演的基本过程包括准备阶段、实施角色扮演阶段和终结阶段，实施角色扮演有教师、剧本、扮演者、观察扮演的学生、舞台等五大要素。在心理健康教育活动中可应用的角色扮演方法有以下几种：

（1）哑剧表演。此方法是要求学生不以语言或文字来表达其意见或感情，而用表情和动作来表情达意。表演可以是一人或多人，如表演“见面时”“生气时”“幸福时刻”“等待”等，这种方法可以促进学生非言语沟通能力的发展。

（2）角色互换法。角色互换有两种含义。一是在剧中 A 和 B 交换各自的角色，通过角色交换，A 理解 B，B 理解 A，同时也理解了两人的关系，理解了自己。二是扮演一个与自己现实生活中的角色完全不同的角色。例如，现实生活中总欺负人的学生，表演一个总被欺负的学生，可以通过表演，加深对他人的了解以及自我理解，学会与他人共情，学会用他人的眼光看自己。

（3）镜像法。这是指看别人扮演自己的方法。例如，爱说粗话、不讲礼貌、缺乏教养的 A 看到 B 表演自己的所作所为，通过看别人演自己而客观了解自己生活中角色的言行，激发 A 改变的主动性，促进 A 改变不适当的行为。

（4）空椅子表演。这种方法只需一个人表演，适合于让学生扮演内心相冲突的双方或扮演学生所不满的另一人。具体做法是将两张椅子面对着放好，要学生坐在一把椅子上，面对另一把椅子，大声说出自己某一类观点，然后再坐到另一把椅子上说出相对立的另一类观点。若是表演与他人冲突时，则在另一把椅子上扮演他人，以此来增加扮演者的自我知觉和对他人的知觉。

（5）小品表演。这种方法是把幽默、讽刺或赞许的语言与滑稽的动作结合起来，展示学习、生活中的一些事情，告诉同学们其中的道理及处理问题的方式等。小品表演大多是由多个同学参与，以便接近生活，使情境显得较真实，富有感染力，例如表演“同学病了”“同学来我家做客”“给妈妈过生日”等内容。

2. 操作法

这种类型的教学方法主要是通过学生的言语和动作的操作活动来达到心理健康教育的目的，在心理健康教育活动中常见的操作法有以下几种：

（1）自述法。它是通过学生自己述说事情的经过和感受，以达到情绪宣泄和增进自我认识的一种方法。在心理健康教育活动课程中，教师应有意识地引导学生讲述自己对某一件事情的感受、讲述自己的某一次经历、讲述自己的成长过程等。低年级学生还可以通过“自画像”，让学生认识自我。通过自述，把情绪感染给大家，容易产生情感共鸣，这不仅培养了学生个人自我认识、自我反省的能力，增强了学生的自信，还可锻炼学生的思维能力与口头表达能力，而且学生在这个人际互动的过程中，通过认识自己、了解他人，容易产生认同感，对于克服自卑、消除焦虑等心理健康教育内容是十分有效的。

（2）测验法。这种方法通过让学生做智力、气质、性格、兴趣、职业能力、心理健康等各种心理测验，帮助学生了解自己的特点，分析自己的长处和不足，促进学生的自我发展。同时这种方法还可以激发学生运用心理知识认识自己的心理、提高自己心理素质的兴趣。

(3)游戏法。游戏是学生普遍喜欢的活动,有益的游戏能给他们以快乐并从中受到教育。游戏能尊重参与者的尊严,能宽容参与者真情的流露,能满足参与者施展自我的需要,它具有欢乐性、自主性、创造性、契约性和互动性等特征。游戏法可应用在心理健康教育很多内容中,如协助交往的游戏、增强团队凝聚力的游戏、促进学习效果的游戏、增强耐挫力的游戏、增强自我意识的游戏,等等。游戏法的实施一般可分为选择游戏、学习规则、观察行为、调节情绪、澄清讨论和再来一次等六个步骤。游戏对学生的发展具有身体、智慧、交往、道德、治疗等方面的价值。以上这些方法的分类不是绝对的,不同种类的方法之间有一定的交叉或包含关系。一般说来,一节心理健康教育课,单用一种方法进行教学活动是极少数的,这是由学生心理现象的复杂性、活动方法的多样性决定的。这就要求教师根据教学目标和每种方法的特点,合理地选择和组合各种方法,以使教育活动达到最佳的效果。

四、学校心理健康教育课程的评价

学校心理健康教育课程的评价体系是保证该课程顺利实施的支持系统之一。根据心理健康教育课程的特点,其课程评价主要集中在三个方面:课程起始评价、课程实施过程评价和课程实施结果评价。

(一)课程起始评价

学校心理健康教育课程起始评价,是指在教学活动开始之前进行的评价,它的主要任务是评价学生进入新的教学活动前所具有的前提条件,包括对学生能力、个性特点、各种优点和缺点、各种心理或行为问题类型等的了解。其目的是把握学生所具有的不同学习准备状态,进而确定明确具体的教学目标和选择有针对性的活动内容。起始评价还包括对课程目标进行评价,即评价教师设定的目标是否明确具体,是否针对学生的心理实际,是否偏离总目标的方向等。起始评价可通过查阅心理健康教育档案来进行,起始评价所得的资料既可为课程设计提供参考,又可为教学效果的评价提供依据。

(二)课程实施过程评价

学校心理健康教育课程实施过程评价,是指在教学活动过程中进行的评价,即形成性评价。注重实施过程评价的目的在于对正在实施的心理健康教育课程及时进行监控和评定,对教学活动各个环节的实施情况进行诊断分析,找出哪些地方偏离了教学目标,哪些地方还需进一步完善,从而为课程的调整提供及时的反馈信息。

(三)课程实施结果评价

学校心理健康教育课程实施结果评价,是指在一门课程结束或一个教学方案结束时所进行的结果评定,即总结性评价。总结性评价通常采用事先设计好的评价表或事先选定的测验等,在课程结束时让学生填写,然后进行分析,了解学生对教学活动的满意程度、活动感受及行为变化状况,以便客观评定课程实施的效果。评价方式有以下几种:一是通过心理测试来了解学生在实施课程后心理素质的变化;二是对学生内省材料进行分析评定,例如可通过学生的心理课学习体会、周记来对其心理变化进行评定;三是对学生参与心理课后发生的行为变化(如学习习惯、人际交往等)进行评定。总之,对心理健康教育课程实施结果的评价重点应放在学生心理素质的提高以及相应行为的改进上,而不应过分强调知识掌握的多少。由于学生的心理素质和心理健康水平的提高不是一时的问题,而是需要长期的努力的,这就要求我们在对课程实施结果进行评价时还要考虑到长期效果,课程效果持续时间会有多久?为此,要进行追踪性评价,目的是了解教学效果能否持续,是否对学生的学习、生活产生了长期的积极的影响。如果长期效果不佳的话,我们就要考虑通过怎样的手段和跟进措施才能进一步延续或强化心理健康教育课程的后效。

第三节　学校心理健康教育课程的设计

学校心理健康教育课程的设计主要包括学校心理健康教育课程的目标、学校心理健康教育课程的内容以及学校心理健康教育课程的具体设计方法。全面把握这三个方面是开展学校心理健康教育课程教学的前提和基础。

一、学校心理健康教育课程的目标

学校心理健康教育课程内容是实现心理健康教育课程目标的手段。明确心理健康教育课程的目标是确定教学内容的首要问题,因为它是选择教学内容最直接的准则。心理健康教育课程的总目标也就是心理健康教育的目标,它的实现有赖于各种类型的心理健康教育课程具体目标的实现。心理健康教育学科课程的目标在于促使学生认识自身的心理,实现对自己心理的“认知”;心理健康教育活动课程的目标着眼于心理品质的“训练”;心理健康教育环境课程的目标着眼于心理品质的“陶冶”;心理健康教育融合型课程侧重于与某种学科的学习及某种形式的活动相关的心理品质的认识与训练。从这个角度来看,中小学最适宜开设心理健康教育综合课程,因为它综合、融合了不同类型的心理健康教育课程的目标,能够全面实现心理健康教育课程的总目标。

准确地把握心理健康教育课程的总目标和具体目标,可以为这门课程制定科学的教学目标序列,同时也可以根据这一教学目标序列,确定适当的教学内容。

二、学校心理健康教育课程的内容

(一)学校心理健康教育课程内容的结构

学校心理健康教育课程教学内容的结构主要包括五个基本要素,即认知经验要素、意志品质要素、情感经验要素、社会经验要素和生活经验要素①。

1. 认知经验要素

学校心理健康教育课程要把认知经验要素摆到突出的位置,在教育活动中让学生学会正确的认知,懂得哪些是非理性的认知,并自觉接受老师或同伴的疏导和干预,建立正确的、健康的、理性的认知。这是一个人健康的最基本的条件,也是使人得到发展的最基本条件。

2. 意志品质要素

意志品质要素是人的精神力量的标志,是人取得成功的动力维持系统。学生所有的学习生活都可以有目的地进行意志品质的训练。学校心理健康教育课程要结合学生日常的生活,以及各种随机发生的问题,把它们作为课程训练的内容,从而达到意志品质训练的目的。

3. 情感经验要素

这是衡量人的心理健康的重要指标。一个正常的人不仅有积极、健康的情绪,而且能自觉地调节自己的情绪,使之及时恢复正常。心理健康教育课程要通过各种活动和情景,让学生体验各种情绪反应,学会调节和合理宣泄不良情绪,建设起追求美好、追求真理的情感动力。

4. 社会经验要素

教育就是要把学生培养成为社会的人。学校心理健康教育课程必须组织学生参与社会活动,在了解社会、适应社会、服务社会中懂得热爱工作、热爱生活、热爱生命,勇于克服困难,善于与人合作,在社会活动中培养学生独立处理问题和解决问题的能力。

5. 生活经验要素

生活经验要素是现代人需要具备的要素。学校心理健康教育课程要组织各种活动让学生体验生活,学会过正常、愉快的生活,学会健康的休闲生活,学会正常的消费,懂得幸福生活的不易,珍惜生活。

①吴增强. 现代学校心理辅导[M]. 上海:上海科学技术文献出版社,1998.

（二）学校心理健康教育课程内容的组织方式

1. 逻辑式组织

由于学生的心理发展是一个由简单到复杂、由具体到抽象、由低级到高级、由他律到自律的自组织过程，既具有连续性，又有阶段性。因此教学内容的组织应适应这一规律，注重逻辑性，由易到难，由浅入深，有条不紊，纲目井然，宜采用螺旋式上升的形式来组织心理健康教育内容。不同年龄段、不同年级学生的心理发展水平不同，教学内容的难易度和侧重点应有所区别。

2. 心理式组织

它以学生在学习、生活、成长过程中所发生的心理现象来组织教学内容，也就是按学生心理发展的各个类别顺序来组织。这种组织方式以学生为本位，注重学生的兴趣与需求。

“认识顺序”：了解自我、认识自我、悦纳自我、欣赏自我、完善自我、实现自我；认识家庭、认识环境、认识学校、认识班级、认识社会、认识国家、认识世界。

“学习能力顺序”：智力（注意力、观察力、记忆力、想象力、思维力）；非智力（动机、兴趣、情绪情感、意志、性格）。

“人际交往顺序”：礼貌、交友、合群、乐群、友情。

“情绪情感顺序”：体验、感受、意识、反应、调节、控制。

“社会适应顺序”：在参与社会活动中接受自己、减少对父母和长辈的依赖、建立独立处理问题的自主自信能力、分析自我选择职业、培养有社会责任感的言行、建立科学的世界观、人生观及价值观①。

一般来说，心理健康教育课程的教学内容应采取折中式组织，也就是调和上述两种组织方式，选取它们的优点。当然，两种组织方式的比例不是机械的固定的，而应该根据不同年级的学生有所侧重。

三、学校心理健康教育课程的设计

（一）学校心理健康教育课程的主题设计

1. 确立主题名称

主题设计是指如何针对某一具体心理健康教育内容制订实施计划，也就是说备好一个主题的课。主题设计要考虑每个主题的名称、教学目标、课时、教学场地、教学活动方式、教学前所需的准备工作、教学活动的程序，等等。如以人际沟通为主要内容的主题，可以确定以下各名称：认识学校的环境；我们都是好同学；如何与人和睦相处等，名称具

①吴增强. 现代学校心理辅导[M]. 上海：上海科学技术文献出版社，1998.

体地标志着活动的特定内容。

2. 设定主题活动目标

这里的主题活动目标是指某一具体的活动主题所要达成的目标,每个主题都应该有一个明确的切合实际的目标。例如,在“我们都是好同学”这个主题名称下面,可以确定如下目标:①帮助学生了解认识同学之间和睦相处的重要性;②促进同学之间的相互了解,相互认识,促进同学团结;③教育学生学习一些必要的人际交往常识。在实际工作中,许多教师在确定活动目标时贪高求全,结果是欲速则不达。例如,一位教师在扩招的二年级新生中上课,活动内容是每个学生用一句话介绍自己,然后玩一个“折筷子”的游戏,教学目标赫然写着:①增进对自我的了解;②学会与别人合作共处;③增强班级的凝聚力。作为一个刚组建的班级,如果教师把目标定位在促进学生间的初步相识,为形成有凝聚力的班集体作准备,显然更符合实际。还有的教师指望通过一堂课的情绪教育,让学生从此不仅自己能保持良好的心境,而且能帮助别人摆脱情绪困扰;或者通过气质测量、性格分析,就能塑造出良好个性,这些目标显然都不切合实际。

3. 选择课时和教学场地

一个主题所需课时通常是 1 ~3 节不等,一般根据主题内容的多少确定课时。心理健康教育活动课由于应用的方式方法不同,所以活动不能只局限于教室,可以根据实际情况选择适当的场所,如也可在学校心理健康教育室或户外场地进行。

4. 采用教学活动方式

可以根据前面介绍的心理健康教育活动课程的教学方法选择活动方式,具体选择哪种活动方式较佳,应综合考虑活动内容的适合性、学校具备的条件、时间、地点和精力是否许可等多方面因素。一般情况下,心理健康教育活动课程的教学是以小团体(即学生小组)的活动形式进行的,因此在活动中如何组成小组就显得十分重要了,通常有下列方法划分小组:①可以用全班报数的方式组成小团体或小组。②每个小组的组合可以有特殊要求。例如,要求每个小组中男女各半或者同性,或者由同一月出生的人组成一个小组。③按教室的位置来划分小组。例如,可以由同一排或同一行的同学形成一组,也可以按教室的东西南北方向来分组。④在充分考察个体的参与情况后再作分组。例如,可以把积极参与心理健康教育活动的同学和不积极参与心理健康教育活动的同学平均分配到某一组中去。⑤让学生依自己的意愿选择小组。每一小组一般以 6 ~8 人为宜。

5. 做好课前准备工作

主题设计要做好课前准备工作,如教学所需的电教设备和材料,教学游戏所需的玩具,短剧表演用的简单道具,角色扮演所需的道具和台词等。

6. 拟定教学活动程序

这是主题设计的主要部分,它规定了教学活动过程的具体步骤,从活动开始到活动结束的每一个步骤都应有具体的说明。例如,在“怎样了解我自己”这个主题中,教学活动可包括如下八个步骤:①教师讲述由于不了解自己造成不良后果的故事,以引起学习动机;②讨论了解自己的好处与重要性;③欣赏幻灯片“我是谁”,并讨论内容;④每位同学提出“我是谁”的问题,并自己说出五句话回答此问题;⑤每位同学就听到的答案中最感兴趣的(或最有疑问的)提出一个问题,问“我是谁”的当前回答者;⑥教师发给每位同学两张白纸,在一张白纸中写出自己的优、缺点各三项,在另一张白纸上写出班上三位同学的优、缺点各三项;⑦师生共同讨论自己的看法与别人的看法是否一致,就别人对自己的误解加以澄清;⑧教师归纳说明了解自己的方法和如何自我检讨。

以上就学校心理健康教育课程的主题设计问题作了较为简单的介绍,这里举一个较完整的实例,以帮助理解心理健康教育课程教案设计的一般程序。

案例 10-4

学校心理健康教育课程主题设计实例

一、主题名称:我们都是好同学

二、主题设计的理论分析

同学关系是学生人际关系中最基本的关系,是一切人际关系的基础。发展同学人际关系,首先需要同学之间相互认识、相互了解。为此,同学之间必须进行经常性的相互交流活动。在紧张的学习压力之下,不少学生往往忽视了同学交往,同学之间很少走动和交流。同学之间互相不了解,就很容易导致误解和隔阂。在相互了解的基础上,学生还要具备一些必要的人际交往的常识,只有合理恰当的人际交往才可以维护和促进同学之间的友谊,做到同学之间团结友爱、互帮互助、相互敬重、和睦相处。以强凌弱、恶语伤人、自私自利、相互诋毁等行为只能破坏同学之间的人际关系,同时也有碍于学生的身心发展。对学生进行人际关系教育关键在于两个方面:第一,促使同学相互认识和相互了解,在此基础上促进同学之间的和睦相处;第二,提高学生的认识水平,使学生认识到同学团结需要每一个同学的努力。

三、教学目标

(一)帮助学生认识同学之间和睦相处的重要性。

(二)促进同学之间的相互了解、相互认识,促进同学团结。

(三)教育学生学习一些必要的人际交往常识。

四、教学时间与场地

(一)教学时间:2 课时。

(二)教学场地:教室或学校心理健康教育室。

五、教学方式

(一)班级游戏活动。

(二)自编短剧表演。

(三)讲述与讨论。

六、课前准备工作

(一)教师事先了解班级的人际关系情况,并通过座谈、个别交流等方式了解其原因。

(二)上课前老师组织同学将课桌排列成圆圈。

(三)准备记分牌(记录游戏得分用。可以用小黑板代替),小红旗若干面,手帕若干条。

(四)教师事先针对本班的人际关系实际,编制同学和睦相处和吵架的实例或故事(或组织学生一起编写,要求故事能切合本班实际。参考故事见教学步骤)。

(五)教师事先挑选几个有表演才能的同学,在课堂上表演自编的短剧故事。

七、教学活动程序

(一)进行"相互访问"活动。全班同学围成圆圈坐,两人一组,互相自我介绍,自我介绍的内容包括:

(1)自己的姓名、年龄、家庭情况等。

(2)自己的兴趣、爱好、特长、个性特点等。

(3)其他有关的情况。

(二)访问活动结束后,每个同学介绍被其访问的同学,再由被介绍者补充。教师告诉其他同学要注意听,记住班上每个同学的特征,然后进行认人比赛。

(三)教师根据学号将班上同学分成两组(如按奇偶数分组),然后要求每组同学一一上讲台就说出对方相邻号者的姓名、年龄、家庭情况、嗜好、兴趣、特长、个性特点等,答对一项得一分,直到两组同学轮完为止。教师将得分写在黑板上。统计两组成绩,得分高的一组获胜,得分低的一组唱一首歌或做其他活动。

(四)游戏活动结束后,进行短剧表演。教师将学生分成两组,各组自行设计并表演一则短剧,短剧内容为同学和睦相处或吵架的实例或故事。故事可以由学生自编,也可由师生在课前一起预先编制。两则参考实例如下:

1. 美玲和小霞是同桌。快放学了,美玲对小霞说:"小霞,下课了,我要去商店买本练习簿。陪我一起去好吗?"

小霞说:"好呀,我的笔坏了,我也正要去商店买支笔。一起去吧。然后我们一起回家。"

美玲说:"星期六下午有场好看的电影,我们一起去看电影吧!"

小霞说:"星期六我要做作业,不然,妈妈会怪我的。"

美玲说:"那到我家来做作业吧,做完作业,我们去看电影。"

放学后,小霞和美玲高高兴兴地一起去商店买东西,她们一直是很要好的朋友。

2. 下课了,李文在做作业。小明抱着球走过来对李文说:"喂,李文,踢球去。"

李文说:"等一下,我还有一道数学题不会做。你的作业都做好了吗?你教我怎么做这一题,好吗?"

小明说:"数学题呀,我早做好了。你真是太笨了,那么简单的题都不会做。"

李文说:“你教我怎么做吧。我实在想不起来。”

小明说:“笨蛋,自己一个人想吧。我们要踢球,我们不和笨蛋一起玩。我们踢球去啰。”

李文说:“你不告诉我怎么做,还敢骂我笨! 看我不教训教训你。”说着,李文就要打小明。

小明说:“你就是笨蛋,看我先教训你!”

小明和李文因为一道数学题而伤害了同学友谊,而且还打架,从此他们不再是好朋友了。

(五)同学表演完毕,组织学生自由讨论:

为什么美玲和小霞一直是好朋友,而李文和小明却不再是好朋友了?

小明为什么说李文笨? 李文是真的笨吗? 小明做得对吗?

李文为什么要打小明? 李文打人对吗?

为维护同学的团结,我们应该怎么做?

(六)最后教师讲评:学校就像一个大家庭。在这个大家庭里,同学就是我们的兄弟姐妹,也是我们的好朋友。所以,同学之间需要互相尊重,互相关怀。当同学需要我们的帮助时,我们要尽量给他们帮助。这样,同学之间才能和睦相处,我们的校园才是美丽的校园。同学之间不可以因为任何理由伤害彼此的感情。如果我们大家都兵戎相见,就破坏了我们校园的美丽。

八、补充活动

(一)“跛子指挥瞎子走路”游戏

本游戏是接力赛游戏。在操场一侧划一条起始线,线前方6米处插几杆小红旗,做接力赛的转折点。将全班同学分成若干小队,每队成员两个一组,一个当瞎子(用手帕将眼睛遮住),一个当跛子。由每组的瞎子背跛子,跛子指挥瞎子前进,绕过红旗回来,换另一组进行,直到每队队员轮完为止。最先轮完的队伍获胜,给获胜的队伍以适当精神奖励。

身体接触可以缩短人与人的心理距离,增进个人之间的感情。此游戏利用身体接触性游戏活动来融洽同学之间的情感,培养同学之间的相互协作精神,增进同学之间的团结。

(二)“互相赞美”活动

将学生分成两人一组,互相写下两个赞美对方的句子,如“你很可爱”“你的字写得很漂亮”等,赞美的句子力求符合对方的实际。然后互换赞美的句子。在相互交换时对方必须说:“某某同学,这是我送给你的。”然后读出赞美的句子。接受赞美的同学必须说:“某某同学,谢谢你。”

活动结束后,教师总结:善于发现别人的优点,适度赞美别人,是进行人际交往、搞好同学关系的一种行之有效的方式。同学们在与人交往时,要学习适当表现这种行为。我们不能取笑别人的缺点。本活动是试图使学生掌握一种人际交往的技巧,并使之习惯化,融入到日常的人际交往当中去,进而改善同学人际关系。

（三）“互帮互助”活动

本活动将同学分成两人一组，一个同学向另一个同学求助：“某某同学，请你帮助我做……好吗?”另一个同学则说：“好的!”或者说：“请稍微等一下，我马上帮助你。”然后，互换角色进行。活动结束后，交换心得体会。

教师总结：同学之间需要互相帮助。当别人需要我们帮助的时候，我们要热心，要积极给别人以帮助。这样，当我们需要别人帮助的时候，别人也会帮助我们。相互帮助可以使人们的生活变得更加美好。本活动是希望学生掌握正确的求助方式，以及形成帮助别人的习惯。

（四）“交心”会谈

每个同学写出3个自己最喜欢和最不喜欢的人和事，集中交给老师，老师将它们分类、统计，然后按其影响程度的大小列写在黑板上。如：

我喜欢待人和气，不喜欢自以为是。

我喜欢谦虚谨慎，不喜欢趾高气扬。

我喜欢勤奋用功、努力学习的人，不喜欢别人说我笨。

我喜欢说话有礼貌的人，不喜欢说话没有礼貌的人。

我喜欢乐于助人的人，不喜欢欺负同学的人。

我喜欢真诚、讲信用的人，不喜欢霸道、虚伪的人。

然后，同学之间自由讨论为什么有些人和事受人欢迎，有些人和事不受人欢迎。为什么我受人欢迎或不受人欢迎?

最后教师讲评：同学之间要注意团结，要做一个受人欢迎的人。所以，我们要经常察看自己的言行，当发现自己有缺点时，要及时改正自己的缺点，这样才可能使我们取得更大的进步。当同学对自己有意见时，我们要虚心听取他们的意见，加以改进。同学之间要坦诚，不要在背后说同学的坏话。

九、教学建议

对于小学低年级的同学来说，他们生性活泼好动，喜欢玩，因此我们可以通过游戏和教师讲述等方式来强化他们的同学概念，使他们对同学关系有初步的认识和了解，并以此为基础发展同学关系。这是符合小学生的心理发展特点的。对于中学生来说，长期的学校生活使他们对于同学关系有了进一步的认识。这时，我们应该根据中学生的心理发展特点，适时地把他们的同学概念向更高的层次引导，由同学关系引导到人与人的关系，借以促进同学关系的进一步发展。对中学生，特别是中学高年级学生而言，一般不宜采用游戏的方式。我们可以采用集体讨论和集体活动、演讲等方式来使学生进一步认识同学关系的实质，并由同学关系延伸到一般的人际关系，从社会的角度来看待同学关系，珍惜同学之间的友谊，促进学生走向社会后人际关系的健康发展。

[资料来源]姚本先，方双虎. 学校心理健康教育导论[M]. 合肥：中国科学技术大学出版社，2002.

（二）学校心理健康教育课程的系列设计

系列设计有一个明确的主题，并由多个（8～10个）同类或相关的主题组成。如果把主题设计比作菜谱，那么一个系列设计就是把不同花色的菜组合成一个套餐。因此，如果已经有了大量设计好的心理健康教育活动课程的主题，在此基础上进行系列设计就容易多了。

下面的案例是训练中学生管理才能的系列设计，它包括10个主题的教学，该系列的活动对象是那些来自中学各个班的学生，这些学生学习成绩差，具有攻击性，但智商较高，有管理潜能，因而常常是学生帮派的头头。通过这个系列设计的训练，可以发展这些学生的长处，控制和削弱他们不适当的外向性行为。

案例10－5

"管理才能训练"系列设计表

主题	主题名称	活动目标
1	萍水相逢	促使学生参与团体活动并相互认识
2	喜怒哀乐	培养学生的人际敏感性，增进彼此的进一步了解
3	旋转沟通	增加团体凝聚力和相互熟悉程度
4	第三只眼	增进学生的自我了解，形成明确的自我观念
5	七嘴八舌	培养学生学习一种客观公正的态度，学习尊重他人不同的意见
6	我是国王还是兵	训练学生分配任务、承担责任和善用权利等管理才能
7	和事佬	促使学生掌握调解冲突的能力
8	武功秘诀	培养学生明确问题并加以解决的能力
9	生活馅饼	让学生形成时间管理的观念和学会自己调配时间
10	相约未来	让学生回顾和评价所参加的主题系列活动，并展望他们未来应有的良好行为

这是一个很好的系列设计，其主题明确、活动方式多样、安排得当，能做到循序渐进，在不同的活动阶段实施不同的训练重点。因此，这个系列设计在训练具有外向行为问题的学生的管理才能方面，将会取得良好的效果。

问题思考与讨论

1. 什么是学校心理健康教育课程？学校心理健康教育课程具有哪些特征？

2. 开设学校心理健康教育课程具有哪些意义？

3. 学校心理健康教育课程具有哪些类型？每种类型的心理健康教育课程各具有哪些特征？

4. 学校心理健康教育课程具有哪些教学模式？

5. 学校心理健康教育课程具有哪些教学方法？

6. 举例说明学校心理健康教育课程的主题设计的程序。

阅读指南

1. 吴增强，蒋薇美. 心理健康教育课程设计[M]. 北京：中国轻工业出版社，2007.

该书针对当前国内学校心理健康教育课程学科化倾向、课程化倾向、形式主义倾向以及理想主义倾向等问题，立足于解决心理健康教育课程的理论问题和心理健康教育课程的设计与具体实施策略。该书的第一章和第二章主要是心理健康教育课程的相关理论问题概述；第三章至第五章分别讨论了心理健康教育课程的活动设计、教学过程和课程实施；第六章至第八章分别介绍了小学、初中和高中的课例，并作了精要的评析。

2. 谢维兴. 中小学心理健康教育课程与教学[M]. 福州：福建教育出版社，2008.

该书介绍了心理健康教育课程的基本理论和基本策略、心理健康教育课程中的人际互动、心理健康教育课程常用的活动形式、心理健康教育课程的设计与实施、心理健康教育课程的教学策略、心理健康教育课程的评价。本书还列举了大量的中小学心理健康教育活动课程。

3. 方双虎，胡海燕. 主题班会活动设计——初中心理健康教育卷[M]. 芜湖：安徽师范大学出版社，2013.

该书首先介绍了心理健康教育主题班会活动设计的基本原理，继之按照学习篇、认知篇、情绪篇、人格篇、交往篇、自我意识篇、社会活动篇来设计心理健康教育主题班会活动。每一个主题设计都包括“心事链接”“心理宝典”“心智训练”和“心灵启示”四个部分，都遵循“以学生为中心、以情境为中介、以经验为起点、以活动为核心、以过程为重心、以合作为主线”的设计理念，精心设计了形式多样的情景活动。

网络导航

心理学空间：http://www. psychspace. com.

该网站包括心理学书籍、最有影响力的心理学家的传记思想、经典理论实验、心理咨询技术、心理学在生活中的应用等内容，致力于传播心理学知识，倡导心理观念。

附　录

中小学心理健康教育指导纲要
（2012 年修订）

中小学心理健康教育，是提高中小学生心理素质、促进其身心健康和谐发展的教育，是进一步加强和改进中小学德育工作、全面推进素质教育的重要组成部分。中小学生正处在身心发展的重要时期，随着生理、心理的发育和发展、社会阅历的扩展及思维方式的变化，特别是面对社会竞争的压力，他们在学习、生活、自我意识、情绪调适、人际交往和升学就业等方面，会遇到各种各样的心理困扰或问题。因此，在中小学开展心理健康教育，是学生身心健康成长的需要，是全面推进素质教育的必然要求。为深入贯彻党的十八大精神，落实《中共中央国务院关于进一步加强和改进未成年人思想道德建设的若干意见》和《国家中长期教育改革和发展规划纲要（2010－2020 年）》要求，进一步科学地指导和规范中小学心理健康教育工作，在认真总结近些年来全国各地心理健康教育工作经验的基础上，制定本纲要。

一、心理健康教育的指导思想和基本原则

1. 开展中小学心理健康教育工作，必须高举中国特色社会主义伟大旗帜，以邓小平理论、“三个代表”重要思想和科学发展观为指导，学习践行社会主义核心价值体系，贯彻党的教育方针，坚持立德树人、育人为本，注重学生心理和谐健康，加强人文关怀和心理疏导，根据中小学生生理、心理发展特点和规律，把握不同年龄阶段学生的心理发展任务，运用心理健康教育的知识理论和方法技能，培养中小学生良好的心理素质，促进其身心全面和谐发展。

2. 开展中小学心理健康教育，要以学生发展为根本，遵循学生身心发展规律，必须坚持以下基本原则：——坚持科学性与实效性相结合。要根据学生身心发展的规律和特点及心理健康教育的规律，科学开展心理健康教育，注重心理健康教育的实践性与实效性，切实提高学生心理素质和心理健康水平。——坚持发展、预防和危机干预相结合。要立足教育和发展，培养学生积极心理品质，挖掘他们的心理潜能，注重预防和解决发展过程

中的心理行为问题,在应急和突发事件中及时进行危机干预。——坚持面向全体学生和关注个别差异相结合。全体教师都要树立心理健康教育意识,尊重学生,平等对待学生,注重教育方式方法,关注个别差异,根据不同学生的特点和需要开展心理健康教育和辅导。——坚持教师的主导性与学生的主体性相结合。要在教师的教育指导下,充分发挥和调动学生的主体性,引导学生积极主动关注自身心理健康,培养学生自主自助维护自身心理健康的意识和能力。

二、心理健康教育的目标与任务

3. 心理健康教育的总目标是:提高全体学生的心理素质,培养他们积极乐观、健康向上的心理品质,充分开发他们的心理潜能,促进学生身心和谐可持续发展,为他们健康成长和幸福生活奠定基础。

心理健康教育的具体目标是:使学生学会学习和生活,正确认识自我,提高自主自助和自我教育能力,增强调控情绪、承受挫折、适应环境的能力,培养学生健全的人格和良好的个性心理品质;对有心理困扰或心理问题的学生,进行科学有效的心理辅导,及时给予必要的危机干预,提高其心理健康水平。

4. 心理健康教育的主要任务是:全面推进素质教育,增强学校德育工作的针对性、实效性和吸引力,开发学生的心理潜能,提高学生的心理健康水平,促进学生形成健康的心理素质,减少和避免各种不利因素对学生心理健康的影响,培养身心健康、具有社会责任感、创新精神和实践能力的德智体美全面发展的社会主义建设者和接班人。

按照"全面推进、突出重点、分类指导、协调发展"的工作方针,不同地区应根据本地实际情况,积极做好心理健康教育工作。

全面推进。要普及、巩固和深化中小学心理健康教育,加快制度建设、课程建设、心理辅导室建设和师资队伍建设,积极拓展心理健康教育渠道,建立学校、家庭和社区心理健康教育网络和协作机制,全面推进中小学心理健康教育科学发展,在学校普遍建立起规范的心理健康教育服务体系,全面提高全体学生的心理素质。

突出重点。地方教育行政部门和学校要利用地方课程或学校课程科学系统地开展心理健康教育;要加强心理辅导室建设,切实发挥心理辅导室在预防和解决学生心理行为问题中的重要作用;加强心理健康教育师资队伍建设,建立一支科学化、专业化的稳定的中小学心理健康教育教师队伍。

分类指导。大中城市和经济发达地区,要在普遍开展心理健康教育工作的基础上,继续推进和深化心理健康教育工作,努力提高质量和成效,率先建立成熟的心理健康教育服务体系;其他地区,要尽快完善心理健康教育工作机制,建立心理健康教育辅导室和稳定的心理健康专业教师队伍,普遍开展心理健康教育工作。

协调发展。坚持公共教育资源和优质教育资源向农村、中西部地区倾斜,逐步缩小东西部、城乡和区域之间中小学心理健康教育的发展差距,以中西部地区和农村地区发展为重点,推动中小学心理健康教育全面、协调发展。按照“城乡结合,以城带乡”的原则,加强城乡中小学心理健康教育的交流与合作,实现心理健康教育全覆盖和城乡均衡化发展。同时,着力提高中小学心理健康教育质量和成效,促进学生的心理素质和德智体美全面协调发展。

三、心理健康教育的主要内容

5. 心理健康教育的主要内容包括:普及心理健康知识,树立心理健康意识,了解心理调节方法,认识心理异常现象,掌握心理保健常识和技能。其重点是认识自我、学会学习、人际交往、情绪调适、升学择业以及生活和社会适应等方面的内容。

6. 心理健康教育应从不同地区的实际和不同年龄阶段学生的身心发展特点出发,做到循序渐进,设置分阶段的具体教育内容。

小学低年级主要包括:帮助学生认识班级、学校、日常学习生活环境和基本规则;初步感受学习知识的乐趣,重点是学习习惯的培养与训练;培养学生礼貌友好的交往品质,乐于与老师、同学交往,在谦让、友善的交往中感受友情;使学生有安全感和归属感,初步学会自我控制;帮助学生适应新环境、新集体和新的学习生活,树立纪律意识、时间意识和规则意识。

小学中年级主要包括:帮助学生了解自我,认识自我;初步培养学生的学习能力,激发学习兴趣和探究精神,树立自信,乐于学习;树立集体意识,善于与同学、老师交往,培养自主参与各种活动的能力,以及开朗、合群、自立的健康人格;引导学生在学习生活中感受解决困难的快乐,学会体验情绪并表达自己的情绪;帮助学生建立正确的角色意识,培养学生对不同社会角色的适应;增强时间管理意识,帮助学生正确处理学习与兴趣、娱乐之间的矛盾。

小学高年级主要包括:帮助学生正确认识自己的优缺点和兴趣爱好,在各种活动中悦纳自己;着力培养学生的学习兴趣和学习能力,端正学习动机,调整学习心态,正确对待成绩,体验学习成功的乐趣;开展初步的青春期教育,引导学生进行恰当的异性交往,建立和维持良好的异性同伴关系,扩大人际交往的范围;帮助学生克服学习困难,正确面对厌学等负面情绪,学会恰当地、正确地体验情绪和表达情绪;积极促进学生的亲社会行为,逐步认识自己与社会、国家和世界的关系;培养学生分析问题和解决问题的能力,为初中阶段学习生活做好准备。

初中年级主要包括:帮助学生加强自我认识,客观地评价自己,认识青春期的生理特征和心理特征;适应中学阶段的学习环境和学习要求,培养正确的学习观念,发展学习能力，改善学习方法，提高学习效率；积极与老师及父母进行沟通，把握与异性交往的尺度，建立良好的人际关系；鼓励学生进行积极的情绪体验与表达，并对自己的情绪进行有效管理，正确处理厌学心理，抑制冲动行为；把握升学选择的方向，培养职业规划意识，树立早期职业发展目标；逐步适应生活和社会的各种变化，着重培养应对失败和挫折的能力。

高中年级主要包括：帮助学生确立正确的自我意识，树立人生理想和信念，形成正确的世界观、人生观和价值观；培养创新精神和创新能力，掌握学习策略，开发学习潜能，提高学习效率，积极应对考试压力，克服考试焦虑；正确认识自己的人际关系状况，培养人际沟通能力，促进人际间的积极情感反应和体验，正确对待和异性同伴的交往，知道友谊和爱情的界限；帮助学生进一步提高承受失败和应对挫折的能力，形成良好的意志品质；在充分了解自己的兴趣、能力、性格、特长和社会需要的基础上，确立自己的职业志向，培养职业道德意识，进行升学就业的选择和准备，培养担当意识和社会责任感。

四、心理健康教育的途径和方法

7. 学校应将心理健康教育始终贯穿于教育教学全过程。全体教师都应自觉地在各学科教学中遵循心理健康教育的规律，将适合学生特点的心理健康教育内容有机渗透到日常教育教学活动中。要注重发挥教师人格魅力和为人师表的作用，建立起民主、平等、相互尊重的师生关系。要将心理健康教育与班主任工作、班团队活动、校园文体活动、社会实践活动等有机结合，充分利用网络等现代信息技术手段，多种途径开展心理健康教育。

8. 开展心理健康专题教育。专题教育可利用地方课程或学校课程开设心理健康教育课。心理健康教育课应以活动为主，可以采取多种形式，包括团体辅导、心理训练、问题辨析、情境设计、角色扮演、游戏辅导、心理情景剧、专题讲座等。心理健康教育要防止学科化的倾向，避免将其作为心理学知识的普及和心理学理论的教育，要注重引导学生心理、人格积极健康发展，最大程度地预防学生发展过程中可能出现的心理行为问题。

9. 建立心理辅导室。心理辅导室是心理健康教育教师开展个别辅导和团体辅导，指导帮助学生解决在学习、生活和成长中出现的问题，排解心理困扰的专门场所，是学校开展心理健康教育的重要阵地。在心理辅导过程中，教师要树立危机干预意识，对个别有严重心理疾病的学生，能够及时识别并转介到相关心理诊治部门。教育部将对心理辅导室建设的基本标准和规范做出统一规定。

心理辅导是一项科学性、专业性很强的工作，心理健康教育教师应遵循心理发展和教育规律，向学生提供发展性心理辅导和帮助。开展心理辅导必须遵守职业伦理规范，在学生知情自愿的基础上进行，严格遵循保密原则，保护学生隐私，谨慎使用心理测试量表或其他测试手段，不能强迫学生接受心理测试，禁止使用可能损害学生心理健康的仪器,要防止心理健康教育医学化的倾向。

10. 密切联系家长共同实施心理健康教育。学校要帮助家长树立正确的教育观念,了解和掌握孩子成长的特点、规律以及心理健康教育的方法,加强亲子沟通,注重自身良好心理素质的养成,以积极健康和谐的家庭环境影响孩子。同时,学校要为家长提供促进孩子发展的指导意见,协助他们共同解决孩子在发展过程中的心理行为问题。

11. 充分利用校外教育资源开展心理健康教育。学校要加强与基层群众性自治组织、企事业单位、社会团体、公共文化机构、街道社区以及青少年校外活动场所等的联系和合作,组织开展各种有益于中小学生身心健康的文体娱乐活动和心理素质拓展活动,拓宽心理健康教育的途径。

五、心理健康教育的组织实施

12. 加强对中小学心理健康教育工作的领导和管理。各级教育行政部门要切实加强对心理健康教育工作的领导,制定规章制度,明确责任部门和负责人,支持和指导中小学开展心理健康教育工作。各地和学校要通过多种途径和方式,结合教育教学实际,保证心理健康教育时间,课时可在地方课程或学校课程中安排。各级教育行政部门要将心理健康教育工作列入年度工作计划,纳入学校督导评估指标体系之中,教育督导部门应定期开展心理健康教育专项督导检查。教育部将适时开展中小学心理健康教育示范校创建活动。

13. 加强心理健康教育教师队伍建设。心理健康教育是一项专业性很强的工作,必须大力加强专业教师队伍建设。各地各校要制订规划,逐步配齐心理健康教育专职教师,专职教师原则上须具备心理学或相关专业本科学历。每所学校至少配备一名专职或兼职心理健康教育教师,并逐步增大专职人员配比,其编制从学校总编制中统筹解决。地方教育行政部门要健全中小学心理健康教育教师职务(职称)评聘办法,制订相应的专业技术职务(职称)评价标准,落实好心理健康教育教师职务(职称)评聘工作。心理健康教育教师享受班主任同等待遇。

14. 大力开展心理健康教育教师培训。教育部将组织专家制订教师培训课程标准,分期分批对中小学心理健康教育教研员和骨干教师进行国家级培训。各省级教育行政部门要将心理健康教育教师培训纳入教师培训计划,分期分批对区域内心理健康教育教师进行轮训,切实提高专、兼职心理健康教育教师的基本理论、专业知识和操作技能水平。要在中小学校长、班主任和其他学科教师等各类培训中增加心理健康教育的培训内容,建立分层分类的培训体系。

15. 要重视教师的心理健康教育工作。各级教育行政部门和学校要关心教师的工作、学习和生活,从实际出发,采取切实可行的措施,减轻教师的精神紧张和心理压力。

要把教师心理健康教育作为教师教育和教师专业发展的重要方面，为教师学习心理健康教育知识提供必要的条件，使他们学会心理调适，增强应对能力，有效地提高其心理健康水平和开展心理健康教育的能力。

16. 加强心理健康教育材料的管理。各种有关心理健康教育的教育材料的编写、审查和选用要根据本指导纲要的统一要求进行。自 2013 年春季开学起，凡进入中小学的心理健康教育材料必须经省级以上教育行政部门组织专家审定后方可使用。

17. 加强心理健康教育的科学研究。各级教育行政部门要加强指导，增加经费投入，将心理健康教育纳入教育科学研究规划，积极组织相关课题申报和优秀成果评选。要积极引导高等学校、科研机构的研究人员开展相关研究，为心理健康教育实践提供理论基础和科学依据。要建立中小学心理健康教育教研制度，各级教研机构应配备心理健康教育教研员。要坚持理论与实践相结合，组织专家学者、教研人员、一线教师和学校管理人员结合实际情况积极开展心理健康教育教学研究，在实践中丰富完善心理健康教育理论，不断提高心理健康教育科学化水平。

后　记

根据教育部《关于大力推进教师教育课程改革的意见》和《中小学和幼儿园教师资格考试标准及大纲(试行)》,教师的职前教育和教师资格考试也相应出台了国家标准。为帮助广大有志于从事教师职业的社会人士深入理解《教师教育课程标准(试行)》相关内容,并按照此标准进行学习以不断提升自我,树立教师的职业理想,培养教师的职业能力,特编写本教材。

本教材针对教育部《教师教育课程标准(试行)》和《中小学和幼儿园教师资格考试标准及大纲(试行)》中涉及幼儿、中小学生心理健康教育和教师自身心理保健的要求,提炼、整合编写而成,以帮助有志从教者能较系统地了解幼儿、青少年心理发展的规律,以及有针对性开展心理健康教育的内容和途径,同时也帮助准教师们认识教师心理健康的重要性和自我心理保健的方法途径。当前,越来越多的研究和案例证明,教师自身的心理健康和人格完善以及对学生进行心理健康教育的能力是教师专业化成长的重要方面。

当前市面上有关心理健康教育的书或是教材很多。本教材虽然主要是为将参加教师资格考试的广大考生所编,但我们并不想编成仅仅是为应对考试的习题集或考前训练,而希望真正成为一本"学材",以方便广大考生以及注重自我专业化成长的教师自学,从而认识心理健康教育的重要性、理解学生心理发展的规律、掌握开展心理健康教育的途径、学会自我心理调适的方法,为其成为专业化的教师打下良好的基础。

所以本教材具有以下特点:

1. 在内容设置上,兼顾学生心理健康教育和教师心理健康教育。前者是帮助考生了解中小学生的心理特点和特殊年龄段的心理需求,以及开展心理健康教育的内容、方法和途径等;后者是帮助考生认识教师心理健康的意义、作用,并明确自我完善的方向和途径。

2. 在体例构架上,既体现了一定的系统性、科学性,也引入心理健康发展的新理论、新动态,体现了一定的开放性。

3. 在编写形式上,有一定的趣味性、通俗性、可读性和可操作性。因为非师范专业的考生主要是自学,所以该教材也应该是"学材",其中会加入案例分析、相应的心理健康自评量表等,使学习者寓学于悦。

《学校心理健康教育》是分工合作的结果。全书的框架是在多次讨论的基础上,由不同学校的教师承担编写任务。具体分工如下:第一章“心理健康与心理健康教育”陈庆华(合肥师范学院);第二章“幼儿身心发展与保健”李文芳(合肥师范学院);第三章“青少年的认知发展与学习辅导”蒋名平(合肥师范学院)、卫萍(合肥学院);第四章“青少年自我意识发展与人格辅导”谢威士(合肥师范学院);第五章“青少年情绪发展与教育”张华玲(合肥师范学院);第六章“青少年人际交往与教育”晋玉(合肥师范学院);第七章“青少年生活适应与教育”侯娟(安徽大学)、李群(合肥师范学院);第八章“教师心理健康及维护”宋志英(安庆师范学院);第九章“学校心理健康教育的途径与方法”杨再勇(合肥师范学院);第十章“学校心理健康教育的课程与教学”方双虎(安徽师范大学)。全书由李群统稿。

本教材在编写中,得到了安徽省高师联盟的大力支持,得到了高师联盟各校领导的支持和帮助。在教材编写中,我们参考并引用了许多教育理论工作研究成果,在此一并表示感谢。由于我们自身水平的限制,教材还存在许多的不足,恳请教材使用者以及读者批评指正。

李　群

2015 年 11 月于合肥师范学院